外国刑法学导论

童德华 / 著

中国法制出版社
CHINA LEGAL PUBLISHING HOUSE

前　言

外国刑法学有益于法学专业学生拓展视野，有益于对刑法问题的进一步分析。正是基于这个原因，笔者多年来一直坚持讲授外国刑法学，并编写《外国刑法学导论》一书。通过对大陆法系刑法理论与英美法系刑法理论的学习和讲授，我形成了关于刑法理论发展的三个看法。

第一个看法是，没有比较刑法就不可能有刑法发展，没有全面的比较刑法，就不可能有全面的刑法发展。当前我国刑法学界对比较刑法学是十分重视的，但必须承认其不全面的现实。我们对德日刑法理论的重视程度令人惊叹。一是存在将德日理论等同于大陆法系的刑法理论的现象，所以对法国、意大利、俄罗斯、韩国等国的刑法制度和理论的重视程度远远不够。二是对英美刑法的重视程度存在欠缺。事实上，上述国家或者法域的刑法理论都有值得学习和借鉴的地方。通过专门讲解有利于让我们了解到一个国家的刑法制度和理论，但是很难形成较为全面的认识，也很难在当前的时代背景下更多、更好地挖掘刑法的共通点。求同存异或许是比较刑法研究的一种面向，这种面向有赖于外国刑法学的全面介绍。

第二个看法是，没有历史意识的理论分析，就不可能产生现实张力。在很多教科书中，无论是对本国刑法还是外国刑法，对于理论或者制度发展的介绍都留有空白。这种现象是值得警惕的。历史铸就了不同的文化，这些文化往往是不同刑法制度和理论延续发展的灵魂。我们需要透过历史的镜像发现和评价当下的刑法结构。在重视刑法历史传统方面，德日学者还是值得我们学习的。尽管我们无法全面介绍刑法制度与理论的发展历史，但是必要的介绍还是不可或缺的。通过介绍，可以让我们发现大陆法系与英美法系刑法分流的历史背景，并在不同架构下找出不同法系刑法在长期发展过程中所形成的那些共同元素，并发现它们各自的利弊。

第三个看法是，没有政策引导的教义分析是盲目的，没有教义分析的政策引导是粗鄙的。刑法教义学不能脱离刑事政策学的指导，同样，在涉及刑法概念合法性、正当性分析的时候，不能用教义证明教义。正当性论证必须首先从外部论证，而不是从内容进行论证，必须根据刑事政策予以论证，而不是用法律本身进行自证。用刑法教义学理论论证刑法的合理性，这个问题在重视法理推理的日本、韩国或者德国刑法理论中还是较为突出的，但这种方式无疑存在缺陷。在这方面，重视实用性的英美刑法学反倒实现其理论的务实性和灵活性，值得我们重视和学习。

本着上述认识，我感到编写《外国刑法学导论》的必要性。《外国刑法学导论》在编写之初就重视阐述自古希腊、古罗马以来西方刑法思想和制度的发展，并且特别指出了刑法制度与刑法方法在中世纪出现分流的历史原因，这个原因有助于我们认知两大法系法律制度不同价值，如大陆法系走上法典化的道路，而英美法系以判例法和制定法为主要刑法渊源。这种分析有助于我们思考刑法立法、司法方法的发展方向和方式。本书在笔者之前出版的《外国刑法导论》基础上进行了两个方面的增补，一是对德国、日本、韩国、法国、俄罗斯和意大利的刑法理论做了补充性介绍，二是增加了对英美刑法理论的介绍。英美刑法的务实性是我们应当重视它们的最好理由，而且英美刑法中对宽恕问题的重视也是大陆法系应当学习的地方。

由于个人学识有限，本书内容难免存在错误。敬请同仁、老师和同学们批评。

目 录

Contents

第一章

外国刑法概述

第一节　刑法的含义与种类

一、刑法的含义

刑法含义表明了刑法的基本属性，限定了刑法的评价范围。各国学者对于刑法的含义存在不同认识。

日本学者前田雅英认为：“刑法，即规定了刑罚的法律，其核心是《刑法典》。”①

法国学者斯特法尼认为：“刑法是研究什么是犯罪以及国家对哪些给社会造成混乱的行为进行处罚的法律分支。”②

德国学者罗克辛认为：“刑法是由一些条文的总和组成的，这些条文规范着作为刑罚或者保安处分所威胁的行为的条件或者后果。”③金德霍伊泽尔也认为：“刑法所规定的是：人们利用刑罚或者保安措施、矫正措施来进行威胁的那些举止方式，需具备哪些条件和会造成哪些后果。”④

① ［日］前田雅英著：《刑法总论讲义》，曾文科译，北京大学出版社2017年版，第2页。

② ［法］卡斯东·斯特法尼等著：《法国刑法总论精义》，罗结珍译，中国政法大学出版社1998年版，第49页。

③ ［德］克劳斯·罗克辛著：《德国刑法学（总论）》（第1卷），王世洲译，法律出版社2005年版，第1页。

④ ［德］乌尔斯·金德霍伊泽尔著：《刑法总论教科书》，蔡桂生译，北京大学出版社2015年版，第13页。

韩国金日秀、徐鹤辅认为：“刑法是将犯罪作为法律要件，将刑罚与保安处分作为法律效果的法规范的总称。”[①]

可见，主要的认识分歧在于对犯罪进行制裁的措施范围不同。由于刑法调整范围广泛，或者说它没有特定调整对象，所以刑法与其他部门法的区别标准是“刑法特有的制裁措施”。[②]在传统观点中，刑法是指规定犯罪和刑罚以及二者之间的实体关系的刑罚规范。[③]之所以如此，是因为在过去，刑法主要是联系作为犯罪行为之法律后果的“刑罚”而表述的。在词源中，早期使用的主要是“刑事的”（peinliches），它源于“痛苦”（pein），借用的是拉丁文“poena”（处罚、刑罚），这一拉丁文字来自希腊文的“poine”（处罚）。所以俄罗斯学者认为，与“犯罪”相比较，“刑法在本质上是刑罚的同义词”。[④]在俄语词源上，“刑事的”与“头上的”（杀头）相联系。[⑤]这个词后来在德语中演变为“Kriminalrecht”，进而又发展为“Strafrecht”。但是在其他地方，通常存在两种意义上的概念，如在法语区，使用的是“Droit Penal”和“Droit Criminel”；在意大利使用的是“Diritto Penale”和“Diritto Criminale”；在西班牙则使用“Derecho Penal”；在斯拉夫语中，相关术语有俄语的“Ugolownoje Prawo”（刑事法律），也有波兰语的“Prawo Karne”；[⑥]在英语区则使用“Criminal Law”和“Penal law”，也有人将其分别翻译为“犯罪法”和“刑罚法”，有些学者认为它们的侧重点有所不同，不过，我们认为其内容并无实质性的区别。

---

① ［韩］金日秀、徐鹤辅著：《韩国刑法总论》，郑军男译，武汉大学出版社2008年版，第3页。

② ［意］杜里奥·帕多瓦尼著：《意大利刑法学原理》（注评版），陈忠林译，中国人民大学出版社2004年版，第2页。

③ ［日］曾根威彦著：《刑法学基础》，黎宏译，法律出版社2005年版，第3页。

④ ［俄］JI.B.伊诺加莫娃—海格主编：《俄罗斯联邦刑法（总论）》，黄芳、刘阳、冯坤译，中国人民大学出版社2010年版，第2页。

⑤ ［俄］H. ф.库兹涅佐娃、И. M.佳日科娃主编：《俄罗斯刑法教程（总论）》（上卷），黄道秀译，中国法制出版社2002年版，第1页。

⑥ 参见［德］汉斯·海因里希·耶赛克、托马斯·魏根特著：《德国刑法教科书·总论》，徐久生译，中国法制出版社2001年版。

然而，随着时代的变迁和社会的发展，形成并深化了刑法的文明观念，引发了刑法内容的变革。人类社会关于犯罪的认识以及评价犯罪人的方式越趋理性和宽容，从而，犯罪的法律后果不再维持“一元化”的模式，具有报应色彩的“刑罚”不再被当作犯罪的唯一后果；而以预防为要旨的“处分”已成为现代刑法中的一个重要内容。因此，许多国家的刑法不再限于规定犯罪与刑罚，还规定诸如保安处分之类的内容，从而形成了二元化的犯罪法律后果。基于前述观念的变化，当今的刑法概指规定犯罪及其法律后果的法律规定。犯罪的法律后果包括刑罚、保安处分或者其他处分措施。

二、刑法的法源与种类

刑法的法源即刑法的表现形式，各国的刑法表现形式也不同。在法国，刑法法源包括三部分：（1）国际条约与协定，如罗马条约、欧洲人权公约；（2）刑事法律，如刑法典、附属刑法规范；（3）执行机关的法规。①在俄罗斯，刑法法源包括刑事诉讼法、刑法典、行政法、民法中的刑法以及国际法。②在日本，刑法法源包括形式意义的刑法典与实质意义的刑法，后者范围较为广泛，此外还有特别刑法，特别刑法可分为狭义的特别刑法、行政刑法、经济刑法、劳动刑法、环境刑法。③在韩国，刑法法源包括形式意义的刑法（即刑法典）和实质意义的刑法。后者是规定犯罪以及与之相对应的国家制裁手段的法律总称，如保安观察法、交通事故处理特例法、军事刑法、商事刑法、行政刑法、税收刑法。④在意大利，刑法法源包括刑法典、附属刑法与

① 参见［法］卡斯东·斯特法尼等著：《法国刑法总论精义》，罗结珍译，中国政法大学出版社1998年版，第117—131页。

② ［俄］Н. ф.库兹涅佐娃、И. М.佳日科娃主编：《俄罗斯刑法教程（总论）》（上卷），黄道秀译，中国法制出版社2002年版，第7页。

③ ［日］关哲夫著：《讲义刑法总论》，成文堂2015年版，第9—10页。

④ ［韩］金日秀、徐鹤辅著：《韩国刑法总论》，郑军男译，武汉大学出版社2008年版，第3—4页。

特别刑法，特别刑法包括军事刑法、海事刑法与财经刑法等。[①]德国刑法法源包括刑法典和附属刑法。[②]在英美法系，刑法法源被认为包括：（1）普通法；（2）普通法、行政刑法（Administrative criminal law）；（3）普通法、制定刑法（Statutory criminal law）。总之，刑法出现了分支精细化的趋势，这将瓦解传统刑法的基本原理。

在大陆法系刑法学，刑法大体可以分如下几类。

（一）狭义刑法和广义刑法

狭义刑法，是使用“刑法”名称的法律，通常指刑法典（Criminal Code），如《德国刑法典》《日本刑法典》《法国刑法典》《意大利刑法典》《瑞士刑法典》《韩国刑法典》等。刑法典一般包括总则和分则两大部分。总则规定犯罪的基本原则、效力范围、犯罪、刑事责任、刑罚制度等；分则主要规定具体犯罪的构成要件和法定刑。有些国家的刑法典还规定了保安处分，如德国刑法典第三章第六节的“矫正与保安处分”、瑞士刑法典第三章的“刑罚、保安处分和其他处分”等。[③]

广义刑法，是规定犯罪及其相关法律后果的一切法律规范。除了刑法典之外，它还包括不具有“刑法”名称的其他法律规定，如韩国的《社会保护法》《保安观察法》《保护观察法》《国家保安法》等，其中《社会保护法》第43条就规定了一系列罚则；又如德国的《青少年法庭法》。

（二）普通刑法和特别刑法

普通刑法，也称一般刑法，是规定一般社会生活中的基本犯罪及其法律后果的刑法，刑法典是最典型的普通刑法。德国学者认为，刑法典只规定了

① ［意］杜里奥·帕多瓦尼著：《意大利刑法学原理》（注评版），陈忠林译，中国人民大学出版社2004年版，第11页。

② ［德］克劳斯·罗克辛著：《德国刑法学（总论）》（第1卷），王世洲译，法律出版社2005年版，第3—5页。

③ 这也是本书在刑法概念中将“保安处分”和“其他处分”包含在其中的主要原因。

特别重要的犯罪，可谓核心刑法。此外还有一些与特定的法领域有更密切联系的特定犯罪，被单独规定在相应的法规中，形成了附属刑法。[①]在德国，存在于刑法典之外的附属刑法数量非常庞大。附属刑法又被称为行政刑法，值得注意的是，“行政刑法是一种控制我们行为的重要方式，事实上，在很多时候，它对行为的控制比刑法更有效”。[②]

当然，从广义上使用特别刑法更合适。特别刑法就是针对特殊生活领域进行特殊规制的刑法，或者特别加重处罚的刑法。普通刑法之外的刑法均属之。在意大利刑法中，典型的特殊刑法如军事刑法。但是，附属刑法能否被认为是特别刑法还存在争议，如意大利刑法理论中对于海事刑法和财经刑法是否具有独立性就有不同看法。[③]

（三）实体刑法、诉讼刑法和行刑法

实体刑法（Substantiva criminal law），是规定国家刑罚权的内容与范围的法律，即规定犯罪与刑罚、其他法律后果之间关系的法律，其主要形式是刑法典。

诉讼刑法（Procedural criminal law），是规定国家实现刑罚权所必要的程序方面的法律，或者说是规定对犯罪行为进行调查、追诉、审理和判决的程序的法律。诉讼刑法的主要形式是刑事诉讼法，此外包括《法院组织法》等。在一些国家，还包括对于少年犯如何审判的《少年法院法》。在有些国家，实体刑法和程序刑法规定在一个法律规范中，如《加拿大刑事法典》。[④]

---

① ［德］乌尔斯·金德霍伊泽尔著：《刑法总论教科书》，蔡桂生译，北京大学出版社2015年版，第14页。

② Sue Titus Reid, Criminal Law, 2001, McGraw-Hill, 2001, p.10.

③ 参见［意］杜里奥·帕多瓦尼著：《意大利刑法学原理》，陈忠林译，法律出版社1998年版，第11页。

④ 实体刑法的对象与犯罪学、诉讼刑法和行刑法并不完全相同，但是，确定、评价和解决实体刑法问题必须考虑到这些相关因素。这种观点也可见George E. Dix & M. Michael Sharlot, Criminal Law：Cases And Materials, West Publishing co., 1987, p.2。

行刑法（Executive criminal law），是规定刑罚如何执行的法律，如调整执行机构、执行自由刑、剥夺自由刑、执行特殊的处遇措施等法律。对于行刑法和诉讼刑法之间的区别，在理论上还有待进一步界定。

（四）国内刑法、区际刑法和国际刑法

国内刑法（Internal criminal law），是国内关于犯罪、刑罚和保安处分的法律规定，如各国刑法典以及特别刑法。

区际刑法（Inter-regional criminal law），一般指主权国家内部跨法域的刑法规定，一般要处理的是区际刑事司法协助或者冲突的解决机制，如德国、美国联邦内部州与州的刑法冲突，又如我国内地与我国台湾地区、香港和澳门特别行政区就刑事司法协助所规定的法律规范。严格而言，区际刑法在当前还不是一个内容确定的概念，但就刑法的发展看，区际刑法今后在实体上能否突破现有体系和界限，是十分值得关注的。

国际刑法（International criminal law），是国际公约中旨在制裁国际犯罪、维护各国共同利益的各种刑事性法律文件。国际刑法通常将国际犯罪实体法、诉讼法和执行法融为一体，构成独立的法律体系。有代表性的国际刑法包括《公民权利和政治权利国际公约》《经济、社会、文化权利国际公约》《禁止并惩治种族隔离罪行国际公约》《反腐败公约》等。

三、刑法在法律体系中的地位

关于刑法在法律体系中的地位，存在从属性说、独立性说与相对独立性说之分。

（一）刑法的从属性说

从启蒙时期开始，法学界主张刑法不是一个独立的法律部门。迄今为止，意大利还有学者支持刑法独立性说，他们认为，从内容上看，刑法没有自己独立调整的对象，因为刑法每个规范禁止的内容都已经被其他部门法禁止了，刑罚并无独立的禁止规范，只有制裁这一部分才真正属于刑法的内

容；从功能上看，刑法只有依附于行政法、民法等部门法，并作为其他部门法的补充才可能存在。[①]金德霍伊泽尔认为："刑法的目标是通过确证规范的效力（即规范的普遍遵守），以实现对各种法益（Guter）的保护……借此明确宣告，不遵守规范是错误的。"[②]前田雅英认为，除了刑法之外，其他社会管理法都有预防犯罪的作用，但"由于刑法的侵犯性很强，所以应以最为合理的方式来适用，以符合其特征"[③]。

（二）刑法的独立性说

今天占统治地位的观点是独立性说。该说认为，刑法在加强某一禁止性命令威慑力的同时，还具有将原有的禁令改造为新的法律规范，甚至改变为法律适用对象的作用。[④]金日秀认为："刑法在整体法秩序中作为把宪法视为上位规范的下位规范，形成广泛的公法秩序的一部分。在公法秩序中除宪法、行政法、国际法之外，还包括刑事法。"[⑤]罗克辛认为，刑法与民法的区别在于，民法建立在平等关系的原则基础上，而刑法建立在个人服从国家强制力的从属关系基础之上。"刑法是公法的一个组成部分。"[⑥]

（三）相对独立性说

但是，越来越多的学者似乎开始主张相对独立性说，即以独立性说为基础，并承认刑法的从属性。例如，意大利学者帕多瓦尼认为："承认刑法是一个独立的法律部门，并不意味着否定刑法具有制裁性规范的性质。"而且，

---

① 参见［意］杜里奥·帕多瓦尼著：《意大利刑法学原理》，陈忠林译，法律出版社1998年版，第4页。

② ［德］乌尔斯·金德霍伊泽尔著：《刑法总论教科书》，蔡桂生译，北京大学出版社2015年版，第15页。

③ ［日］前田雅英著：《刑法总论讲义》，曾文科译，北京大学出版社2017年版，第5页。

④ 参见［意］杜里奥·帕多瓦尼著：《意大利刑法学原理》，陈忠林译，法律出版社1998年版，第4页。

⑤ ［韩］金日秀、徐鹤辅著：《韩国刑法总论》，郑军男译，武汉大学出版社2008年版，第5页。

⑥ ［德］克劳斯·罗克辛著：《德国刑法学（总论）》（第1卷），王世洲译，法律出版社2005年版，第4页。

刑法必须坚持辅助性原则，其内容是：“不是在不用刑事措施就不足以有效处罚和预防某种行为时，就不允许对该行为规定刑事制裁。”①

第二节　犯罪的含义

一、犯罪的概念

对此，各国刑法学大体上有三种界定方式。

（一）形式的犯罪概念

形式的犯罪概念是从法律规定的形式角度界定犯罪，或者只根据犯罪的法律规定给犯罪下定义，而不说明将特定行为规定为犯罪的实质根据。在一些国家的刑法立法中，也是从形式上定义犯罪的，如1985年修订的新加坡刑法典第40条第2款规定：“‘犯罪’是指应受到本法典所规定的刑罚处罚的行为或者应受到当时有效的法律所规定的刑罚处罚的行为。”此外，虽然很多国家的刑法没有做出类似的犯罪定义，但理论上提出了属于形式的犯罪定义，如日本学者西原春夫说：“所谓犯罪，指违法、有责的行为。”②德国学者耶赛克提出：“犯罪是法秩序以刑罚作为制裁手段的人的行为。”③意大利学者则更干脆地说道：“‘犯罪（reato）’是‘刑事违法’的同义词，它意味着违反了刑法规范，即以刑法典为‘重罪’和‘轻罪’规定的主刑（及平时军事刑法典第20条规定为‘军职罪’规定的主刑）为制裁措施的法律规范。”④意大利学者认为，犯罪一般是形式概念，它有三个方面的意义：其一，犯罪是被刑法规定典型化了的抽象事实；其二，犯罪是那些具体的“完全符合法

---

① ［意］杜里奥·帕多瓦尼著：《意大利刑法学原理》，陈忠林译，法律出版社1998年版，第4—5页。

② ［日］西原春夫著：《刑法总论》（上卷），成文堂1994年改订准备版，第77页。

③ ［德］汉斯·海因里希·耶赛克、托马斯·魏根特著：《德国刑法教科书·总论》，徐久生译，中国法制出版社2001年版，第64页。

④ ［意］杜里奥·帕多瓦尼著：《意大利刑法学原理》，陈忠林译，法律出版社1998年版，第69页。

律规定的所有构成要件的事实”；其三，犯罪是按照法律规定应受刑罚处罚的事实。①韩国学者认为，形式的犯罪概念是“符合构成要件的违法且有责的行为”②。

（二）实质的犯罪概念

实质的犯罪概念是从政治或者社会属性的实质角度界定犯罪，即从行为为什么构成犯罪这方面定义犯罪，而不涉及犯罪的形式特征。苏联刑法曾规定：“犯罪是危害某种社会关系制度的作为或不作为……”在理论上，关于犯罪的实质定义则五花八门，如苏联学者曾认为：“任何旨在反对苏维埃制度及其所确定的法律秩序的危害社会的作为或不作为，都是犯罪。”③日本学者大塚仁认为，犯罪在实质上“是指广为侵害社会共同生活秩序的人的行为”；④大谷实说：“所谓犯罪，其实质的意义是，由于侵害社会生活中的利益而必须给予一定强制措施的高度有害行为。”⑤金德霍伊泽尔认为“犯罪是一种规范违反”。⑥韩国学者认为实质概念也叫作法政策概念，“实质的犯罪概念仅指除刑法以外的其他制裁手段无法给予充分保护的严重的社会有害的法益危害行为”⑦。在英美法系，有学者认为，犯罪是道德错误的行为。不过，道德错误仅仅是犯罪的先决条件，而不是充分条件。⑧

① ［意］杜里奥·帕多瓦尼著：《意大利刑法学原理》（注评版），陈忠林译，中国人民大学出版社2004年版，第78—79页。

② ［韩］金日秀、徐鹤辅著：《韩国刑法总论》，郑军男译，武汉大学出版社2008年版，第13页。

③ 转引自马克昌著：《比较刑法原理》，武汉大学出版社2002年版，第87页。

④ ［日］大塚仁著：《刑法概说·总论》，冯军译，中国人民大学出版社2003年版，第89页。

⑤ ［日］大谷实著：《刑法讲义总论》，成文堂1996年补定4版，第95页。

⑥ ［德］乌尔斯·金德霍伊泽尔著：《刑法总论教科书》，蔡桂生译，北京大学出版社2015年版，第41页。

⑦ ［韩］金日秀、徐鹤辅著：《韩国刑法总论》，郑军男译，武汉大学出版社2008年版，第15页。

⑧ Andrew Ashnorth, Positive Obligations In Criminal Law, Hart Publishing, 2015.

（三）综合的犯罪定义

综合的犯罪定义就是既从犯罪的实质上也从犯罪的形式上定义犯罪。在德国有学者意识到实质犯罪概念的重要性，认为“实体的犯罪概念是位于刑法典之前的，是为立法者提供刑事政策方面的标准，为的是解决立法者可以惩罚什么和应当让什么不受刑法惩罚（straflos）的问题”。[①]在立法上，1997年生效的俄罗斯刑法典第14条规定：“本法典以刑罚相威胁所禁止的有罪过的实施的危害社会的行为，被认为是犯罪。”在理论上，更多的是采取这种犯罪定义，如法国学者认为：“由刑法规定并依据其对社会秩序造成的扰乱进行惩处的行为。”尽管作者认为这是“纯粹法律上的抽象定义”，[②]但“对社会秩序造成的扰乱”属于实质性评价，所以应该说这是一个结合非常严密的综合犯罪定义。日本学者大塚仁认为：“所谓犯罪，一般而言，从形式的观点看，应该是符合构成要件的违法且有责的行为，从实质的观点看，是反社会的行为，或者应当说是侵害社会的行为。”[③]

形式界定与实质界定各有利弊，而且各自可以实现的功能不一样。“形式的犯罪概念的基础是法律规定的制裁措施，因而能说明刑事违法行为（重罪与轻罪）与任何其他违法行为的首要区别。”[④]但是，这种定义不能解释如下问题：立法上为何将某种行为当作犯罪，而不将另一种行为当作犯罪；某种行为过去是犯罪的，但现在的立法不再将其当作犯罪；某种行为在一定条件下是违法的，而在另外一种条件下是犯罪的；等等。所以，综合的犯罪定义是可取的。形式的犯罪定义的功能主要是为司法提供安全性根据，而实质的犯罪定义的功能侧重于为刑事立法提供合理性基础，因此，在立

① ［德］克劳斯·罗克辛著：《德国刑法学（总论）》（第1卷），王世洲译，法律出版社2005年版，第12页。

② ［法］卡斯东·斯特法尼等著：《法国刑法总论精义》，罗结珍译，中国政法大学出版社1998年版，第6页。

③ ［日］大塚仁著：《犯罪论的基本问题》，有斐阁1982年版，第1页。

④ ［意］杜里奥·帕多瓦尼著：《意大利刑法学原理》，陈忠林译，法律出版社1998年版，第72页。

法上，要结合社会发展的客观需要，确定哪些行为具有较严重的社会危害性，侵犯了基本的社会伦理秩序，必须通过刑罚手段予以惩治。将这些行为作为犯罪行为进行规定的时候，还要考虑到法律适用时的各种认识分歧，因此，应在形式上对犯罪构成进行明确的规制。而在司法实践中，首先应当在法律形式的范畴内认定犯罪，对于明显超出犯罪字面规定之外的行为，不作为犯罪处罚；对于在理解上不可避免有争议的，则要根据实质的犯罪含义，把握行为的社会意义，以决定是否要作为犯罪、作为何种犯罪行为进行判定。

二、犯罪的本质

犯罪的本质，是某种行为在法律上被规定为犯罪的、属于社会实体的性质。对此，理论上主要有五种学说。

1. 权利侵害说

这是费尔巴哈的观点，他认为犯罪的本质是对法所赋予的权利的侵害。对犯罪设定“权利侵害”的客观范围，确保市民的政治、经济权利，具有强烈的自由主义色彩，但是犯罪中也包含一些难以说是权利侵害的部分，因此，该说为法益侵害说所替代。

2. 法益侵害说

这是19世纪初期形成的观点，认为犯罪是对国家所保护的财（gut）或利益的侵害或者侵害的危险。法益概念获得了大陆法系刑法理论的普遍认可，法益侵害说也是现在很有影响的学说。

3. 义务违反说

这是德国纳粹时期的见解，认为犯罪的本质不是法益侵害，而是义务的违反。这种观点随着纳粹政权的崩溃而被抛弃，而且，义务的范畴过于宽泛，包括法律义务、道德义务等，但并不是所有违反上述义务的行为都是犯罪，所以这样的犯罪本质说是不严谨的。

4. 伦理规范违反说

该说起源于迈尔的文化规范论，不仅重视犯罪在法益侵害方面的内容，还重视行为违反社会伦理规范的问题。这种学说在日本也很有影响，在德国，有学者明确提出："犯罪不是法益侵害（Rechtsgutsverletzung），而是规范否认（Normdesavouierung）！"[①]

5. 社会危害性说

该说认为："社会危害性是犯罪最重要的社会（实体）特征。"[②]社会危害性作为犯罪的本质特征，在所有独联体国家的刑法典、《独联体国家示范刑法典》以及在保加利亚、捷克、斯洛伐克等国的刑法典中都作了规定。

犯罪的本质理论，不仅要能够说明一部刑法中所有犯罪的本质，还应当说明人类社会历史长河中所有犯罪的本质。或者说，它不仅能够说明古代社会的犯罪本质，也能够说明现代法治社会中的犯罪本质。由于法益侵害说和伦理规范说与违法性的本质学说有关，在后文将对它们展开分析，所以在这里仅仅对社会危害性说进行简要评析。

社会危害性说在我国刑法理论中有较大争议。但值得肯定的是，社会危害性说可以涵盖所有犯罪的基本客观特征。社会危害性论可以追溯至贝卡利亚的刑法观念中，他认为"一切犯罪，包括对私人的犯罪都是在侵犯社会，然而它们并非试图直接地毁灭社会"[③]。在古代社会，也有刑法，也有犯罪，那个时代的犯罪和现代社会的犯罪在法治背景下具有不同的性质，可是，我们也不能否定它们在本质上的一致之处。假如我们只讨论法治语境下的犯罪本质，而忽视古代社会的犯罪现象和犯罪本质，并不能揭示刑法文明的发展规律，也不能认识刑法的社会机能，这在理论上是偏颇的。现在一些法益侵害说论者，仅仅是在现代法治的框架下讨论犯罪的本质，而没有考虑到犯罪的社会文化特征，甚至掩饰了特定时期刑法曾经具备的阶级特征，如在苏联

---

① ［德］格吕恩特·雅科布斯著：《行为　责任　刑法》，冯军译，中国政法大学出版社1997年版，中文版序言第2页。

② ［俄］Н. ф.库兹涅佐娃、И. М.佳日科娃主编：《俄罗斯刑法教程（总论）》（上卷），黄道秀译，中国法制出版社2002年版，第130页。

③ ［意］贝卡利亚著：《论犯罪与刑罚》，黄风译，中国大百科全书出版社1993年版，第71页。

刑法中，将政治评价和法律评价结合的做法。所以，这些评论者的观点是不客观的。

但社会危害性说的不足也是明显的。首先，社会危害在一定层面上是一个比较抽象的概念，对于社会的理解，存在着认识上的歧义。如在启蒙思想初期，理论上也认为犯罪是危害社会的行为，但该“社会”是一种朴素的市民社会的概念；而在苏联的刑法学中，阶级化的社会观念使得刑法的评价是政治评价与法律评价的结合，就如特拉伊宁所说：“把政治评价列入法律规范的这个事实，对于理解《苏俄刑法典》第128条的意义和精神来说，自然有一定影响。”①

其次，它不能作为解释一些行为有社会危害性但法律却明确否定违法性的理由。如紧急避难行为，本身就是侵害他人法益的行为，他人的法益从广义上包括了社会的法益和国家的法益，也就是说，紧急避难行为具有社会危害性，但是，为何法律明确阻却了它的违法性呢？可见，社会危害性说并不能自圆其说。

最后，它不能作为充分解释某些没有直接社会危害性的行为却为刑罚制裁的理由。比如得到他人的承诺而将他人杀死的，这种行为是否具有社会危害性尚有分歧，一方面我们可以说，法律之所以这么规定，就是为了防止有的人逃避法律的义务，所以从长远来说，这种行为也有社会危害性；但是，另一方面我们也可以从相反的角度认为，这种行为不仅没有社会危害性，而且具有一定的社会益处。如安乐死或者尊严死，提前终结深受严重疾患困扰的病人的生命，可以让他们安详地或有尊严地脱离痛苦的人生，可以减轻病患者亲属对病患者的心理负担和经济负担，可以使国家更公平地分配本来就极其稀缺的医疗资源。可见，类似行为的社会危害性至少还存在争议，但它们大多被当作犯罪处理。

① ［苏］A. H. 特拉伊宁著：《犯罪构成的一般学说》，中国人民大学出版社1958年版，第53页。

第三节　犯罪的法律后果

一、刑罚

在传统理论中，犯罪的法律后果就是刑罚。刑罚是带有刑事性质的惩罚性制裁措施。刑罚具有如下特征：（1）它是由刑法规定的强制措施；（2）刑罚是国家对犯罪人适用的强制措施；（3）刑罚是由法院来确定的。因此刑罚是一种重要的社会控制措施。

刑罚作为正式的法律制度是历史的产物。在小型共同体，特别是在原始社会，正式法律并非必要，因为人的行为可以通过非正式社会控制措施得到有效规制，包括通过家庭或者其他社会组织，如教会和学校，使婴儿、儿童被教会正确的行为。刑罚针对的是对社会规范的违反，但早期的刑罚是非正式的。这些非正式社会控制成功的关键在于那个共同体或者社会的凝聚力，多数成员接受并遵从这些规范。①

但随着社会变得复杂，非正式社会控制的效力不断削弱，成员数量的增长降低了主流社会组织控制人类行为的权力。人与人之间、共同体之间的冲突更多，社会越来越需要更加正式且更具现实合理性的社会控制措施。尽管关于法律是如何演变的存在不同意见，但有一点是清楚的，民法与刑法在某些方面显示出一些特征，表明它们是正式措施，据此冲突得到解决，行为受到控制。②

为了实现刑罚的目的，立法机关规定了科学合理的刑罚制度，设置了不同种类的强制措施。刑罚的强制措施包括对犯罪人权利或者自由的限制或者剥夺，如名誉刑、生命刑、自由刑、财产刑。另外，刑法所规定的各种刑罚种类及其功能、特点和相对强度等共同组成了确定的、按等级排列的刑罚体系。

① Sue Titus Reid, Criminal Law, 2001, McGraw-Hill, 2001, p.3.

② Sue Titus Reid, Criminal Law, 2001, McGraw-Hill, 2001, p.3.

二、保安处分

保安处分是近现代以来发展起来的制度。保安处分有不同含义，广义的保安处分是以行为人的危险性为基础，对其施加的以特别预防为目的的处分；狭义的保安处分是特别刑法上的保安处分，也称为一般的保安处分。保安处分“主要是根据特别预防的目的设计的刑罚之外的刑法效果”[①]。也有观点认为它是替代或者补充刑罚的刑法效果。保安处分具有预防再犯的危险性的目的，它必须以犯罪行为为事实前提，以法院判决为必要根据，并区别于刑罚和行政处分。

国家保护社会和公众免受犯罪行为之侵害的任务，在某些情况下仅仅依靠刑罚是不可能完成的，因为刑罚只有在行为人有责地实施犯罪行为的情况下方可科处，而且刑度受有责实行的不法程度的限制。在刑事诉讼中对犯罪情况尤其是对行为人个性的进一步研究表明，有些犯罪人还可能实施其他严重的犯罪行为，对这些严重犯罪行为的预防，仅靠与罪责相适应的刑罚，并且要求行为人具有责任能力，是难以产生积极效果的。在此等情况下，就有必要在一个刑事诉讼程序中，一方面考虑对行为人的犯罪行为施加刑罚；另一方面考虑给予以犯罪预防为目的的治疗，或者干脆同时判处适合于预防这些犯罪的保安处分。[②]在旧派刑法中，依据责任主义原则，不能对有精神障碍、未达到刑事责任年龄等无责任能力者的有害行为施加处罚。19世纪末，意大利刑法学派使新派刑法学得以抬头，它主张目的刑和教育刑，提出对有社会危险性的犯人进行无害化处分、对有改善可能的犯人施加教育的思想，这成为保安处分思想的出发点。

根据一般观点，保安处分制度之所以成为刑法中的重要内容是因为：[③]（1）报应刑罚论不能实现防止累犯的目的，为此，对于刑罚执行完毕被释

① ［日］八木国之著：《新派刑法学的现代展开》，酒井书店1991年版，第203页。

② 参见［德］汉斯·海因里希·耶赛克、托马斯·魏根特著：《德国刑法教科书·总论》，徐久生译，中国法制出版社2001年版，第966页。

③ ［日］高注贞人、奈良俊夫、石串才显、佐藤芳男著：《刑法总论》，青林书院1983年版，第293页。

放者，在其依然有显著的再犯危险时，有必要采取预防措施；（2）为了压制、预防常习犯，有必要对个人采取有针对性的措施，如流浪者厌嫌劳动以至于成为常习犯的，有必要采取劳作措施，使其养成劳动习惯；（3）对有饮酒或者使用麻醉剂癖好者，由于陷入中毒状态而有犯罪的危险性，自由刑对这些犯罪人的效果不明显，为了从根本上矫正其习癖，必须采取强制措施；（4）对未成年犯罪者，有必要采取刑罚的镇压性预防措施和施加改善教育的措施，去除其将来的犯罪危险性；（5）短期自由刑不适应对犯罪人的人格的改善，而且在预防犯罪方面存在许多有害无益的问题，对此有必要采取补充措施。

第二章

外国刑法发展简史

第一节 古希腊、古罗马的刑法

一、刑法思想及相关理论

（一）刑法的思想根基

刑法是最古老的法律。从人类社会共同体形成以来，就出现了刑法的雏形。但经历不同时代和不同社会条件的洗礼，刑法的思想根据不断发生着变化，刑法制度也因此不断发展。原始复仇思想可谓古代刑法的基本根据，对此，古希腊、古罗马刑法和其他地方的古代刑法一样，并无二致。例如，公元前18世纪古巴比伦制定的《汉谟拉比法典》，其中第196条至第197条规定：挖人眼者，人亦挖其眼；折人之骨者，人亦折其骨；毁人之齿者，人亦毁其齿。通常的说法就是“以牙还牙，以眼还眼”。600年之后的摩西法典、印度的摩奴法典、古兰经等，都有“杀人偿命”的复仇规定。复仇思想使得行为人和受害人双方最终两败俱伤，且累积深仇，殃及后代。在这种背景下，古希腊人、古罗马人展开了对刑法正当性的思考，揭开了西方刑法文明史的序幕。

（二）刑法文明史的开端

西方国家刑法文明史发轫于古希腊人对当时刑罚性质的措施的正当性讨论。而这些讨论及其背后的思想栖息于荷马史诗和海希奥德（Hesiod，也被翻译为赫希阿德）著作所提供的神话、传说和仪俗之中。当时的人普遍认为：法律是神颁布的，人们通过神意的启示才得知法律。如海希奥德指出，野兽、鱼和鸟之所以相互捕杀，是因为它们不知道法律；而奥林匹斯山众神之首宙斯把他最伟大的礼物赐予了人类，使人类具有理性，知道用“公正”“正义”来处理人际关系，法律是一种建立在公平基础上的和平秩序。宙斯时刻注视着人间，当“正义”被人从城市里驱逐出来，它就找宙斯，坐在宙斯身边哭诉人们的不正义，于是宙斯就惩罚不正义之人，让正义重新回到人间。

根据当时的观点，法律的正当性基础是（人们认为）它们体现了神意，因此，当时的刑罚观主要是神意报应观，即“善因善果，恶因恶果”。这种报应体现为各种各样的强制性惩罚，如根据希腊神话，普罗米修斯不听宙斯的命令，盗火给人间，宙斯很生气，就把普罗米修斯交给赫准斯托斯和两个仆人——克拉托斯和皮亚（强力和暴力）处置。普罗米修斯被他们锁在高加索山的悬崖上，既没有吃的也没有喝的，而且其肝脏不断被恶鹰啄食。

后来随着人定法的发展，神法受到了冲击，出现了人定法与神法规范的冲突。索福克勒斯的著名悲剧《安提戈涅》，为法学研究提供了这方面的生动素材。克里奥国王禁止人们为安提戈涅的兄弟浦雷尼克举行葬礼，因为他生前违反了法律。安提戈涅明知她的行为会使自己面临死亡的危险，但还是勇敢地向这种法令提出了挑战，按照当时的希腊宗教规定安葬了她的兄弟。当克里奥要求她说明理由时，她论辩道：在埋葬她的兄弟时，她所违背的只是克里奥的法律，而不是不成文的法律：它们既不属于今天也不属于昨天/永恒地存在着。（没有人能确知它们的生成之时）/我不怕激怒任何人/（也蔑视神的报复）为了捍卫它们。[①] 这个剧情生动描述了一个被当今刑法称为“义务冲突”的情境，即世俗法律义务和宗教教义之间的冲突。从上述材料中，我们可以惊讶地发现，当时的人们已经不自觉地对世俗法是否与神法相

---

① 转引自［美］E.博登海默著：《法理学：法律哲学与法律方法》，邓正来译，中国政法大学出版社1999年版，第4页。

一致大胆地提出了质疑。

大约公元前6世纪，希腊人不再满足于用神话故事解释自然现象，而企图用自然的原因来阐释这些现象，进而解释社会现象及社会秩序是如何形成的。随之在小亚细亚诞生了第一个古希腊哲学学派，即米利都学派。其后相继出现了毕达哥拉斯、爱非斯和埃利亚等学派。这些早期的哲学家们最早提出了世界的本原问题，即什么是自然，因此什么是人类。这种认为社会法则因循自然规律的潜在思想支配了其后的政治学、法学，乃至神学研究。就当时的知识水准而言，它促使我们试图经由对正义本质的理解实现对不正义（包含犯罪）的制裁和控制。

但各个学派的学者对于世界本原的解释大相径庭。为什么会这样？后来的智者逐渐意识到，人的思想是认识过程中不可忽视的一个因素。或者说，知识的可靠性不仅与认识客体的确定性有关，而且与认识主体的能力密切相关。智者以前的思想家天真地以为人类的理性能够获得真理，尽管他们有敏锐的批判眼光，可惜的是，他们忘记审视自己的认识能力。到了这个时候，智者开始重视认识的主体，并提升认识主体在认识中的地位，如普罗塔哥拉说："人是万物的尺度。"①具体而言，他认为人们对外在世界的看法，取决于个人的理解，而不是由外部世界本身的属性决定的。

智者的观点在客观上激发了当时的社会思潮。智者要求哲学、宗教、道德以及建立其上的制度表明自己的合理性；他们否认认识可能性，迫使哲学寻求认识的标准；他们抨击传统道德，迫使道德反对怀疑主义和虚无主义来保卫自己，找出是非的合理原则。最终，希腊思想家不得不从新的角度考虑：什么是宇宙和人在自然中的地位。智者把哲学从天上降到人间，使人类的注意力从宇宙外部转向人类自身，并对自然和法则作了明显的区别，推动了神法和人定法的区分。思考和批判是哲学、宗教、道德、政治以及人类一切活动中的比较健全的思想所不可缺少的品质，推崇理性本身固然值得赞许，但

① ［美］梯利著：《西方哲学史》，葛力译，商务印书馆1995年版，第45页。

是智者学派却未能建设性地运用理性工具。[①]在何谓社会正义的问题上就有智者认为："正义不外是强者的利益"，被指名为盗贼的人，不过是不幸的普通人；而夺取并奴役他人的人，并不被认为是犯罪。[②]这种观点在一定程度上解释了犯罪的政治属性，但是，它完全否定了人类共同体中存在某种得到共识的、维系社会秩序所必要的理念，一旦这种共识的理念遭到否弃，社会将陷入混乱不堪的窘境。对于智者所造成的思想混乱的反思，成就了苏格拉底。

（三）从苏格拉底到亚里士多德的刑法思想

苏格拉底是一系列哲学思想的鼻祖，他对于法或者刑法的观念主要体现在他有关德性的理论和实践中。在色诺芬《回忆录》中记载了苏格拉底与欧蒂德谟之间的一段对话，[③]苏格拉底以情景设问，迫使对手不得不承认，一个行为的正当性，应当在不同的范围内根据具体情形加以评价。这种认识对于讨论刑法中的正当化事由，在今天依然能提供有价值的理论基础。这段对话还说明客观行为和主观意图在社会评价中具有不可忽视的意义。很显然，这种思想对于抗制早期的"客观归罪"具有积极作用。苏格拉底的思想深刻影响了当时的社会，哲学包括法学出现了重大转机，出现了诸如德谟克利特、柏拉图等思想大师。

德谟克利特"是经验的自然科学家和希腊人中第一个百科全书式的学者"，[④]在古希腊哲学家中，他是和柏拉图并肩的两座高峰。德谟克利特提出人都是追求快乐、避免痛苦的。这是功利主义早期的胚胎，也可说是费尔巴哈的"心理强制学说"的理论渊源。他关于"行善"的观点表明了早期的一

---

① 参见［美］梯利著：《西方哲学史》，葛力译，商务印书馆1995年版，第48—49页。

② 参见罗国杰、宋希仁编著：《西方伦理思想史》（上卷），中国人民大学出版社1985年版，第102—103页。

③ 参见罗国杰、宋希仁编著：《西方伦理思想史》（上卷），中国人民大学出版社1985年版，第112—114页。

④ 马克思、恩格斯著：《马克思恩格斯全集（第3卷）》，人民出版社1956年版，第146页。

种犯罪本质观。他认为，行善就是做有利于他人和社会的事，尊重社会和他人的利益，就是德性或正义。贪赃枉法、盗窃行凶、危害社会和他人，就应该被“扑灭”。[①]这种观点有助于将犯罪作为一种对社会利益的侵害，而不再是对个人利益的侵害。他还提出主观动机的社会意义，认为“可恶的不是做不公正的事情的人，而是那有意地做不公正的事情的人。”[②]据此，判断行为的好坏，既要看行为的动机也要看行为的效果；既要看行为人的意愿又要看他的实际行为。这是主观和客观相结合的评价，对于后来西方刑法学拒斥“主观归罪”或“客观归罪”应当具有积极推动作用。他还提出了教育的刑罚观，认为犯罪者是应当、可以被教化的，因为“罪恶的原因在于对美好的事物的无知”，而“教育很可以改变一个人”。[③]

柏拉图是苏格拉底的弟子。他提出“理念论”，认为一切事物都有理念，而善的理念是一切理念的源泉。人的理性就是至善。但同时，由于人具有理性、生气勃勃的部分和欲望的灵魂，当生气勃勃和欲望受理性领导时，人是节制的；反之，人就会犯下罪行。[④]每个人都有“非法的快乐和欲望”，有的人犯罪，有的人不犯罪，关键是人是否能受到法律和以理性为友的较好欲望的控制。应当指出的是，这种以人具有意志自由和理性为假设的犯罪观，在很长一段历史时期具有压倒性地位，导致犯罪在很长时期被认为是行为人“决定的结果”。和他的论敌德谟克利特一样，柏拉图也重视刑罚的教育效果，认为一个人如果因为做坏事受到了惩罚，将有助于他身上兽性部分的驯化，其人性部分就能自由释放，因此获得节制和正义。[⑤]可见，其刑罚观具有特殊教育刑的属性。

---

① 参见罗国杰、宋希仁编著：《西方伦理思想史》（上卷），中国人民大学出版社1985年版，第140页。

② 转引自罗国杰、宋希仁编著：《西方伦理思想史》（上卷），中国人民大学出版社1985年版，第140页。

③ 转引自罗国杰、宋希仁编著：《西方伦理思想史》（上卷），中国人民大学出版社1985年版，第149页。

④ 参见［美］梯利著：《西方哲学史》，葛力译，商务印书馆1995年版，第72—73页。

⑤ 参见［古希腊］柏拉图著：《理想国》，郭斌和等译，商务印书馆1986年版，第384—385页。

亚里士多德是柏拉图的学生，他认为犯罪的根本原因在于人类的罪恶本性。他认为行为有三类，即出于意愿的、违反意愿的以及混合的，因此，犯罪也为三类：（1）由于缺衣少食而犯罪；（2）由于人们在温饱之余受情欲的驱使寻欢作乐而犯罪；（3）由于追求无穷的权威和恣意纵乐而犯罪。①亚里士多德不仅看到了犯罪决定性的一面，还看到了犯罪被决定性的一面。根据这种认识，对上述三种犯罪，他提出了三种救治方法：对第一种犯罪，采取给予相当资财和职业的方法加以救治；对第二种犯罪，采取培养其克己复礼的品性的方法救治；对第三种犯罪，采取教育的方法，使人知足，与世无争，以此加以救助。他提出，发生在亲属之间的犯罪，比发生在非亲属之间的犯罪，伤天害理的表现更明显，要加重处罚。此外，他还就一些具体的犯罪进行了讨论。②

上述思想家在人类思想史上具有重要影响，他们关于犯罪的思想对于现代刑法形成以主客观要素为统一体的犯罪构成体系具有启蒙作用，他们关于刑罚的观点对于教育刑理念也具有启迪作用。

（四）斯多葛学派的刑法思想

斯多葛学派形成于古希腊后期，对古罗马政治法律制度有很大影响。西塞罗是斯多葛学派的主要代表。他的刑法思想包括如下几点：（1）神意报应论，认为人服刑不是由于法院的决定，而是复仇女神拷问犯罪者的良心，使之陷入忏悔的痛苦中。（2）区别故意和非故意犯罪，他主张对非故意的违法者应通过宗教赎罪方法消除违法者的畏惧；对故意的违法者要宣布为邪恶进行惩罚。（3）加重处罚首要分子和主要行为人。他提出：“而那些犯罪的头头和犯有最大的破坏神圣物品罪的人在他们的生活中不仅为［耻辱］和羞耻

① 参见［古希腊］亚里士多德著：《尼各马可伦理学》，廖申白译注，商务印书馆2003年版，第58—59页。

② 参见马克昌等主编：《刑法学全书》，上海科学技术文献出版社1993年版，第864页。

所折磨，甚至被剥夺了坟地以及适当的葬礼。”①（4）职务犯罪具有特别的危害性，“上层人士干坏事对国家特别危险，因为他们不仅自己沉溺于邪恶勾当，而且以他们的病毒传染了整个共和国；不仅因为他们腐败了，而且因为他们还腐蚀其他人，并以他们的坏榜样而不是他们的罪孽造成更大危害”②。（5）罪刑相当，每个人的罪行都受到相应的处罚，施暴者要受到处死或被剥夺公民权；贪婪要被处以罚金；不择手段追求荣誉要受到耻辱的惩罚。③

需要提出的是，斯多葛学派在形而上学方面主张决定论，认为人就像是拴在车后面的狗，不得不随着车子一起走一样，没有什么机遇的偶然性和意志的自由；但在伦理学方面，则宣扬意志自由。意志自由观是后来的理性主义刑法观的前提，至今还有积极意义。

二、古希腊、古罗马的刑法特征

古希腊、古罗马的刑法，从时间上是指从人类政治社会形成之后（大约公元前4000年）到公元5世纪西罗马帝国灭亡时期的刑法规定。和古希伯来、古埃及的刑法制度大体一样，古希腊早期的法律和宗教在很大程度上是合一的，在法律和立法问题中，人们经常援引的是特耳非的圣理名言——他的名言被认为是阐明神意的一种权威性意见。宗教仪式渗透在立法和司法形式中，祭司在司法中也起着至为重要的作用。到了公元前5世纪，随着哲学思潮的演变，人们不再把法律当作恒定不变的神授命令，而认为它是一种为权宜和便利而人为创造的东西。④

古希腊、古罗马刑法的基本特点是：（1）具有浓厚的神权特色，当时的

① ［古罗马］西塞罗著：《国家篇法律篇》，沈叔平、苏力译，商务印书馆1999年版，第200页。

② 参见［古罗马］西塞罗著：《国家篇法律篇》，沈叔平、苏力译，商务印书馆1999年版，第231页。

③ 参见［古罗马］西塞罗著：《国家篇法律篇》，沈叔平、苏力译，商务印书馆1999年版，第238页。

④ 参见［美］E.博登海默著：《法理学：法律哲学与法律方法》，邓正来译，中国政法大学出版社1999年版，第4—5页。

人宣称刑法是根据神意公布的，是神的“正义性”与“公正性”的化身。为保持其永恒性，刑法往往被刻在石碑、石柱或石崖上。（2）以刑法确定政权地位，以及奴隶主阶级内部的权力分配和整个社会的治安秩序。（3）刑法的目的无一例外是以威慑、恫吓为主，强调极刑。（4）保留了原始社会的处罚制度，如“同态复仇”“血亲复仇”“连带责任”“团体责任”等。（5）除了制定法之外，还保留着私法、私刑，[①]并且普遍存在替代刑和象征刑。例如，根据古希腊神话，普罗米修斯获得解放是因为喀戎愿意把自己作为替身留在悬崖上（替代刑）；而且普罗米修斯必须永远带一只铁环，上面镶嵌着高加索山上的石子，这样，宙斯就可以自豪地宣称，他的仇敌仍然被锁在高加索山的悬崖上（象征刑）。

第二节 中世纪的刑法

一、中世纪的刑法思想

中世纪是从公元476年西罗马帝国灭亡到1640年英国资产阶级革命爆发前的欧洲封建制时期，当时的刑法就是中世纪刑法。

古罗马晚期盛行的怀疑主义，为基督哲学的兴盛提供了机遇。上帝被认为是一切存在物、一切对立和差异、精神和肉体、形式和物质的源泉，关于犯罪和刑罚的思想也与之相关。在基督教义中，刑法观念从以下几个方面流露出来：

（1）原罪论，即由于亚当和夏娃犯罪，把犯罪的本性以及同犯罪必然联系的惩罚，遗传给其后裔，于是，人不可不犯罪。

（2）二罪论，即区分两种意义的犯罪，如阿贝拉提出，凡是同正确相反的，就是广义上的犯罪；只是有意识而自愿地图谋作恶的，是狭义上的犯罪。

（3）赎罪论，认为人类罪孽深重，只有赎罪修行才能得到幸福。以上观点在今天看来是没有科学根据的。

在中世纪晚期，刑法学已经有了很大发展，当时刑法研究的特点是以个

---

① 参见马克昌等主编：《刑法学全书》，上海科学技术文献出版社1993年版，第563页。

罪为研究对象，这为近、现代刑法学的形成奠定了良好的基础。例如，在意大利，先后有阿贝托·冈蒂罗（Alberto Gandino）、波尼法奇奥·安德尔米（Bonifacio Antelmi）、雅克波·达·贝尔维斯欧（Jacopo Da Belvisio）、安徒罗·德·冈比里欧尼（Angelo〈Aretino〉De Gambiglioni）等人研究刑法问题。师法意大利、西班牙进行刑法研究的德国学者包括朱里乌斯·克拉鲁斯（Julius Clarus）、蒂贝里乌斯·德其安鲁斯（Tiberius Decianus）等人。此时的刑法学家主要致力于刑法分论部分的研究，即研究诸如杀人、诈骗、抢劫、强奸等常见的犯罪的具体形态。在这个时期，有两个方法论对后世的刑法研究可能有很重要的影响。

1. 自由意志理论

自由意志理论是在经院哲学中形成并完善的，在中世纪，“没有意志自由就没有责任”这一信条得到了确立和展开。中世纪著名医生盖伦认为，动物和生命元精给活的有机体以体能；这些元精是上帝创造的力，随着血液的升降而相互作用；它们刺激生命，滋养身体。上帝的意向创造了一种无实体的、无形的因此无法发现的“力”；这种力在纯机械结构和物质现实的力以外也进入行为的产生过程中。生命元精把自我指导的、负有道德责任的、意志自由的特征赋予人类行为。[①]虽然教父哲学的主要代表奥古斯丁认为人并无意志自由可言，但他主张：人类要追求幸福，必须赎罪修行以期得到上帝的宽恕，人类不能自救，因为人类的原罪决定人失去了意志自由，陷入了不得不犯罪的状态。但他又认为，亚当和夏娃在堕落前，曾经被上帝赋予过意志自由。正因为有意志自由，他们才可避免犯罪；但也正因为有了意志自由，他们才受到诱惑偷食禁果，道德堕落，并将堕落的道德遗传后人。人类之所以不断犯罪，就是因为他们继承了祖先的原罪，失去了上帝赋予的意志自由，因此人类要受到惩罚。[②]所以，在原罪中，意志自由是必须承认的。“犯罪意味着有罪，有罪的人对此要负责任；在正确和错误之间可以自由选择的

① 参见［美］里奇拉克著：《发现意志自由与个人责任》，许泽民等译，贵州人民出版社1994年版，第24页。

② 参见罗国杰、宋希仁编著：《西方伦理思想史》（上卷），中国人民大学出版社1985年版，第340页。

人，才能是罪犯。因此，如果人有罪，他必然曾经是自由的。”[①]现代刑事责任论以自由意志为基石，很难否定其与中世纪意志自由论的联系。

2.法律方法论的分野

中世纪理论讨论的一个重要问题是上帝是否存在，对此，当时的哲学家提出了共相和个相的关系问题，形成了唯名论与实在论的对立。唯名论认为，只有个别的感性事物是真实存在的，共相后于事物，并否定共相的客观实在性；实在论认为，共相比个别事物更实在，它是个别事物的本质，是先于事物而独立存在的精神实体。在英国，唯名论发展成为经验主义哲学；在法国，强调以理性原则建立新的思维方法，认为人们依靠自己的良知和理性能力进行正确的判断和辨别真假，理性是判断是非的标准，也是将人与动物区别的东西。

本书认为，这两种流派对于大陆法系与普通法系的分野具有影响，它们对我们了解判例法和成文法的发展渊源也是不容忽视的。特别是实在论，极其推崇理性，它借助于后来的科学主义，为自然主义刑法思想和刑法法典化运动提供了思想根基。

二、中世纪欧洲刑法立法

中世纪的刑法，首先是沿着两个系统，即世俗刑法和教会刑法而发展的，结果，因为世俗统治者对教会规定及其方式抱有不同的态度，加之在各国所流行的近现代知识论范式不一致，世俗刑法最终发展出两个现代的法律体系，即大陆法系和普通法系。当时有代表性的世俗刑法包括德意志刑法、法兰西王国刑法、意大利王国刑法、俄罗斯帝国刑法、英吉利刑法。

（一）中世纪欧洲的世俗刑法

1.德意志刑法

德意志刑法是在意大利文化的熏染下发展起来的。德意志刑法与日耳曼

① ［美］梯利著：《西方哲学史》，葛力译，商务印书馆1995年版，第160页。

刑法具有密切的历史传承性，古代日耳曼民族被称为“蛮族”，日耳曼很晚才开启自己的文明历程。如德国诗人歌德所说，当东方文明古国中国已经产生了许多辉煌的文化成就的时候，德国人的远祖——古代日耳曼人还生活在野森林里。[①]日耳曼人在同罗马帝国的斗争中，凭借蛮力摧毁了繁华的罗马建筑，但是他们的蛮性却为罗马文化所涤荡，“罗马人的政治观念、法律意识、国家管理艺术、文化模式和社会制度都开始成为日耳曼人的楷模”[②]。他们尝试着用罗马文化构建自己的制度，从而开创了欧洲的封建社会。

在封建社会早期，日耳曼刑法最初反映在《日耳曼习惯法汇编》中，其特点较为鲜明。第一，民刑不分，侵权和犯罪尚未被区别开来，但他们的对象和后果是不一样的。第二，犯罪的种类较为原始，主要的是叛逆、逃兵、懦夫、放火、暗杀、大批的败坏等。第三，刑罚残留着明显的原始习俗，种类简单，主要是死刑和处于法律保护之外。所谓“处于法律保护之外”，是犯罪者得不到法律的保护，它与死刑无异。第四，刑事责任采取客观责任主义，或者客观归罪，不要求行为人的主观意图，也不区分犯罪的故意和过失。[③]

在6世纪至公元843年《凡尔登条约》颁布这段时期，即所谓的法兰克时期，随着国家权力的扩大，刑罚结构发生了变化，刑罚权越来越集中到政府手中，出现了定额赎金，个人的自卫权受到限制，宗教在刑法中的影响也表现得越来越明显。公元843年，查理帝国崩溃了。根据《凡尔登条约》的规定，德意志王国从查理帝国分裂出来。公元962年，奥拓一世获得罗马教皇加冕，德意志从此获得“德意志神圣罗马帝国”的称号。该国早期沿用习惯法，后来习惯法被汇编成《萨克森法鉴》，这是德国封建前期的刑法。

中世纪晚期，德意志人热衷于对意大利法学的学习，加之意大利城市法

---

① 参见马桂琪、黎家勇著：《德国社会发展研究》，中山大学出版社2002年版，第3页。

② 马桂琪、黎家勇著：《德国社会发展研究》，中山大学出版社2002年版，第21页。

③ 但是也有学者提出，在日耳曼早期已经划分故意行为与过失行为了。参见［德］汉斯·海因里希·耶赛克、托马斯·魏根特著：《德国刑法教科书·总论》，徐久生译，中国法制出版社2001年版，第113页。

和伦巴第人的文化传统获得了德意志人的认同，制定统一的帝国刑法的要求变得较为迫切。在此基础上，1532年，德意志帝国颁布了《加洛林纳刑法典》，该法典的特点在于：其一，它是用德文制定的；其二，它同时包含了刑法的实体内容和程序内容；其三，它规定了总则部分的基本内容，使用了较为规范的概念，如责任原则、具体的合法化事由、犯罪未遂、帮助犯、共犯等；其四，该法典规定了残酷刑罚，如死刑执行方式包括焚刑、绞刑、溺刑、活埋、肢解等。该法典在适用中并不是简单地以法律为根据，还征求法学家的意见以表明法律的公正。这部法典在德意志法中占据了200多年的主宰地位，对西方刑法产生了重大而深远的影响，被认为是“中世纪和近代交替时期接受外国法的无与伦比的德国立法史上的巨大的转折点”①。

2. 法兰西王国刑法

法兰西王国是日耳曼人建立的“蛮族”王国中的一个。该王朝延续到751年，为卡罗林王朝所取代。卡罗林王朝在查理大帝统治下达到鼎盛时期。查理大帝颁发了一系列具有刑法性质的敕令，如《军事敕令》《关于偷窃的敕令》等。这些敕令反映在《萨利克法典》之中。②

法兰西王国刑法是法国集权政治发展的结果。公元843年，法兰西王国虽然根据《凡尔登条约》获得了独立，但11世纪至13世纪的法兰西王国事实上是分裂的，国王只在巴黎等少数地方行使权利，而其他封建领主是名副其实的独立王国，有各自的习惯法和法庭。13世纪初，路易九世进行司法改革，设立“巴列门”即巴黎高等法院，限制和缩小地方封建领主的司法权。后来的国王则发布了许多单行的刑法规定，逐渐使习惯法适应王室法令、诏书和法律公告。16世纪，国王路易十四提出“朕即国家”，法国进入君主专制时期，成文法逐渐取得了绝对地位。早期的法兰西刑法保留着日耳曼法的特点，认为犯罪是侵犯个人的行为。封建王国固定后，开始将犯罪视为破坏社会秩序的行为。当时的刑罚规定比较残酷，报复和威慑的色彩较为浓厚。

---

① ［德］汉斯·海因里希·耶赛克、托马斯·魏根特著：《德国刑法教科书·总论》，徐久生译，中国法制出版社2001年版，第116页。

② 参见马桂琪、黎家勇著：《德国社会发展研究》，中山大学出版社2002年版，第31页。

16世纪至18世纪，法国的刑法渊源比较复杂，包括罗马的法律《学说汇编》和有关法典的规定。法学家的各种著作、学说等，也始终被认为是有效的，只是当习惯法或成文法有极为明确的规定时，才有例外情形，不过，当时的一些权威法学家的学术观点以及法院判例的法理，主要依据的是罗马法。他们在法国被当作“活的法律”，并得到王权的承认，查理五世就在其制定的《加罗林宪法》中将这些“活的法律”法典化。①

3. 意大利王国刑法

6世纪至19世纪的意大利王国，是个封建割据、四分五裂的国家，没有统一的刑法。早期的意大利刑法沿袭了罗马刑法规定，虽然后来外族入主意大利并颁布了一些敕令，但罗马刑法依旧具有一定的效力。

意大利王国的刑法具有很大的历史流变性。它的渊源较为复杂，充分适应不同际遇下的政治统治。其一，各种法律汇编。公元774年，意大利成为查理曼帝国的一个自治王国，颁布了《意大利法律汇编》，11世纪该法律汇编与830年的《伦巴第国王法律汇编》融为一体。其二，《加洛林纳刑法典》。10世纪至13世纪，由于整个意大利是“德意志神圣罗马帝国”的组成部分，所以德意志查理五世制定的《加洛林纳刑法典》对意大利全境都有效力。其三，自治地区刑法。早期的各个王国就颁布了自己的刑事法律。12世纪，罗马法复兴运动开始，意大利各自治城市，如米兰、佛罗伦萨等先后通过了适应本城市的刑事法律规定。14世纪之后，受启蒙时期思想的影响，意大利各王国纷纷制定刑法典。其四，《法国刑法典》。18世纪末到19世纪初，意大利处于法国统治下，所以1810年的《法国刑法典》被扩张适用于意大利各王国。②

4. 俄罗斯帝国刑法

在欧陆地区，俄罗斯刑法的发展相对缓慢，具有极其鲜明的国家色彩。早在10世纪，拜占庭就和罗斯人签署过一系列民法和刑法规范的条约，说明古罗斯国家有成文法存在，并和拜占庭法有一定的渊源关系。俄罗斯帝国

① 参见［法］卡斯东·斯特法尼等著：《法国刑法总论精义》，罗结珍译，中国政法大学出版社1998年版，第72—74页。

② 参见马克昌等主编：《刑法学全书》，上海科学技术文献出版社1993年版，第571页。

在10世纪之后形成了一系列刑法规范。11世纪，为了适应封建关系的发展，罗斯人制定了《罗斯真理》。相对而言，《罗斯真理》极为原始、粗糙。第一，该法民、刑不分，一切“损害”，无论是物理的还是精神的，都被视为犯罪。第二，等级制色彩突出，刑罚因受害人的社会地位高低、身份贵贱而不同。第三，对于犯罪有恶意、疏忽和偶然之别，并作出了既遂、未遂之分，据此适用不同的刑罚。另外，封建王公原封不动地搬用《教会法汇编》，作为教会法庭的审判依据。

在俄罗斯封建中央集权制实施的过程中，全罗斯大公伊凡三世和贵族会议于1497年批准、颁布了《律书》。《律书》共68条，其特点是加强中央司法机关的权力，用死刑和当众惩罚替代原来刑罚体系中的罚金，对被列为“众所周知的歹人”的，一律处以死刑。1550年的《律书》进一步消除了封建割据的残余势力。俄罗斯帝国时期，彼得大帝通过对西方（主要是德国）的学习，发布了一系列具有改革举措的法律。1833年的《俄罗斯帝国法律全书》告成，并于1835年元旦生效，其后多次被补充。此外，在刑法立法方面，1844年制定、1885年修订的《刑法典》（《刑罚与感化法典》）也很有影响，但是《刑罚与感化法典》并没有完全法典化。[①]《法律全书》和《刑罚与感化法典》依然实行等级刑罚制；而且刑罚体系复杂，刑罚分11种37个等级；对犯罪适用刑事处分和感化处分。

5.英吉利刑法

在11世纪之前，英吉利处于封建割据状态。各地封建主根据自己的情况适用日耳曼民族的习惯和法律，并开始出现类似现代刑法的罪名、刑罚等。英国普通法的发展得益于其特有的司法审判制度。1066年诺曼第公爵威廉征服英吉利后，实行中央集权，威廉一世改革刑法，大量减少死刑，并沿用日耳曼的习惯法，建立“国王法庭”。后来亨利二世创设巡回法庭。巡回法庭最初只受理涉及国王利益的案件，巡回法官最初须负责检查行政、财政和司

① ［俄］Н. ф.库兹涅佐娃、И. М.佳日科娃主编：《俄罗斯刑法教程（总论）》（上卷），黄道秀译，中国法制出版社2002年版，第22页。

法等事务，但后来逐渐改为专司司法职责。巡回法官定期到全国巡回区办理案件，其依据是国王的诏书、赦令和当地习惯。巡回法官回到伦敦后，相互磋商和研究，承认彼此的判决，一些被援引的习惯法和判例得以普遍适用，久而久之成为普通法。除此之外，在1215年英国《大宪章》颁布后，议会陆续制定了一些单行刑事法令，如《1351年叛逆法》《1381年强行闯入法》《1494年夜间偷袭法》等。这些法令是将习惯法、判例加以整理、补充、发展而形成的。在英国资产阶级革命时期，制定法明显增多，并具有高于判例法的法律效力。

司法促进了犯罪的分类。在亨利一世颁布的《亨利法》中，出现了重罪与轻罪的区分。16世纪，英国出现了一类新的刑事罪，即比轻罪更轻微的罪行，由治安法官进行简易审判。英国刑法中的罪行因此可以分应予起诉罪和简易审判罪，原来的轻罪和重罪的划分就退居其次了。

（二）中世纪欧洲的教会刑法

教会刑法是欧洲法律特有的系统。在中世纪，欧洲的教会地位独尊，教会法成为规范人们的主要法律，其效力不仅及于宗教人士，还及于当时欧洲各国世俗居民，有些时候还凌驾于世俗法之上。教会法包括《新旧约全书》（或称《圣经》）、教皇赦令集、宗教会议决议。

在刑法中，教会法以宗教犯罪为中心，规定具有威慑和恐吓色彩的处罚。凡违反天主教教义和信仰的行为，都被规定为宗教犯罪，其中叛教、信奉异教、别立教派、行妖术、巫术或者亵渎神明等行为，都属于重要的宗教犯罪，一律处死，并没收全部财产。此外，对与教会思想不合的思想观念，一律斥之为异端，施加残酷刑罚。教会法关于婚姻家庭方面规定的犯罪很多，包括亲属相奸罪、通奸罪、重婚罪、奸淫罪等。其刑罚主要有三类：第一，惩治罚，如弃绝罚、禁止圣事罚、罢免圣职罚；第二，报复罚，如罚金、禁止进入教堂和免除职务；第三，补赎罚，如诵读经文、施舍、朝拜特定圣地等。[①]

---

① 参见林榕年主编：《外国法制史新编》，群众出版社1994年版，第212页。

第三节 近现代刑法

一、启蒙时期的刑法思想与理论发展

（一）刑法思想

现代刑法学起源于启蒙时期的民主、法治国思想，其主张包括：刑法与宗教分离、罪刑法定、罪刑相称、法律面前人人平等、目的论的刑罚观、客观主义等。早期代表较多，包括格老秀斯、孟德斯鸠和卢梭等人。

格老秀斯认为，法不是来自神的意志，而是来自自然，来自人的理性，因此，符合理性法则要求的行为是正当的行为，反之，就是罪恶的行为。而惩罚就是因为邪恶行为招致的痛苦，它的第一目的是改造。他还提出了限制死刑的思想。

孟德斯鸠的刑法思想建立在“地理决定论”上。他认为，地理环境或条件影响着刑法的繁简、影响着罪刑法定的确立、影响着刑罚手段的选择和刑罚的轻重。他提出：（1）刑罚要以恢复秩序为目的，而不能有伤风化、破坏廉耻；（2）刑罚要宽和；（3）罪刑应相适应；（4）反对对思想用刑；（5）注重刑罚和道德的区别。

卢梭较早就较为正确地认识到刑法对其他法律的保障作用。他认为刑法作为实在法是社会契约的结果，同时，它属于处理个人和法律之间不服从与惩罚的关系的法律。所以，“刑法在根本上与其说是一种特别的法律，还不如说是对其他一切法律的制裁”[①]。同时，他也意识到刑法在国家治理中的作用是有限的。为此，他在刑事政策上反对赦免，并且指出“刑罚频繁总是政府衰弱或者无能的一种标志”[②]。此外，卢梭较为恰当地界定了民意在刑法实践中的地位。他将民意视为第四种法，表现为“风尚、习俗，而尤其是舆论”，他认为“它可以保持一个民族的创新精神，而且可以不知不觉地以习

① ［法］卢梭著：《社会契约论》，何兆武译，商务印书馆1980年版，第73页。
② ［法］卢梭著：《社会契约论》，何兆武译，商务印书馆1980年版，第473页。

惯的力量代替权威的力量”[①]。在刑事司法中，民意对司法的影响越来越明显。

（二）刑法理论发展

伴随着启蒙运动，现代刑法理论体系在欧洲大陆得以形成并迅速发展。一方面，一些现代刑法中较为重要的原则，首先在思想家中间，后来慢慢地在宪法和法律中确定下来。在启蒙时期，司法擅断对人类造成了巨大伤害，伴随着人文主义思想的普及，自由、平等和博爱等人权思想开始流行。基于对个体的尊重和权利保障的需要，法治国时代到来了。人道的刑法思想开始理论化、系统化，罪刑法定原则不仅得到了充分表述，而且在当时的立法中被反复贯彻，刑法的谦抑性、适当性要求也受到了重视。

另一方面，刑法知识的基本体系得以形成。客观而言，在罗马法时代以及在中世纪复苏罗马法的数个世纪之中，刑法知识的范畴、基本原理、概念已经初步形成，并且在理论、立法和司法上也取得了一系列的发展进步，具有了非常明确的形态。但是数个世纪以来，刑法学者主要致力于刑法分则部分的研究。到16世纪末，意大利学者开启了刑法总论研究的大门。1590年，蒂贝里奥·德其安尼（Tiberio Deciani）（1509年生于乌迪内，1585逝于帕多瓦）的杰作*Tractatus Criminalis*（可译为《刑事法概要》）经其子尼克罗（Nicolò）校正后出版，他亦因此被视为（现代）总论研究的奠基人。因为该书已经涉及现在存在于刑法一般总论的教材原理中的议题，如故意、过失等，他在分析这些论题时，非常自觉地（即便只是有联系）结合了分则中的具体犯罪进行研究。其后不久，另外一些学者也步其后尘，潜心从事刑法总论方面的研究，如造诣高深而杰出的朱里奥·克拉罗（Giulio Claro）、近乎“百科全书式的”的普洛斯彼罗·法里纳奇（Prospero Farinacci）。可以说，现代刑法的基础，或者至少它的架构，在这个世纪的意大利形成了。意大利因此享有“刑法学摇篮”的美誉。[②]

① ［法］卢梭著：《社会契约论》，何兆武译，商务印书馆1980年版，第73页。

② Alberto Cadoppi-Paolo Veneziani, Elementi Di Diritto Penale: Parte Generale, terza edizione, CEDAM, 2007.

二、早期客观主义刑法思想

在启蒙思想的熏陶下，一种早期的客观主义刑法理论体系在18世纪后期开始形成。早期客观主义的一般观点认为，人达到一定的年龄具有健全的精神状态，就具有从善避恶的自由意思，所以，犯罪是违背道义的恶行，与犯罪人的阶级、地位、性格等无关，犯罪的实体是犯罪的客观行为。由此奠定了客观主义在刑法中的地位。客观主义又被称为犯罪主义、事实主义或行为主义。根据客观主义刑法理论，刑法上的可罚对象是行为人的外部危害事实即社会危害性。即刑罚以犯罪外部的行为为对象。行为的外部事实仅指狭义的行为与结果的客观要素，作为刑法价值判断对象的是危害行为与危害结果。犯罪的主观要素，只考虑故意和过失，刑事责任的轻重与行为社会危害性的大小成正比。

基于上述理论，这一时期的主要刑法思想是：反对罪刑擅断，主张罪刑法定；反对重刑主义，提倡罪刑相适应；反对刑罚残酷，呼吁刑罚人道；反对对思想用刑，坚持客观危害论，主张道义责任论，提出报应的刑罚观。[①] 早期客观主义刑法理论的代表有意大利的贝卡利亚，德国的康德、黑格尔和费尔巴哈。

贝卡利亚深受法国哲学思想家（尤其是孟德斯鸠思想）的影响，他通过考察意大利刑事司法现状，为当时的刑事裁判专横、刑罚惨虐的情形所震惊，于1764年出版了《论犯罪与刑罚》这部垂范青史的著作，开创了现代意义上的刑罚学。在《论犯罪与刑罚》一书中，他系统地提出了自己对于刑罚的看法和主张：（1）刑罚权的根据，是人们相互缔结社会契约产生的；（2）罪刑法定，认为只有法律才能确定一个人在什么情况下应受到刑罚；（3）客观主义，即为衡量犯罪的标准，是犯罪对社会的危害性；（4）罪刑相适应，认为犯罪有一个从重到轻的排列阶梯，刑罚也有一个相应的由强到弱的阶梯；（5）刑罚人道主义，认为刑罚的效果不在于它的残酷性，而在于其

① 参见马克昌主编：《近代西方刑法学说史略》，中国检察出版社1996年版，第35—39页；［日］大塚仁著：《刑法中新旧两派的理论》，日本评论社1957年版，第3—7页。

必定性和及时性；（6）一般预防主义，认为刑罚不是要消灭犯罪的人，而是要防止罪犯重新犯罪，防止其他人犯罪；[①]（7）死刑废止论，他提出，在一个文明的国家，一个人没有权利杀死其他人。因此，提到死刑废除论，人们一般就会提到贝卡利亚。受其影响，18世纪后期欧洲一些国家进行司法改革，废除酷刑。[②]

康德是观念论哲学的代表，其刑法思想散见于他的哲学著作中。他在社会契约论和意志自由论的基础上，提出了自己的一些刑法思想：（1）道义责任论，他认为公正是道德规律和法律的共同基础，道德规律是国家立法之前就存在的自然法，所以，法律肩负着必然的道德使命，法律责任中被注入了伦理的规范，成为道义的责任。（2）绝对主义的刑罚观，他认为，人在任何时候都只能是目的，而不能是手段，所以，刑罚不能被当作威吓他人的手段，而只能是报复犯罪的人。绝对的报应观被他发展为一种等量的报应，即刑罚和犯罪应当是对等的，就如“任何一个人对别人所作的恶行，可以看作他对他自己作恶。因此，也可以说：‘如果你诽谤别人，你就是诽谤了自己；如果你偷了别人的东西，你就是偷了你自己的东西；如果你打了别人，你就是打了你自己；如果你杀了别人，你就杀了你自己。’这就是报复的权利”[③]。（3）死刑赞成论，基于等量的报应观念，他公开赞成死刑，认为谋杀者必须处死。

黑格尔既是德国古典哲学的集大成者，也是近代刑法学中“行为概念之父”。他的法哲学体系包括抽象法、道德、伦理三个部分，其基础是自由意志论。在这三个部分，他分别对犯罪、刑事责任、刑罚等问题都作了分析。其刑法思想归结起来包括如下几点：（1）犯罪的概念，他虽然没有提出明确的犯罪概念，但是，将不法分为无犯意的不法、诈欺和犯罪，认为犯罪不单侵犯了单个的权利，还否定了一般的法律秩序。（2）犯罪是对法的否定，刑

① 参见马克昌著：《比较刑法原理》，武汉大学出版社2002年版，第23—25页。

② Marvin Perry, Western Civilization: A Brief History（VⅡ）, Houghton Mifflin Company, 1993, p.287.

③ 转引自马克昌主编：《近代西方刑法学说史略》，中国检察出版社1996年版，第102页。

罚是对犯罪的否定，也是对法的否定的否定。（3）罪刑法定和罪刑相适应，即“对各个犯罪应当怎样处罚，不能用思想来解决，而必须由法律来规定”。刑罚要根据犯罪的质和量来衡量，罪行的轻微或严厉要分别考虑社会稳定或动荡不安的现状。[①]（4）奠基了行为及其归属性在刑法理论中的地位。黑格尔认为：“行为只有作为意志的过错才能归责于我。”[②]一方面，“后果是行为持有的内在形态，是行为本身的表现，而且就是行为本身，所以，行为既不能否认也不能轻视其后果。但是另一方面，后果也包含着外边侵入的东西和偶然附加的东西，这却与行为本身的本性无关”。所以，“我只对属于我的表象的东西承担责任”[③]。尽管黑格尔没有提出客观归责的概念，但是，他重视刑法中的行为，并反将结果作为行为的要素，从而使得行为成为刑法判断的要点；此外，他意识到条件说可能存在的问题，用“归责”概念对条件说进行纠正，这些为展开现代民法和刑法中的客观归属论创造了观念上的先机。

费尔巴哈于1800年前后分别发表了《实定刑法原理与基本概念的省察》和《德国现行普通刑法教科书》，开创了近代刑法理论体系，所以被许多学者誉为“近代刑法学之父”。[④]他的刑法理论建立在心理强制学说基础之上，提出了如下主张：（1）心理强制说。他认为人犯罪是因为他追求犯罪所带来的快乐，为了预防犯罪，所以要对犯罪者科处刑罚，使之感到因犯罪而受刑罚之痛苦，要大于因犯罪所得到的快乐，进而形成抑制犯罪的念头。该说被认为是罪刑法定主义的原理之一。（2）犯罪的本质是权利的侵害。他主张区分道德和法律，犯罪不是违反伦理，而是违反法律，侵犯法所确定的权利。（3）罪刑法定原则。他根据心理强制学说，提出了“无犯罪则无刑罚”“无

① 参见马克昌著：《比较刑法原理》，武汉大学出版社2002年版，第31—32页。

② ［德］黑格尔著：《法哲学原理》，范扬、张企泰译，商务印书馆1961年版，第119页。

③ ［德］黑格尔著：《法哲学原理》，范扬、张企泰译，商务印书馆1961年版，第120—121页。

④ 事实上，自17世纪起，欧洲其他国家的刑法研究已经超越了意大利。如荷兰的马特乌斯（Matthaeus）、德国的卡尔普佐夫（Carpzov）等人的研究，已经逐渐引起了欧洲刑法学家的注意。而在系统性和科学性方面取得巨大进步的，按照欧洲学者的一般看法，则体现于德国的伯默尔（Boehmer）1730年推出的刑法教科书中。Alberto Cadoppi-Paolo Veneziani，Elementi Di Diritto Penale: Parte Generale，terza edizione，CEDAM，2007.

法律则无刑罚”“无法律规定的刑罚则无犯罪”三命题，形成了罪刑法定原则的理论基础。（4）赞成死刑，但反对酷刑。[①]

三、早期主观主义刑法理论

伴随着资本主义的发展，欧洲在19世纪中叶呈现出两种社会态势，一方面在产业革命后，自然科学与物质文明出现了更大的进步；另一方面是失业增加、贫困现象加剧，累犯和少年犯增加，客观主义刑法难以应对现实状况，导致刑法的功利主义色彩渐趋浓厚。这样，一种有别于早期客观主义的主观主义刑法理论得以形成。当时的自然科学尤其是医学，注重实证的分析，对于犯罪的研究也开始着眼于犯罪人自身，这促进了犯罪现象的人类学、生物学、社会学的研究，对犯罪人的自然科学研究之风日渐盛行，促进了主观主义刑法理论的形成。

主观主义也被称为犯罪人主义、人格主义、行为人主义。主观主义刑法理论依照自然科学的因果律，认为刑法上的可罚对象是行为人的主观可非难性格和人身危险性。即刑罚的对象不仅包括犯罪的外部行为，还要以行为人反社会的性格为对象，注重行为的内部事实，即性格、人格、动机等主观要素。可罚的对象是行为人，而不是行为，但是行为是犯罪人的人格表征，所以不可被忽视。主观主义论者以犯罪原因论为基础，提出了如下刑法理论和主张：犯罪是被决定的；刑事责任是基于社会防卫的需要；行为人的性格是刑法的着眼点，受处罚的不是行为，而是行为人；刑罚不是为了施加报应，而是有一定的目的；对犯罪人应施加保安处分。[②]早期主观主义刑法理论的代表，是意大利的龙布罗梭和他的学生加罗法洛、菲利。

龙布罗梭通过实证考察，提出了“天生犯罪人”的见解。他认为犯罪是隔代遗传的结果，人的不同生理特征和精神特征，决定了他是否会犯罪。刑法对于犯罪要摒弃恐吓和心理强制的目的，采取替代措施矫正犯罪人。所

① 参见马克昌著：《比较刑法原理》，武汉大学出版社2002年版，第27—28页。

② 参见马克昌主编：《近代西方刑法学说史略》，中国检察出版社1996年版，第142—145页；［日］大塚仁著：《刑法中新旧两派的理论》，日本评论社1957年版，第15—19页。

以，他认为，刑事责任不是基于自由意志的道义责任论，而是基于社会防卫需要的社会责任论。

加罗法洛认为龙布罗梭的见解过于绝对，从而发展了自然犯和法定犯的概念。在他看来，自然犯是一种真正的、本质的犯罪，它侵犯了怜悯和正直两种最基本的道德情绪；而法定犯本身不一定是恶劣的，它只能说明法律认为什么是犯罪。进而，他提出只有自然犯才是法律需要研究的唯一对象。他认为真正的罪犯是具有生理缺陷、生理素质异常的人，和社会环境无关。对不同的犯罪人，要采取不同的处遇措施。基于自然犯的观念，他明确提出了世界刑法的主张。

菲利的犯罪原因论明显不同于龙布罗梭和加罗法洛。他认为，犯罪的原因包含人类学因素、自然因素和社会因素，所以，犯罪并非不可预防和不可控制。为了预防犯罪，有必要将犯罪进行分类。他把犯罪分为：天生犯罪人、精神病犯罪人、习惯性犯罪人、机会性犯罪人和激情性犯罪人。刑罚就是对具有五种反社会性格的人所采取的必要处分，并且是一种个别化的预防措施。

四、近代刑法学派之争

德国的李斯特以实证主义和决定论的理论为基础，运用社会学的观点和方法研究刑法，在扬弃前述主观主义理论的同时，发展了刑事社会学派的刑法理论。1882年，李斯特发表了《刑法的目的观念》一文，不经意之间揭开了主、客观主义争议的历史序幕。因为20世纪初期，德国刑法处于修订之中，当时的德国刑法学界围绕刑法修改是该采用客观主义的理论还是主观主义，或者两者兼而采用的问题，就李斯特的《刑法的目的观念》一文，展开了非同寻常的火爆争执。这场刑法学派之争不仅影响程度很深，而且涉及面较广，争点大体如下。

（一）结果无价值说对行为无价值说

根据刑法规范评价对象的差异，客观主义主张结果无价值说。认为刑法规范是为了保护一定的法益而设定的，适合于一定的构成要件的行为，对某种法益造成了侵害，因此，犯罪所表现的外部行为和行为所产生的实害显示了其结果的无价值性。据此，刑事责任的基础是结果无价值，刑罚制裁的本质是报应，刑法的机能、任务在于保护法益免受侵害或危险，而不是维护社会的伦理秩序。刑法上的法益，是立法者确定的、由刑法加以保护的一定生活利益，它在实定法之前就存在着，但含有实定法的价值判断。它与宗教、政治、伦理的价值有区别。结果无价值论在内容上表现为法益侵害说。

主观主义主张行为无价值说。认为犯罪是行为人的行为违反了法的基本价值。行为无价值，是指行为脱逸了社会的相当性，即违反了社会历史所形成的社会伦理秩序。该说认为，结果无价值说不足以表现刑法的道义性格，因为刑法并不单单注重侵害的方向和客体，还要考察行为样态。对于犯罪，除了要评价其违法结果之外，还当关注行为样态和行为人的主观态度，即人格的无价值性，包括性格、人格、动机等主观要素。因此，犯罪行为不过是行为人的人格的表征。另外，刑法不仅保护法益，还要对犯罪人进行特别预防，使之再社会化。所以，刑法具有积极维护社会伦理的性质。刑法的基本思想是保护社会的伦理等价值。行为无价值论在内容上体现为规范违反说。

（二）自然行为论对目的行为论

关于行为的概念的理解，客观主义主张自然行为，也即因果行为论。论者从自然科学出发，认为行为是人的精神的和身体的活动。换言之，就是基于自然科学的构成概念，将内心的意思活动与外部的结果之间的单纯因果关系理解为行为。其代表是李斯特、宾丁格。如李斯特说：“行为系由于人之有意的举动对外界之变更。”也有学者认为，行为是基于人的意思而为的身体活动的自然因果过程，所以主张“意思”不仅是促成运动神经的精神原因，而且对于所发生的身体举动，具有“有意性”或“任意性”，最终将行为理解为：行为人具有某种意欲（有意性），为实现这种意欲而发动其身体的运动，并由于其身体的运动（有体性）而使外界发生的变化。[①]

主观主义主张目的行为论。他们认为，行为是行为者基于已知的知识，预见能认识的结果，并以之为目标，选择达到该目标所必需的手段，使之向着预定目的的方向进行，从而支配、操纵和指导动作样态，以期实现结果。其代表是威尔哲尔。如威尔哲尔说："人之行为，乃系'目的的活动之实行'，因此，行为系'目的的事象'而非单纯的因果事象，乃以'人可以基于因果法则之知识，而在一定的范畴内预见其活动之可能的结果，并依此而设定种种目的，有计划的、如其意思的使该活动向着此目的的达成'一事为基础者。"[②]

（三）主观违法性对客观违法性

关于违法性的判断对象，主观主义持主观违法性说。该说认为，法是命令规范，而命令只能对有理解其内容能力的人才有意义，即只有有责任能力者的行为才可以作为违法看待。据此，违法判断的对象是行为人的主观能力和意思。责任能力和责任条件是违法性的中心概念，违法性的内容也就当然包含了主观要素。行为的违法性，必须具备客观的违法要素与主观的违法要素。无责任，无违法性。特别是目的行为论者认为，故意、目的犯的目的、倾向犯的倾向等都是主观的违法要素。

客观主义持客观违法性说。该说认为，刑法规范是评价规范，与意思决定规范相分离。违法属于评价规范的范畴，而责任属于意思决定规范的问题。违法是指行为在客观上违反了法律规范，从而无价值。违法性判断的对象是行为，并仅仅限于行为的外部特点，即客观要素，而不问及行为人的意思和主观能力，行为人内在、主观的要素属于责任判断的对象。责任要以已经确定为违法的行为的违法性为前提，判断行为人有无根据法的意思决定规范的可能性。即所谓"违法性是客观的，责任是主观的"。[③]

① 参见洪福增著：《刑法理论之基础》，台湾刑事法杂志社1977年版，第41—42页。

② 转引自洪福增著：《刑法理论之基础》，台湾刑事法杂志社1977年版，第45页。

③ 转引自［日］川端博著：《违法性的理论》，成文堂1990年版，第61页。

（四）犯罪能力对刑罚能力

关于责任能力的本质，客观主义认为责任能力的本质是犯罪能力。责任能力与故意或过失，同为主观的归责可能性。道义责任论主张，责任能力是辨别是非与决定意思的能力，如果行为人没有自由意思的能力，就不得对他施加道义的谴责；仅当行为人认识其行为的意义且具有意志决定的能力，而为法所不容许的行为时，方得以对其施加道义上的谴责。如大场茂马说："所谓负责能力，是指认识自己、外界和自己行为的事实上、法律上的意义，该认识和现存的动机相关联，并通常可以决定为或不为的能力。"①

主观主义认为责任能力的本质是刑罚能力。基于可罚性的基础应该是犯罪人的性格、人格本身，而不应当求之于行为的见解，该说认为责任能力是科刑所达到的目的能力，也称为刑罚适应能力。有责任能力者与无责任能力者的行为实质没有差异，不同的是对之施加的保全社会的方法，即对有责任能力者，科以刑罚；对于无责任能力者，适用保安处分。所以犯罪人的责任能力是刑罚能力。如宫本英修认为："从刑法本质的责任意义上讲，可罚的责任能力是接受刑罚的适应能力，或说受刑能力。"②

（五）犯罪共同说对行为共同说

关于共同犯罪的本质，客观主义主张犯罪共同说。该说采取原因说的因果关系论或相当的因果关系论，主张共同犯罪以符合刑法各具体的构成要件为前提，在共同的主体数目上加以修正，实行相当于构成要件的行为者，为正犯，否则就是共犯。如毕克迈尔说，刑法意义上的共同犯罪，是指数人为达到一个犯罪结果而互相协力，因而各个协力者对于已实现的犯罪结果应受惩罚的情况。③一般而言，该说主张继承的共犯仅对共同犯罪成立后的行为负责；并且否定共同过失犯，不过近来也有犯罪共同说的学者开始承认共同

---

① ［日］大塚仁著：《刑法中新旧两派的理论》，日本评论社1957年版，第108—109页。
② ［日］宫本英修著：《刑法学粹》（第2卷），弘文堂书房1929年版，第285页。
③ 参见马克昌主编：《近代西方刑法学说史略》，中国检察出版社1996年版，第218页。

过失正犯。

主观主义主张行为共同说。该说采取因果关系论中的条件说，认为一切条件都是均等的，对于发生结果的一切条件要等同看待。共犯者各自实施自己的行为，并利用他人的行为，所以正犯与共犯在外部表现上没有差别，共同正犯以有共同行为的意思即可，而不须共同的故意。共犯者对于结果都要承担责任，也就是说，对于一定的行为，共犯者各自成立犯罪。易言之，共犯是在利用共同现象时，行为人都表现出自己反社会的意思，他们不是犯一个罪，而是在共同观念支配下各自实行犯罪。如牧野英一说："犯罪是表现恶性的行为，它并不具有从属于他人的犯罪之意味。教唆犯及从犯，使犯人固有的反社会性得到了外在表现，应当说成为教唆或帮助的行为是行为人自己的选择，所以自然导致责任……从这种见地考虑，教唆犯和帮助犯是独立的犯罪，共犯应从广义、狭义两方面理解。"[①]那么，不单继承的共犯对于参与之前的先行行为成立共同关系，就连过失犯也可以成立共同犯罪关系。

（六）共犯从属性说对共犯独立性说

关于共犯与正犯的关系，客观主义提倡共犯从属性说。基于犯罪共同说的立场，该说认为有正犯，才有教唆犯和从犯；正犯犯罪，以实施基本构成要件中的实行行为为中心，教唆犯和从犯并不实施基本构成要件中的实行行为，而是根据正犯的实行行为所做的法的评价。共犯的从属性包含着实行的从属性、犯罪的从属性与可罚的从属性三层意义。

主观主义提倡共犯独立性说。基于行为共同说的立场，该说认为共犯的犯罪性与可罚性并不依附于正犯，而是存在于共犯本身；教唆犯与从犯并非实行他人的行为，而是实行自己的犯罪，其行为对于正犯的犯罪行为的结果有因果关系，所以具有原因力。

① ［日］大塚仁著：《刑法中新旧两派的理论》，日本评论社1957年版，第156页。

（七）犯罪形态论对刑罚量定论

关于罪数论的地位及罪数的标准，客观主义的犯罪形态论（罪质论）认为，罪数论应当在犯罪论的范畴中进行把握。并认为决定一罪与数罪的，“以刑罚法规各本条中的构成要件为标准，充足一次构成要件的事实为一罪，充足二次的为二罪……”①

主观主义的刑罚量定论（罪量论）认为，罪数论属于刑罚论的范畴。另外认为，决定罪数的标准是行为人的目的或意思，如“基于一个犯罪的意思，在可预见范围内成立一个犯罪，基于数个犯罪的意思成立数罪”②。

（八）报应刑对目的刑

关于刑罚的本质，客观主义学者一般都赞成报应刑的刑罚本质观。基于自由意思决定论，他们认为，行为人具有健全理性，在可以选择为善行为或为恶行为时，选择了为恶，所以要受到惩罚。刑罚没有特别目的，它的意义在于报应行为人的害恶，给其以刑罚，以其痛苦来均衡犯罪的罪责，从而实现正义。如康德说：“任何一个人对别人所作的恶行，可以看作他对他自己作恶。因此，也可以说：‘如果你诽谤别人，你就是诽谤了自己；如果你偷了别人的东西，你就是偷了你自己的东西；如果你打了别人，你就是打了你自己；如果你杀了别人，你就杀了你自己。’这就是报复的权利。”③他认为刑法是等量的报应。

主观主义则提倡目的刑的刑罚本质观。基于犯罪决定论，该说认为，在许多时候，只要改变引起犯罪的原因，就可以防止犯罪的发生。因而，刑法要从社会防卫出发，预防犯罪。预防犯罪包含两方面的内容，一是防止行为人再次犯罪，二是防止其他人犯罪。为此，对于有责任能力的犯罪人要给予刑罚，对于没有责任能力的人要实施保安处分。“新派的追随者要求，刑罚

---

① ［日］大塚仁著：《刑法中新旧两派的理论》，日本评论社1957年版，第171页。

② ［日］大塚仁著：《刑法中新旧两派的理论》，日本评论社1957年版，第172页。

③ 转引自马克昌主编：《近代西方刑法学说史略》，中国检察出版社1996年版，第102页。

不仅要包含现行刑法所赖以存在的基础的威慑思想，而且还要将犯罪人的矫正，如同防卫社会免遭犯罪人的危害一样，涵盖进刑罚概念中。……刑罚制度应通过一个特殊的‘处分’制度来加以补充：一方面是对罪犯的矫正和帮助；另一方面保护社会免受犯罪人的危害。”①

五、当代刑法思潮

在经过长期的辩论之后，主、客观主义各自的缺点都得到充分的暴露；各自的优点也受到彼此的关注，所以，采取一种吸纳两派优点的综合主义主张似乎更易于被接受。综合主义刑法思想与以下学说有关。

（一）人格责任论

人格责任论产生于德国学者麦兹格尔的理论，他认为行为人的“行状”是责任的要素，即所谓行状责任理论。另外，日本的安平政吉、团藤重光、不破武夫等则主张生活决定责任论。这些理论以客观主义的个别行为责任论为前提，同时考虑主观主义的行为人的性格危险性。如团藤重光所说：“古典派和近代派的持续争议，都有理由。……人格责任论的目的在于扬弃两派的立场，实证研究对人的主体性作了正确把握，当受尊重。古典派的前提是抽象的人格，近代派提出了具体的、客观层面的人。真正的具体的人受环境和素质的支配，也具有一定的主体性，这是刑法学的科学性要求的。但是，不能借口科学性而否定人性，没有科学性的刑法是盲目的，而没有人性的刑法是空洞的。”②

（二）行为者类型理论

第二次世界大战前，在德国，由沃尔夫、麦兹格尔、鲍克曼等人倡导的行为者类型理论认为，作为处罚的对象是行为人的特殊人格类型。日本有许

① ［德］弗兰茨·冯·李斯特著：《德国刑法教科书》，徐久生译，法律出版社2000年版，第26页。

② ［日］大塚仁著：《刑法中新旧两派的理论》，日本评论社1957年版，第210—211页。

多学者对此持有浓厚的研究兴趣。如佐伯千仞对责任和危险性的学说作了充分的检讨，指出不能断言主观主义和客观主义不能调和，累犯、常习犯都是法律规定的行为者的危险性，在违法性论中就包含着主观的违法要素。

（三）目的行为论

早期客观主义的因果行为论，只着眼于盲目的因果关系，忽视了行为中的主观构造；而过去的主观主义则只考虑犯罪是被决定的，不注意行为人的选择可能性。目的行为论作为新的存在论，以基于因果性的认识和支配的目的为核心，考虑行为人的目的支配和操纵，从而在一定程度上克服了前两者的短处，也因此得到了越来越多的支持。

（四）并合主义与分配主义的刑罚本质观

并合主义区分刑罚的本质和目的，认为刑罚的本质是报应，刑罚的目的是一般预防、特殊预防。分配主义则主张，将刑罚分为制定、裁量和执行三个阶段，与之相呼应，报应的思想渐次减少，教育的思想渐次加强。这些思想基本上为后来的学者所接受。

较之于单纯的主观主义或客观主义，以上四种思潮的优点是很明显的。所以，综合主义得到了较为广泛的认同。综合主义不再一味地追求刑法的理想，同时拒绝刑法学的世俗化，使刑法学的研究有一定的超然性，因而更具前瞻性和发展动力。在当今外国刑法理论中，我们已经看不到严格意义上的学派之争了，但是，这绝非说刑法中没有主观与客观的理论争议，相反，在刑法理论的每一个领域都有基于客观、主观的或折中的不同见解。这给当今的刑法理论留下了许多研究依据，同时也给刑法理论提出了一个新的研究领域，即如何认识、吸收、借鉴这些理论的成就。但是，刑泆理论在犯罪论、刑罚论等方面的基本立场差异，在综合主义下不应是简单地综合，现在尚不能说综合主义完全成功了。[①]日本学者关哲夫认为，现在是以古典学者的客

① 参见［日］八木国之著：《新派刑法学的现代展开》，酒井书店1991年版，第3—4页。

观主义为基调构造犯罪理论，但是近代学派的见解也有部分被吸收进来，如提倡相对的意思自由论和柔和的决定论，表明两种学派的让步。[①]尤其值得注意的是，在20世纪60年代之后，后现代主义法学悄然兴起，一种强调对话和交往的理论范式已经为刑法理论的发展展示出新的图景。

六、近现代刑法立法

19世纪末，随着自然科学的发展，科学实证主义对刑法研究方法和立法产生了重大影响。一方面，当时在人类学、医学、心理学等方面的文明成果对刑法产生了影响，科学实证的方法被运用到刑法研究中来，“犯罪决定论”已经被系统地提出来，与之相呼应，形成了目的刑罚的观念；另一方面，在科学主义的感召下，人们对于制定法典充满了信心和憧憬，在此背景下，刑法法典化的时代到来了。1803年，奥地利颁布了首部现代意义的刑法典，不过真正开启刑法法典化运动的，一般认为是1810年的法国刑法典。

（一）法国刑法

法国现代刑法，起源于1791年7月19日至22日有关城市治安与“矫正（轻罪）警察”的法律和1791年10月6日有关“刑事（重罪）警察”的法律。这两项法律初步实现了法律的统一与法典的编撰。它们受到了贝卡利亚刑法思想和《人权宣言》的影响。法国于1808年完成了刑事诉讼的法典之后，在1810年颁布了刑法法典。

1810年法国刑法典受边沁的功利主义刑法思想影响，突出刑法的威慑作用，比如恢复打烙印、带铁项圈、捆绑示众等肉刑；维持法国大革命的罪分三类、罪刑法定、采用自由刑和处罚平等等原则。强化处罚，如将犯罪未遂视为犯罪既遂、规定大量的加重情节。后来随着法国社会的变革，受各种刑法思想的左右，法国刑法典的内容发生了许多变化。从1931年起，法国就考虑修正1810年刑法典。但该提案因为落后于社会发展而被放弃。1974年

① 参见［日］关哲夫著：《讲义刑法总论》，成文堂2015年版，第46页。

10月，法国又开始着手刑法典的修改。新刑法典经过20年时间的无数次讨论、修改，才于1994年3月1日得以通过。①

1810年法国刑法典对当时大陆法系的刑法立法产生了重大影响。它在为法国所征服的欧洲地区得到了广泛实施，②即使在拿破仑倒台之后的数十年之内，其基本模式对于欧洲大多数国家的法典编撰依旧发挥着启发作用。它还曾一度影响到东方国家，如中国和日本。

（二）德国刑法

受法国、英国和意大利等国启蒙时期刑法思想的影响，德国在18世纪末19世纪初诞生了许多伟大的刑法学家，他们提出了许多影响刑法立法的主张。如F. K.霍默尔提出了罪刑相适应原则，费尔巴哈提出了罪刑法定原则思想基础的"心理强制说"，并开创了现代刑法理论体系，这意味着刑法中启蒙运动的终结。在刑法立法方面，1794年颁布的普鲁士普通法，其中的刑法部分（第2部分第20章）和1751年的《巴伐利亚刑法典》、1768年的《特蕾西亚刑法典》一起，标志着启蒙运动时期专制制度的结束。而1810年的《法国刑法典》和1813年由费尔巴哈起草的《巴伐利亚王国刑法典》是19世纪欧洲大陆刑法立法的典范。当时的立法普遍接受了罪刑法定原则。

1813年《巴伐利亚王国刑法典》之后，德国各州制定的刑法典包括《萨克森王国刑法典》《汉诺威王国刑法典》《普鲁士刑法典》等。其中1851年的《普鲁士刑法典》深受《巴伐利亚王国刑法典》影响，并为1871年《德意志帝国刑法典》奠定了立法基础。1871年，在扩充《北德联邦刑法典》适用的领域范围的基础上，③形成了1871年统一的《德意志帝国刑法典》。1871

---

① 参见［法］卡斯东·斯特法尼等著：《法国刑法总论精义》，罗结珍译，中国政法大学出版社1998年版，导言第3节部分。

② 当时西班牙、葡萄牙分别于1848年、1852年仿效法国刑法典，制定了本国刑法；而比利时、荷兰等国当时是法国的属国，适用法国当时的刑法。参见刁荣华著：《刑法学说与案例研究》，台湾汉林出版社1976年版，第38—39页。

③ 该法典是《普鲁士刑法典》的翻版。参见［德］汉斯·海因里希·耶赛克、托马斯·魏根特著：《德国刑法教科书·总论》，徐久生译，中国法制出版社2001年版，第120页。

年刑法典的立法理念和方法达到了当时的最高水平，不过，该法典在颁布不久，就在刑事政策方面不适应德国社会形势了。但是，它最终经历了两次世界大战，并一直适用到1974年12月31日。1975年，当时的西德修订刑法典生效，其中总则内容较过去有彻底性的修改，分则内容也有广泛的修改。如扩充国际刑法内容、扩大经济刑法和环境刑法的内容等。[①]1990年，德国重新获得了统一，联邦德国没有重新开始刑法的统一性创制工作，而是针对民主德国加入后的犯罪形势，结合欧盟立法和国际刑法的发展新动向，对德国刑法典进行修订。

（三）意大利刑法

1861年，意大利王国宣布独立，原撒丁王国即以1810年的法国刑法典为蓝本，制定了1859年的刑法典。该法典后来逐渐适用于意大利的其他地区。不过当时也有少数几个地区拒绝适用该法典。1889年，统一的意大利刑法典出台了，并于次年1月1日生效。由于当时的司法部部长（兼首相）扎那尔德礼在制定法典时做出了突出贡献，人们称该法典为“扎那尔德礼法典”。虽然该法典没有摆脱专制制度的痕迹，但是它还是比较充分地反映了自由时代的精神。如废除死刑，规定了取代短期自由刑的措施，采用了假释制度等。

法西斯在意大利取得政权后，1930年，意大利通过了新刑法典。当时的司法部部长是洛克，所以该法典被称为“洛克法典”。“洛克法典”是“法西斯时代”的产物，它重新规定了死刑，扩大监禁的适用范围，大大加重惩罚的严峻程度，扩大累犯的范围，采用了类推的制度。

法西斯倒台后，维护法西斯统治秩序的条款被取消，死刑再次被废除，但这些变化都是修补性的，1930年刑法依然被适用。虽然第二次世界大战后有人主张用“扎那尔德礼法典”取代“洛克法典”，但是，意大利很多学者

---

① 参见［德］汉斯·海因里希·耶赛克、托马斯·魏根特著：《德国刑法教科书·总论》，徐久生译，中国法制出版社2001年版，第1编第2章；《德国刑法典》，徐久生、庄敬华译，中国方正出版社2004年版，绪论部分。

认为，1930年刑法典也是刑法科学成就的结晶，不应将其简单归结为法西斯思潮的产物，也不应当让刑法退回到19世纪立法的水平。[①]时至今日，意大利还在沿用1930年刑法典，但是该国根据时代发展对于其中一些条款作了必要修正。

（四）日本刑法

明治维新之前，日本的刑法主要是以中国《唐律》为蓝本制定的。当时，虽然天皇制一直存在，但在封建时代里，其权力逐渐弱化，政治权力基本上被分散到地方上，此时产生了统领地方政治权力的武将，并通过世袭，形成了与天皇制并存的中央集权性的武士阶层的政治势力。德川家族在封建时代末期建立了这种政治形态，其体制自1603年起，一直持续了250余年。因该政府设在现在的东京，即当时的江户，故这段时期在日本被称为“江户时代”。德川家族在很长时期内奉行锁国政策，与外国中断交流。但在江户时代末期，自“黑船事件”起，以美国为首的发达国家以“坚船利炮”相威胁，迫使日本打开了国门。[②]当时一些有学识的武士认为，为了防止日本沦为殖民地，国家必须团结起来，政权应返还天皇。最终在没有流血的情形下，日本实现了封建体制解体的历史大业。1868年的这一政治变革，历史上称之为“明治维新”。

明治维新使日本迎来了现代化的黎明，并且避免了沦为欧美等发达国家的殖民地。维新之初，采取的是“王权复古”的方式，即将政权奉还天皇，并一度将所有的国家制度、法律制度都恢复到封建时代以前的王制时代。其中首先制定的是替代封建法的刑法，即假刑律（1868年）、新律纲领（1870年）、改定律例（1873年）。这些都是王朝时代以中国《唐律》为基础制定的具有传统特点的法律。

---

① 参见［意］杜里奥·帕多瓦尼著：《意大利刑法学原理》，陈忠林译，法律出版社1998年版，第6—8页。

② 浙江大学日本文化研究所编著：《日本历史》，高等教育出版社2003年版，第160—163页。

但是，当时的有识之士意识到，为彻底避免殖民地化，日本必须建立能够与欧美法律相匹配的近代法律制度、裁判制度。因为当时作为殖民地化的手段所使用的领事裁判权规定，外国人犯罪由该外国裁判。采用领事裁判权的理论依据，是认为欧美以外的国家没有保障人权的法律制度和裁判制度。有鉴于此，当时被视为欧洲大陆诸国近代法典范的法国法，自然备受明治政府重视，于是，他们改变复古方针，以翻译法国法为契机，制定重要的法律。这样一来，在1810年法国刑法的影响下，日本制定出了现代意义上的第一部刑法（在日本将其称为“旧刑法”）。不过，旧刑法被认为不符合日本的实际情况，在审判工作中遭到了批判，政府不得不开始修改刑法。

当时的时代潮流发生了很大变化，因为明治维新后，几次政变使日本关于国家的基本思想明确起来。当时政府的目标是富国强兵，所以，大多数人认为，必须建立以天皇制为中心的强有力的官僚国家。按照这种现实要求，与其采纳法国的总统制，不如采纳德国承认的帝制。“我国方今将制定宪法，首先必须巩固皇室之基础，以期在今天防止千秋万载之后大权发生动摇之弊。”①为了顺应当时的潮流，第一任内阁总理大臣伊藤博文准备以德意志宪法为蓝本制定宪法，并于1882年年初去澳大利亚、德意志进行了考察。1889年日本制定了具有上述性质的“大日本帝国宪法”，确定了明治时期的国家结构。同时改变以前所计划的刑法修改工作的基本方针，集中到以1871年德国刑法典为蓝本进行修改的方向上来。1907年新的刑法制定出来后，基本上体现出上述特点。该刑法至今已经多次修改，但仍然具有效力。

（五）韩国刑法

在封建时期，中国唐律对于东亚周边国家的政治具有直接影响。大约在

① 参见浙江大学日本文化研究所编著：《日本历史》，高等教育出版社2003年版，第195页。

7世纪，高丽国原原本本地接受了中国唐律，14世纪朝鲜接受了大明律。韩国现代刑法是1953年公布实施的。由于之后韩国的政治、社会结构和形态发生了急剧变化，所以在20世纪80年代，韩国刑法历经了第一次全面的修正，确立和深化罪刑法定原则及其具体内容。之后，随着韩国经济飞速发展，韩国刑法经历过多次修正，但是修正的重点内容体现为适应技术和经济发展的要求。[①]

（六）俄罗斯刑法

20世纪的俄罗斯刑法立法是独一无二的，它是带着1845年制定、1885年修订的《刑罚与感化法典》进入20世纪的。这是一部无论从形式上还是内容上都具有封建君主制特点的法律，还不是现代意义上的刑法，其保守性和落后性在19世纪中叶依旧有明显的表现。所以，自亚历山大二世起，就酝酿取代该法的法律起草工作。1903年，尼古拉二世批准了历经三代沙皇起草工作的《刑法典》，它的成功在于规定了“总则”，“该《刑法典》的许多原理至今也没有失去其现实意义，在进一步完善1996年《俄罗斯联邦刑法典》的过程中完全可以加以利用”，[②]但不久之后的苏维埃革命胜利使这部法典没有来得及在俄罗斯帝国全境生效，只是在拉脱维亚、立陶宛和爱沙尼亚完全适用了该法典。

1917年苏维埃政权成立后，刑法渊源开始是政府告公民书、苏维埃代表大会的决议和法令、工农兵地方苏维埃指令、司法人民委员会内部的工作细则以及审判实践。当时认为最严重的犯罪是反革命罪和投机倒把罪、贿赂犯罪。值得一提的是，当时的刑罚体系中没有规定死刑，在1917年10月26日还通过了《关于废除死刑的法令》。由于特殊的历史原因，人民委员会1918年在《社会主义祖国在危急中》的决议中恢复了死刑。1920

① 参见［韩］金日秀、徐鹤辅著：《韩国刑法总论》，郑军男译，武汉大学出版社2008年版，第87—93页。

② ［俄］Н. ф.库兹涅佐娃、И. М.佳日科娃主编：《俄罗斯刑法教程（总论）》（上卷），黄道秀译，中国法制出版社2002年版，第22页。

年死刑一度又被废止，但很快就因为武装入侵和推翻苏维埃制度的情形而被恢复。

1922年，苏联通过了第一部苏维埃刑法典。该法典共218条，总则的规范占1/4。在极大的争议中，类推被该法典第10条规定下来。[①]1924年，《苏联和各加盟共和国刑事立法基本原则》通过，各加盟共和国依据该原则制定了刑法典。1960年，苏联制定了《苏俄刑法典》。后来由于众所周知的原因，1996年俄罗斯颁布了《俄罗斯联邦刑法典》。

（七）英国刑法

英国是不成文法国家，向来没有法典，审判中依据的主要是判例。判例是上级法院就特定的案件所作的判决。后来的相类似的案件要以先前由上级法院所作的判决为依据。即先前判决可为后来审判依据的法例，有约束下级法院的效力。所以，判例在英国相当于成文法国家明文规定的法律。鉴于判例收集比较困难，自1863年以来，由大状师团体和律师公会联合组织判例编纂会，从事刑法的收集编纂工作。

在英国，除了所谓的普通法（common law）之外，还有制定法（statute）。普通法也称习惯法，由多年的判例集合而成，其中包括法的习惯和事实习惯，通过归纳分析，总结出法则和体系，并得以适用。普通法的法源包括三种：一是一般习惯，即通行全国的习惯；二是特别习惯，即通行于某一地区或某种社会的习惯；三是罗马法与教会法的规定中为法院所采用的部分。[②]制定法，是将普通法的原则，用文字规定下来的形式。如1907年的《犯人检查法》、1908年的《犯罪预防法》，等等。[③]

---

① 条文内容："个别种类的犯罪行为，如果是本法典没有明文规定的，它的刑罚或者社会保卫方法，可以比照在犯罪的重要性和犯罪的种类上同刑法最相似的条文，并遵照本法典总则的规定来决定。"

② 罗马法和教会法之所以能成为普通法的一部分，始于1066年诺曼公爵征服之后。特别是罗马法对欧亚各国法律都产生了深远的影响，在英国也不例外。

③ 参见刁荣华著：《刑法学说与案例研究》，台湾汉林出版社1976年版，第36—37页。

（八）美国刑法

1.概述

美国和英国都是不成文法国家，其法律体制世称英美法系，有别于大陆法系。美国大体上沿袭了英国法例，但并不是全部接受。当1620年“五月花”抵达北美新大陆时，移民仅仅以圣经为法源，而且对法律和律师比较嫌恶。这种情形持续到1776年，由于社会需要，英国法律才开始被接受。到独立战争时，在反英情绪的驱使下，有接受法国法的倾向，加上美国当时的法学家研究法国、荷兰等大陆法系国家法律，以至于今天虽然仍旧属于不成文法国家，但形成了独特的体系。①

美国法是二元的，有联邦法和州法两种体制，除了联邦宪法具有优越性之外，它们之间不是上下关系，而是各自为法。19世纪末20世纪初，美国掀起法典化运动，虽然最终未能制定全国性的刑法法典，不过许多州制定了刑法典或有关刑法的法规、条例，除了将普通法中的罪名包括在内以外，还增添了新的犯罪种类。

2.《模范刑法典》

为了规范各州的刑法立法，美国法学会于1923年着手统一刑法典草案的起草工作。最初的方案由判决发布人草拟，哥伦比亚大学法学院的赫伯特·韦希斯勒（Herbert Weshsler）是首要发布者。这些条款被一个综合惩戒的咨询委员会和美国法学会理事会修订，之后，暂定方案提交法学会全体成员进行评价、讨论和表决。这些暂定方案（一共有13个）中被提议的条款经过了广泛讨论而获得了承认。暂定方案也由非官方的草案发展成为官方的草案，其形式就是“模范刑法典”。1962年，《模范刑法典》（Model Penal Code，MPC）正式公布。它分4部分，计176条。《模范刑法典》比美国各州的刑法在体系结构上更系统，在概念和术语上更明确，但它却不具有直接的效力。

① 参见刁荣华著：《刑法学说与案例研究》，台湾汉林出版社1976年版，第37—38页。

从20世纪60年代初到80年代中期，美国发生了广泛修订实体刑法制定法条款的运动。修订制定法的动力和修订条款的内容主要受到美国法学会的引导。法学会对《模范刑法典》进行了修订和扩充性的注解。1980年，出版了一个三卷本的版本。它由原来的文本和对法典第二部分（处理具体犯罪的界限）进行修订的注解组成。1985年，另一个三卷本也出版了，它由原来的文本和对法典第一部分（处理一般性问题）进行修订的注解组成。在这项工作的进展中，美国学者发现，出版一个最终的、官方的、包含全部文本的模范刑法典将是有价值的。在哥伦比亚大学法学院肯特·格林纳沃特（R.Kent Greenawalt）的指导下，这个版本得以开始编制并在1985年出版。在提议的草案中的最终方案、提议方案和注解依旧成为关于美国实体刑法问题进行学术讨论的主要资源。《模范刑法典》具有如下特点：

第一，它更强调有关具体刑事犯罪界限的基本原则问题。基本原则关注行为和承担刑事责任所必要的心理态度，另外，在某些论述中还提出辩护性问题。这和传统制定法条款是相反的，后者常常强调或者阐述具体犯罪的存在和界限。

第二，它试图全面而细致地阐述所涉及的问题，而不是使用带有假定含义的传统术语。法典试图具体而完整地阐述刑事责任是否存在所面临的全部问题，既包括具体犯罪的要件，也包括那些可能阻却责任的事实。不同犯罪和不同辩护事由为具体术语所限定，草案还通过区别不同的要件以减少它们之间相互混淆的危险。

第三，它的一个重要内容是刑罚体系的架构。法典不仅针对单个犯罪提供刑罚，而且设计了重罪、非行的类别，进而针对每种犯罪类型确定刑罚。例如，重罪有三级，分别可处以最低1年以及不超过10年的监禁和死刑。

第四，模范刑法典的一个主要的实质性贡献是，提供了被称为“犯罪意图”（criminal intent）的条文。这足以说明，法典的设计者们再次证明了心理态度（mens rea）是刑事责任的中心这种传统观念。但是，他们提供了系统的框架来分析不同的犯罪以及与之相关的辩护事由的责任所需要的心理态度。或许法典不幸地使用了“可罚性”概念指称刑事责任所必要的心理态度，在通常的惯例中这个概念指称“责难价值”这一更为广泛的概念，但是，这种用法有助于强调《模范刑法典》设置心理要件在不断准确和不断分类的刑事责任中的重要性。[①]

3.《模范刑法典》之后的制定法修订

无论《模范刑法典》的价值如何，它实际上已经成为美国1962年以后广泛的刑法立法运动的一个主要资源。韦希斯勒在1985年指出，大约34个实体刑法的立法修订活动发生在1962年到1983年期间，并且在不同程度上受到了法典的影响。在法典草拟之时，更多的修订活动就为一些州的立法机关所考虑。

另外，值得一提的是，尽管联邦刑法典未能获得通过，但是，美国国会已经为此目标采取了行动。1966年，国会组成了“联邦刑法改革全国委员会”（the National Commission on Reform of Federal Criminal Laws），该委员会受埃德蒙·G.布朗（Edmund G.Brown）领导。埃德蒙·G.布朗曾经担任过圣弗朗西斯科地区律师和为期八年的加利福尼亚州州长。1970年，一个包含评论的修订性“研究草案”出版了，[②]与此同时，委员会出版了一个关于咨询报告和研究草案发展备忘录的汇编。[③]1971年，一个包含提议新联邦刑事法典和有关评价的最终报告出版了，[④]该报告提议修改联邦刑法典第18篇（title），该篇包括大多数联邦犯罪，因此为联邦实体刑法所涵盖的广泛的制定法提供了类型。

立法机关为联邦制定法寻求如此广泛的改革，这被介绍到国会并引发了学术大讨论。但因议员们的观点明显不一样，特别是因为对许多具体条

---

① George E. Dix & M. Michael Sharlot, Criminal Law : Cases And Materials, West Publishing co., 1987, pp.11–13.

② National Commission on Reform of Federal Criminal Laws, Working Papers of the National Commission on Reform of Federal Criminal Laws, 1970.

③ National Commission on Reform of Federal Criminal Laws, Working Papers of the National Commission on Reform of Federal Criminal Laws, 1970.

④ National Commission on Reform of Federal Criminal Laws, Working Papers of the National Commission on Reform of Federal Criminal Laws, 1970.

款产生了争议，所以国会后来没有就立法进行表决。1982年，1981年刑事法典修改法令的支持者们放弃了立法计划，对此，斯托姆·瑟蒙德（Strom Thurmond）议员解释道，因为其中涉及死刑和枪支管制的法令，在选举年进行此类表决是“生不逢时”。

1984年，美国国会通过了《综合控制犯罪法令（1984）》（Comprehensive Crime Control Act of 1984），该法令反映了早期联邦刑事法典改革的一些特征。1984年立法被认为是“一个在联邦刑事法典中经过为期11年的努力而获得改观的转折点”。但是和许多早期不成功的努力不同，立法机关并没有遵循模范刑法典的路数，也没有如布朗委员会的提议那样广泛修改联邦法典第18篇。因此，联邦实体刑法没有如模范刑法典在许多州那样推动刑法修订和汇编。①

长期以来，英美刑法还没有受到应有重视，这与我们的习惯观念有关系。我们认为，英美法系中以普通法为重要内容，而普通法缺乏明确的规定和先例的根据，所以缺乏必要的明确性和安定性。但是我们还应当看到，普通法有助于刑法对社会有害行为的及时跟进和处罚，防止犯罪人对刑法漏洞的利用。②

① George E. Dix & M. Michael Sharlot, Criminal Law：Cases And Materials, West Publishing co., 1987, pp.14–16.

② Richard G.Singer, John Q.La Fond, Fhima Baradaran Baughman, Criminal Law, Wolterskluwer in New York, 2018, pp.6–7.

第三章

刑法适用的基本理论

第一节　刑法的机能

一、机能概述

刑法的机能，是刑法所应具有的积极作用。它和刑法的目的、任务相一致，并以刑法中的法理念为思想基础。

各国学者和立法关于刑法机能的内容有不同认识和规定。俄罗斯刑法第2条明确规定："本法典的任务是：保护人和公民的权利和自由，保护所有权，维护社会秩序和公共安全，保护环境，捍卫俄罗斯联邦和宪法制度，以防犯罪行为的侵害，保障人类的和平和安全，以及预防犯罪。"韩国学者一般认为，刑法机能分为规制机能、法益保护机能和人权保障机能，但个别学者认为，在这三个机能之前还有预防机能。①德、日学者一般将其分为社会伦理的机能、保障的机能和保护的机能。②美英学者通常认为，刑事立法的目的或者刑法的机能包括剥夺犯罪能力、保持社会稳定、防卫社会、补偿被害人、改造以及报复犯罪人，③或者认为包括阻止人们做有害社会和他人的行为、提供处罚的条件、向人们预先提供行为可为社会接受

① ［韩］金日秀、徐鹤辅著：《韩国刑法总论》，郑军男译，武汉大学出版社2008年版，第26页。

② ［日］龙冈资久：《刑法中的伦理思想——刑法哲学序说》，布井出版株式会社1981年版，第111—112页。

③ Sue Titus Reid. Criminal Justice, Macmillan Publishing Company, 1993, pp.8-9.

的指导。[①]也有观点认为，功利主义的目的有威慑（Deterrence）、剥夺自由（Incapacitation）、矫正（Rehabilitation），此外还有报应（Retribution）目标。[②]

本书认为，现代刑法的任务决定于法的两个基本理念：秩序和自由。也有学者将其表述为正义、共同幸福和法的安定性。[③]因为个体对自由的追求和政府对秩序的维护基本上处于紧张关系之中，所以，“一个旨在实现正义的法律制度，会试图在自由、平等和安全方面创设一种切实可行的综合体和谐和体”[④]。刑法机能的设定应合乎这一基本要求。晚近以来，德日学者提出刑法具有两个方面的机能，一是维护社会秩序的机能，二是保障国民权利和自由的机能。这与英美法系学者的观点殊途同归。就上述理论和立法看，各国关于刑法机能的具体表述虽然有所不同，其重心亦不一样，如英美刑事实体法似乎更侧重于社会防卫的功能，但这些都无损刑事法对人权的保障，因为人权保障通常是在刑事诉讼中得到实现的，而俄罗斯刑法似乎更凸显刑法保障人权的机能，但落脚点却在于对社会的保护。各国理论主张及立法规定孰优孰劣尚难以论断，但它们均表明，现代刑法的机能必须反映出法的自由、秩序这两个基本理念，而不可能只追求某一种理念的实现。各国理论上的表述虽然各有差异，但结合上述内容，我们可以将刑法的机能归纳为三个基本部分：人权保障机能、社会保护机能和规律机能。

二、刑法的基本机能

（一）保护机能

保护机能，也称社会保护机能或法益保护机能，就是通过刑法规范保护

---

① Jonathan Herring & Marise Cremona, Criminal Law, Macmilland Press Ltd, 1998, p.4.

② Richard G.Singer, John Q.La Fond, Fhima Baradaran Baughman, Criminal Law, Wolterskluwer in New York, 2018, pp.21-31.

③ 参见黎宏著：《日本刑法精义》，中国检察出版社2004年版，第5—7页。

④ ［美］E.博登海默著：《法理学：法律哲学与法律方法》，邓正来译，中国政法大学出版社1999年版，第297页。

法益的机能，可见它体现了社会秩序的要求。所谓法益，是由法律所保护的利益。大陆法系国家的刑法，通常把法益分为个人法益、社会法益和国家法益，刑法对这三种法益都有保护的机能。所以，保护机能包含对个人法益的保护、对社会秩序的保护和对国家政权的保护等性质，它在一定程度上体现为对犯罪的抑制机能。

（二）保障机能

保障机能，或称人权保障机能，是刑法为了防止国家恣意行使刑罚权，对定罪和科刑进行限制，以保护一般国民和犯罪人的机能，它体现了刑法对于自由的保障。保障机能也被称为大宪章机能，它具体体现为：（1）善良市民的大宪章；（2）犯罪者的大宪章；（3）受刑者的大宪章。[①]

与保障机能相关的是刑法的谦抑性价值。正如德国学者李斯特所说，“最好的社会政策是最好的刑事政策”，刑法不是抑制犯罪的唯一手段，而且刑罚剥夺人的生命、自由和财产，是极为严厉的制裁措施，所以，它只能被当作预防犯罪的“最后手段”（刑法的补充性），且只有在维持社会秩序确有必要之时，才能在尽可能小的范围内适用（刑法的片段性），它还应当体现出现代法的宽容精神（刑法的宽容性）。可以说，刑法的谦抑性以刑法的补充性、片断性和宽容性为内容。[②]随着风险社会理论的确立，风险刑法观得到了很多学者的赞同，如何确立谦抑性价值在现代社会中的地位，是各国刑法不得不认真面对的新课题。

（三）规律机能

规律机能，是对人的行为进行规制或者约束的机能。其作用在于：一是将一定的行为当作犯罪，对其规定刑罚，向国民显示该行为为法律所不容；二是要求国民不要实施特定的犯罪行为。这两种机能分别由刑法的评价规范

① 参见［日］大谷实著：《刑法讲义总论》，成文堂1996年补定4版，第6页。

② 参见［日］大谷实著：《刑法讲义总论》，成文堂1996年补定4版，第6页。

和决定规范体现出来。所谓评价规范，是从刑法规定出发，表明某种行为或其结果是无价值的规范；所谓决定规范，是根据刑法的禁令对行为人产生的、决定其行为意思的规范。

三、刑法机能的冲突

刑法的基本机能形成于对立和冲突的法理念之中，在实践中自然难免发生冲突现象，如果过分重视对社会秩序的维护，就会削弱人权保障的机能；反之，如果过于强调对人权的保障，亦会抑制刑法的保护机能。在刑法实践中，如果不能妥当处理刑法机能的冲突问题，刑法就可能不为国民所信赖，亦难发挥维护社会秩序的机能。因此，在刑法立法和适用过程中，各国都充分注意发挥刑事政策的调节作用，因时因势地运用刑法预防和惩治犯罪。

在一般情形下，维护社会的秩序始终被当作刑法上最重要的课题，因此，“刑法的任务是保护人类社会的共同生活秩序”[①]。特别是随着社会的现代化发展，人类安全所面临的威胁越来越多，越来越大，以致各国刑法和国际刑法中有扩张社会保护机能的趋势。[②]与此同时，随着价值多元化和刑法文明的发展，刑法对一些传统的犯罪采取了非犯罪化或轻缓化的做法。总之，解决刑法机能的冲突问题最终必须适应社会的发展和要求，在不同国家和地区、在不同时期采取不一样的方式，如在一个国家或者地区可能重视社会保护机能的实现，而在另一个国家或者地区可能重视人权保障机能的实现；在一个国家或地区内，在某个时期强调社会保护机能，在另一个时期则强调人权保障机能，或者对某类犯罪强调社会保护机能，对某类犯罪则强调人权保障机能。

---

① ［德］汉斯·海因里希·耶赛克、托马斯·魏根特著：《德国刑法教科书·总论》，徐久生译，中国法制出版社2001年版，第1页。

② 参见［日］金尚均著：《危险社会与刑法——现代社会中刑法的机能与界限》，成文堂2001年版，第272—284页。

第二节　刑法解释和论证

一、刑法涵摄与解释

很多学者认为，刑法学的核心是刑法解释学，由此可见解释在刑法中具有至关重要的地位。刑法解释是在刑法推理中产生出来的。受启蒙思想家的思想和后来科学主义的影响，司法者被认为是"法律之口"，他们无须也不能解释，而只能按照三段论的演绎方式进行法律推理。这个过程就是所谓"涵摄"或"包摄"。但是，今天我们都承认，在法律中所使用的语言存在多义性，因此，司法者必须对刑法条文的含义进行说明、限定，这就是解释。解释是涵摄的前提。没有解释，就不能确定涵摄要适用的大小前提及其范围。

如何进行解释，属于解释方法问题。按照日本学者的观点，解释分为文理解释、论理解释、扩大解释和限制解释；按照韩国学者的观点，解释分为文理解释、历史解释、体系性解释、目的解释和合宪解释。[①]可见，这两个国家所奉行的解释观基本上是一致的。但根据德国学者的主流观点，解释是根据法律的目的进行的目的性解释，它可以是限制性解释，也可以是扩张性解释。[②]所谓限制性或者扩张性解释，并不是解释本身的目的，而是根据刑法目的所进行的解释所产生的效果。

本书认为，刑法文字本身并无特定含义，所谓刑法概念的含义是解释者结合自身经验和社会需要的考量所赋予的。因此，刑法条文在理解中不可避免地存在歧义，这就导致了刑法中的解释问题。在这个意义上，司法者无法通过对文句的字义说明解决问题，而必须结合法律生活的目的进行解释。所谓的文理解释或者形式解释并不能真正解决概念内容的问题。至于扩张性解

① 参见［韩］金日秀、徐鹤辅著：《韩国刑法总论》，郑军男译，武汉大学出版社2008年版，第32—34页。

② 参见［德］克劳斯·罗克辛著：《德国刑法学（总论）》（第1卷），王世洲译，法律出版社2005年版，第85页。

释或者限制性解释，从实质上看属于根据法律目的进行解释而产生的后果，并不是严格的解释方法。解释方法应当是遵从法律生活的目的和要求，可能对于刑法条文的含义、范围和界限做出合理阐述的途径和手段。

二、刑法解释的基本方法

实现法律目的的刑法解释大体上可以归纳为三类：一是主观解释，即解释者根据处在特定历史时期的立法者当时的意图进行解释；二是客观解释，即解释者不必考虑当时立法者的意图，而根据现实的客观需要进行解释；三是兼顾主客观解释，即在解释过程中，当时立法者的意图难以查清，所以解释无法依据当时立法者的意图，但是，解释者在依据有关法律政策作价值决定时，应当考虑当时的立法意图。①

刑法规定的意义是适用之际附加上去的，即便假定刑法存在先定的含义，但考虑到一部刑法在立法时由于利益博弈而可能存在的“妥协”，考虑到它在实施后经历的时代变革，要求当下的解释者对当时的立法者的意图做出较为准确的阐述，这既是危险的，也是不现实的。法律的目的解释只能是基于当下的社会结构和社会文明程度，根据当前维护社会秩序和保障人权的需要，考虑到刑法条文具有的规范行为的性质，对刑法进行客观的解释。

三、刑法论证

刑法解释并不能完成刑法适用的任务，刑法适用的方法除了涵摄、解释之外，还应当包括论证。“法之发现不仅仅是一种被动的推论行为，而是一种构建行为，法之发现者一同进入行为过程，这意味着，法不是实体的事物……一切法具有关系特征，法是某种联系的事物，它存在于人的相互关系之中，并面对物而存在。至于这种法思维，只能存在一种‘敞开的体系’，在敞开的体系中，只能存在‘主体间性’（Intersubjektivität），此乃不言而喻

---

① 参见［德］克劳斯·罗克辛著：《德国刑法学（总论）》（第1卷），王世洲译，法律出版社2005年版，第86页。

的。”[①]可见解释和论证是不一样的。解释以解释主体对解释客体存在确定性认识为前提，它反映的是解释主体和解释客体之间的“主—客体”认识模式；而论证以解释主体对解释客体不存在确定性认识为前提，要求在不同解释主体之间进行对话，以求达成一致性意见的“主体间性”认识模式。主体间性要实现的是解释者之间如何消除彼此的不同看法并达成共识。如何达成有效的共识是后现代刑法的重要任务。

法律论证理论是当代西方法哲学中的一种重要法律适用方法论，但迄今为止，外国刑法理论上少有学者明确将论证作为刑法适用方法。[②]但是有少数学者则在实践这种理论，如德国学者罗克辛、金德霍伊泽尔及日本学者山中敬一等人，在他们所著的刑法教科书论中，实际就是运用刑法论证方法，以弥补传统刑法解释学的不足。

为了说明刑法论证方法，在此简要介绍德国学者阿列克西的法律论证理论。阿列克西认为，法律论辩具有和普通实践论证不一样的地方是，它受现行有效法的约束，并不要求规范绝对符合理性，而只是要求它们在有效法秩序的框架内能够被理性地加以证立，为此，法律争议要根据正确性要求，并诉诸理想的条件来予以讨论。[③]依照他的理论，刑法规范命题的证明包含内部证成和外部证成两部分。

内部证成，关系到刑法“三段论”的逻辑演绎。在一般刑法判断中，有些问题只需要通过简单三段论就可以证成，但在具体场合中，该刑法判断可能还须借助一个普遍性的规范，并根据普遍性的规范，联系其他命题逻辑进行推导。这要求最大可能地陈述逻辑的展开步骤，使之达到没有争议的程度。

外部证成，其对象分实在法规则、经验命题和既非经验命题又非实在法规则的前提等。与这三种不同的前提相对应的是不同的证立方法：（1）对实

① ［德］阿图尔·考夫曼、温弗里德·哈斯默尔主编：《当代法哲学和法律理论导论》，郑永流译，法律出版社2002年版，第146页。

② 值得注意的是，我国有学者已经较为系统地阐述了刑法论证理论。参见陈航：《刑法论证方法研究》，中国人民公安大学出版社2008年版。

③ 参见［德］罗伯特·阿列克西著：《法律论证理论——作为法律证立理论的理性论辩理论》，舒国滢译，中国法制出版社2002年版，第265—272页。

在法规则，主要指出它符合该法秩序之有效标准；（2）对经验前提，则可能要引用一整套程式，它们涵盖从经验科学到合理推测的公理直至诉讼的证明负担等；（3）对既非经验命题又非实在法规则的前提，则要运用所谓“法律论证”的方法。外部证成理论的首要任务，是对法律、法教义学、判例、理性、经验、特殊法律论证形式等六项内容的论述形式进行逻辑分析。这个分析的最重要结果在于审视判断它们之间相互联结的必然性和可能性。[①]从根本上看，外部证成的目的是确保内部证成获得承认和接受。

刑法论证理论虽然还有争议，但它为我们指出了刑法方法的对话式发展道路，值得关注和研究。

第三节　刑法的适用范围

现行刑法在适用中存在对哪些人、在什么时间、什么空间范围内有效的问题。各国刑法对此都作了规定。

一、刑法适用的时间

刑法存续期间为自公布施行开始至被废除为止。一般而言，这就是刑法适用的时间。根据罪刑法定主义，各国一般采用“不溯及既往”原则，即刑法只适用于公布实施后所实行的犯罪行为。在此，犯罪行为仅指符合构成要件的实行行为，而不包括犯罪的结果。也就是说，如果犯罪行为在刑法公布实施前，而结果发生在刑法公布实施后，刑法就缺乏适用效力。关于刑法适用时间的原则，在实践中有三个特殊问题。

（一）法律变更问题

法律变更意味着由于法规的变更，基本规则也要随之修正。相关规则是：

---

① 参见［德］罗伯特·阿列克西著：《法律论证理论——作为法律证立理论的理性论辩理论》，舒国滢译，中国法制出版社2002年版，第274页。

（1）在行为时法律发生了变更，适用行为终了时有效的法律；（2）在犯罪终了之后判决之前，法律发生了变更，适用处罚最轻的法规。法律变更为内容包括非犯罪化（非刑罚化），具体而言，刑法分则中的构成要件废止，以及总则中的正当化事由、免责事由、刑事责任年龄、未遂的可罚性的变化，还有可罚性前提的变化，等等。[①]

（二）限时法问题

所谓限时法，是明确表明或者可以为人民所得知的，限制在特定的时间范围内适用的法律。这类法律多见于涉及经济、税收、价格领域的法律。限时法又可以分为广义限时法和狭义限时法。狭义限时法，是指事先已经设定一定有效期限的法律。如明确有效期自某年某月某日至某年某月某日，或者有效期为实行日至将来发生一定事件为止。广义限时法还包括由于法律的内容与实施的目的发生情势变更，因此效力也随之消失的法律。但是只有少数观点赞成广义限时法。

如果限时法被废止或者失效，是否还要适用行为时法进行处罚呢？理论上有争议：第一种观点，即肯定说认为，应适用行为时法，即使限时法失效，也要继续对其有效期间的行为产生效力；[②]第二种观点，即否定说认为，依据禁止溯及既往原则，此时不能进行不利于行为人的追及适用；[③]第三种观点，即动机说认为，应通过分析关于限时法失效的立法目的来决定是否承认不利于行为人的追及效力。[④]在理论上，大多数学者主张依据溯及禁止原

① ［德］乌尔斯·金德霍伊泽尔著：《刑法总论教科书》，蔡桂生译，北京大学出版社2015年版，第33页；［韩］金日秀、徐鹤辅著：《韩国刑法总论》，郑军男译，武汉大学出版社2008年版，第41—44页；［意］杜里奥·帕多瓦尼著：《意大利刑法学原理》（注评版），陈忠林译，中国人民大学出版社2004年版，第46页。

② 参见［德］乌尔斯·金德霍伊泽尔著：《刑法总论教科书》，蔡桂生译，北京大学出版社2015年版，第33—34页。

③ ［韩］金日秀、徐鹤辅著：《韩国刑法总论》，郑军男译，武汉大学出版社2008年版，第44页。

④ ［韩］金日秀、徐鹤辅著：《韩国刑法总论》，郑军男译，武汉大学出版社2008年版，第45页。

则处理限时法问题。但是德国刑法第2条（4）规定："1仅适用于特定时期的法律，即使该法律在审判时已失效，但仍可适用于在其有效期间实施的行为。2法律另有规定的除外。"应该说，德国刑法的规定显然有其政策的考量，它不仅有助于维系法律的公平，解决诉讼上的问题，而且有利于强化国民对法律规范的态度。

（三）空白刑法的适用时间问题

空白刑法是指刑法规定的禁止性内容委诸其他法律法规的刑法规范。一般而言，空白刑法的有效期限也属于限时法。空白刑法中禁止性内容的变化是否影响到刑法适用，理论上也存在争议。（1）肯定说，认为空白刑法的变化意味着刑法构成要件的废除，在其失效后，只能依据裁判时法进行处罚。（2）否定说，认为空白刑法的变化仅仅是指作为前提的构成要件之内容即行为处分的变更，应根据行为时法追究行为人责任。（3）折中说，认为空白刑法的变化相当于设定与可罚性相当的构成要件之规范性自身的法规改废时，是法律的变更；而仅仅是相当于构成要件一部分或者技术方面的法规变更时，并不是法律的变更。[①]裁判上支持折中说，但是如何区分法律变更或者事实变更，基础并不明确。

二、刑法适用的空间

刑法适用的空间，是指本国刑法在什么空间范围内有效力。通常而言，这个问题是基于国家的领土主权和司法主权而产生的，它关系到维护独立主权国家的刑事管辖权、审判权以及国际关系、民族关系等重要问题。解决刑法的空间效力问题，一方面必须维护本国的主权和利益，另一方面必须尊重国际惯例和他国的政治、经济、文化、社会和历史传统。因为各国在政治、经济、历史和文化传统等方面存在着差异，所以各国刑法解决该问题的具体

① ［韩］金日秀、徐鹤辅著：《韩国刑法总论》，郑军男译，武汉大学出版社2008年版，第47—48页。

规定不尽相同。

为宣示国家主权，各国一般采取属地原则，即对于发生在本国内的一切犯罪行为可适用本国刑法。但如果机械地采用前述原则，也会造成本国国民或者国家利益保护不力的问题，所以大多数国家都根据国家法例外地规定了如下补充原则。

（1）旗舰主义，即对于发生在悬挂本国国旗的航空器和船舶上的实行的犯罪行为，或者针对这类航空器或者船舶实行的犯罪，可以适用本国刑法。

（2）保护主义，即对于外国人在国外针对本国实行的犯罪，可以适用本国刑法。但在何种条件下适用本国刑法，各国规定的具体要求差别较大，有两种方式，一种是规定本国刑法适用于境外发生的某些具体犯罪的罪名，如德国刑法第5条明确列举在国外实施且适用德国刑法的15种罪行；另一种是规定本国刑法只适用于境外发生的较为严重的犯罪，如瑞士刑法规定，本国刑法适用于国外发生的针对本国或本国国民的重罪或者轻罪。法国刑法规定，外国人针对具有法国国籍的受害人实行重罪以及任何应处监禁刑之轻罪，适用法国刑法。另外，本国刑法对于国外发生的犯罪，有些一律适用，有些选择性地适用，如韩国刑法规定，外国人实行内乱罪、外患罪等八种犯罪的，一律适用韩国刑法，对韩国国民或者韩国国家实施前述八种犯罪之外的其他犯罪的，可适用韩国刑法。由于各国立法不一，因此一般还作了其他例外规定。例如，如果依照行为地法律不构成犯罪、免予起诉或者免除刑罚执行的，韩国刑法规定不适用韩国刑法。

（3）世界原则或者普遍原则。即依据国际法的要求，对侵犯世界各国共通的一定法益的犯罪，不问犯罪、不问行为人的国籍，各国刑法都可以适用。德国刑法第6条规定，对于灭绝种族、核能、爆炸物、放射线犯罪、攻击空中和海上交通、人口交易、非法销售麻醉品等犯罪，适用普遍管辖原则。各国刑法在确定犯罪地时，一般都采取保护性原则，即行为或者结果发生地均被作为犯罪地。

三、刑法适用的人

刑法是一种社会反应，社会反应应针对人或者人的行为。在历史上有过对物或者动物起诉的做法，但在今天这已经成为“历史的奇谈”。[①]

毫无疑问，公民和本国刑法之间具有天然政治联系，因此本国刑法对本国公民犯罪一般都可以适用。对此又称为积极的属人原则。各国刑法的基本做法一致，但具体规定不同，如法国刑法规定，法国人在外国领域实行任何重罪，适用法国刑法；在外国领域实行轻罪，如果行为发生地的国家的法律也处罚该行为，适用法国刑法；而瑞士刑法规定，如行为人实行的重罪或轻罪被外国法院终审宣布为无罪，不适用瑞士刑法。

外国人在本国犯罪，自然适用本国刑法；而外国人在国外对本国国家或者公民实行犯罪，则依据上述规定处理。当本国公民为受害人时，又称为消极的属人原则。

除此之外，有些国家还规定了人的处罚阻却事由，即对特定人在特定场合不适用本国刑法的规定，如德国刑法第36条规定，对联邦议院、联邦大会或州立法机关的成员在会议中以团体或委员会形式所作的表决或者发表的言论，不追究其责任。第37条规定的对第36条所列的会以团体或者其委员会的公开会议的真实报道；有些国家刑法虽然对此没有明文规定，但根据政治传统，一般不适用某些特定之人，如日本对于天皇、摄政、国务大臣、国会议员以及外国元首、外交官等，依据宪法规定也不适用本国刑法。

① 参见［法］卡斯东·斯特法尼等著：《法国刑法总论精义》，罗结珍译，中国政法大学出版社1998年版，第15页。

第四章

罪刑法定主义

第一节　罪刑法定主义的形成

罪刑法定原则（the Principle of Legality）的最基本含义是：法无明文规定不为罪，法无明文规定不处罚。进一步说，即什么行为是犯罪，对犯罪的行为应处以何种刑罚，必须有预先存在的法律的明确规定。罪刑法定原则既是现代刑法实践的基本要求，也是刑法理论展开的基本前提。

罪刑法定原则，是针对欧洲中世纪的罪刑擅断主义提出来的。当时欧洲君主享有独断大权，生杀予夺取决于一念之间，所以什么是犯罪、对其如何处罚，都由君主或者审判官便宜从事。①这种司法现状激起了人民的反抗，加之18世纪民主思想的勃兴，人权意识的萌芽，渐渐形成了反对罪刑擅断、倡导罪刑法定的思想，并进而成为一种受到世界公推的刑事司法制度。即便在美国，学者也认识到罪刑法定原则可以保护个人自主权，限制政府权力，因此，将其视为当代美国刑法的重要组成部分。②

一、罪刑法定制度的历史沿革

罪刑法定制度渊源于英国的《大宪章》(Magna Charta)。1215年英国约翰国王，在一些贵族、僧侣、平民等各个阶层组成的大联盟的威胁和要求

① 韩忠谟著:《刑法原理》，台湾雨利美术印刷有限公司1981年版，第62页。

② Richard G.Singer, John Q.La Fond, Fhima Baradaran Baughman, Criminal Law, Wolterskluwer in New York，2018，p.7.

下，签署了49条特许状，其中第39条规定：“凡自由民除经贵族依法判决或遵照内国法律之规定外，不得加以拘留、监禁、没收财产、剥夺其法律保护权，或加以放逐、伤害、搜索或逮捕。”这被德国学者修米特认作罪刑法定原则的渊源，并成为刑法理论上的通说。[①]在1628年英国《权利请愿》（Petition of Rights）和1689年的《权利法案》（Bill of Rights）中，上述罪刑法定的观念伴随着人权思想的普及，反复被确认。

此后，罪刑法定的思想在北美开始普及并逐渐为立法所确定。1772年，在美国波士顿，英国在北美的殖民者集会，要求在北美殖民地确认大宪章和权利法案中的权利。1774年，在费城的殖民地总会上，发表了一个题为《居民依据自然法，拥有不可侵夺之权》的宣言书，其中反映了罪刑法定原则。1776年5月16日，在费城召开的十三州殖民总会决定北美殖民地独立，并由各殖民地自行制定根本法。1776年《弗吉利亚权利法案》就是在这个基础上公布的。该法案第8条规定：“……除了国家法律或同等的公民的裁判外，任何人的自由不应受到剥夺。”这被誉为美国法律最早的罪刑法定原则宣言，以后被多个州效仿。1789年美国宪法第1条第9款第3项明确规定：“……追溯既往的法律不得通过之。”1791年通过的宪法修正案第5条明确规定了适当的法律程序：“……未经正当法律程序不得剥夺任何人的生命、自由或者财产……”在以上普通法为主体的英美法中，罪刑法定原则主要是从程序方面加以规定的。

之后，1789年法国《人权宣言》为罪刑法定原则在刑法中的确定提供了宪法依据，1810年法国刑法典规定：“不论违警罪、轻罪或重罪，均不得以实施犯罪前未规定之刑罚处罚之。”1810年法国刑法典被认为是罪刑法定原

① 在此需要补充说明两点：第一，有一些学者认为不能将大宪章作为罪刑法定原则的渊源，但也有学者认为应将大宪章作为罪刑法定的渊源，可参见马克昌著：《比较刑法原理》，武汉大学出版社2002年版，第57—59页。本书认为，从保护人权的角度看，罪刑法定的确和大宪章有共通之处，所以，我们可以把大宪章作为罪刑法定原则的基础。第二，因为前述原因，在古代中国并没有罪刑法定的思想基础和制度基础，因为当时的法律并不是为了保护人权，而是为了控制地方官分权，从而维护王权和皇权的一体性而设定的。

则在刑法立法上的直接渊源，也是其他国家刑法立法争相仿效的对象。[①]

现在，罪刑法定原则不仅是许多国家刑法中的基本原则，也为国际法所确认。1948年的《世界人权宣言》规定："根据实行时的国内法或者国际法，如果任何人的作为或者不作为不构成犯罪，就不被当作犯罪，而且，对犯罪不得科处比行为时应适用的刑罚更重的刑罚。"联合国大会在1966年通过并于1976年生效的《公民权利和政治权利国际公约》（也称《国际人权规约》）第15条第1款规定："任何人的任何作为或不作为，在其发生时依照国内法或国际法均不构成刑事罪者，不得认为犯有刑事罪，所加的刑罚也不得重于犯罪时适用的规定。如果在犯罪之后依法规定了应处以较轻的刑罚，犯罪者应予以减刑。"[②]

二、罪刑法定原则的思想基础

虽然罪刑法定原则可以追溯至大宪章时代，但它却被认为是启蒙思想的产物。[③]早期奠定罪刑法定原则的思想基础，包括自然法思想、分权学说和心理强制理论。[④]第二次世界大战之后，随着人权思想和民主主义的强化，当代罪刑法定原则的思想基础已经发生了新的变化。

（一）自然法思想

17、18世纪的启蒙思想家为了抗制当时的封建制度，以天赋人权、社会契约等理论为基础，提出了理性主义的刑法思想。根据格老秀斯的理解，自然法是"一种正当理性的命令，它指示任何与合乎理性的本性相一致的行为

---

① 参见马克昌著：《比较刑法原理》，武汉大学出版社2002年版，第60页。

② 可是必须注意到，在国际上存在一些严重违反罪刑法定原则的事件，如以色列曾经根据本国法律对第二次世界大战战犯进行审判，而第二次世界大战时以色列还没有建国。这些现象说明，在国际法上，罪刑法定原则远远未得到尊重和贯彻。

③ 参见［意］杜里奥·帕多瓦尼著：《意大利刑法学原理》，陈忠林译，法律出版社1998年版，第12页。

④ 对此，在理论上亦有不同看法。参见李洁著：《论罪刑法定的实现》，清华大学出版社2006年版，第23—43页。

就是一种道德上的必要性；反之，就是道德上罪恶的行为”。万国法是从自然法原则中产生的。国家是“一群自由的人为享受权利和他们的共同利益而结合起来的完整的联合体”，即国家源于契约。虽然统治者取得了人民让渡的主权，但是，他们有义务遵守自然法则和万国法原则。[①]虽然早期的一些思想家，如格老秀斯、普芬道夫、霍布斯等认为统治者有不受法律约束的权力，但是到了18世纪，启蒙思想家开始关注保护自由的法律制度。英国学者洛克提出，人的自然状态是一种完全的自由状态，在这种状态下，人人都可以执行自然法，并亲手处罚违反自然法的犯罪行为。可是，这种状态是有缺陷并且危险的，因为，第一，人人将会面临他人的侵犯。第二，人人在惩罚违反自然法的行为时，都是自己案件中的法官，从而在报复犯罪行为时容易超越理性规则。为了终止伴随自然状态的混乱和无序，人民缔结契约，组成国家。但他认为，“自然法是一种适用于所有的人（包括立法者和其他人）的永恒规则”，所以，“由人们构成的社会或由人们成立的立法机关的权力绝不能超越公益的范围”，没有人们的同意，最高权力者不得从任何人那里夺走其财产的任何一部分。基于这样的理由，他主张立法权和行政权分离。就立法而言，它的目的“不是废除或限制自由，而是保护和扩大自由”[②]。行政部门在特殊情形下取得特许权，但一般要执行法律。为了保护个人的权利，国家拥有的、处罚违法者的刑罚权，必须来源于立法机关制定的法律规定。洛克还认为全体人民是自然法的最终保障者。这种思想饱含人权保障的精神，被认为是罪刑法定原则的核心思想。

（二）分权学说

虽然洛克提出了两权的分立，但是，最有影响的分权理论是孟德斯鸠的“三权分立”学说。孟德斯鸠指出：“每个有权力的人都趋于滥用权力，而且

---

① 参见［美］E.博登海默著：《法理学：法律哲学与法律方法》，邓正来译，中国政法大学出版社1999年版，第42—43页。

② 参见［美］E.博登海默著：《法理学：法律哲学与法律方法》，邓正来译，中国政法大学出版社1999年版，第52—53页。

还趋于把权力用至极限，这是一条万古不易的经验。”[①]在专制国，法官就是法律；在君主国，法官依法律是否明确办事；共和国的性质则“要求法官以法律的文字为依据”。[②]易言之，在民主文明的共和国家，为了有效地维护公民荣誉、自由、生命、财富等权利，必须确立罪刑法定的原则。而专制的本性导致它不可能做到这一点。为了防止权力滥用，就要以权力制约权力。最可靠的政府形式，是立法、行政和司法分立的政府，具体而言，由立法机关负责制定法律，司法机关负责适用法律，法官是直接适用法律的工具。法律的解释属于立法权的范畴，不允许法官解释法律。在刑事司法中，犯罪与刑罚必须预先加以规定。没有法律的预先规定，法官不能论罪，也不能处罚。如果说洛克为罪刑法定原则找到了理论根基，那么孟德斯鸠为该原则的实践完成了制度设计。

（三）心理强制理论

费尔巴哈提出，人具有追求快乐、逃避痛苦的本能，人们犯罪，就是为了追求犯罪时快乐的感性冲动。为了防止犯罪，就需要制止、防止人的感性冲动。为了抑制人的这种感性冲动，就要利用犯罪欲求能力本身，采用成为感性害恶的刑罚，对犯罪者施加必要的痛苦。或者说，为了防止犯罪，要对行为人科处刑罚，使之预先知晓因为犯罪所获得的痛苦大于因为犯罪所获得的快乐，从而抑制其心理上萌生犯罪意念。只有行为人确信这种后果，才能抑制犯罪欲念而不犯罪。为了达到这种心理上的强制效果，需要预先用法律明文规定犯罪与刑罚的关系，以预示利害，让人们趋利避害。[③]为此，在19世纪早期，他就将重要的拉丁法谚“nulla poena sine lege”（无法律就无刑罚）的内涵扩展为一个更完整和现代的公式：“nullum crimen，nulla poena，sine praevia et clara lege poenali”（无事前明确之刑法，就无犯罪，亦无刑罚）。

---

① 参见［美］E.博登海默著：《法理学：法律哲学与法律方法》，邓正来译，中国政法大学出版社1999年版，第55页。

② ［法］孟德斯鸠著：《论法的精神》（上），张雁深译，商务印书馆1963年版，第76页。

③ 参见马克昌著：《比较刑法原理》，武汉大学出版社2002年版，第64页。

（四）民主主义和人权思想

随着人类文明的发展，罪刑法定的内涵发生了一些变化，过去强调形式意义上的罪刑法定原则，今天，从实质意义上理解罪刑法定的倾向则比较明显。这要归因于民主主义和尊重人权的思想。“现代的罪刑法定原则，应该理解为是以自由主义为主干、以人权尊重主义为根基，即在阶级对立依然存在的现代国家中，出现国家权力的恣意行使、阶级的刑事司法的危险都存在着，为了防止这种危险，犯罪和刑罚要基于民主的法定，为了保障个人自由、尊重人权，要求对什么是犯罪加以明确的预先规定，并在预先规定的范围内才能实施处罚。在这样的罪刑法定中，第一，什么是犯罪，对犯罪如何处罚，要以所谓的国民亲自的民主决定的民主主义要求为根据。第二，为了保障基本的人权，特别是自由权，必须将犯罪和刑罚事前对国民予以明确，这是以能预测到自己的行为是否会被处罚的所谓尊重人权主义的要求（自由主义的要求）为根据的。”[①]从民主主义的要求出发，犯罪和刑罚必须由国民的代表机关即国会制定的法律来规定；从人权尊重主义出发，对什么是犯罪，对国民要事前明确规定，要保护其自由、人权，禁止事后法。民主主义与尊重人权的思想对罪刑法定原则提出了更符合时代发展的新要求。

第二节　罪刑法定原则的要求

各国对罪刑法定原则的限定不一致，导致罪刑法定原则的要求不太一致。在外国，一般从广义上理解罪刑法定原则，认为它与公平、自由、民主和平等有关。例如，公平要求公民的行为不受其后的法律的刑罚制裁；自由原则关系到行为人基于行为受刑事责难的可能性决定其行为；民主原则要求由民主选择的立法机关决定哪些行为是犯罪的，哪些不是犯罪的；平等原则

① ［日］大谷实著：《刑法讲义总论》，成文堂1996年补定4版，第62页。

要求立法机构和司法人员不能区别对待不同的行为人。[①]但在大陆法系刑法中，一般从形式和实质两方面阐述罪刑法定的要求。

一、罪刑法定原则的形式要求

罪刑法定原则要求罪刑的法定性，即要坚持法律主义。哪些法律可以作为罪刑法定的渊源？对此国外有两种理解：一种观点认为法必须是成文法，不成文的地方或者生活中的习惯法不能作为刑法的直接渊源；另一种观点认为法必须是制定法，即法必须是由国民的代表的国会制定的法。[②]从形式上把握的罪刑法定原则，其内容或者说它所派生的原则，一般认为包括四项。

（一）排斥习惯法

习惯法是一个社会普遍的、根深蒂固的文化要求的反映，[③]源自人们的法确信，但它不是由正式的立法行为制定的。产生习惯法有两个前提：一是从法律角度看，规范必须得到普遍的承认；二是社会的法效力意志，必须通过持续的实践明确表现出来。[④]在一般情形下，根据法律主义的要求，定罪和刑罚只能依据国民代表在议会通过的法律，[⑤]所以，作为“法无明文规定不为罪，法无明文规定不处罚”的当然结论，不能根据习惯法对行为人定罪处罚。不过针对习惯法要考虑几个问题。

1. 习惯法的例外适用

虽然流行于19世纪的法典编纂风潮使习惯法失去了存在的基础，立法者致力于将习惯法转变为确定的法律条文，但是，在刑法司法中，习惯法还是得

---

① See Leo Katz, Michael S. Moore & Stephen J.Morse, Foundation of Criminal Law，法律出版社2005年影印本，pp.208-209。

② ［日］曾根威彦著：《刑法学基础》，黎宏译，法律出版社2005年版，第12页。

③ 参见［意］杜里奥·帕多瓦尼著：《意大利刑法学原理》，陈忠林译，法律出版社1998年版，第23页。

④ 参见［德］汉斯·海因里希·耶赛克、托马斯·魏根特著：《德国刑法教科书·总论》，徐久生译，中国法制出版社2001年版，第139页。

⑤ ［日］内田博文：《罪刑法定主义》，载日本《法学セミナー》1997年第7期。

到了例外的适用，即当习惯法增加刑罚，会产生对被告人不利的后果时，习惯法自然要被禁止适用；但当习惯法使得犯罪构成要件被废除、减轻或受到限制时，它在刑法中仍然具有一定意义。[①]不过，意大利学者认为，即便免除犯罪方面的习惯，也不能成为刑法的渊源，因为免除犯罪实际上就是不适用刑罚规范，所以，只有当法律明确规定习惯是犯罪构成的要件之一时，它才可以发挥补充法律的作用。但这时，“习惯”的意义是由法律来“决定”的。[②]

2.政令与罚则、条例与罚则的法源性问题

一般来说，行政机关的政令不能独立创设罚则。但依据日本宪法第73条第6项但书规定，在依据法律有具体、个别的特定委任的场合，政令中设定的罚则可以被承认；在同样的条件下设定罚则的下级命令中的委任也是合宪的。关于条例，根据日本地方自治法第14条第5项的规定：“对违反条例者，可以设置科处2年以下惩役或者监禁、10万元以下罚金、拘留、科料或者没收之刑。”因此，一般认为条例具有准法律的性质。[③]

3.判例是不是刑法的渊源

在英美法系中，判例一词涉及判例和判例法两个概念。判例是具有典型性或制作良好的，并通过一定的形式予以公布，要求本级和下级司法机关在办理同类案件时遵循的先前案件的判决；判例法是判例中体现、确定的法律规则。[④]判例法不是一种法律，而是适用法律的方法或制度；但是，判例具有规范性约束力和事实上的约束力，前种效力使判例成为法律的渊源，具有普遍的适用性。

但在大陆法系中，“所谓判例，是法院在解决具体案件时表现出来的法律见解。从来，作为法律主义归结的判例的法源性应当被否定的见解是有力

① 参见［德］汉斯·海因里希·耶赛克、托马斯·魏根特著：《德国刑法教科书·总论》，徐久生译，中国法制出版社2001年版，第140页。

② 参见［意］杜里奥·帕多瓦尼著：《意大利刑法学原理》，陈忠林译，法律出版社1998年版，第23页。

③ ［日］内田博文：《罪刑法定主义》，载日本《法学セミナー》1997年第7期。

④ 参见张文、何慧新：《关于创立中国刑事判例制度的思索》，载《政法学刊》1999年第1期。

的。”[①]但是，由于判例对国民的违法性预见和对法的信赖有影响，因此，它们事实上也具有刑法实体法的效力，从而在成文法范围内有法源性。

（二）禁止事后法

禁止事后法（ex post facto laws），也可以说是新刑法没有溯及力，即不允许根据行为实施之后的刑罚法规处罚刑罚法规施行之前的行为，因为行为人只能根据已经施行的法律来规范自己的行为，预测自己行为的后果，所以，罪刑法定原则要求，必须预先由法律规定犯罪与刑罚，并公之于众，以便人们能了解并遵循法律规范。假如以行为后施行的刑法为根据处罚施行前的行为，就达不到心理强制的效果，不利于维护社会安全。

但是，事后法并非绝对被禁止。根据“有利于被告人”的原则，如果行为时的刑罚规定重于裁判时的刑罚规定，则事后法还是有溯及力的，并能适用于它颁布和生效之前的行为。比如1996年瑞士联邦刑法典第2条第2项规定：“在本法生效前所为之重罪或轻罪于本法生效后判处的，惟本法处刑较轻者，始可适用本法。”1994年法国刑法典第112-1条第3项规定：“但是，新法规定生效前的犯罪，未经已生效力之判决者，在新法规定轻于旧法规定时，适用新法之规定。”日本刑法第6条规定：“犯罪后的法律使刑罚有变更时，适用较轻的法律。”可见，当新法的溯及适用有利于被告人时，并不违反罪刑法定原则。[②]

另外，对于判例，美国宪法第1条第9款第3项规定，禁止通过“追溯既往的法律”，它本来只针对制定法，而不适用于判例，但是，现在一般认为，只有不利于被告的判例变更才被禁止。

（三）禁止类推解释

所谓类推（analogy）解释，是对没有法律条文规定的行为，援用和它

① ［日］大谷实著：《刑法讲义总论》，成文堂1996年补定4版，第67页。

② ［日］内田博文：《罪刑法定主义》，载日本《法学セミナー》1997年第7期。

具有类似性质的行为的法律规定的解释。“类推解释不是法的解释，而是法的创造。”[①]根据民主原则，法院没有权力创设新的犯罪。在形式上，类推解释扩大了处罚的范围，伤及法律的安定性，悖逆了罪刑法定原则的要求，所以不被允许适用。但是，当类推解释有利于被告的时候，却得以例外承认。

不过要指出的是，类推解释和刑法的扩大解释的界限，尽管在理论上是明晰的，但在实践上却难以划分。

（四）否定绝对的不定期刑

绝对不定期刑是没有确定上限或者没有确定下限或者上下限都不确定的自由刑。绝对不确定的刑期，赋予法官过大的自由裁量权，完全不能保证处罚的明确性和必要性，所以不符合罪刑法定的要求。但是绝对确定的法定刑，限制了法官的自由裁量权，不利于根据案件的具体差异适用刑罚法规，也不可取。有鉴于此，现在各国刑法典中普遍采用相对确定的法定刑。

二、罪刑法定原则的实质要求

“由于罪刑法定主义从一开始就是基于尊重人权的意旨而确定下来的，所以必须从实质上保障人权（实质的人权保障的原则）。这就要求超越形式的法律主义的要求而实现刑罚法规内容的正当。”[②]罪刑法定原则的实质要求包括如下几个附属原则。

（一）明确性原则

明确性原则的要求是指，不仅刑事处罚应该以成文法规定为依据，而且什么是犯罪、对其处以何种刑罚，也应该由法律明确加以规定，绝对不确定、不明确的犯罪构成要件及绝对不确定的刑罚处罚不仅违反了明确性

① ［日］山中敬一著：《刑法总论Ⅰ》，成文堂1999年版，第71页。

② 马克昌等主编：《刑法学全书》，上海科学技术文献出版社1993年版，第605页。

要求，而且侵犯了作为法治国家基础的宪法制度。[①]从法律条文上看，如果刑罚规定的内容是明确的，就不会招致法的恣意解释和适用，因此，罪刑法定原则在实质上的第一个要求就是，刑罚法规必须具体和明确，而模糊的立法是无效的。但在现代复杂的社会中，法律不可能对危害行为作出详尽的规定，明确和具体的限度实际上难以把握。但可以肯定的是，详尽列举的立法方法割裂了概念的完整性，难以发挥法律规范的引导机能，并会留下法律漏洞。[②]

现代刑法对于明确性有很高的要求，一般而言，刑法规范应达到一般民众能对一个行为是否会被刑罚处罚具有预测可能的程度。所以犯罪的成立要件应该具有明确性，作为法律后果的刑罚规定，也应当具有明确性。美国联邦宪法要求，刑法规定如果模糊，就应当被宣布为无效。1983年，在Kolender v.Lawson案中，联邦最高法院就宣布加利福尼亚州的制定法违宪了。问题是刑法不能详细列举每一个应被禁止的行为，为此，美国刑法理论提出，明确的制定法应具备三个特征：其一，它们应对要服从它们的那些人发出充分的提示或者警告；其二，它们应当防止擅断和区别对待；其三，它们不可以不合理地否定人们基于第一修正案所享有的权利，如言论自由的权利。[③]除了规范要明确之外，司法中还要强调事实上的明确性。因此，关于事实的疑问，也应当被当作罪刑法定的内容予以关注。当法庭对于具有法律意义的事实的认识尚存在疑问的时候，有必要提出“疑问有利于被告”的原则，克服在举证之后适用法律时所产生的疑问。美国要求法律规定明确，不至于造成有歧义的解释，据此，任何因制定法语言模糊导致的对解释的合理错误，都不会产生刑事责任。[④]

---

① ［韩］金日秀、徐鹤辅著：《韩国刑法总论》，郑军男译，武汉大学出版社2008年版，第64页。

② ［意］杜里奥·帕多瓦尼著：《意大利刑法学原理》，陈忠林译，法律出版社1998年版，第26页。

③ Sue Titus Reid, Criminal Law, 2001, McGraw-Hill, 2001, p.16.

④ Leo Katz, Michael S. Moore & Stephen J.Morse, Foundation of Criminal Law，法律出版社2005年影印本，p.211。

（二）适当性原则

适当性原则要求，如果仅仅刑罚的规定是明确的，但其内容不适当，也会侵犯人权，因此，刑罚规范的适当性，也成为罪刑法定原则的实质要求。在如下场合，应当认为刑罚欠缺适当性：（1）违反了宪法规定，包括适用残酷的刑罚、根据身份的不同处罚；（2）违反了刑法处罚的必要性；（3）罪刑不均衡或不符合比例原则。关于刑法适当性原则，至少还要进一步讨论三个问题。

第一，何谓残酷的刑罚？残酷的概念无疑是具有争议的。一般而言，那些带有身体痛苦、不符合人道的刑罚可以归类到残酷刑罚中。如去势，到20世纪晚期，在一些国家还流行对性犯罪的男性行为人适用外科或者化学去势，1997年美国得克萨斯州还实施了强制去势法。但是残酷的刑罚有时还包括过于严重的处罚以及死刑。此外，刑罚的执行方式也可能产生残酷性问题。如可否用绞刑方式执行死刑？有人认为绞刑是一种残酷的刑罚执行方式，有人认为绞刑不是残酷的刑罚。即便如此，如果绞刑的受刑人太沉重，可能导致头颅与躯体分离，此场合的绞刑也是残酷的。[①]诸如此类的执行问题还涉及可否用瓦斯气体或者电击方式执行死刑。

第二，死刑是否适当？在某种意义上，死刑本身就是残酷而且不恰当的，很多人认为，死刑也不符合均衡性要求。虽然现在死刑也越来越受到限制，但是在美国，法庭一般支持现代意义上的死刑判决。[②]

第三，罪刑如何实现均衡性（proportionality）？必须承认，均衡性原则在司法实践中面临诸多方面的挑战，在美国、德国、日本这些国家的刑事司法中也不例外。均衡性问题常常发生在如下场合：一是死刑适用的罪名，如美国高等法院认为，对一个强奸成年女性的罪犯适用死刑有违均衡原则；[③]二是对轻罪适用较长的刑期或者对重罪适用较短的刑期，如25岁的行为人离

---

① Sue Titus Reid, Criminal Law, 2001, McGraw-Hill, 2001, p.417.

② Sue Titus Reid, Criminal Law, 2001, McGraw-Hill, 2001, p.196.

③ Sue Titus Reid, Criminal Law, 2001, McGraw-Hill, 2001, p.413.

婚后从科罗拉多州搬回到新泽西州，为了舒缓精神压力，晚上开车外出兜风，他的母亲担心他出问题就打了911报警电话，他回来的时候恰好警察也过来了。警察搜查了行为人的汽车，并在他的物件中发现了两把已经包装好、干净而且已经拆卸了的手枪，这两把手枪是行为人在科罗拉多州合法购买的。警察还发现了许多弹匣和子弹，这些也是合法购买的。但因为没有许可证运输这些武器和弹匣，这些行为在新泽西州是违法的，最终行为人被判处7年监禁。[①]三是关于常习犯（habitual offender）或者累犯（recidivism），如在美国适用的"三振出局法"，明显加重了对罪犯的处罚。例如，2009年，一个29岁的石油工人因为持有约1/4磅的大麻而被判处14年监禁；因为行为人此前曾经两次被判决，依据"三振出局法"，他最终被处以终身监禁，且不得假释。[②]

第三节　刑法其他原则

除了罪刑法定原则之外，还有学者提出了其他一些原则。下面对几个重要原则分别简述。

一、侵害原则

犯罪是值得处罚的恶害行为。但是如何判断行为的恶害性呢？理论上有不同主张。[③]

（一）公序良俗违反说

认为从整体法秩序看，犯罪的社会恶害性在于行为违反了国家承认的共同社会生活目的或者采用不当方式达成该目的。但是实现社会生活的正

① William R.Kelly, The Future of Crime and punishment, Rowman & Littlefield, 2016, pp.9–10.

② William R.Kelly, The Future of Crime and punishment, Rowman & Littlefield, 2016, p.9.

③ ［日］关哲夫著：《讲义刑法总论》，成文堂2015年版，第35—37页。

当目的及其相应手段之间关联性何在，还存在不明确之处。

（二）社会规范违反说

认为犯罪的社会恶害性实际上是违反了作为法秩序基础的社会规范。社会规范是在社会生活中、在长期的历史中形成的社会伦理秩序。

（三）规范违反法益侵害说

认为犯罪的害恶性在于违反社会伦理规范且具有法益侵害的行为。此观点结合了伦理规范违反说和法益侵害说。

（四）行为准则违反说

认为犯罪的害恶性在于社会成员违反了在现实生活中经由历史相互承认而形成的行为准则。

（五）法益保护原则说

法益保护原则又称法益保护主义，认为刑法的目的在于保护人的生命、自由、财产等法益。法益来自德语“法的财货”（Rechtsgut），所谓财货，是对人有价值的实在东西。“法益”，具有经验上可把握的实体性和对人际关系有用的有用性两个特征。根据法益保护主义，刑罚的手段应具有实现法益保护目的的适当性或有效性，同时还具有其他手段无法实现该目标的必要性或补充性，以及法益保护与国民自由制约的相当性。据此关于猥亵物的法益就存在疑问。①

二、行为原则

所谓行为原则要求，对犯罪人的处罚根据在于行为人的行为。行为主义是自法益保护原则推导出来的。行为主义的行为是可能导致法益侵害或者威

① ［日］松原芳博著：《刑法总论》，日本评论社2013年版，第15—16页。

胁的行为，这表明了法益保护主义的思想，它将对个人的处罚根据指向行为人可能引起法益侵害或者威胁的现实行为，因此现实行为具有法益侵害或者威胁的必要性。[①]行为原则有两个要求：一是外部性，即必须是人的感觉可以感知的外部行为，据此，行为人内心的无法从外部发现的单纯思想、感情不具有处罚根据；二是社会侵害性，即刑法中的行为必须具有社会侵害性。即“没有行为就没有犯罪，没有犯罪人，也没有刑罚”。[②]

但是风险社会的出现，导致了所谓的“处罚的早期化”或者刑法的提前介入。这反映了国民的不安。

三、责任原则

责任原则或责任主义认为，刑罚的正当化不仅要求行为人实行了法益侵害的行为，而且以该当行为人具有责任为必要，这就是责任主义。具体而言，要有故意或者过失，且具备责任能力，此外，禁止追究连带责任。责任主义的“责任”的内容就是非难可能性。[③]或者说，责任原则有两个要求：一是个人责任，二是主观责任。[④]

① ［日］松原芳博著：《刑法总论》，日本评论社2013年版，第20页。
② ［日］关哲夫著：《讲义刑法总论》，成文堂2015年版，第33—34页。
③ ［日］松原芳博著：《刑法总论》，日本评论社2013年版，第24页。
④ ［日］关哲夫著：《讲义刑法总论》，成文堂2015年版，第33—34页。

第五章

犯罪论体系

第一节 犯罪论体系概述

一、犯罪论体系的相关概念

犯罪论体系，是犯罪形式定义的具体展开，指由各种犯罪类型中共通的一般要件组成的体系。但是概念使用不一，如在德日还使用“构成要件”一词；在英美刑法中，一般使用犯罪要素（Criminal Elements）或犯罪构成（Criminal Construction）；在日本也有个别学者主张借鉴苏联犯罪构成体系，如夏目文雄和上野达彦认为，刑法中的构成要件，是“一切犯罪所具有的共同要件”，因此，他们采用苏联的犯罪构成论。[①]

需要说明的是，“构成要件”（Tatbestand）来源于中世纪意大利宗教裁判上的拉丁语“Corpus delicti”。此前，还有一个词叫作“犯罪的确证”（Constare de delicti），这是中世纪纠问程序中使用的术语。1581年，意大利法学家法尼拉休斯提出，用“Corpus delicti”一词表明已经被证明的犯罪事实，此时，它是诉讼法中的概念。尔后，该概念被传到德国，但在普通法时代，它一直是诉讼法上使用的术语。1796年，德国学者克莱因（1774—1810）最早将“Corpus delicti”翻译为德语“Tatbestand”，不过该概念依然是在诉讼法范畴中被使用。后来，费尔巴哈将“Tatbestand”定义为对犯罪

① 参见马克昌著：《比较刑法原理》，武汉大学出版社2002年版，第123页。

的描述，使它演变成实体刑法上的概念。昭和初年，日本学者将Tatbestand翻译为“构成要件”。虽然这一翻译并不是很让人满意，但还是获得了日本刑法学界的普遍认可。我国有学者将之翻译为“行为构成”。俄罗斯和我国刑法理论一般则使用“犯罪构成”，来表述德日所谓构成要件的相关理论范畴，不过它们的具体内涵还是有区别的。构成要件理论始于德国学者贝林格的提倡，并经过M. E.迈尔和麦兹格尔的发展而成型，在日本学者小野清一郎、泷川幸辰的介绍下，为日本刑法学所借鉴并有所发挥。构成要件和犯罪构成两个概念要解决的问题是一致的，它们表现的是不一样的犯罪论体系的模式。

二、犯罪构成的分类

在大陆法系国家和地区，刑法理论关于犯罪构成的分类虽然名称不同，如俄罗斯刑法学以犯罪构成名称分类，日本学者按照构成要件分类，但是，考虑到犯罪构成和构成要件在功能上是一致的，其分类很多时候是一致的。[①] 这些分类在英美法学中也得到了一些学者的承认。

（一）基本的犯罪构成和修正的犯罪构成

基本的犯罪构成，是单独的行为者不需要其他补充而完全实现犯罪的犯罪构成。基于基本的犯罪构成，由于犯罪主体、客体范围不同而另行设立的犯罪构成，则被称为派生的犯罪构成，它实际上是加重刑罚和减轻刑罚的类型，如业务上的侵占罪是单纯侵占罪的加重类型，这和俄罗斯的具有加重要素、减轻要素的犯罪构成相类似。

修正的犯罪构成，也有学者称之为扩张的犯罪构成，是以基本的犯罪构

---

① 参见［俄］Н. ф.库兹涅佐娃、И. М.佳日科娃主编：《俄罗斯刑法教程（总论）》（上卷），黄道秀译，中国法制出版社2002年版，第185—186页；［日］大谷实著：《刑法讲义总论》，成文堂1996年补定4版，第126—129页；［日］大塚仁著：《刑法概说·总论》，冯军译，中国人民大学出版社2003年版，第116—119页；［日］山中敬一著：《刑法总论Ⅰ》，成文堂1999年版，第158—172页。

成为前提，为了修正它而设定的犯罪类型，特指预备罪、阴谋罪、未遂犯及共犯。刑法以单独的行为人完全实现犯罪规定为典型的犯罪，但是，在犯罪行为的发展阶段，存在虽然没有达到既遂也应作为可罚的类型，如预备罪、阴谋罪、未遂犯等；此外，数个行为人共同实现犯罪的，如共同正犯、教唆犯以及帮助犯等，具有侵犯法益的危害或者危险，也应被可罚化，所以有必要修正基本的犯罪构成，扩张其适用范围。它一般规定在刑法总则中，但也有预备罪和阴谋罪是在分则中规定的。

（二）封闭的犯罪构成和开放的犯罪构成

封闭的犯罪构成，是在刑法法规中，在规定上是完结的，法官的补充不再必要的犯罪构成，所以也称为完结的犯罪构成。犯罪构成通常都是封闭的犯罪构成。

开放的犯罪构成，就是预定在适用时由法官加以补充的犯罪构成，也称为以补充为必要的犯罪构成，在德国刑法中，则称为“空缺的犯罪构成”。“开放”，是对法官开放，因此，在开放的犯罪构成中，仅仅在形式上符合犯罪构成是不够的，还必须补充法官的实质判断之后才能确定犯罪构成的符合性。开放的犯罪构成，主要是过失犯和不真正不作为犯。如在过失犯中，在规定“过失致人死亡的”的场合，法律上一般要求行为人有注意义务，而注意义务的内容只能由法官确定；再如，在不真正不作为犯中，有作为义务者产生杀意，通过不哺乳的方式使婴儿死亡的，其中基于不作为杀人成为问题的是有无作为义务及其范围。这些都要委诸法官的判断。开放的犯罪构成在成为问题的犯罪类型中，因为容易介入法官的恣意判断，有损害犯罪构成的保障机能之虞，所以，要在该刑罚法规中明确规定行为的本质要素是什么，并以此为指导原理，补充犯罪构成。

（三）积极的犯罪构成和消极的犯罪构成

积极的犯罪构成，是积极显示犯罪成立的犯罪构成。由于犯罪构成是规定犯罪成立的原则的要件，所以，它的本来性质是积极的。如日本刑法第

109条第2项关于自己所有物的放火，规定“前项之物属于自己所有时，处6个月以上7年以下惩役”而显示的犯罪构成。

消极的犯罪构成，是一定类型的犯罪构成成立与否定犯罪性相结合的要件。如日本刑法第109条第2项“但书”中，“但未发生公共危险的，不处罚”的规定，表示的是犯罪不成立的要件。

三、犯罪构成要素

犯罪构成由诸多要素组成。犯罪构成的要素，首先必须表明行为、行为主体。在刑法分则中，不存在没有“主体”或“行为”的犯罪构成要素。此外，行为客体、行为状态、因果关系、结果等，一般也是犯罪构成要素。①

（一）客观的犯罪构成要素和主观的犯罪构成要素

客观的犯罪构成要素，是可以从客观外部世界认识的要素，如主体、客体、行为、行为状况、结果、行为与结果之间的因果关系等。在英美法系中，一般概指行为事实（actus reus），即外在的、客观的或者行为要素（external or objective or conduct element）。

主观的犯罪构成要素，是不可以从客观外部世界认识的、表现行为者内心态度的要素，它分为一般主观要素和特殊主观要素，一般主观要素仅指故意或者过失；特殊主观要素包括目的犯中的目的、倾向犯中行为者的主观倾向、表现犯中的内在心理过程。在英美法系中，一般概指心理事实（mens rea），即内在的、主观或者罪过要素（internal or subjective or fault element），如意图（intention）、明知（knowledgely）、鲁莽（recklessness）与疏忽大意（negligence）。

需要说明的是，过去的理论强调“违法是客观的，责任是主观的”，

① 参见［日］大谷实著：《刑法讲义总论》，成文堂1996年补定4版，第147—148页；［日］山中敬一著：《刑法总论Ⅰ》，成文堂1999年版，第173—178页；［德］汉斯·海因里希·耶赛克、托马斯·魏根特著：《德国刑法教科书·总论》，徐久生译，中国法制出版社2001年版，第329—330页。

从而将行为人的内心态度当作责任的要素，否定主观的犯罪构成要素。今天的理论在这点上有以下分歧：（1）主观的犯罪构成要素全面否定说，认为主观的犯罪构成要素，容易招致“刑法的不健全的主观化”，故此不应承认主观的犯罪构成要素。根据这种理论，就可能用行为的客观危险替代主观的要素，从而在主观要素和客观要素之间相互转换，反而导致扩大处罚范围的危险。（2）主观的犯罪构成要素部分肯定说，认为有超过内心倾向的目的犯，可以分为“以结果为目的的犯罪”和“以之后的行为为目的的犯罪”。前者如日本刑法第172条的虚伪告诉罪中使他人受刑事处分的目的，后者如日本刑法通货伪造罪中“行使的目的”，后者必须当作主观的违法要素。行为人的先前行为实行之后，预定了自己或者他人的行为，后行为和先行为之间不是基于“客观的危险”，而是由于一定的“目的”。（3）主观的责任要素肯定说，认为主观的犯罪构成要素是责任要素，而不是违法要素。（4）主观的违法要素肯定说，认为主观的犯罪构成要素具有加重违法性的机能，是行为无价值的重要要素，所以，是作为违法类型的犯罪构成不可或缺的要素。这是今天的通说。以上四说，第（3）说、第（4）说是以第（2）说为基础展开的。如果采取第（1）说，至少无法就故意犯罪和过失犯罪的类型进行区分，所以，后来有学者提出主观的犯罪构成要素。而在违法性中，也必须注意主观的违法要素，从这个意义上看，主观的违法要素肯定说是可取的。

（二）记述的犯罪构成要素和规范的犯罪构成要素

记述的犯罪构成要素，是认定是否存在犯罪构成要素时，无须价值的判断，根据法官的解释或者认识活动就可以判断的要素。在法律规范中，它通常表现为描述现实世界的概念，如“人”“建筑物”“容器”“电力设备”等。对这些要素一般通过事实的认识活动即可确定。

规范的犯罪构成要素，是认定是否存在犯罪构成要素时，必须由法官进行规范评价或者价值判断的犯罪构成要素。规范要素通常是具有从意义上容易理解的现实要素，如“他人的财物”“公务行为的适当性”“公共的危险”“猥亵”“不敬”“毁损名誉”等，它们都必须根据社会的一般文化评价进行判断。

（三）违法类型的犯罪构成要素和责任类型的犯罪构成要素

违法类型的犯罪构成，是以犯罪构成的客观要素为中心的，因此，客观的犯罪构成要素，如行为的主体、行为的外部要素、行为的客体、行为的状况、结果以及因果关系等，属于违法类型的犯罪构成要素。但是，行为的法益侵害性并非和行为人的主观方面无关。例如，以他人的名义制作文书并不违法，但以他人的名义伪造文书，就产生了危害公共信用的危险的违法性，此时，仅仅符合客观的犯罪构成事实还不足以说是违法的，还要存在超过客观要素范围的主观要素，即超过的内心倾向，才能说行为是违法的。附加于行为客观违法性的主观要素，就是主观的违法要素。

责任，是将违法行为和行为人的内心态度联系起来，对行为人进行的非难，因此，作为责任类型的犯罪构成要素，原则上是主观的。作为责任类型的犯罪构成要素，首先应包括故意、过失，其次还包括责任能力与期待可能性。

第二节　两大法系犯罪论体系的比较

一、德国的犯罪论体系

（一）德国近代的犯罪论体系

如后文所述，英美法系采用的是一种实用的方法处理行为和其他犯罪要素的关系，其犯罪论体系是在实践中逐渐发展的，而大陆法系重视刑法理论上的逻辑自洽性和周延性，因此其犯罪论体系是在行为基础上建立起来的，其发展可以明显划分为几个阶段。囿于篇幅，我们难以一一列举，考虑到德国刑法学对大陆法系的广泛影响，所以，我们将以德国犯罪论体系的发展为中心，依次简要阐述大陆法系犯罪体系的历史。

1.前行为论体系

前行为论体系大体出现在古典刑法学派形成的时期。在这一时期，刑法学尚未将行为当作理论体系的中心元素。其中有代表性的体系包括：[①]（1）格罗曼（Grolmann，1775—1820）体系，它将犯罪的条件分为主观面和客观面、事实面和意思面。而违法性、未遂和既遂、根据不同场合的正犯和共犯，属于犯罪的客观构成要素；故意、过失、责任能力则是犯罪的主观构成要素。（2）费尔巴哈（Feuerbach，1775—1833）体系，它将成立犯罪的条件分为"必要的条件"和"择一必要的条件"，并认为外部认识的可能性、违法性属于前者，正犯和共犯、既遂和未遂、故意和过失属于后者。总之，由于这个时期犯罪论体系的中心要素不明确，因此导致犯罪论体系比较杂乱。

2.行为论体系

行为论体系是由新古典刑法学派构造的体系，它是以行为为中心构建的犯罪论体系，也称一元的犯罪论体系。这种体系并不是突然出现的，它在古典学派刑法学者的思想中已经萌芽了。这个体系的发展首先要归功于黑格尔及其弟子们。黑格尔最先阐述了刑法中的行为概念，其后，他的学生阿贝格、伯那尔和考斯特林等将行为概念导入刑法学，最终，行为在刑法上渐渐占据主导地位。在19世纪末，就出现了以因果行为概念为依据的一元论体系。如毕克迈尔将犯罪论分为"客观的构成要件"和"主观的构成要件"，并将行为、结果、因果关系，以及行为的违法性及违法性阻却事由置于前一范畴，将行为人的责任及责任能力列入后一范畴中，并区分"客观的不法"与"主观的归责可能性"。这种体系较费尔巴哈时代更为紧凑，逻辑关系更为清晰。到新古典主义时期，H.迈尔将犯罪行为分为"犯罪之责任面""犯罪之事实面""事实面向着责任之归属"，与前述观点大体相同。我国台湾地区现在的体系以及苏联的体系，在这方面的趣旨是相一致的。[②]后来，一方

① 洪福增著：《刑法理论之基础》，台湾刑事法杂志社1977年版，第3页。
② 洪福增著：《刑法理论之基础》，台湾刑事法杂志社1977年版，第4—5页。

面由于贝林将构成要件理论导入犯罪论体系，另一方面由于M. E.迈尔主张犯罪是充足构成要件的事实，并在构成要件符合性之内理解行为，于是，行为概念逐渐被纳入构成要件之中，并成为其重要的要素。今天，日本、韩国、意大利等国犯罪论体系有很明显的德国色彩，而俄罗斯犯罪论体系也体现了德国古典刑法理论的架构。

3. 二元论体系

在新派刑法理论诞生之后，犯罪人的地位受到了刑法学界的重视，因此形成了以行为以及行为所表现的行为人主观状态为基础而构成的犯罪论体系，该体系又被称为二元的犯罪论体系。该说主张者有拉德布鲁赫、米特迈尔等人，现在该说在德、日等大陆法系国家影响甚微，但在法国似乎还有一定影响。比如卡斯东·斯特法尼等著的《法国刑法总论精义》的主要部分，[①]标题为“犯罪与犯罪人”，包括三编。第一编是刑法的重大原则，第二编是犯罪的特有犯罪要件，第三编是犯罪人与刑事责任。其中第二编就犯罪成立的事实要件和心理要件加以把握，第三编内容涉及共同犯罪及共犯、对他人的行为负责以及因为正当行为、错误、精神状态等问题而不负责或责任从轻的问题。其中将共同犯罪中的问题作为共犯把握、将正当行为作为责任问题把握以及将犯罪与犯罪人并列的方式，都表现出明显的二元构造特点。但是，这样的处置方法与行为的必要地位不相称。

（二）俄罗斯犯罪论体系的形成与发展

俄罗斯犯罪论体系也深受德国刑法理论影响。沙皇俄国受19世纪西欧资本主义发展的影响，一并开启了司法改革的大门。1881年，沙皇政府以1810年法国刑法典为蓝本起草刑法典。这极大地推动了俄国刑法理论的发展。当时许多俄国刑法学者在德国学习，他们回国后推广德国当时的刑法理论，如费尔巴哈等人关于犯罪成立的观点。当时出版的俄国刑法论著也表

① ［法］卡斯东·斯特法尼等著：《法国刑法总论精义》，罗结珍译，中国政法大学出版社1998年版，目录部分。

明，大多数学者接受了费尔巴哈的观点。

“十月革命”之后，苏维埃政权的法制工作刚刚起步。在革命胜利之后，苏俄在当时的世界结构中遭到其他强国的包围和孤立，东西方对立的苗头在这个时期已经初露端倪。因为政权基础并不稳固，苏维埃政权需要强化国家的权力，同国内外一切敌对分子展开斗争，此时的苏俄刑法必须运用一套具有相当灵活性的理论体系以确保这一目标的实现。当时苏俄刑法学者承担了实践和理论上的双重任务。即实践上要研究如何同革命的敌人进行斗争；理论上要研究如何对刑法与马克思主义的关系进行论证。1922年，第一部苏维埃刑法典颁布后，犯罪构成问题受到了重视，犯罪构成被确立为刑事责任的基础。而在20世纪20年代就大体成型的“主体—客体—主观方面—客观方面”的犯罪构成体系，基本上可适应当时的斗争需要。但是，由于当时肃反的范围被人为地错误扩大化了，刑法更多的是作为政治斗争的一种手段被使用的，所以，犯罪构成理论没有受到真正意义上的重视。

第二次世界大战结束后，虽然法制建设在社会主义国家开始受到重视，但当时出现的国际政治意识形态的对立，波及法律工作以及法学中来。为了显示社会主义国家刑法学（包括犯罪构成理论）与资本主义刑法学的差别，苏联刑法学沿着以往的路数形成了以特拉伊宁学说为代表的理论体系。特拉伊宁1957年修订出版了《犯罪构成的一般学说》一书，也标志着苏联犯罪构成研究的成熟与完善。今天的俄罗斯犯罪构成模式还是以特拉伊宁奠定的犯罪构成体系为基础。该模式关于基本犯罪的认定方法及相关内容是：第一，行为是否符合基本的犯罪构成，具体判断是看犯罪客体、犯罪客观方面的要件（如行为、结果以及因果关系等）是否存在、犯罪主体是否合格、犯罪的故意或者过失是否具备。第二，是否存在例外的阻却犯罪的事由（如正当防卫、紧急避难等）。苏俄犯罪构成体系后来影响到社会主义阵营的其他国家的刑法学。

（三）德国现代犯罪论构造的发展

自贝林格之后，德国现代犯罪论体系的基本模式基本上已经定型。这种体系是将犯罪的构成要件分三个部分：（1）行为的构成要件符合性，也译为构成要件该当性，指行为事实是否符合犯罪的构成要件（主要看行为、结果、因果关系以及构成要件的故意和过失等）；（2）违法性，即考察行为是否具有违法性，一般而言，行为符合构成要件，即具有违法性，但是，例外的违法性阻却事由也是存在的，如正当防卫、紧急避难等；（3）责任，或者说有责性，主要评价行为人是否有非难可能性。一般情况下行为人有责任，但是如果行为人没有责任能力、故意、过失或者期待可能性，就没有责任。总体上看，只有当行为人的行为既符合犯罪构成要件，同时又没有阻却违法性和责任的事由，才构成犯罪。①

但晚近以来，在德国刑法学中出现了一种“不法—罪责”的二分犯罪论体系。②其中不法是判断行为人的行为是否是刑法上值得关注的违法行为，它是需要一定条件为前提的。这些所有前提条件的总和，便是不法。不法判断需要通过两个步骤，一是构成要件的符合性；二是违法性。这种体例似乎和过去没有什么不同，因为不法可还原为构成要件该当和违法性判断，加上罪责，还是三个要件的判断。但是德国学者认为，两者之间是有区别的，一是在结构上，构成要件的符合性成为积极的要素，而正当化的构成要件的前提条件则成为消极要件。二是在结论上，因为不法涵盖构成要件符合性和违法性两个要件，因此，禁止规范和容许规范遂处于同一层面上，构成要件符合性和违法性之间也无特别区分的必要，某个行为的违法性只有在缺乏正当化事由的时候才可以成立。三是在逻辑上，在二分结构犯罪论中，是客观不法的所有条件先于主观不法的所有条件；而在三分构造中，是犯罪的主观构成要件先于客观的正当化构成要件。③总之，根据两阶层，要遵循如下步骤进行判断：（1）犯罪的客观构成要件；（2）客观的正当化构成要件；

① 在意大利刑法理论中，犯罪的构造包括典型事实、客观违法性和罪过三大部分，其基本结果和德日刑法犯罪论构造是相通的。可见，意大利犯罪论构造是属于德日犯罪论模式的。

② 参见［德］乌尔斯·金德霍伊泽尔著：《刑法总论教科书》，蔡桂生译，北京大学出版社2015年版，第48页。

③ ［德］乌尔斯·金德霍伊泽尔著：《刑法总论教科书》，蔡桂生译，北京大学出版社2015年版，第48—52页。

（3）阶段性结论：客观的不法构成要件是否存在？（4）犯罪的主观构成要件；（5）主观的正当化构成要件；（6）阶段性结论：主观的不法构成要件是否存在？①

上述区别是否真的十分重要，是值得研究的。但本书认为，更应值得我们注意的是，自1871年以来，根据德国帝国刑法典而形成的德国犯罪论体系，在不同哲学思潮的影响下，经历了五个发展阶段。②

1. 自然主义体系（1900年以前）

自然主义的刑法学是截至19世纪的实证主义的分支，其犯罪论表现出较为明显的实证主义色彩，它的主要特点有二：第一，在总体构造上，强调主客观条件的结合，确立构成要件符合性（违法性）和责任的关系；第二，在客观层面上，在确定构成要件符合性和违法性的关系时，排斥形而上学的思辨方式和寻求终极原理的做法，即符合构成要件的行为通常具备违法性，只有少数例外的事例才有必要作为正当化事由被规定下来。

2. 新康德主义体系（1900年至1930年）

该体系受新康德主义“存在并不产生当为”思想的影响。其特点是：第一，将犯罪构成体系发展为四个基本阶段，即行为、构成要件的符合性、违法性和责任，并将行为的客观方面归属于构成要件，主观方面归属于责任；第二，赋予违法性要素以实在内容；第三，心理责任论发展并过渡为规范责任论。

3. 非合理主义体系（1930年至1945年）

该体系受纳粹整体主义思潮影响，认为新康德主义体系的现实和价值的区别是自由主义刑法观的产物，进而拒绝它，而且“将责任阻却事由的强化打上‘社会主义的刑法的软骨化’的烙印”。

---

① 参见［德］乌尔斯·金德霍伊泽尔著：《刑法总论教科书》，蔡桂生译，北京大学出版社2015年版，第51页。

② 参见［德］贝恩德·许内曼著：《现代刑法体系的基本问题》，成文堂1990年版，第20页以下；［德］克劳斯·罗克辛著：《德国刑法学（总论）》（第1卷），王世洲译，法律出版社2005年版，第121页以下；［日］山中敬一著：《刑法总论Ⅰ》，成文堂1999年版，第110页以下。

4. 目的主义体系（1945年至1960年）

目的主义犯罪论体系在很大程度上受到了威尔哲尔的目的行为论的影响。其特点在于：第一，承认主观的构成要件；第二，以行为无价值为违法性的本质观；第三，进一步清除了心理责任论的残迹，纯化了规范的责任论。

5. 目的合理主义体系（1960年至今）

该体系认为：第一，构成要件对应法的明确性的中心思想，和罪刑法定原则相关联。第二，违法性和解决社会纷争的范畴相关联。第三，责任和从预防的要求出发的处罚必要性相关联。在犯罪论结构上的核心是预防责任论和客观归属论。

以上历史表明，犯罪论体系没有绝对科学的范本，它的体系和内容需要随着人类认识的发展而不断丰富和完善。

二、英美刑法犯罪论体系

由于特殊的法律文化传统，英美犯罪论体系是在抗辩式的诉讼模式中，积累数百年的司法经验而形成并获得发展的。但在理论上，因为对犯罪论体系的所谓逻辑结构不以为然，导致英美法系学者的犯罪论体系有多种结构，以下摘要叙述几种：[①]

1.Loewy模式

他在具体犯罪之后讨论其构成部分，依次从以下内容展开论述：（1）犯罪意图，（2）犯罪行为，（3）犯罪未遂，（4）共谋，（5）辩护事由。

2.Herring & Cremona 模式

他们将犯罪成立的一般条件分为：（1）客观要件，（2）心理要件，（3）因果关系，（4）严格责任和代理责任，（5）具体犯罪，（6）辩护事由，（7）犯

---

① 依次见A. H. Loewy, Criminal Law in a nutshell, West Publishing, 1975; Jonathan Herring & Marise Cremona, Criminal Law, Macmilland Press Ltd, 1998; Steven L. Emanuel, Criminal Law (3d 0Edition), Emanuel Publishing Corp, 1992; Nicola Padfield, Criminal Law, Butterworths, 2000, 目录部分。

罪中的共犯关系，(8) 不完整罪，依次论述。

3.Emanuel模式

他将犯罪的构成分如下内容依次论述：(1) 犯罪行为，(2) 犯罪心理态度，(3) 心理和行为与结果之间的一致性，(4) 因果关系，(5) 责任，(6) 辩护事由，(7) 犯罪未遂，(8) 共谋，(9) 同谋和唆使，(10) 具体犯罪。

4.Padfield模式

他将犯罪的构成依次分为：(1) 犯罪行为，(2) 犯罪心理状态，(3) 能力耗弱的状态，(4) 一般辩护事由，(5) 共谋，(6) 不完整犯罪，(7) 具体犯罪。

可见，英美法系刑法学者对犯罪构成论的模式和地位，全然没有一致的做法，其中既存在一般犯罪构成论和具体犯罪的顺序的不同意见，也存在客观要件和主观要件顺序的不同看法。但从总体上看，英美法系刑法理论遵循的是抗辩式，即“犯罪—辩护事由”的次序，从控诉和辩护两方面来完成对犯罪的确定，即一个符合犯罪要件的行为，尚不得被认为是犯罪，还必须看它是否具有辩护的事由以及辩护事由的性质。我们也可以这样理解：(1) 犯罪的构成包括行为事实（行为、因果关系等）和心理态度，在心理态度中，除了法律有明确规定的四种罪过外，还补充性地包括严格责任和代理责任两种情形。(2) 犯罪的辩护事由，主要是在诉讼中提起的作为犯罪不成立以及免除或减轻罪责的事由，包括正当化事由和宽恕事由。但需要补充说明的是，有些犯罪在犯罪行为和心理态度之外还要求一些其他要素，这些要素被称为附随情形（attendant circumstance）。附随情形一般指围绕一个事件的事实。它意味着一个符合犯罪构成的行为不会被作为犯罪，除非特定的情形与行为和罪过同时存在。例如，根据普通法，行为人不能因强奸妻子被指控。强奸罪的制定法排除婚姻性关系，即使存在强制。所以，强奸罪的被强奸者不是自己的妻子。又如，伪证罪的行为必须经过发誓。[①]

---

① Sue Titus Reid, Criminal Law, 2001, McGraw-Hill, 2001, p.40.

三、两大法系犯罪论体系之比较

（一）两大法系犯罪论体系的异同点

英美法系和大陆法系犯罪构成的主要区别在于：德日刑法体系更具理论上的严谨性、更强调逻辑上的层次性，而英美刑法体系的逻辑较为散乱。但是，它们之间也不乏如下两个基本共通点。

第一，都考虑到积极的构成要件和消极的构成要件。犯罪的成立，不仅是通过积极的要素构建的，而且还包括一些消极的要素。积极的要素主要是犯罪成立的一般性主观、客观事实，客观事实或称客观要件，包括行为、结果、因果关系、行为主体，心理事实或称主观要件包括故意、过失、错误等；消极要素主要是指这样一类要素，因为它们的存在，从而在某种程度上使得犯罪不能成立或者可以减轻对犯罪人处罚。这些要素在大陆法系刑法中被归类为违法性阻却事由和责任阻却事由。在英美刑法中，被告人面对犯罪起诉事实，一般寻求三种途径进行辩护：一是否定犯罪的行为事实；二是否定犯罪的心理事实；三是提出其他特殊的辩护事由。每一种辩护具体适用的类型并不相同。但是，前两种途径和后一种途径有明显差别，否定行为事实或者心理事实，就否定了积极的犯罪构成，而特殊的辩护事由则承认消极的犯罪构成。[①]其中，违法性阻却事实与正当化辩护事由的机能是一致的，责任阻却事由与宽恕事由存在内在的相通之处。

第二，都考虑基本的犯罪构成和修正的犯罪构成。无论在英美刑法中还是在大陆法系刑法中，犯罪的构成都分为基本犯罪构成和修正构成两大块，其中基本构成是关于犯罪成立所必需的主观和客观事实体系，此外，就是修正基本构成的修正犯罪构成，如英美刑法中的不完整犯罪和大陆法系刑法中的未遂犯基本上是一致的，而且英美刑法和大陆刑法中都有共同犯罪。

---

① Jonathan Herring & Marise Cremona，Criminal Law，Macmilland Press Ltd，1998，p.243.

（二）两大法系犯罪论体系的评价

如何评价上述两种体系的优缺点，对于我国刑法研究具有时代意义，本书对此提出如下评价意见。

第一，大陆法系犯罪论体系存在殊异性，德国犯罪论体系不等于大陆法系的犯罪论体系。我国有些学者在研究犯罪论体系论时，通常将大陆法系刑法与德日刑法两者等同起来。如前所述，法国犯罪论体系和德国犯罪论体系是很不一样的，而且大陆法系犯罪论也不可能走向一致化，正如德国学者李旭特所说："我认为德国的犯罪理论为迁就一种'欧洲犯罪理论'而抛弃其特征的可能性不大。恰恰是在刑法领域，难以对各国的传统进行估量，超国家的妥协还有很漫长的路要走。但是尽管德国的犯罪理论迄今为止影响巨大，也不能期待它会成为'欧洲犯罪理论'的样板……"[①]本书赞同这种看法。

第二，俄罗斯模式和英美模式在积极的犯罪构成要素上十分接近，即体系上不如德日模式严谨，但注重其社会实效。如日本学者大塚仁认为，把犯罪的构成分为犯罪客体、犯罪客观方面、犯罪主体和犯罪主观方面的中国刑法学（实际上也包括俄罗斯刑法学），和利用外部性作为或者不作为的行为事实以及表示责任的心理态度这两个要素来构成犯罪概念的英美刑法学的立场，都属于前行为论犯罪体系。这样的体系在日本有夏目、上野等人采用。[②]就犯罪的成立要件而言，如果将俄罗斯模式中的犯罪客体和犯罪主体剔除的话，就和英美刑法的模式基本上是一样的了。

第三，大陆法系追求犯罪论体系理论上的严谨性，英美法系追求犯罪论体系的实践中的实用性。大陆法系刑法学或许有助于保障人权，但是却有忽视社会实用性的缺陷。正如西原春夫所说："具有优点的德意志刑法学也有不足。虽然在建构确保公平的理论体系方面堪称世界第一，但是一个结论不

---

① ［德］托马斯·李旭特：《德国犯罪理论体系概述》，赵阳译，载《政法论坛》2004年第4期。

② 参见［日］大塚仁著：《刑法概说·总论》，冯军译，中国人民大学出版社2003年版，第104—105页。

仅需要巨大的理论体系为背景，而且需要做长期的论证工作，该工作的争论需要时间，结论的整理也很繁杂。尤其处在当今社会生活变化快的时代里，与只追求结论妥当性的实用主义型的美国法相比较，有可能出现应付时代变化的偏差。"①

第四，大陆法系重视体系的层次性，英美法系重视要素的功能性。很多大陆法系学者误以为英美法系犯罪论体系不及于大陆法系犯罪论体系精细。但事实并非如此，要注意英美刑法中的辩护事由分为两类性质完全不同的事由，即正当化事由和宽恕事由，而大陆法系没有类似区分，通常是将责任有无和责任大小的评价要素一并在犯罪构成要素中解决，混淆了犯罪要素的不同评价功能。另外，在英美法系辩护事由中，如后文所述，总结了多种正当化或者可宽恕的辩护事由。司法实践中主要是通过对这些要素的评价而不是依赖犯罪体系的层次，去保证刑法裁判的合理性。

四、犯罪构成体系的选择

由于德日构成要件理论与英美犯罪构成体系、俄罗斯犯罪构成论体系之间存在这样或者那样的区别，使得我们客观上无法在本书中对所有国家和地区的刑法理论意义进行介绍。但是，如果我们仅限于对一个国家的刑法理论进行介绍，会使我们失去全面认识各国刑法理论的机会。为此，本书对于犯罪论体系的选择，突破大陆法系刑法理论的限定，以期能比较全面完整地介绍外国刑法理论，至少能包括大陆法系的代表德、日等国的刑法理论，以及英美法系的代表英国和美国的刑法理论。

首先，本书遵从传统刑法，以行为为全部犯罪构成要件的中心要素，并在表述上加以显示。在犯罪论的体系中，包含着诸多要素。这些要素相互之间具有逻辑上的密切联系，不能简单地混为一体。只有以某种基本评价对象作为犯罪论体系共通要素，才能保证把犯罪论体系中的各种要素有序地联系

① ［日］西原春夫：《日本与德意志刑法和刑法学——现状与未来之展望》，林亚刚译，《法学评论》2001年第1期。

起来，进而形成较为合理的犯罪论的体系。根据“无行为则无犯罪，亦无刑罚”的法谚，无论是大陆法系刑法还是英美法系刑法，都是以行为作为犯罪论体系的基本元素，来构建现代刑法理论体系的，从而保证刑法理论体系上的连贯性和密接性，也有助于刑事实践中“对思想不得为非”这一刑法规则的贯彻。

其次，基于同质性阐述，适当观照差异性内容。本书将以德日传统构成要件理论与英美犯罪论体系中的共同点为基本框架，将其他犯罪论体系纳入有关内容分次阐述。这样也许能更清楚地反映各种犯罪构成要素的刑法机能。相同的结构在犯罪论体系的第一表现是它一般包含两个层面的论证：一是可以确定犯罪成立并追究行为人罪责的积极的必要事由；二是在具备积极的必要事由的场合，由于行为情景的复杂性，在某些具体犯罪的过程中，因存在这样或者那样的特殊事由，从而不认为构成犯罪或者可以减轻罪责的消极事由。完整的犯罪论构造，不单要从积极的方面评价行为构成犯罪的各种客观和主观的要素，还应当从消极的方面认定犯罪或者责任被阻却的各类情由。第二表现是在积极的基本犯罪构成中，必然包含客观要件和主观要件。第三表现则是必然涉及犯罪修正要件，如未遂、共犯。但是差异是存在的，如关于正当化事由、责任事由的评价对象、因果关系的评价方式、责任的种类、罪数等。本书在犯罪论体系上的基本结构如下：

（1）犯罪的客观要件，内容包括行为、因果关系及客观归属、行为主体等要素。

（2）犯罪的主观要件，内容包括故意、过失、目的、错误、无过错责任等要素。

（3）违法性判断，主要涉及正当化事由，包括正当防卫、紧急避难等要素。

（4）责任判断，包括责任能力、违法性认识、胁迫等要素。

（5）未完成的犯罪，如犯罪预备、犯罪未遂、犯罪中止等。

（6）共同犯罪，如共犯、正犯、阴谋犯等。

（7）罪数。

第六章

客观要件

第一节　实行行为

一、行为概述

行为是犯罪论体系中的核心概念，即便在英美刑法中，这一点也是很重要的。“每个犯罪的一个关键要素是存在一个行为，一个犯罪的行为。”① 还有观点认为：“刑法需要一种实用的、一致的方法来描述特殊的逮捕权、定罪权和刑罚权所适用的行为。”② 在刑法中，行为必须是基于意思的外部身体活动，这是一个基本规则。英美法系重视分析行为的类型，而大陆法系还重视对行为本质的研究。

（一）大陆法系刑法中的行为概念

在大陆法系，为了充分说明不作为、过失行为的行为特性，围绕行为的概念产生了如下几种学说。

1. 自然行为论

自然行为论，是为解决如何用行为统一故意行为和过失行为问题而登场的。兹特曼认为，故意和过失是意欲的正反两面，将行为朝有责行为扩展，

① John M.Burkoff & Russell L.Weaver, Inside Criminal Law, Aspen Publishers, 2011, p.18.

② Richard G.Singer, John Q.La Fond, Fhima Baradaran Baughman, Criminal Law, Wolterskluwer in New York, 2018, p.41.

可以认定故意或过失的行为。[1]该观点获得了李斯特以后的众多学者的赞同和发展，李斯特认为，“行为系由于人之有意的举动对外界之变更”[2]。后来的自然行为说认为，行为是基于人的意思而为的身体活动的自然因果过程，所以主张“意思”不仅是促成运动神经的精神原因，而且对于所发生的身体举动，具有“有意性”或“任意性”。行为最终被理解为：行为人具有某种意欲（有意性），为实现这种意欲而发动其身体的运动，并由于其身体的运动（有体性）而使外界发生的变化。

根据自然行为论，行为包括有意性（基于意思的内心要素）和有体性（物理上可以知觉的身体动静之外部要素），在结论上，其一，反射运动、睡梦中的身体活动、无意识的动作以及不能抗拒的身体运动，因为它们是欠缺意思的身体活动，所以不是行为。其二，思想以及人格等，由于欠缺有体性，所以也不是行为。但是，不作为欠缺身体活动，所以该说难以说明不作为的行为性。为了弥补其不足，有学者主张，意思不单是促成运动神经的物理原因，而且是客观的身体举动的原因。所以，只要认识并希望身体的动或静，基于这种意思活动而为的身体动静就是行为。但这种论证的说服力并不大。

2. 目的行为论

目的行为论，在20世纪30年代由德国学者威尔哲尔首先提出来，得到了韦伯、默拉赫、木村龟二、平场安治等人的赞同。该说认为，行为是行为者基于已知的知识，预见能认识的结果，并以之为目标，选择达到该目标所必需的手段，使之向着预定目的的方向进行，从而支配、操纵和指导动作样态，以期实现结果。如威尔哲尔说：“人之行为，乃系‘目的的活动之实行’，因此，行为系‘目的的事象’而非单纯的因果事象，乃以‘人可以基于因果法则之知识，而在一定的范畴内预见其活动之可能的结果，并依此而设定种种的目的，有计划的、如其意思的使该活动向着此目的的达成’一

---

① 参见［日］平场安治著：《刑法中的行为概念之研究》，有信堂1966年版，第61—62页。

② 转引自洪福增著：《刑法理论之基础》，台湾刑事法杂志社1977年版，第41页。

事为基础者。”[①]对行为符合目的的操纵分三个阶段：一是思想上要有目标；二是要选择实现目标所必需的行为方法；三是在现实事件的世界实现行为意志。[②]

在过失犯中，难以认识目的性，而且不可能认识不作为中的操纵、支配因果过程的目的行为，所以，目的行为论无异于将过失和不作为从行为中排除了，非但不具有行为概念的统一机能，而且连元素（结合）机能也无法满足。后来，目的行为论者对此加以修正，认为在过失犯的场合有和故意不同的目的性，另外对不作为的行为性，就行为人对目的的统制意思看，包含着社会的观念。这种见解不如说放弃了目的行为论。[③]

3. 人格行为论

人格行为论认为，行为是行为人的人格显现。如团藤重光说：“行为是在人格和环境的相互作用中，根据行为人的主观的态度而形成的，并且必须将主观的人格现实化。身体的动静，须与主体的人格态度相结合，并且必须是行为人的主观现实化时，才能将其理解为行为。”[④]德国的考夫曼也持类似见解。大塚仁支持并发展了人格行为论，其理由是：刑法评价的对象，应该是事实性的行为，在这点上，自然行为论和目的行为论是正确的；但是，行为不仅要受到构成要件符合性和违法性的判断，而且最终还要受责任判断，那么自然行为论就不妥当。他还提出，作为行为的主观标志的“有意性”，可以反映行为人的身体动静是行为人展开的心理状态；另外，对作为行为客观方面要素的身体动静，在事实性认识的可能范围内，还附加“社会上有意义”这种限制。他将行为定义为：“作为行为人人格的主体性表现的基于有意性的身体动静，是由一般人的认识性判断能够肯定其社会意义的东西。”[⑤]

---

① 转引自洪福增著：《刑法理论之基础》，台湾刑事法杂志社1977年版，第45页。

② 参见［德］汉斯·海因里希·耶赛克、托马斯·魏根特著：《德国刑法教科书·总论》，徐久生译，中国法制出版社2001年版，第270—271页。

③ 参见［日］大谷实著：《刑法讲义总论》，成文堂1996年补定4版，第111—112页。

④ ［日］团藤重光著：《刑法纲要·总论》，创文社1987年增补版，第67页。

⑤ 参见［日］大塚仁著：《刑法概说·总论》，冯军译，中国人民大学出版社2003年版，第100—102页。

人格行为论在今天有广泛影响。但它将行为人的因素糅合到行为概念中，被认为有混淆行为与责任的嫌疑。而且它存在如下问题：第一，人格具有多重含义，即人格是不明确的概念。第二，它不能说明无意识举动的行为性和对精神病患者采取保安处分的理由。第三，尤其要注意的是，在大塚仁的理论中，人格的行为和目的行为之间的区别不明显，而且他在批判社会行为论中的“规范性行为论的色彩”时，却换用“社会意义”的概念，其观点具有社会行为论的痕迹，也被认为是“有意的社会行为说的架桥”。[①]总的来看，人格行为论“一方面它包括不具有社会意义的广泛事件；另一方面对于刑法而言，它又过于狭窄，因为在没有认识到危险性之情况下，客观上应为的行为的不作为几乎不被理解为人格的‘外化’，尽管如此仍应处罚（过失的不作为）”[②]。

4. 社会行为论

社会行为论重视行为的社会价值，认为人在社会环境中有不同的举动，但是只有它本身有意义，并对社会也有意义时，才被法律认为是行为。其代表是修米特，他认为：“所谓行为，是指向社会性外界的有意的态度，严格地说，是有意的态度引起的外界变更，不问该变更是由作为引起的还是由不作为引起的。”[③]由此可见，社会的行为概念中，必须具有“有意性”和“有体性”，但是“有意性”的内容被视为属于责任的范畴，从而被排斥于行为之外。该说过去不受重视，直到晚近才有影响。

社会的行为说根据社会的价值评价，成为作为与不作为、故意与过失的共同上位概念，揭示了行为评价中的规范性因素。然而社会价值本身是比较抽象的，也是复杂多变的。据此，有学者认为，如何判断行为的统一性问

---

① 参见［日］山中敬一著：《刑法总论Ⅰ》，成文堂1999年版，第139页。

② ［德］汉斯·海因里希·耶赛克、托马斯·魏根特著：《德国刑法教科书·总论》，徐久生译，中国法制出版社2001年版，第274页。

③ 参见［日］大塚仁著：《刑法概说·总论》，冯军译，中国人民大学出版社2003年版，第96页。

题，似乎不可能找到一个放之四海而皆准的答案。[①]但是，社会行为论可以容纳各种行为，而且正是其复杂多变性表明了法秩序本身的内在特征。所以，在该学说的基础上进行限定，不失为合理的选择。

（二）行为的含义

基于社会行为论，关于行为的含义有三种主要的观点，即意思舍弃论、意思表达论、社会归属可能的行为论。

1. 意思舍弃论

意思舍弃论也称纯粹的社会行为论，主张在社会行为说中放弃意思要素，以具有社会意义的单纯身体动静为行为。行为被定义为“基于人的外部态度的、社会的外界变更”[②]。

意思舍弃的社会行为论具有一些优点，如更符合刑法规定的要旨，可以避免定罪中的重复评价，可以解决刑法中有关行为的争议，等等。[③]但是该说也有问题：第一，它无法说明累犯、自首、立功等规定。累犯不仅仅是行为的社会危害性问题，更是行为人的人身危险性问题；自首、立功也绝不单纯是刑事政策上的概念，如果刑法中的行为概念不能说明这些行为，就只能降格为犯罪论的行为概念。第二，它不能说明持有犯罪的性质。外国有学者认为，在不能说明贵重财产来源的场合，“具有刑法意义的似乎是行为人的某种状态，而不是特定的行为”。即使帕多瓦尼对此表示不同意，但也认为这纯粹是一种征兆性价值行为。[④]可见单纯的身体动静也不是行为的客观表征。第三，在英美法系刑法中，还有一种刑事代理责任制度，“即被告对他

① 参见［意］杜里奥·帕多瓦尼著：《意大利刑法学原理》，陈忠林译，法律出版社1998年版，第107页。

② 参见［日］山中敬一著：《刑法总论Ⅰ》，成文堂1999年版，第137页。

③ 参见黎宏：《刑法中的行为概念探析》，载鲍遂献主编：《刑法学研究新视野》，中国人民公安大学出版社1995年版，第160—162页。

④ ［意］杜里奥·帕多瓦尼著：《意大利刑法学原理》，陈忠林译，法律出版社1998年版，第108页。

人的行为和精神状态，而不是自己的作为或不作为承担有罪的责任”[①]。而法人（单位犯罪）的刑事责任在实质上也是一种代理责任，[②]在适用代理责任时，受责难者在客观上根本没有惹起危害性的身体上的动静，对此以基于危害性的“身体动静说”是不能说明其行为性的。

2.意思表达论

意思表达论也称有意的社会行为论，主张“所谓行为，是对社会重要的人的有意的行态”[③]。德国学者雅科布斯提出：“行为是规范有效性的不承认的客观化，即一种意义表达，这种意义表达的内容是认为相关的规范不是指导性的规范。”[④]即行为是一种意思表达，且要考虑社会评价。雅科布斯是在目的行为论的基础上，加入了社会相当性来思考该问题。关于意义表达，他认为是个体可能回避的，也就是故意或过失的结果惹起。如他将过失表述为，只有当某人自己而不是某种标准人格体能够避免所涉及的结果时，他才是过失地行动的。如果行为人现实地使自己产生避免结果发生的动机就不会招致结果时，该结果就是可以避免的。在他看来，在刑法上重要的不是认识结果（否则过失行为者就会变成故意行为者），而是避免结果。他还认为不可回避性不属于人进行动机赋予的处理内容，在这个限度内人不能作出态度决定。[⑤]在英美法系中，“在一个行为被视为是犯罪的之前，它必须是自愿的”[⑥]。说明行为首先必须是基于意愿的。行为的意愿性，是刑法评价的一种规则，它本身包含了社会评价的必要以及可能途径。

雅科布斯的观点，大体上把握了行为的实质，但是，其中也有几点不足之处。第一，行为的评价来源过于抽象。行为受到规范或社会相当性的评

① J. Herring & Marise Cremona, Criminal Law, Macmilland Press Ltd, 1998, p.185.

② 童德华：《刑事代理责任理论介评》，载《法学评论》2000年第3期，第86页。

③ 参见［日］山中敬一著：《刑法总论Ⅰ》，成文堂1999年版，第137页。

④ ［德］格吕恩特·雅科布斯著：《行为 责任 刑法》，冯军译，中国政法大学出版社1997年版，第91页。

⑤ ［德］格吕恩特·雅科布斯著：《行为 责任 刑法》，冯军译，中国政法大学出版社1997年版，第80页。

⑥ John M.Burkoff & Russell L.Weaver, Inside Criminal Law, Aspen Publishers, 2011, p.18.

价，这一点是不能忽视的，但是它不是一般的社会相当性或社会规范，而只是其中与刑法有关联的一部分，所以，评价行为的规范，是刑法性规范，而不是宗教、伦理等其他社会规范。第二，不能说明过失的行为性。过失是一种意思表达，即行为人没有“现实地使自己产生避免结果发生的动机”，也可以说是行为人在一定限度内可以作出态度决定。但认为关于过失重要的在于“避免结果”之判断，就容易引起误解，因为避免结果的可能性通常被认为是新过失论的主张，而该可能性准确地说应当归属于行为人的责任能力范畴，而不是责任能力之外的东西，所以我们应该将“避免结果”理解为不避免结果的态度决定。第三，关于避免结果的可能性，可以说是“在这个限度内人不能作出态度决定”，但也可以在“人进行动机赋予的处理内容”中将其理解为行为人不能进行动机赋予的部分。

3. 社会归属可能的行为论

在日本，山中敬一再次复苏了“归属可能性”意义上的行为概念，他指出：从来的行为论表明，行为概念包括对身体动静的人的归属和外界的变动的身体的动静的归属两方面，所以，行为论中要补充的核心要素是人的归属可能性的概念和社会的归属可能性的概念。可归属于“人”的内在的、作为行为者的人的“所为”的身体动静，以及作为社会现象的外界的变化，应认为是行为。因此，“所谓行为，是人的、社会的归属可能的身体的动静”[①]。虽然他认为这是“人的、社会的归属行为论”，但仍然是一种社会行为论。

本书认为，山中敬一的理论有一定意义，但是，他在论述行为归属的时候，有将评价前提当作评价结果的嫌疑，这是不妥当的。不过，在社会归属可能方面，他为我们揭示了社会对行为人的期待在确定行为方面的意义。而从古典主义到主观主义再到新古典主义，刑法理论越来越关注行为人，刑罚观也从报应刑思想向教育刑思想过渡，这明显地反映出刑法焦点越来越注重行为人的内在态度的倾向，但是以行为人为中心建立刑法（理论）体系，现在还不具备条件，还难以融入罪刑法定思想中，对此，刑法实践和理论都持

---

① ［日］山中敬一著：《刑法总论Ⅰ》，成文堂1999年版，第140页。

极其谨慎的态度。而以行为为中心构造刑法（理论）体系，就不会有很大的风险，也容易被接受。当代刑法学注重行为样态，考虑在行为中容纳行为人因素，准确说是行为人责任，就比较妥当地解决了问题。因而，理解行为概念，不应为行为的社会危害性所迷惑，而应当把行为理解为一种能反映行为人主观态度的举止，才有助于发挥它在犯罪论中的具体统一作用，以及说明刑罚制度上的宽严措施，与刑法的现代发展趋势相吻合。

刑法中的行为有如下特征：第一，行为是主观意向的外在表征；第二，行为意向体现了行为人对刑法规范的态度；第三，行为的主观意向受到刑法规范的调整；第四，行为样态体现了行为脱逸刑法规范的程度。

（三）行为的机能

“无行为则无犯罪，亦无刑罚”，这一法谚说明行为在刑法理论体系中的支柱性地位。各国学者关于行为的机能有不同认识。意大利学者认为，行为原则上具有三个基本机能：其一，分类机能，即作为概念可以同时合理地解释现存制度中行为的作为和不作为两种表现形式。其二，限制机能或否定机能，即作为具有刑法意义的人类举止的首要特征，能发挥排斥不具有刑法意义的人类举止的作用。其三，理论和实践机能，即可以作为理论和实践判断行为统一性的机能。[①]日本学者认为行为机能包括：其一，作为界限要素的机能，即行为是犯罪不可或缺的要素，必须反映行为人的危险性格。其二，作为基本要素的机能，即在刑法和刑罚法规中，必须包含作为犯罪的东西。其三，作为结合要素的机能，即行为是构成要件体系的出发点，其后还能将违法判断和责任判断结合起来。[②]德国学者认为行为具有：连接构成要件符合性、违法性和责任的元素机能、界限行为可归责性的机能、排斥不重要的要素的机能；另外，还具有统一评价作为与不作为、故意与过失的分类机能、包容刑法体系的定义机能和排斥不能作为犯罪对待的行为方式的界限

① ［意］杜里奥·帕多瓦尼著：《意大利刑法学原理》，陈忠林译，法律出版社1998年版，第106页。

② ［日］松宫孝明著：《刑法总论讲义》，成文堂1999年第2版，第46页。

机能。[①]

从总体上看，这些见解具有很大的差别，内容均有缺失，只能反映行为概念的部分机能。如日本学者只注意到了行为在实践中的部分机能；意大利学者特别指出行为要说明作为与不作为，却没有注意到行为对于故意与过失行为也有统一作用；而且有些看法比较含混，如德国学者在两个不同的地方提出了界限性机能，却未特别指明它们之间的差别。这些均说明行为的机能尚未获得充分、全面的认识。

刑法中行为所具有的机能，既决定于各国刑法这一法律基础，也决定于各国传统的刑法构成模式这一认知范式基础；进言之，既要考虑行为的实践性机能，又要注重它的理论机能。刑法中的行为概念具有如下方面的机能。

1.行为的实践机能

行为概念不单是一个学术术语，对刑事立法、司法还具有导向作用。"法律不得对思想为非"，在刑法中则引申为"无行为则无犯罪，亦无刑罚"。在刑事立法中，为了达到对犯罪行为的一般性惩戒目的，必须将具有特定样态和一定危害性的行为规定为犯罪。但因为社会形态的复杂性，刑法立法在进行一般规定时，不得不考虑特殊情由，以显示刑法规定的合理性。故此，刑法中的行为不仅包含危害行为，还包括排除危害性的行为，如日本现行刑法第7章规定的行为，多属不具有危害性的行为。这表明，刑法中的行为是犯罪行为与非犯罪行为的共同上位概念。对刑事司法而言，要准确区分行为与非行为、违法行为与适法行为、违法行为与构成犯罪行为，并对犯罪的行为样态加以确认，以达到个别化的刑罚目的。这两点说明，行为始终是刑法实践的中心对象。脱离了行为，立法就没有规制的对象，司法也无评价的对象，现代刑法理念的堤坝必将崩溃，为刑法专横与司法权的滥用留下缺口。

2.行为的理论机能

行为概念的实践机能，直接决定了它在刑法理论中的机能。行为概念在

---

① ［德］汉斯·海因里希·耶赛克、托马斯·魏根特著：《德国刑法教科书·总论》，徐久生译，中国法制出版社2001年版，第268—269页。

刑法学中具有以下机能：（1）元素功能。刑法学的基本要素天生不是行为，但是行为天生是刑法学的基本要素。以行为为基本元素构建刑法理论体系，为刑法理论提供了客观基础。较之于以行为人为中心的刑法学，它能保证刑法理论贯彻体系上的完整、连续、和谐，避免逻辑上的混乱。以行为为基本元素构建刑法学体系，成为国外刑法理论上通常的做法。（2）统一功能。在行为刑法体系中，行为包括非犯罪行为和犯罪行为。前者如刑法中正当防卫行为、紧急避难行为等；后者则包括作为（含持有）与不作为、故意行为与过失行为，等等。

（四）实行行为的含义与分类

在基本构成犯罪中，行为主要是实行行为。在大陆法系刑法中，实行行为，从广义上说是符合具体构成要件的行为，此时，它包含多种意义，即不仅包括符合基本的构成要件的行为，也包括符合修正的构成要件的行为，或者说除构成要件结果和因果关系之外的构成要件的行为以及作为犯罪事实的具体行为，都可被认为是实行行为。在这个意义上，应当把符合未遂犯、既遂犯和共同正犯的构成要件的行为称为实行行为，也可以把符合预备罪、阴谋罪的构成要件的行为称为实行行为。[①]为了符合实行行为的观念，本书赞同狭义的实行行为概念，即实行行为是符合基本的构成要件的行为。

大陆法系学者将实行行为包括如下类型：

（1）直接实行行为和间接实行行为。前者是行为人亲自实现构成要件的行为；后者是以他人为道具实现犯罪的行为。相关问题将在共犯理论中予以讨论。

（2）故意实行行为和过失实行行为。前者是基于故意的心理态度实行的行为；后者是基于过失的心理态度实行的行为。

（3）作为和不作为。但是关于作为和不作为各自的含义，存在不一致的看法。

---

① 参见［日］大谷实著：《刑法讲义总论》，成文堂1996年补定4版，第153—154页。

（4）有意行为（voluntary act）、无形行为（intangible act）和不作为。这是英美刑法理论分类，有意行为可以理解为有意支配的人身活动，无形行为是没有人体活动的行为，如共谋行为，所以它不是不作为。一般而言不作为不是处罚的对象，但是，在特殊情况下，如果行为人有采取行动的法律义务，在其没有行动的时候，不作为也是犯罪行为。[①]

二、作为与不作为

（一）作为（犯）与不作为（犯）的区分

不作为或者不作为犯是与作为或者作为犯相对称的概念。关于作为与不作为的区分，大致采取两类不同方法。（1）以身体动作为标准进行区分，如日本的西原春夫认为，作为是实施一定的身体运动，不作为是不实施一定的身体运动。但作为和不作为与身体的运动和静止不同，它们以一定的身体运动的关系作为前提。因此，应以一定的身体运动为标准，特别是以怎样的身体运动为标准。[②]又如俄罗斯学者认为：作为是积极的行为，是为了实现既定目的而有意识的身体活动，不作为是消极的行为，在于人不实施他根据某种理由在具体条件下应当可能实施的行为。[③]（2）以行为违反的规范属性为标准，如斯特法尼认为，作为或者积极行为，是指“实行了法律禁止的行为”；不作为又称消极的行为，是指“不完成法律为整体利益规定的应完成的行为”。[④]金日秀也认为，不作为并不是不实施任何行为的无为，“而是因消极的不实施法规范所命令的行为进而实现的犯罪”，这是其与“因积极的

---

① Richard G.Singer，John Q.La Fond，Fhima Baradaran Baughman，Criminal Law，Wolterskluwer in New York，2018，pp.41–42.

② 参见［日］西原春夫著：《刑法总论》（上卷），成文堂1994年改订准备版，第101—102页。

③ 参见［俄］Н. ф.库兹涅佐娃、И. М.佳日科娃主编：《俄罗斯刑法教程（总论）》（上卷），黄道秀译，中国法制出版社2002年版，第223页、第225页。

④ ［法］卡斯东·斯特法尼等著：《法国刑法总论精义》，罗结珍译，中国政法大学出版社1998年版，第215页。

违反被禁止的行为进而实现的作为犯”相区别的地方。[1]金德霍伊泽尔同样认为：“行为人通过作为（积极的举止）的方式可归属地实现了构成要件，那么这种犯罪就是作为犯。”“行为人没有为法律所要求的行为，则成立不作为犯。”[2]前田雅英认为，“通常犯罪是通过事实蕴含结果发生的危险的作为方式来实行的，但是，为了保护国民的利益，也不得不例外地承认以下方法，即命令行为人采取针对法益侵害的结果防止措施，当行为人不遵从该命令，即不作为时，予以处罚”[3]。

以上日本学者的观点明确了不作为和作为在物理运动方面的区别，但没有显示规范评价的意义；法国学者的观点揭示了不作为成为行为的前提，即有应当实施一定行为的义务，但没有显示作为和不作为的物理区别；俄罗斯学者提出了实行行为的能力条件，但没有显示作为和不作为的区别。可见对不作为还有进一步研究的必要。大体而言，作为与不作为区别的主要标准在于行为人违反的是命令性规范还是禁止性规范。如果违反的是命令性规范，则构成不作为犯；如果违反的是禁止性规范，则构成作为犯，同时身体的动静也并非没有意义。如果没有身体运动，只能理解为不作为，即不作为包括两种形式，一是以消极的身体静止状态抵制刑法中的命令规范，二是以积极的身体运动违反刑法中的命令规范。

（二）作为犯

作为犯是以作为方式实现的犯罪。作为（Commission）就是实施一定的身体运动。对作为的理解包括两个方面，首先，作为是一种物理上的运动方式，可以根据人的身体动静进行描述。其次，作为是人的心理活动的表现，它必须反映出行为人积极的或者消极的内心态度。总之，根据意志自由的观

---

① ［韩］金日秀、徐鹤辅著：《韩国刑法总论》，郑军男译，武汉大学出版社2008年版，第460页。

② ［德］乌尔斯·金德霍伊泽尔著：《刑法总论教科书》，蔡桂生译，北京大学出版社2015年版，第65页、第357页。

③ ［日］前田雅英著：《刑法总论讲义》，曾文科译，北京大学出版社2017年版，第79页。

念，作为必须体现出行为人的自愿性，它可以表明某个行为是行为人的意志表现，并且行为人的外在身体运动能证明其意志。反之，如果一个行为不具有自愿性，就不存在处罚行为人的基础。①

那么，一个行为在什么情况下是自愿、在什么情况下不是自愿的呢？在实践上往往不容易区分。在英美法系刑法有规定禁止罪犯在监狱内为了杀害他人或者企图使管理人员、同监舍的人无法行动而传递武器，如果违反，处以10年以上监禁。甲和乙是同监舍的囚犯，甲剪掉乙的头发而与后者发生争斗，争斗不断升级，甲向乙发动攻击时，被发现在争斗中的某个时点拿着一件武器，一名狱警制止了争斗，并在甲上缴了一把自制刀具后令其回到自己的监舍。那么，甲是否实施了传递武器的行为呢？法院判决甲的攻击有罪，但是以证据不足驳回了甲传递武器的指控。法庭强调，持有并且使用了武器并不足以表明，行为人在监狱内把武器从一个地方传递到另一个地方，甲可能传递了武器，但政府机关没有在诉讼中提出相关证据，相反，如果证据表明在甲受到乙的攻击后，一个同伙给甲这个武器才能认为其传递了武器。②本案中，甲传递武器行为的自愿性没有得到证明，所以不得被处罚。

实践中已经总结出足够多的经验，能将一些举动排除在自愿的作为之外。它们包括：（1）睡眠状态下（hypnosis）的举动；（2）被强迫的举动；（3）无意识（automatism）的举动。

（三）不作为犯

不作为犯，是以不作为方式实现的犯罪，不作为（Omission）就是以不实行被期待的某种行为为内容。不作为犯的成立要件包括：

（1）行为人具体的作为义务。这是第一个要件。具体作为义务包括两方面内容：其一，行为人处于负担“保证人义务”的地位；其二，行为人有“避免危险的可能性”。

① John M.Burkoff & Russell L.Weaver, Inside Criminal Law, Aspen Publishers, 2011, p.18.

② Sue Titus Reid, Criminal Law, 2001, McGraw-Hill, 2001, p.32.

（2）行为人实行了不作为的行为。这是第二个要件。作为实行行为的不作为，要有产生结果的现实危险状况，具有潜在的实行行为性。

（3）不作为与结果之间具有刑法上的因果关系。或者说对不作为的结果犯存在既遂要件的“客观归属”，即和作为一样，不作为也应当制造了危险，并在构成要件的保护范围内实现了危险。

不作为犯一般分为两类。第一，真正不作为犯（mere-omission），即以不实行构成要件中所要求的行为为内容的犯罪，其适例如日本刑法的聚众不解散罪（第107条）、不退去罪（第130条）、保护责任者遗弃罪（第218条）等。第二，不真正不作为犯（non-mere-omission），即不防止构成要件的结果发生，并使其发生为内容的犯罪，其适例如以不作为的方式实现以作为的形式记述的诸如杀人、放火、伤害等构成要件。[①]

（四）不真正不作为犯的等置问题

1. 序说

根据罪刑法定原则中的明确性要求，就必须对不真正不作为犯的实行行为性给予明确回答。因此，等置问题，即由于不真正不作为犯和作为犯的结构不同，能否将它们置于同一犯罪的构成要件中并加以同等评价，成为不作为犯中的核心问题。

不真正不作为犯理论是19世纪才被提出来的，但是，此前已经出现了该思想的萌芽。在罗马法中，我们就可以窥探到具有现代意义的不真正不作为犯的雏形。当时的学者威尔赫穆·雷（Wilhelm Rein）把不作为分为三种形态。其一，不报告，即在他人企图犯罪时或已经犯罪后不向政府机关报告。其二，不防卫，即当他人遭到攻击时不采取防卫措施。其三，不阻止，即在他人实行犯罪时，不制止犯罪。其中第一种情形属于现代的真正不作为犯，另外两种没有当今所要求的明确界限。在中世纪教会时代，托马斯·阿奎那（Thomas Aquinas）提出，不作为犯可罚性的原因在于不作为存在精神

① 参见［日］山中敬一著：《刑法总论 I》，成文堂1999年版，第211—212页。

上的反抗意志要素，但他认为，作为比不作为脱离善的程度高，所以要受更重的处罚。到了启蒙时期，17世纪中叶的马特休斯（Matthaeus）和18世纪初的克里斯，分别根据因果关系的理论，提出了不作为与作为的等置问题。

2.因果关系说

19世纪初的自然的行为论认为，行为的要素包括：有意性、有体性和招致外界的变化，不作为既没有身体的动作（有体性），又缺乏招致外界变化的要素，因此，很难将其视为行为。当时的理论对此也有分歧。其一，否定说，如拉德布鲁赫、阿明·考夫曼等人主张不作为不具有原因力，同时否定了不真正不作为犯的行为性。其二，肯定说，当时的大多数学者并不赞同否定说的观点，而认为不作为也具有原因力。这样的肯定说是当时的主流观点，也是今天的通说。否定说以机械的物理原因理论为根据，这是不可取的。

因此肯定不作为的因果关系极其必要。但是，肯定说内部又有分野之论。

（1）他行为说。第一个在刑法中区分不真正不作为犯和真正不作为犯，并提出因果关系问题的是H.路登。他认为，不作为者在不作为时进行的他行为对于结果存在原因力。

（2）先行行为说。A. O.克鲁（Krug）、A.默克尔（Merkel）等人认为，先于不作为的行为对于结果的发生具有原因力。

（3）干涉说。V.布黎、宾丁格、胜本勘三郎等人认为，不作为者抑制自己要履行作为义务防止结果发生的冲动，排除能妨害结果发生的条件，在不作为者的心理过程中存在使结果发生的原因力。

（4）准因果关系说。W. V.罗兰德（W. V. Rohland）、L. V.巴尔、冈田朝太郎和泉二新熊等人认为，从表面上看，不作为自身没有原因力，但是就法律而言，由于不作为者违反作为义务，没有防止结果的发生，所以依据作为的因果关系，可以肯定不作为的因果关系。[①]

---

① 参见［日］日高义博著：《不作为犯的理论》，王树平译，中国人民公安大学出版社1992年版，第12—15页。

上述肯定说仅仅立足于存在论，忽视了因果评价也要考虑价值判断的因素，因此难以解释问题。值得注意的是，今天在这个议题上的研究依然没有克服这个问题，所以不作为的因果关系问题并没有获得解决。

3.违法性说

违法性说立足于社会行为论，将社会的价值观当作作为和不作为的上位概念，即以存在价值关系作为不作为之行为性的根据。据此，该说主张用违法性来解决不真正不作为犯的问题，即认为作为义务与不作为的因果关系无关，而是违法性的要件。如牧野英一说："我认为，在理论上，行为的因果关系问题和违法性问题不能混淆，不作为犯违反作为义务应是违法性的要件。"[①]并提出不作为的原因力在于危险的存在。早期的违法性说将不作为的因果关系与作为义务区别考虑，导致该领域在两个方面产生了问题：一是不能确定作为义务的产生根据，二是难以处理违法性说与犯罪论体系的关系。

针对上述问题，学者们分别提出了三种解决办法。其一，违法推定说，如木村龟二提倡，如果不真正不作为犯和作为犯具有同样的构成要件符合性，就可以推定其违法性。但是要承认，不真正不作为犯和作为犯具有不同的特殊违法性阻却事由，可见违法性的推定根据并不充分。其二，新构成要件理论，如麦兹格尔、弗兰克、希培尔提出，不以犯罪的构成要件理论建立犯罪论体系，而是以"行为""违法""有责"三要件建立犯罪论体系，问题是在行为概念之下，作为和不作为的等同性并不明确，可见这种做法并未真正解决问题。其三，义务提前说，该说否定违法性说的价值，主张把法的作为义务从违法性的要素中分离出来作为构成要件的要素。

总之，上述修正性理论并未解决违法性说的危机，使得不真正不作为犯理论开始转向构成要件符合性说。今天，只有少数学者支持违法性说，如鲍曼认为，没有法的作为义务，不能具备构成要件符合性，因此，不作为在违法性阶段是合法的，不具有可非难性。这种观点不会产生犯罪论的体系性问

① 转引自［日］日高义博著：《不作为犯的理论》，王树平译，中国人民公安大学出版社1992年版，第16页。

题，只是不能回答不真正不作为犯的等置问题。[①]

4.行为人类型说

20世纪30年代，在泛法思想的左右下，以民族共同体思想为基调的基尔学派主张，构成要件不是行为类型，而是行为人类型。故此，不真正不作为犯的可罚性理由是：其一，不作为违反了法律、道德等义务。其二，依据健全的民族感情，可以评价不作为者为犯罪人。至于是否成立行为人类型，则应由刑法分则条文解决。[②]

混淆法律义务和道德义务，会危及罪刑法定原则，这是此论的致命弱点。为了克服这种缺陷，批判者试图从罪刑法定原则出发，限制作为义务的范围，从而出现了构成要件符合性说中的保证人说。

5.构成要件符合说

该说将法的作为义务（保证义务）解释为构成要件要素。这是目前关于不真正不作为犯理论的通说。持此论者有小野清一郎、江家义男、纳格勒等人。在日本，小野清一郎最先主张将不真正不作为犯问题归入构成要件符合性，他说："违法的作为要定为犯罪就必须符合这个罪的构成要件，同样，违法的不作为要定为犯罪也必须符合这个罪的构成要件。"[③]在德国，纳格勒倡导了"保证人说"。所谓保证人，是指负有必须防止发生构成要件结果的法定的作为义务（保证义务）的人。他认为，只有保证人的不作为才认为是不真正不作为犯的评价对象。作为犯的犯罪构成要件，既包括禁止导致发生构成要件结果的作为，也包括禁止保证义务人不防止结果发生的不作为，即作为犯的构成要件可以由作为和不作为实现。进而，将不真正不作为犯与作为犯加以等价值判断。今天，保证人说是德国的通说，在日本也不乏支持

① 参见［日］日高义博著：《不作为犯的理论》，王树平译，中国人民公安大学出版社1992年版，第16—24页。

② 参见［日］日高义博著：《不作为犯的理论》，王树平译，中国人民公安大学出版社1992年版，第24—25页。

③ 转引自［日］日高义博著：《不作为犯的理论》，王树平译，中国人民公安大学出版社1992年版，第26页。

者。[①]但是其内容与纳格勒的“保证人说”存在差别。具体来说，现在的学说强调等价值性；保证义务分为保证人的地位和义务，保证人的义务从构成要件中回复到违法性中。

6. 当今的理论

“保证人说”似乎解决了不真正不作为犯的理论问题，但是，它依然受到了批判。在19世纪末20世纪初，O.克劳斯首次明确提出处罚不真正不作为犯违反了罪刑法定原则。此后，H.迈尔提出，“保证人说”的保证义务不明确，不得不求之于习惯法，因而缺少实定法的根据，导致构成要件的扩大，不外乎类推的适用，故此违反了罪刑法定原则。

当前，目的行为论受到了许多学者的赞同，但是在该说内部，对不作为的行为性也存在较大分歧：一是否定论者，如威尔哲尔明确说：“不作为既无因果性，又无目的性（现实的目的性），且欠缺在作为犯上所见之‘事实的故意’，故非行为。”[②]二是肯定论者，如默拉赫说：“行为乃受意思所操纵、支配，并使之向一定结果进行之‘人的态度’，故不特积极的活动以变更环境之作为，系此意义之行为，则向着不实行某种行为之态度（即不为一定的作为），在其价值上亦应谓为系此种意义的行为。行为乃包含作为与不作为。不作为并非所谓‘行为’之否定，而系‘作为’之否定。”[③]

最近，有理论基于客观归属论，认为不作为犯和作为犯的客观归属要件，在构造上是一致的，都包括合法则的条件关系、危险制造联系以及危险实现联系等要件，不同的是，作为犯的条件关系是自然的、事实因果关系，而不作为犯是假定的、社会因果关系，后者是根据社会所期待的作为而作出的修正性假定判断（社会的归属）。而不作为犯中的危险制造，是以存在保证人的具体义务为根据被肯定的。[④]

---

① 参见［日］日高义博著：《不作为犯的理论》，王树平译，中国人民公安大学出版社1992年版，第27页。

② 转引自洪福增著：《刑法理论之基础》，台湾刑事法杂志社1977年版，第62—63页。

③ 转引自洪福增著：《刑法理论之基础》，台湾刑事法杂志社1977年版，第64页。

④ 参见［日］山中敬一著：《刑法总论Ⅰ》，成文堂1999年版，第231—232页。

（五）不作为的义务根据

关于“保证人义务”的发生根据，或者说不作为的义务来源，在大陆法系则存在理论上的争论。[①]

1.形式的法义务说

该说认为，作为义务是根据法令、契约、事务管理、习惯、条理产生的。基于法令的义务，包括民法上的亲权者对子女的监护义务、夫妻相互扶助的义务等；基于契约、事务管理的义务，包括护士和病患者根据看护契约形成的义务，即便没有契约，因为开始一定的事务管理，也成为作为义务的根据；基于习惯、条理的义务，由于习惯和条理的范围不明确，所以其内容是类型化的，先行行为就是一个很明显的类型，比如交通事故中造成行人重伤后，司机遗弃伤者逃走，违反了应当救助的作为义务。

形式的法义务说，试图从非刑罚的法规义务中寻求刑法上的作为义务，不仅其构成要件的形态不明确，不能和作为该当构成要件的充足条件的作为义务等同对待，而且非刑罚的法规义务也不能直接作为刑法上的作为义务。

2.实质的法义务说

实质的法义务说包括先行行为说、事实引致说和因果经过支配说。

（1）先行行为说（日高义博）认为，作为犯和不作为犯的构造的差别在于，作为存在原因力，而不作为不存在自然的原因力，它仅仅是对既存的因果关系加以利用。所以，不作为和作为要具备同等价值，必须在该当不作为之前，不作为者先行设定了法益侵害的因果流。根据先行行为说，不作为者在故意的或者过失的先行行为场合，其后的不作为才被认为成立不作为犯，那么，在过失发生交通事故之后，放任死亡的发生而从现场逃逸的，基于不作为应成立杀人罪。这样一来，在结果加重犯的场合，行为之后放任加重结果的，就应成立故意的不作为犯。可见，该说可能使不作为犯的成立范围过大。

---

① 除特别注明外，参见［日］山中敬一著：《刑法总论Ⅰ》，成文堂1999年版，第221—228页。

（2）事实引致说（崛内捷三）认为，当保护法益依赖于某人的具体行为，形成了不作为者和因果之间的依存关系时，就从事实上产生了法益保护者的作为义务。例如，母亲反复向子女提供食品的行为，就是事实上的引致行为。事实引致行为的标准是，首先，开始就必须存在阻止结果发生的条件行为。其次，事实上的引致行为之所以发生是因为不作为者此前业已存在反复、连续的行为事实。最后，对于特定法益的保护，必须是他人不能加以干涉的。根据事实引致说，一名父亲带自己的孩子到池边散步，当他的孩子掉到池中后，这名父亲没有营救。这名父亲有没有试图保护法益的行为呢？即便他想救助但不能确保介入的他人救助行为时，最后不成立不作为犯。又如，在交通事故中的司机，在用汽车运送伤者的途中产生杀意，因为其保护法益的行为和反复、连续的行为事实都不存在，也不成立杀人罪。可见事实引致使说的这些结论都不合理。

（3）因果经过支配说（西田典之）认为，为了作为和不作为等价，必须不作为者能控制发生结果的因果流，即行为人可以具体地、现实地支配因果过程。支配因果经过的场合分为三种。其一，在事实上排他支配的场合，不作为者基于自己的意思，形成或者设定排他的意思，产生作为义务。其二，在领域性支配的场合，不作为者不是基于支配的意思，而是根据事实上支配因果过程的地位，产生作为义务。其三，在规范性支配的场合，不作为者只要具备作为的完全地位的规范要素，就产生作为义务。按照因果经过支配说，因果过程的支配概念不明确，导致对各种具体类型的结论不明确。如在领域性支配的场合，有因果过程的支配性吗？不作为者没有支配的意思，但根据其对被害人的保证地位，似乎有作为义务。如建筑物的所有者，看着居住在自己建筑物中的流浪者饿死，在杀人罪的意义上，他能支配其中的因果过程吗？因此，该说也不妥当。

3. 机能的二分法

这是山中敬一的主张。他将作为义务的发生根据分为两种类型，即法益保护型义务和危险源管理监督型义务。

（1）法益保护型义务。对此，他立足于应当保护该当法益的关系，寻求作为义务的发生根据。其中又分为三类。其一，基于规范保护关系的作为义务。即根据防止对特定的人、物的法益侵害、威胁的需要，法律对特定人科以保护义务所形成的义务类型。如根据亲子关系、夫妻关系等，民法规范在家庭共同体内产生监护义务、扶助义务等。即使在交通事故中，其规范的保护义务也是基于某种程度的、继续的社会身份、地位而形成的实体关系，而不是在交通事故中偶然形成的关系。其二，基于任意的、制度保护关系的作为义务。即根据不作为者和被害者之间的合意所形成的保护机能关系而设定的义务。如根据企业或者组织体内职责所负担的保护机能，仓库守卫对仓库的商品形成了任意的或者制度上的保护机能。其三，基于机能的保护关系的作为义务。即如果不存在不作为者的先行的法益保护行为，被害者的法益就可能丧失，因而依存于特定的人的行为义务类型。如捡到被遗弃的婴儿的人，每天用牛奶喂养该婴儿，由于某天没有喂养而使婴儿饿死的。

（2）危险源管理监督型义务。对此，他根据对被害人的现实危险状况的发生，寻求作为义务的发生根据。该义务分为三类。其一，基于对危险物、设备的管理而形成的作为义务。危险物、设备、系统的管理者，如果不履行该义务，就会对被害人产生现实的危险，因而承担作为义务。如动物园饲养员由于管理过失，在猛兽越过被损坏的栅栏咬人时，他能制止而不制止，成立基于不作为的伤害罪。其二，基于对人的危险行为的监督而形成的作为义务。第三人由于故意或者过失实行现实的违法行为，对第三人负有监督义务的人不加以制止，基于该不作为成立该当违法行为的正犯或者共犯。如父亲听任孩子破坏他人的高级汽车，成立器物毁坏罪的正犯。但是，酒店老板明知某客人酒后有暴力倾向，而在该客人醉酒后殴打其他客人时不加制止的，是否成立伤害罪的帮助犯，尚需研究。其三，基于不可罚的先行危险制造行为而形成的作为义务。即对自己的行为影响没有认识清楚，而作出不可罚的但有危险的行为之后，听任危险发展的类型。例如，过失监禁他人之后知道该事实，却不释放被监禁者。

综上所述，不作为的作为义务根据，首先应当具有引致结果的原因力，其次它还必须具有法律所承认的形式要件，才能成为刑法上的根据。在这点上，机能的二分说比其他学说更可取。不过该说的类型划分尚有可推敲之处。

4.英美法系不作为犯的作为根据

英美刑法学者认为，不作为犯的作为义务根据包括如下类型：①

（1）法定责任引起的义务。也就是大陆法系中的由法律、法令所确定的义务。法律、法令所确定的义务主要是制定法中确定的义务，如公立学校的官员看护儿童的义务，或者在儿童明显遭受虐待时的报告义务，再如医生和医护人员在医院发现病人有枪伤时的报告义务，等等。制定法确定义务时，不能基于道德上的要求任意设定义务，如在一般情况下，法律不能要求人们在犯罪的场合防止犯罪，也不能强制要求人们对处于恶劣环境下的他人提供帮助。

（2）身份关系引起的义务。即由于特殊的身份关系所形成的义务。导致此类义务的最常见关系存在于家庭成员之间，如父母和子女之间，产生互相扶助的义务。例如，在父亲毒打孩子时，母亲因未能保护自己的孩子，可能被处以虐待儿童的罪责。在美国，由身份关系所导致的刑事案件往往涉及父母未对患病的孩子提供医疗护理。

（3）契约责任引起的义务。契约责任不仅会在民法中导致一定的民事行为，而且在刑法中会创设特定义务。契约责任及其附随义务可以出现在多种场合中，如行为人被雇佣为游泳池救生员，因此在民事上有义务救助游泳者，如果他能救助他人而未履行义务，他就要对游泳者的死亡负刑事责任。还有提供护理的合同，如养老院经签订合同，向住宿者提供医疗服务。

（4）设定的义务。设定义务一般是为了补充前述义务之外的义务根据，一般情况下，就是在不存在法定义务或者特定关系时，行为人没有对需要其提供护理的他人提供帮助的义务。可见，设定义务是行为人被假定有责任帮

---

① See John M.Burkoff & Russell L.Weaver, Inside Criminal Law, Aspen Publishers, 2011, pp.26–30; Richard G.Singer, John Q.La Fond, Fhima Baradaran Baughman, Criminal Law, Wolterskluwer in New York, 2018, pp.44–45.

助他人或者将他人置于危险境地，因此在刑法上产生了帮助受害人的义务。例如，子女没有法律上的义务去帮助或者照料年老或者患病的双亲，因而不能因父母饿死或者疏于照顾的死亡追究子女责任，但是如果子女将父母带到自己家，就被假定对父母负有照料的责任，因而设定了看护义务，父母如因疏于照料而死亡，子女就可能负刑事责任。如果行为人被设定了法律义务，而且又未能履行该义务，其不作为就可能被作为犯罪的行为而受处罚。在设定的义务中，并不要求行为人具有诸如子女与父母之类的正式身份关系，行为人如果邀请他人到自己家中，就有效地将他人与公众隔离开，如果后者因疏于照顾而死亡，行为人就可能被认为有刑事责任。

（5）制造危险引起的义务。即行为人的义务是因为他对受害人制造了危险。如行为人暴力袭击并强奸年轻女性后，致后者出现巨大的心理和生理障碍，受害人掉进小溪后站立不稳，行为人在轻易可以帮助她的情况下却没有施救。

（6）有责任管理另一人的行为的义务。例如，企业主管可能有责任防止公司司机超速。

（7）土地所有人的义务。例如，剧院所有人有责任为其顾客提供安全的紧急出口。将刑事责任限制在民法规定了法律义务的情况下，至少向个人提供了“预告”，说明他们在法律上必须采取行动，而不履行这一义务将给他们带来危险。

可见，英美与大陆法系关于不作为犯的作为义务，在法定情形、先行行为等方面是一致的。但是，在与危险控制有关的场合，却存在一定差别。

三、持有

所谓的持有（possession），一般是指持有某种违禁品（如毒品）而受到刑罚制裁的行为。但在刑法理论中，关于持有的性质有很大分歧，有学者认为持有是行为之外的状态，有的学者认为持有是作为，也有的学者认为它是不作为，还有的学者认为它是独立的行为。德日刑法理论对此少有着墨，而英美刑法相对较为重视持有。

在英美法系，一般认为持有是作为，[①]因为行为人应充分意识到其所持有且能对其所持有的物品加以控制，表明行为人明知并且意图控制这些违禁品。但是，也有观点认为持有具有两面性，如美国模范刑法典的立场是，“持有是一个作为……如果持有明知状态下获得或者接受所持之物，或者意识到他的控制据此已经有充分时间终止其持有。”[②]可见，依照规范违反的属性看，持有是一种行为，它违反了禁止性命令；但是从行为效果看，由于行为人未能终止它对自己所持之物的控制，据此，持有更接近不作为。

有学者将持有分为三种类型：一是事实持有（actual possession），即违禁品被发现在行为人的手上。二是推定持有（constructive possession），即根据违禁品放置的位置，判断行为人应该知道有违禁品且实施了控制。司法实践中，常常根据附随证据建设性地推定行为人意图占有或者明知占有。例如，警察拦阻一辆小车，检查车辆发现在座位上的行为人的衣服口袋内有一包大麻，在此情形下，即便行为人否定他知道这包毒品，但从毒品所放的位置可以有效推导出持有。三是共同持有（joint possession），即违禁品事实上为一人持有，但两个以上的行为人知道其存在且实施了控制。例如，在公共厨房中发现了毒品，根据现场情况，很有可能是两个以上的合租者都意识到有违禁品并加以控制，这就足以构成共同推定的持有。[③]

第二节　因果关系论与客观归属论

一、大陆法系的因果关系论

（一）序说

大陆法系学者认为，因果关系“乃指行为与结果间必要之原因与结果之

---

① Sue Titus Reid, Criminal Law, 2001, McGraw-Hill, 2001, p.33.

② John M.Burkoff & Russell L.Weaver, Inside Criminal Law, Aspen Publishers, 2011, p.23.

③ John M.Burkoff & Russell L.Weaver, Inside Criminal Law, Aspen Publishers, 2011, p.25.

连锁关系”[①]。即对结果犯而言，结果必须与行为具有因果上的关联，才能成立犯罪，行为人方承担基本犯罪的刑事责任。否则，结果与行为之间没有原因与结果的关联，行为人就不负刑事责任。而在理论上探求刑法上因果之间联系的理论，就是因果关系论。

在古代刑法中，因果关系没有被独立研究，直到19世纪中叶，因果关系问题也不过是在个别犯罪，如杀人、伤害等场合中加以考察。[②]当时法律上的原因一般指“必要的”原因。这种看法后来受到批判。在刑法理论上展开近代因果关系论的，首推布黎（Buri），他在1860年的论文《共犯与犯罪庇护的理论》中，展开了条件说，其中条件关系被当作判断因果关系的基础。但是由于条件说的固有缺陷，学者们尝试着从其他途径克服条件说的弊端。1871年，巴尔（V.Bar）在《法律、特别刑法中的因果关系理论》一文中，用法律意义的因果关系限制自然意义的因果关系，从而促成了原因说。1872年宾丁格（Binding）提出了优势条件说。毕克迈尔（Birkmayer）在1885年提出了最有力条件说。其后，克里斯（Kries）根据巴尔的观点提出了主观的相当因果关系论，卢梅林（Max Rumelin）主张客观的相当因果关系论，特莱格（Traeger）在1904年提出了折中的相当因果关系论。但在20世纪70年代，德国学者罗克辛（Roxin）系统提出了客观归属论，导致德国传统因果关系理论大厦的倾覆。

在刑法理论史上，有个别学者否定研究因果关系的意义。这种因果关系不要说，最早由德国学者M. E.迈尔明确提出来，后来为日本学者泷川幸辰所拥护。如泷川说：“意志的表现，限于符合构成要件的结果发生的因果关系，这才是重要的。在其意义、范围中，刑法上的因果关系论是不必要的，它与全条件的等价值说是一样的。但是，所有的学说从来不认同全条件的等价值说，它们有根本差别。因果关系不必要的立场，触及了过去的因果关系

① 林山田著:《刑法通论》，台湾三民书局1985年版，第83页。
② 马克昌著:《比较刑法原理》，武汉大学出版社2002年版，第203页。

论不能解决的结果加重犯、因果关系中断的说明。”[①]但在具体的司法实践中，不研究因果联系，就不能认识行为的客观责任，这一点在世界各国刑法中都得到了承认，所以，因果关系不要说是不正确的。

基于上述理由，今天绝大多数学者还是承认刑法中因果关系论的重要性和必要性，只是各自的主张殊异罢了。在肯定因果关系的理论中，主张条件说者有之，主张各种相当因果关系说者也有之，但极少有人主张原因说了。

（二）条件说

1. 单纯的条件说

单纯的条件说认为，在理论上可以发生结果的条件，都是结果的原因。即只要有“如无前者，就无后者”的条件关系，就可以肯定行为对于结果的原因力。所以此说又被称为“条件即原因说”。又由于它将一切条件视为原因，不问其中的价值大小区别而同等视之，故又被称为“同等说”或“等价说”。德国在帝国最高法院时代，一贯采用条件理论，后来的联邦法院也沿用这套理论，而且理论上为绝大多数学者所主张。[②]日本判例的主导理论也是条件说，部分学者，如草野豹一郎、齐藤金作、冈野光雄等，也采纳条件说。

条件说运用的是“排除法”，即没有该行为也有相同结果的发生，结果不能避免，则行为对结果没有“支配力”，就不能将结果归属于行为。条件说值得肯定的地方有两点。其一，条件关系的判断对象，是逻辑上的结合关系，而不是行为是否为惹起结果的“动因”的“形而上学的因果概念”，因此，它对于作为还是不作为均能适用，即作为是对事态的推移加以积极变更，不作为是消极地不变更事态，当“没有该不作为就没有结果的发生”时，条件关系也能被肯定。其二，条件关系以哲学或者自然科学的因果概念

① 转引自［日］冈野光雄著：《刑法中的因果关系理论》，成文堂1980年第2版，第52页。

② 参见［德］汉斯·海因里希·耶赛克、托马斯·魏根特著：《德国刑法教科书·总论》，徐久生译，中国法制出版社2001年版，第340页。

为依据，原因和结果的必然结合不是神秘的存在，而是在同样的先行条件下也会发生的同样结果。[①]这样的“恒常的结合关系”成为因果关系，往往比较直观，便于认识。

条件说的问题主要如下：（1）判断条件关系的“排除法”，并不能完全适用于司法实践，因为运用“排除法”的前提是，必须事先知道条件具备何等的原因力，以及这些条件如何作为原因而发挥作用，否则条件理论根本无法运作，[②]但由于事实关系并不明确，不能肯定条件关系的场合并不少见。（2）条件关系判断会导致不合理的结论，如扩大了刑法的考察范围，评价依据的是自然科学、物理学的因果关系的标准，缺乏必要的规范评价。

2.修正的条件说

为了避免条件说的不当之处，条件说的论者提出了不同的补充意见，从而形成了一些修正的条件说，包括条件关系中断论、溯及禁止论、主观限制论等。

（1）条件关系中断论

条件关系中断论认为，当因果过程中介入了自然事实或者他人行为时，原来的因果关系被中断，即先前行为和介入之后的结果之间的因果关系断绝了，介入事实或行为与介入后的结果之间发生因果关系。例如，A将X伤害，X在被运往医院途中，因为B制造的交通事故而死亡的。其中A与X死亡的因果关系，因为B制造的交通事故而中断。

但是，哪些条件可以成为中断因果关系的原因呢？中断论者对此有不同主张。一种观点认为，只有基于意志自由的责任能力者的故意行为，才能中断原来的因果关系，否则，先行行为与结果之间的因果关系并不中断；另一种观点认为，无论介入的是人的行为还是自然现象，只要是独立的，就足以

① 参见［日］町野朔：《因果关系论》，载中山研一等编著：《现代刑法讲座·刑法的基础理论》（第1卷），成文堂1977年版。

② 参见［意］杜里奥·帕多瓦尼著：《意大利刑法学原理》，陈忠林译，法律出版社1998年版，第125页。

中断先行行为和最后结果之间的因果关系。[①]第一种观点排除了自然现象的原因力，显然会得出不合理的结论，如前例中的X，假如是因为医院的意外火灾而死亡时，认为不能中断A的行为和最终结果之间的因果关系，从而A要承担故意杀人或者至少是故意伤害致人死亡的责任，就不尽合理。相对而言，后一种观点比较可取，但也绝非没有问题。例如，假定根据当时医院的医疗水平，X所受伤害根本不能免予死亡，碰巧因医院发生火灾而死亡，此时，中断A的行为和死亡之间的因果关系，还缺乏十分充足的理由。可见，中断论的前提并不可靠。另外，中断论在适用上也存在矛盾。刑法上的因果关系，本来应该是存在或者不存在，认为进行了的因果关系发生中断，就不太妥当。比如A将X从高楼上推下去，X肯定死亡，而在X坠落过程中，B开枪打死了X，如果认为A不承担杀人既遂的责任，其理由极为牵强。中断论以条件说为基础，却在承认条件关系的情形中否定因果关系，也就自己放弃了条件说，陷入自我矛盾的境地。另外，在运用中断论寻求正犯与共犯的区别标准时，也有不明确的地方。[②]鉴于这种缘由，中断论被放弃是理所当然的。

（2）溯及禁止论

为了避免因果关系中断论的弊端，R.弗兰克（Frank）提出了溯及禁止论，认为“先行于自由而且有意识地（具有故意、有责地）指向引起结果的条件，不是原因”。但是，它和因果关系中断论并没有实质上的区别。[③]

（3）主观限制论

这种学说试图用故意、过失限制因果关系，例如，A意图杀X，在路上用枪伏击X。在A射击时，X因为休克死亡。A预想的因果过程和实际的因果过程有明显差异，属于因果关系的错误，不是故意。有德国学者认为，当

① 参见马克昌著：《比较刑法原理》，武汉大学出版社2002年版，第205—206页。

② 参见［日］大塚仁著：《刑法概说·总论》，冯军译，中国人民大学出版社2003年版，第161页。

③ 参见［日］大塚仁著：《刑法概说·总论》，冯军译，中国人民大学出版社2003年版，第161—162页。

A在射击X时，击中Y致其死亡的时候，也是因果关系的错误，否定对Y死亡的故意，而将方法错误作为因果关系的错误一并解决。然而，只要行为人认识到符合构成要件的事实，并有实现构成要件事实的意思，其显然存在故意。如A希望X在坐飞机时死亡，劝X乘坐飞机，X接受建议乘坐飞机，并果真在飞行时死亡的。或者A希望X在森林中被雷电击死，就劝X到森林中行走，X接受建议，在森林中果真被雷电打死，由于因果关系是基于A所意识的条件关系，基于条件说，不能说是因果关系错误。但条件说论者认为，在这种场合，A不过是希望，而不是意欲X死亡，所以，A没有杀害X的故意。在具有相当因果关系的结果发生时，仅仅“意欲”，即具有条件关系的结果发生的想法，还不能说是希望。[①]但是，这样对“意欲”和“希望”进行区别，不仅无助于澄清问题，还会造成相关刑法概念的混淆。

综上所述，无论是传统的条件说，还是修正的条件说，都不能完全给因果关系的司法适用提供机能性的标准，其中某些必要的因素还有待进一步发现和认识。

（三）相当因果关系说

相当因果关系说，以条件说为基础，认为刑法上的因果关系是论理的因果关系，但不是一切论理的因果关系都是刑法上的因果关系。作为刑法上的因果关系，必须是立足于社会经验法则的考虑，具有相当性的论理的因果关系。也就是说，对于数个条件，要依据一般人的经验、智识加以判断，只有具有发生结果的相当性的，才是刑法上的原因，比如甲在超速驾驶的时候，将乙撞成重伤，乙在医院就诊时，因被医生误诊而死亡。究竟是甲的行为还是医生的行为是造成乙死亡的原因，还得考察两个行为和死亡之间的相当联系。这是今天的日本理论的通说。

相当因果关系的判断层次和判断方法，是从两个方面展开的：第一，行为相当性的判断（广义的相当性判断），现在在这方面的主要观点，是客观

---

① ［日］平野龙一著：《犯罪论的诸问题（上）总论》，有斐阁1981年版，第38—40页。

的相当因果关系说和折中的相当因果关系说，主观的相当因果关系说由于明显的缺陷而受到普遍的批判；第二，因果过程的相当性判断（狭义的相当性判断）。

1.广义的相当性

（1）客观的相当因果关系说。该说被平野龙一等采纳，最近在日本理论上，从结果无价值论的立场出发，客观的相当因果关系说越来越有力。[①]客观的相当因果关系说，立足于裁判之时，以行为当时存在的客观事实以及行为当时一般人可以预见在行为后会发生的事实为基础，判断因果关系。即基于一般人认识的事实，如果在一般人看来，行为和结果发生之间没有相当性，就没有刑法上的因果关系。但是，在该场合的一般人，不是“外行”的一般人，而是“认识深刻的一般人”“科学的一般人”。例如，X是血友病病人，不相关的一般人是不可能意识到的，而在医学上较易知道。所以，甲伤害X并致其死亡的因果关系是存在的，不过，甲没有罪过。此外，甲如果知道X是血友病病人，以杀害X的意思朝其胸部开枪，打在X的脚上，X由于是血友病病人而死亡的，由于有相当的因果关系，所以成立故意杀人的既遂。

客观的相当因果关系说，完全以行为时存在的事实为相当性判断的基础，但是，关于判断的基础，最终认为应当以“认识深刻的一般人”或“科学的一般人”有认识为限，在判断的基础和判断的方法之间采取了不同的原理，是不太妥当的。所以，关于行为时存在的事实，只是程度的限定。例如，X心脏很不好，突然发病死亡，在外行看来，即使在不知道心脏不好的时候，如果知道医生已诊断受害人有心脏病，必须以这个事实为前提进行相当性的判断。但在医生诊断之前，突然因为心脏病死亡的，不能说有相当因果关系。又如，甲知道飞机上有炸弹，设计使被害人乙乘该飞机，可以杀人罪处罚。但是，如果甲只是希望飞机坠毁，而使受害人乙乘坐飞机的时候，碰巧飞机上有炸弹，就不能肯定因果关系，因为此时行为人表象的因果关系不

① 参见［日］大塚仁著：《刑法概说·总论》，冯军译，中国人民大学出版社2003年版，第164页。

是相当因果关系。

在上述理论的基础上，可进一步依据具体法定符合说限制故意，但假如采取抽象法定符合说，就会产生若干问题。例如，抢劫犯甲和乙，甲用手枪向受害人X射击，X用手枪应战，乙中弹身亡。在该场合，如果采取条件说，不仅有因果关系，而且可以认为存在相当的因果关系。根据有些抽象符合说论者的观点，甲对乙的死亡，以过失为限，可以确认符合犯罪的构成要件，并成立杀人既遂。相对于基于相当因果关系限制，更进一步的限制是必要的，但是，如果既有过失，又有故意，这种观点不免可笑。[①]而如果采取具体法定符合说，就不能认为甲对乙构成杀人罪。意图杀X而凑巧X死亡的时候，如果采取先前的广义的客观相当因果关系说，则有相当因果关系，也可以认为存在关于X的杀人既遂。

最后，关于相当性判断中的假定判断。例如，甲以杀害的意图用枪射击X，X受伤后，在被送往医院的途中因为乙制造的交通事故而死亡。假如即便不发生交通事故，X也会因不能及时送到医院而死亡的；还有高空坠落的事例中，甲将X从高层建筑物上推下去，在坠落中，乙用枪射击X，X在坠地之前就中弹死亡的。在类似场合，即便不介入乙的行为，X也有死亡的可能性，因此，需要对其中的相当性进行假定判断。日本学者认为，在交通事故中，乙的行为在相当性的判断范围之内，因此，对于X的提前死亡，不一定成立杀人未遂；但是，假若没有交通事故、没有乙的行为，X不久也要死亡，当这些介入的事实构成条件关系时，可以认为既遂。这意味着，在判断条件关系是否存在之际，假定的判断是不被接受的，而在相当性的判断时，假定的判断却是允许的。[②]

客观相当因果关系受到的最常见批判是：连一般人都不能预测的特别事实，行为人也不曾有所认识，对此进行考虑，有脱离相当因果关系说的本来趣旨之嫌。它虽然以尽可能客观地理解因果关系为目的，但不当地扩大了判

① 参见［日］平野龙一著：《犯罪论的诸问题（上）总论》，有斐阁1981年版，第42页。
② 参见［日］平野龙一著：《犯罪论的诸问题（上）总论》，有斐阁1981年版，第42页。

断的基础，所以，其结论与条件说在实质上没有大的差异。[①]近年来，客观说将结果的避免可能性称为“狭义的相当性”，当作限定客观相当因果关系的道具，其具体结论是否妥当也值得商讨。[②]

（2）折中的相当因果关系说。折中的相当因果关系说在日本刑法理论上一度是有力的见解。其含义如团藤重光所说：“‘立足于行为之时（行为者的立场），以一般人在通常情形下能知道或者能预见、并且以行为人在具体情形下能知道或能预见的特别情形为基础’，在存在‘经验上通常’的场合，有因果关系。”[③]比如甲殴打体质特异的X致其死亡时，如果一般人不能认识到X的特异体质，甲也没有认识到，作为经验上的判断对象，就要考虑殴打健康的人通常是否可能导致死亡，如果相同的行为样态通常不可能导致死亡，就认为行为和结果之间没有相当性的因果关系。采纳这种学说的学者甚多。

折中说在司法适用中可能存在以下问题：[④]第一，折中说会产生和主观说一样的结论。如果采取折中的因果关系论，那么，判断是否存在因果关系时，最终要取决于行为人的主观认识。结论是：对知晓者成立因果关系；对不知者否定因果关系。刑法上的“因果关系”概念就沦为行为人自由选择的结果。第二，以行为人的主观认识作为判断客观因果关系是否存在的基础，扩大了因果关系的范围，悖逆了该说的基本要求，仍旧陷入和主观说相同结论的诘难中。第三，判断基础过于狭窄。折中的相当因果关系判断时，“成为前提事实”的仅仅附加考虑“行为人特别知道的事实”，基于该事实的相当性的判断，必定是经验性的判断，但这种经验应当依据一般人或者通常人

---

① 参见［日］大谷实著：《刑法讲义总论》，成文堂1996年补定4版，第176页；［日］大塚仁著：《刑法概说·总论》，冯军译，中国人民大学出版社2003年版，第163页。

② 参见［日］佐久间修著：《刑法讲义·总论》，成文堂1997年版，第93页。

③ 参见［日］平野龙一著：《犯罪论的诸问题（上）总论》，有斐阁1981年版，第35页。

④ 参见［日］平野龙一著：《犯罪论的诸问题（上）总论》，有斐阁1981年版，第36—38页；［日］大谷实著：《刑法讲义总论》，成文堂1996年补定4版，第177—178页；［日］大塚仁著：《刑法概说·总论》，冯军译，中国人民大学出版社2003年版，第164页；马克昌著：《比较刑法原理》，武汉大学出版社2002年版，第210页。

的立场，而不必考虑行为人特别知道的法则性。区别前提事实和法则性的判断，对前者要追加考虑行为者特别知道的事实，对后者不加考虑，并不是合理的，结论也不妥当。第四，在结果加重犯的场合不能发挥限制的效果。结果加重犯的基本犯罪包括故意和过失两种形式，这样一来，基于因果关系的限定就再也没有必要了。

2.狭义的相当性判断

为了保证因果关系相当性判断有充实的基础，现在很多学者开始对狭义的相当性，即因果过程的相当性进行研究，一并讨论介入因素和先行行为对于因果关系认定的影响。其方法是，从介入因素是否能够预见以及它的作用大小两方面展开认定。对前者而言，当能够预见到介入因素时，肯定先行行为和结果之间的因果关系；当不能预见介入因素时，则要将介入因素从判断基础中排除，进行相当性判断。对后者而言，在介入因素作用大的场合，依据有无预见可能性决定有无相当性，预见可能性判断和相当性判断就是一致的；在介入因素作用小的场合，预见可能性判断和相当性判断并非一致，在该场合，由于不能肯定介入因素的预见可能性，就不一定完全否定相当性。[①]

对介入因素预见可能性的判断，要以该当行为为前提，因为介入因素是由行为导致的“被诱发的事实”，所以对可能预见的介入因素，在一般范围内是可以肯定其预测可能的。例如，甲没有履行必要的监督责任，导致被监督者由于意外而死亡的。即使被监督者有不恰当的介入行为，也是由被告人的行为所诱发的，所以，监督者和被监督者之间的因果关系得以肯定。由于该场合的介入因素是被诱发的事实，尽管行为和结果之间能否肯定直接因果关系还有待商榷，但还是可以将预见可能性作为判断的基础。

相反，假如介入因素是当该行为的因果进程之外的其他因果进程，两者只是偶然结合，才导致结果发生的，由于通常不能预见这种介入因素，就要把它从判断基础中排除出去。例如，甲将X打伤之后，X受重伤奄奄一息，

---

① 参见［日］曾根威彦：《自相当因果关系说的立场》，载日本《刑法杂志》第37卷第3期。

后来不知道被谁再次殴打，加重了原来的伤害而死亡的，假如后来的第三者的暴行作为介入因素通常是不能预见的话，那么前行为和结果之间的相当因果关系就要被否定。

将介入因素当作和先行行为相同的因果关系的判断基础，对因果关系论而言是必要的。所以，狭义相当性的判断，丰富了传统相当因果关系论的内涵，在一定程度上扩大了相当性的判断基础，而且使相当因果关系论的焦点从广义相当性向狭义相当性转移，刑法的判断从危险的制造转向了危险的实现。①但是，狭义的相当性的判断，或者被制造的危险是否实现了结果的判断，实际上已经脱离了相当因果关系论的初衷，从而暴露出相当因果关系说的危机。

另外，狭义的相当性判断，较之传统的相当因果关系理论或者仅仅就行为的相当性进行的判断，不外乎有两种不同的途径。第一种途径是，通过更为缜密的事实性、物理性和经验性分析，寻找相当性的判断标准。第二种途径是，不再拘囿于事实的判断标准，而寻求价值性的标准。就第一种途径而言，其决定相当性的“通常性”标准并不明确，而且事实性标准不充分，判断方法和判断结果也存在着矛盾，即从事前的立场出发，探求“行为的危险性”，从而又回到了过去的因果关系理论讨论的问题中。就第二种途径而言，即在相当性判断中加入价值性分析，这本身是有意义的。但是，相当因果关系向来是从“概率论的思考”出发的，具有事实的、经验的本质特点，用“目的论”置换本来的、事实的相当因果关系论，这样的相当性分析，是用来装饰相当因果关系判断，实际上忽视了其他因素的判断，具有“掩饰实际的判决理由的机能”，或者“掩藏具有整体概念的法的政策”，②蕴含着脱胎换骨的意义。所以如山中敬一所指出的，日本相当因果关系论的见解，从20世纪70年代以来，已经脱逸了古典的含义。因此有人建议，应当从相当因

① 参见［日］伊东研佑：《“相当因果关系说的危机”之含义及“客观的归属论”试论》，载日本《现代刑事法》1999年第4期。

② 参见［日］山中敬一：《自客观归属论的立场》，载日本《刑法杂志》第37卷第3期。

果关系的构造中跳出来，改用客观归属的理论。①

二、英美法系的因果关系论

（一）英美刑法因果关系的基本结构

英美刑法从两个层次判断因果关系：一是事实因果关系（factual causation），二是法律因果关系（legal causation），从而形成了所谓的“双层次原因学说”。对于不同层次的因果关系，采用不同原则进行认定，这在英美刑法理论上和实务中都是通说。

根据“双层次原因学说”，在具体判断因果关系时，通常要先分析被告的行为是不是产生该结果的事实原因，即确定事实的因果关系，它应当证明如果没有被告的行为，就不会有危害的结果。比如，行为人意图杀害自己的母亲，将氰化物放在她的饮料中，一般会被当作谋杀者受到追诉；但假如医学证据显示行为对象是在喝有毒饮料之前因为心脏病发作而死亡的，则被告应被判定为杀人预备罪，因为如果没有氰化物，行为人的母亲也要死亡，就不认为是氰化物杀死了被害人，所以，即使行为人意图杀害她，也不能被判为谋杀罪。

但是在以下场合，需要判断法律性的或者归责性的因果关系，以补充事实性判断法则。其一，当存在数个事实原因，哪一个是应当负责的原因并不明确时。其二，单纯事实因果关系还不充分，可能导致对道德上无罪的人给予有罪的判决时。比如，A邀请B到她家里，B在路上被谋杀了。显然，A不构成谋杀罪。其显著原因是A没有犯罪的意图。但是，现代英美刑法理论往往在因果关系阶段，否定A的行为和B的死亡之间的因果联系。②

在英美刑法上，法律性的因果关系不被认为是严格的逻辑性、事实性或者医学性问题，它更多地被视为一个道德性问题，用于说明被告是否要对他

---

① 参见［日］伊东研佑：《“相当因果关系说的危机”之含义及“客观的归属论”试论》，载日本《现代刑事法》1999年第4期。

② Nicola Padfield, Criminal Law, Butterworths, 2000, pp.29–30.

的行为后果承担道义责难。在法律上区分和强调两个不同层次的判断，其出发点是正确的。因为法律因果关系判断是不可缺少的，而且其内容和判断价值有别于事实因果关系。[①]

（二）英美刑法因果关系论的任务和对象

和大陆法系许多学者一样，英美法系的学者一般都认为，只有在结果犯的场合，才有研究因果关系问题的必要。但英美刑法对行为犯和结果犯的理解，和大陆法系有所不同，所以，究竟在哪些场合才需要研究因果关系，两种法系的结论是有区别的。英美法系学者的结论可概括如下。

1.因果关系判断任务

因果关系的判断任务是区别自然事件和人的原因。如杀人、伤害、强奸、放火、抢劫、盗窃、夜盗等普通法中的严重犯行，都伴随着明显的损害：某人被杀、被伤害、被性侵害、一座房子着火、财物在暴力或者威胁下被夺走、某件东西被偷，或者私宅被人侵犯，侵犯者有严重犯行的企图，等等。在这些不同的场合中，存在如下问题有待澄清：第一，只有发生了特定行为，才需要考虑具体的因果联系。如杀人，除非有人的行为导致他人的死亡，一般是不会发生谋杀或者杀人的。第二，自然事件与结果的联系不是因果关系评价的内容，如在杀人场合，必须由犯罪人杀了受害人，行为人的行为是导致死亡的暴力。假如行为人企图杀害受害人，她开车到行为对象X家去实施杀人行为，当其正要敲门时，X由于心脏病意外发作而死亡，就不能认为行为人杀了X，因为行为人并没有引起死亡，X的死亡属于自然事件，即它不是由人的行为引起的。第三，因果关系判断需要区别行为与自然事件。如上例，如果X是因为发现行为人而紧张引发心脏病死亡的，问题是，行为人来到受害人家门前的行为可能是X死亡的原因，此时，是否存在因果关系，就取决于行为人没有到来的时候，X是否会有致命的心脏病发作。可见，在刑法中要区别自然事件和人的原因，因为前者对于刑法没有价值，而

---

① Jonathan Herring &Marise Cremona，Criminal Law，Macmilland Press Ltd，1998，p.64.

只有后者——人的行为导致的危害后果——才满足刑事责任的最低限度。[①]区别自然事件和人的原因，可以有效控制刑法评价范围，突出评价的重心，在某种程度上它构成刑法因果关系判断的中心。

2. 因果关系判断的场合

通常，只在隔离性的结果犯场合才需要研究因果关系问题。如前所述，一类犯罪只和人的原因相关，另一类犯罪还可能涉及自然事件。据此要考虑如下因素：第一，行为或者自然事件与结果的隔离，如在谋杀和放火中，行为和自然事件都可以导致危害结果发生，即人死亡或者房屋烧毁，既可以因人的行为，也可以因自然事件而发生，这一类型的犯罪具有隔离可能性。第二，没有隔离性的场合，因果关系容易判断，如强奸和盗窃只能由人的行为而发生，如果没有某人的相关侵犯，女性或者男性就不会被性侵犯，性侵犯不会自然发生；与之相似，如果没有某人的行为，人们一般不会失去自己对财物的占有，失去占有只能是某人将他的财物拿走了。可见这一类犯罪没有隔离性。前述两类犯罪，在大陆法系中通常都属于结果犯，可是在英美刑法中，有人将前面的两种犯罪归类为结果犯（crimies of harmful consequences），后两种犯罪归类为行为犯（crimes of harmful actions）。[②]英美刑法的划分方法，作为划分人的原因和自然事件的标准，对进一步展开因果关系的讨论，是有一定意义的。比如在强奸和盗窃中，自然事件不能使结果发生，因此，只要有危害的行为，就表明行为人是原因力。但是，死亡、生理伤害、财物毁坏等结果，在自然条件下也可能发生。基于此，我们可以说，行为犯，如强奸、盗窃，其危害行为和相关后果之间的联系是即时性的，不存在空间上和时间上的隔离，暴力性交意味着当时当地进行强奸，拿走他人财物表明他人在现场失去占有，这些犯罪或许也有长期的间接影响，但它们并非这些犯罪的本质因素。而隔离性的结果犯则不同，在行为和结果之间，由于存在一定的“因果隔离”（causal gap），行为实施之后，结果并不一定接踵而至，而

① George P. Fletcher, Basic concepts of criminal law, Oxford University Press, 1998, p.59.

② George P. Fletcher, Basic concepts of criminal law, Oxford University Press, 1998, p.61.

且行为和结果之间的因果隔离可能跨越较大的空间和时间范围。例如，按下一个按钮，可能导致这个星球另一端的一个人死亡，扣动扳机后某人可能在二三年之后才因为枪伤而死亡，这种空间和时间上的隔离，打开了因果关系的新视野，因为缺乏人的原因时，一个既存的结果毫无疑问仅仅是一个事件的结果，但是，当其中介入了人的原因时，问题就开始变得复杂了。

在结果犯和行为犯之间的区别，还产生了一个重要的理论预见：当具有刑事责任的能力者并不存在时，危害结果也会产生。在其他范畴中，危害结果还可能因为行为人没有意识到而产生，如在结果犯的场合，行为人可能偶然地引起结果，他或者她可能没有预见自己的行为会产生危害结果。例如，一个猎人或许不会意识到他的射击会碰巧伤害一个无辜的旁观者；行为人或许不会意识到，她走到X家敲门会让他惊吓并导致致命的心脏病发作。但是，行为犯不会出现偶然犯罪，即一个人不能偶然地强奸，不能偶然盗窃或者抢劫，也不能偶然地诈骗他人，在类似偶然的情形中，他（她）能面对的只能是由于错误而产生的相关危害，如一个人可能会错误地以为女性同意而与之性交，或者以为是自己所有的东西而拿走。如果他以为对方同意而与之性交，他就没有强迫对方进行性交的意图；如果他以为财物属于自己而拿走，他就不是出于非法占有财物的意图，换言之，行为人在主观上的这些错误，否定了他强奸或者盗窃的意图。由于这些意外，行为人在客观上虽然实施了有害的行为，使女性的性权利被侵犯，或者使物主丧失了占有，可是这是错误的事件，行为人是无罪的，至少在完全没有罪过的错误中如此。

当我们进一步分析时会发现，偶然（意外）和错误属于不同的类型，偶然限于需要探究因果关系的犯罪；错误在理论上存在于所有犯罪中，但在处理上常见于行为犯中。其原因在于，偶然往往指称于因果关系脱离控制，只有在此场合中，因果过程需要跨越一定的时空，才会遇到意外结果的问题，所以就有学者说："在偶然危害有可能的场合，因果关系才成为问题。"[①]偶然危害有可能出现在杀人、放火、伤害、殴打等结果犯中，但不可能在强奸、

① George P. Fletcher, Basic concepts of criminal law, Oxford University Press, 1998, p.62.

强盗、夜盗、诈骗等行为犯中形成。

无论是在我国刑法还是大陆法系刑法中，都认为结果犯的存在是刑法因果关系的讨论前提，但是，并没有注意到结果形成中的隔离问题。英美刑法在这一点上值得我们学习。

（三）事实因果关系之检讨

事实因果关系，是客观存在于外界的先行行为与后来结果之间引起与被引起的联系。这种联系是自然存在的，和人的主观认识或者法律规定没有关系。[①]在判断中，一般适用“but for”法则，即如果没有行为，也会发生结果，那么行为就不是结果的事实原因。[②]例如，甲向V射击，但仅仅造成后者轻伤，而乙也参与射击，击中V的心脏，V立即死亡。由于没有甲的行为，V也要死亡，所以甲的行为就不是死亡结果的事实原因。这和大陆法系中的“条件说”是相通的。

可是，“but for”法则使因果关系的考察范围过于宽泛。如在上述案件中，乙的行为无疑是死亡的原因，但是，武器制造商的行为也是一个“but for”原因，因为如果没有他制造武器，乙就不能射杀他人；与之相似，乙父母的结合也可能成为这种原因，因为如果他们不结婚，就不会有乙，更不会有乙的杀人行为。[③]“but for”法则本身固有的缺陷，在英美刑法司法实践中，至少有以下三个场合的问题值得注意。

1.存在数个充分条件的场合

当数个条件都是充分的时候，难以决定其中的原因。当数个条件都是充分的时候，对于“but for”规则的适用，是一个严重的挑战。根据“but for”规则，没有X也会发生Y，则X不是Y的原因。那么在同时放火的案件中，假定甲和乙放火，烧毁了他人的房屋。由于每一个单独的放火行为都会使房屋烧毁，那么，无论是甲还是乙都可以指着对方说：他是原因，我不是原

① 参见张绍谦著：《刑法因果关系研究》，中国检察出版社1998年版，第6页。

② Steven L. Emanuel，Criminal Law（3d 0Edition），Emanuel Publishing Corp，1992，p.46.

③ Steven L. Emanuel，Criminal Law（3d 0Edition），Emanuel Publishing Corp，1992，p.46.

因，因为即便没有我的放火行为，对房屋造成的危害也会发生。很明显，假如要贯彻该法则，就意味着甲和乙都不对房屋的烧毁负责。这种尴尬的结论在下列案件中也一样：如甲想杀V，于是，在V计划进行一个沙漠徒步旅行时，溜进V的房间，在其水壶里掺入了无色无味的毒物。而乙也想杀V，就在同一晚上稍晚些时溜进V的房间，在V水壶下开了个小孔。V第二天早上离开家，并没有注意到他的水壶下的小孔。在沙漠走了数个小时后，V想喝水了，但发现水壶是空的。由于没有水源，他在沙漠中脱水而死。谁对V之死负责呢？乙可以说，如果他没有在水壶上开小孔，V会被毒死；但是甲也会说，V是渴死的，他的行为和死亡没有关系。①

以上案例比较生动地描述了“but for”规则在评价原因中的局限。在这些案件中，不同的行为人的行为都是结果发生的充分条件，问题不是什么将会发生，而是什么已经发生了。此时，行为的原因力是否如常识中所描述的方式运作呢？在甲和乙放火的案件中，答案似乎很明确是“是”，因为他们两人同时放了一把火，烧毁了房屋。但在V之死中则有许多细微的区别，两个行为不是结合产生一个简单的危险，其后果都不是另外一个可以替代的，乙制造了V无水可喝的状态，尽管空水壶并不一定比装满毒水有更多的危险，但是事实上，V是由于水壶漏水而渴死的，所以，乙制造了该条件；甲的行为是否是原因，其结论将更为含混，但从具体情形看，如果没有乙介入，V会喝毒药而死，这又使得甲成为原因责任的候选人。

2.条件不充分且难以证明与事实的联系的场合

不充分的条件和事实原因之间的关系不明确。根据“but for”规则，如果X不存在，也会有Y，那么X就不是原因。此时，我们可以认为X是一个不充分的条件。可是在实践中，如果行为并不是充分条件，即不是“but for”原因，但只要被告的行为对于结果是“实质性因素”（substantial factor），也补充性地视为事实原因。例如，甲用枪击中V的大腿，造成后者严重受伤，而乙也开枪击中V的胳臂。V由于两个枪伤流血过多死亡。但是医学表明，

① George P. Fletcher, Basic concepts of criminal law, Oxford University Press, 1998, p.63.

即使没有甲的枪伤，V也会因为乙的枪伤而死亡，但假如没有乙的枪伤，他不会因为甲的枪伤而死亡，尽管甲的行为不是V死亡的“but for”原因，但是它被认为是V死亡的事实原因，因为在导致死亡方面，它是一个“实质性的因素”。[①]

这样做的理由是什么呢？如果从社会防卫的角度出发，姑且认可这种方法，那么“实质性因素”又是怎样决定的呢？以杀人犯罪为例，英美法认为要注意的一个明显的要素是行为是否缩短了受害人的生命。例如，假定V被甲击中，在一天之后就要死，如果乙过来开枪致使V立刻死亡，那么，乙的行为肯定是一个事实性原因，因为他的行为直接缩短了被害人的生命。但如果从甲的行为看，它是不是V死亡的事实性原因呢？对此，有两种相反的看法：[②]一种是认为先行行为不是结果的原因。根据这种观点，在上例中，由于甲的行为造成的死亡还没有立即发生，所以和实际的结果无关，就不是其原因。这种见解在司法实践中也曾被认可。另一种是认为先行行为是结果的原因。此时，认为两个行为对于结果都有作用，如前例中，要是没有第一个射击造成V身体虚弱，他或许不会因为第二个射击死亡。这样的实质标准，似乎有一定的道理，但是它还是不具有说服力，特别在行为碰巧使生命时间延长了的时候，如V本来要乘飞机旅行，在出发前喝了甲下了毒药的饮料，不能出门。那架飞机就在当天坠毁，飞机上的人员全部罹难。V在几天后因为毒药而死亡。很显然，甲的行为是V死亡的事实原因。而“实质性因素”并没有对“but for”规则提出实际有效的判断规则。

3. 不作为的场合

不作为的原因力不明确。如果“but for”规则运用广泛，那么在作为和不作为之间，就不存在区别。这表明，没有介入并阻挡自杀因而导致被害人死亡的，和勒死受害人具有一样的意义，如一个医生没有对需要治疗的外地人提供帮助导致其死亡，和将空气注射到病人静脉中致其死亡，具有一样的

① Steven L. Emanuel, Criminal Law（3d 0Edition）, Emanuel Publishing Corp, 1992, p.47.

② Steven L. Emanuel, Criminal Law（3d 0Edition）, Emanuel Publishing Corp, 1992, p.47.

意思。还可以说，每一个犯罪都存在诸多可以防止结果发生的事实，如在A伤害B之前没有人杀他，A的伤害就可以成为杀B的原因。那么，伤害是如何成为杀人行为的，或者说其原因力何在呢？

处理这种问题的一个简单办法是否定不作为是原因。传统观点认为，原因必须是具体情形中的某种效力，即在准科学的“but for”法则中，认为不作为是原因，通常的观点也强调其作用的原因力。但现在视角转向了危害，这种观点在理论上有赞成者，认为不作为不是原因力，它们什么都不是。[①]如果不作为什么都不是，它是否还要对结果负责？如果要负责，根据是什么呢？这成为“but for”规则被质疑的第三个问题。

由于上述问题，事实性因果关系判决中的争议，经常集中于行为危险的预见性上，即被告人如果故意实施一个有引起死亡危险的非法行为，他构成的是杀人罪，因为所有有理性的人都将意识到，他的行为会使受害人处于伤害的危险中。可是，达到何种程度的明知才能说明行为的危险性，是有分歧的，在司法中也有相反结论的判决，如以下两例就是这样的。

一个是在达文斯案中（1985年），三个被告戴面具，一个手持仿真枪，另外两个拿劈斧，准备抢劫一个汽油站。当服务生报警后，他们就逃走了，而被害人由于心脏受到刺激而死亡。三个人被判处强盗罪和强盗未遂罪，而不构成杀人罪，其中关键的理由是，没有材料反映出任何一个被告知道被害人的心脏是脆弱的。

另一个是在沃特迅案中（1989年），被告和另外一个人在一个87岁的老人的房子中盗窃，老人在90分钟后死于心脏受刺激。被告被判处杀人罪，理由在于被告知道老年人身体的脆弱，尽管他们仅仅是在进入后发现的。[②]可见，行为人是否能预见到危险及其发生，成为决定是否有因果关系的标准。

在上述两个与心脏猝死有联系的行为中，行为人关于危险的预见性，或者说关于因果关系的认识可能性，都成为犯罪成立与否的决定性因素，无

① George P. Fletcher, Basic concepts of criminal law, Oxford University Press, 1998, p.67.

② Nicola Padfield, Criminal Law, Butterworths, 2000, p.29.

论是属于客观要素，还是属于主观要素，都应当是因果关系论中要考察的内容，不然，就不能对主观要件的认识提出合理的标准，即行为人是否构成犯罪，取决于他能不能认识其行为和心脏猝死之间的可能性，如果可以，其结果可能如沃特迅案的判决；如果不能，结果就如达文斯案一样。但是，在事实因果关系中，还没有分析认识可能性的余地。

（四）法律因果关系之检讨

所谓法律原因，是法律上有价值的原因，也就是事实原因中，能够被法律认为应让行为人对所产生的危害结果承担责任的原因。[①]如何选择法律因果关系，在理论上争议很多，形成了所谓的近因说、普通因果观念说、政策说以及预见说等，但后三者均是以近因说为前提发展出来的。

在英美刑事制定法和相关理论中，近因说并没有明确含义，究竟什么是“近因”，存在不同解释。有的将“近因”理解为：没有被介入因素打破因果关系链条的、当然地或者盖然地引起危害结果的事实原因。[②]还有的认为近因是“直接原因”，它与结果之间没有介入其他原因。但也有人认为，“近因”并不是直接原因，它与结果之间是可能介入其他因素的，关键要看介入的因素是否具有独立性。如果介入的是非独立性因素，就不能中断原行为与最后结果之间的因果关系，就是行为人“足以预见或者足以与被告的行为相关，从而能公正地令被告对该结果承担责任的”因素。[③]特别是当把近因解释为直接原因时，无异于把具有决定影响但被其他因素介入的事实不当作原因，这是不合理的。而介入因素本身是否具有独立性、是否打破了原来的因果链，肯定会影响到近因的选择，但究竟如何选择呢？上述答案并没有提供明确的结论和具体的操作标准。以至于“有时不得不用‘实用、公共政策、或者大致的公正观念的需要’这样的政治性用语进行解释”。[④]所以，很多学

① 参见张绍谦著：《刑法因果关系研究》，中国检察出版社1998年版，第8页。
② 参见储槐植著：《美国刑法》，北京大学出版社1996年版，第64页。
③ 张绍谦著：《刑法因果关系研究》，中国检察出版社1998年版，第10页。
④ 张绍谦著：《刑法因果关系研究》，中国检察出版社1998年版，第10页。

者认为，法律因果关系“不是原因的法则，而是一种道德反映，它的问题是结果可否公正地归属于被告，如果运用原因术语，则最好归类为‘可归属’的、‘有责任’的或‘可谴责’的原因……”[①]

在英美刑法理论中，还依靠水流所隐喻的“流变论”来解释近因。“流变论”认为，在水的流动过程中，有两种方式可以消散水流的力量。第一，“流”可能在沙中失去流动。第二，“流”在交叉的支流中被压制或被吞没。在第一种情形中，即当该“流”消散到沙中，原因能力丧失了它的力量并和地下力结合起来。在第二种情形中，“流”被更大的“流”征服，原因力有时为新的原因所超越。[②]过去的因果理论往往关注的是原因发展的“中断”，“中断论”要么不承认前一种事实原因，要么否定介入因素的影响。而“流变论”并没有采取类似的简单粗暴的方法，它关注到不同因素的结合，并从结合的原因中选择具有归属意义的因素，其基本思路是值得肯定的。

但是，“流变论”也使司法判断变得更加复杂，最常见的是在医疗介入有过错的时候。比如在伯恩哈得·哥特兹案件中，律师试图做如下辩论：达勒尔·坎贝尔被假定生命垂危，但不是由于哥特兹射击他引起的，而是由于此后在医院没有受到必要处置。同样的辩护在莱蒙里克·尼尔逊案中也发生过，行为人刺伤了洛森包姆，洛森包姆被送往医院，但因为没有受到妥当的医疗救助而死亡。争议随之开始，因为如果他受到正确的救治，就有可能被救活，辩护律师认为：行为人看似给了受害人致命的打击，但并没有导致受害人死亡，被害人之所以死亡，是由于在受到打击后没有得到全面的救治。[③]这一点在因果关系论中也是必须予以正视的。从理论上看，如果过失的医疗行为能像交叉的河流那样吸纳原来的原因流，那么先行行为自然不必对死亡结果负责了，但是，现代社会很难接受上述结论，因为“此类治疗明

① Nicola Padfield, Criminal Law, Butterworths, 2000, p.33.

② George P. Fletcher, Basic concepts of criminal law, Oxford University Press, 1998, pp.64–65.

③ George P. Fletcher, Basic concepts of criminal law, Oxford University Press, 1998, pp.64–65.

显是对被告行为的反应，因此，它不是一个突出的介入原因，除非治疗是荒唐的”[①]。判例也通常认为，被告人不能仅仅因为医生的行为，就推卸他对结果的责任，在任何相当的案件中，被告都构成谋杀未遂罪或杀人罪。[②]这也就表明，虽然“过失的介入”的分析往往失败了，但并非说完全没有讨论的必要。

对此，英美学者将发生在医院的复杂事实视为原始伤情恶化的背景事实，把射击、刺伤当作前景原因，并力求正确把握背景事实和前景原因概念之间的微妙差别。我们可以设想：假如杰克开车过失撞倒甘贝，甘贝在医院救治时，被他的敌人迈克发现，迈克用绳子勒死了甘贝。对此，我们可以认为，迈克的行为吸收了前景，成为责任的原因；杰克的过失仅仅可以解释为为何迈克在医院发现了他的受害人，而不是在家里，杰克制造的车祸不再有意义。结论是：对甘贝的死，迈克无疑要负责，杰克不负责。那么，这和上述处理坎贝尔的医疗过失之间有什么区别呢？

围绕上述问题，一些人提出了认识可能性标准。如卡多佐认为，分析近因就是评价警惕性之眼和预见可能性的程度。[③]有些论者走得更远，将故意和过失的程度差别也当作有关标准。如弗莱恰尔认为：当迈克进入甘贝的房间，将他的手放在意图的受害人身上时，他对即将展开的原因和事件施加了更多的人格和能力，他施加的个人力量越大，就越使其行为进入前景中。杰克对甘贝的最初伤害仅仅是过失的，其行为影响在实质上较小，并且为迈克的行为和故意所压制。[④]以对因果关系的预见可能性作为区分故意和过失的主角，而不是以故意和过失充当判断近因的标准，这一点在上述达文斯案和沃特迅案中显示出了最基本的价值。进一步说，在故意和过失之前研究判断因果关系预见可能性的标准，比在故意或者过失中更为可取，这也显示了现代刑法在客观阶段限制责任的方法上是比较稳妥和可取的。

---

① Steven L. Emanuel, Criminal Law（3d 0Edition）, Emanuel Publishing Corp, 1992, p.57.

② Nicola Padfield, Criminal Law, Butterworths, 2000, p.32.

③ George P. Fletcher, Basic concepts of criminal law, Oxford University Press, 1998, p.65.

④ George P. Fletcher, Basic concepts of criminal law, Oxford University Press, 1998, p.66.

三、客观归属论

（一）客观归属理论的发展

归属或者归责的概念，最早由黑格尔提出来，他认为："行为只有作为意志的过错才能归责于我。"[①]尽管黑格尔没有提出客观归责的概念，但是，他的理论为展开客观归属论创造了观念上的先机。1913年，德国学者恩基希指出，等价理论（条件说）实际上以可以被调查的事实为前提，但它无法提供正确的解答，这点至少在实务上所谓的"择一因果关系"情形中是公认的。例如，不同射手分别开一枪造成一人死亡，当每一枪都是致命的射击时，根据条件说，其结论如同大家所熟知的，必须否定其中的因果关系。因为当任何一枪被假定不存在时，由于仍有另一个致死的射击，结果依然发生，那么两个射击行为便可以互相推诿。为了避免这种不合理的结论，德国联邦最高法院便肯定这种案件中每一个个别射击的因果关系。这篇论文较早明确提出了条件说的实践问题，使法学开始反省和重构侵权和犯罪中的因果关系理论。1927年，乙·拉能茨在《黑格尔的归属论和客观的归属概念》一文中，明确提出了客观归属（objektive Zurechnung, objective imputation）的概念，为从刑法上进行客观归属论的研究提供了出发点。1930年，霍尼格明确指出，相对于因果关系是否存在而言，法秩序的要求更应当被视为重要的问题。他提出用法的或者规范的"客观的归属"之判断，取代因果关系的判断。霍尼格开启了现代刑法中客观归属论的理论大门，其思想成为罗克辛理论直接而重要的渊源。罗克辛理论明确将客观归属的体系表述为：行为人的行为对行为客体制造了不被容许的危险；这个危险在现实中实现为具体的结果；这个结果存在于构成要件的效力范围内。罗克辛的见解获得了相当多学者的支持，并最终取得德国刑法学通说的地位。[②]其后，该说被介绍到瑞士、奥地利、日本、韩国等国以及我国

① ［德］黑格尔著：《法哲学原理》，范扬、张企泰译，商务印书馆1961年版，第119页。

② 参见［日］饭岛畅：《论Roxin客观归属论的形成过程》（一），载日本《法学研究》1997年第7期，第78页。

台湾地区，获得了这些国家和地区的相当多学者的肯定和支持，并在奥地利的司法实践中得到了广泛运用。

（二）危险制造

1.危险增加原理

危险制造的原理是危险增加。危险增加理论是适应“风险社会”的理论。现代社会是一个充满风险活动的社会，在诸如驾驶汽车、操纵飞机、工厂生产等危险作业的过程中，或者有风险的医疗手术等行为，对于发生法益侵害的结果，并不难以预见。但是，这些伴随着潜在风险的行为，因为具有一定的社会机能，基于行为的危险性和它对社会的有益性的全面衡量，它们具有一般利益衡量的结果，从而作为被容许的具有危险的行为。于是，“被容许的风险”概念登场了。同时，现代社会是一个体系化的社会，为了避免和减少风险，就有必要改变过去基于偶然的、宿命的或者不可抗力从而无人负责的情形，并根据风险负担分配的观点，对有关责任进行归属性的考察。① 所以，在从事各种不同的社会分工的主体之间，立足于“被容许的危险”，产生了各种各样的义务规范，义务规范成为危险分配进而是责任分担的规范依据。这也构成了适用危险增加原理的基本类型。

在考察危险增加问题时，主要考察行为人是否制造了一个不被容许的危险，即在什么时候行为人的行为对行为客体不仅制造了危险，而且这个危险超越了被容许的危险的范围，如果答案是肯定的，就为客观归属提供了事实前提。那么，如何考察危险增加呢？对此，有两种主张。德国学者主张从消极的方面排除对行为的归责，如在危险减少、缺乏危险、在被容许的危险等场合如何消除客观归责。② 日本有学者主张从积极的方面考虑增加危险的情

---

① 参见［日］山中敬一：《我国的客观归属论之展望》，载日本《现代刑事法》1999年总第4期。

② 参见［德］克劳斯·罗克辛著：《德国刑法学（总论）》（第1卷），王世洲译，法律出版社2005年版，第247—253页。

形，比如在制造了直接的危险或者制造了危险的状态等场合考虑归责。[①]本书认为，消极法和积极法并不矛盾，相得益彰，因为积极法使危险增加的类型更具体、更明确，使我们更深入细致地了解危险增加的情形，而消极法使危险增加的考察任务更明确，也是客观归属的目的所在。

增加了危险的情形，主要表现为直接危险的制造和危险状况的制造两种情形，[②]前者表现为对行为客体行使直接的物理力，如殴打、刺杀、投毒等。后者的行为类型，是如果没有被害人、第三人的事后介入行为，就不会发生具体危险的事例，如年久失修的建筑物的管理者，因为过失导致进入建筑物玩耍的孩子从柱子上掉下来负伤的场合，管理者的行为就是危险状况制造的行为。在危险状况制造的类型中，可以肯定危险制造。行为人已经制造了危险，但由于没有增加危险，认为应当排除对行为的归责。

2. 危险制造例外类型

（1）缺乏重要性的危险。即行为人的行为虽然和结果或者危险有联系，但通常不具备客观的危险性，如侄子期待叔父被雷打死，结果叔父真的被雷打死，由于侄子不能支配因果关系，因此不能认为其行为制造了法律中的危险。可以说，诱因性行为如果不具备通常导致结果的危险，就不属于有客观危险的行为，要否定对它的归责。

（2）被制造的危险在被容许的危险范围内。例如，在限速100公里/小时的公路上以99公里的时速驾驶，因为“在允许性风险下，人们应当在这里把一个举止行为理解为创设了一种在法律上有重要意义的风险，但是，这种风险一般（不依赖于具体案件）是允许的，并且正是因为这种允许性，应当与正当化根据不同而排除对客观行为构成的归责”[③]。在体育、公共卫生、交通、科研生产等社会活动中，依据相关规则行为而产生的危险，都在被容许的危险范围内。在该危险范围内，即便怀着犯罪的故意实施了原因行为，

---

① 参见［日］山中敬一著：《刑法总论Ⅰ》，成文堂1999年版，第269—271页。

② 参见［日］山中敬一著：《刑法总论Ⅰ》，成文堂1999年版，第269—271页。

③ ［德］克劳斯·罗克辛著：《德国刑法学（总论）》（第1卷），王世洲译，法律出版社2005年版，第252页。

如希望他人在乘飞机时摔死而建议他人坐飞机，结果真的发生飞机事故导致机毁人亡，不能认为建议行为是杀人罪中的行为。

（3）减少了危险的情形。即行为人的行为即便造成了危险或者产生了实害，但假如它使危险或者结果较通常预定的要轻，就可排除对结果的归责，如甲将石头往A头上砸去，采取措施虽未能使A完全避免侵害，但使侵害减轻的场合，由于甲的行为减少了对法益的危险，所以不能归属于符合构成要件的行为。在罗克辛看来，即使说服小偷不要偷被害人5000元，只偷100元的人，由于他没有增加危险，反而降低了危险，所以也不能当作盗窃罪的帮助犯处罚。①

（三）危险在规范保护的目的中实现

1.危险实现原理

行为虽然制造了一个危险，该危险在客观上也得以实现（造成了损害结果），可是，这还不能表明行为人要对这个结果承担责任，还必须考察所谓的“规范的保护目的”。

考察规范的保护目的和判断危险是否实现基本上是同步的，不过对危险是否实现的考察，其重心不是该危险在事实上是否实现了客观的结果，而是根据事后查明的客观事实，判断行为人所制造的危险是否实现了规范保护目的所包含的结果。②所以，规范的保护目的在归责中的意义是：“目的使责任变成有色的。”③那么危险实现的考察内容有哪些呢？罗克辛认为，此时要具体考察危险以及不被容许的危险是否实现、结果是否符合规范保护目的、是否存在合法替代行为等情形，特别要注意故意自危、同意他人造成的危险、对他人责任范围的分配，在其他案件中，也需要考虑具体构成要件的保护目

① 参见［德］洛克信：《客观归责理论》，许玉秀译，载《政大法学评论》1994年5月总第50期。

② 参见［日］山中敬一著：《刑法总论Ⅰ》，成文堂1999年版，第267页。

③ ［德］格吕恩特·雅科布斯著：《行为 责任 刑法》，冯军译，中国政法大学出版社1997年版，第6页。

的或者范围。[1]而鲁道夫认为，在以下场合要考虑规范的保护目的：在行为人制造的危险部分不容许、由第一次侵害引发的后续结果、介入第三者的行为、由于第三人自招危险。[2]日本的山中敬一认为，危险实现在不作为和过失犯场合主要包括危险增加和狭义的危险实现两种情形，后者是就该当结果，从规范的观点追问其是否为保护的范围所包含，表现为危险和危险状态介入等四类情形。[3]

对以上几种分类，本书持有不同的看法。如上所述，危险制造和危险实现是客观归属的第二个环节，可是就危险实现判断而言，它在事实层面上表现为行为人制造的危险不断超越被容许的范围，并最终形成实害结果。对这个阶段的归责，都应当在危险制造中运用危险增加原理解决。而一旦危险得以实现，危险增加原理的指导任务就告完成。在这点上，本书倾向于将危险增加原理作为事实选择和判断的标准。至于特定结果已经发生，这已经是不争的客观事实，刑法所强调的进一步判断，是考虑该结果的实现是不是处于规范的保护范围中，此时，所谓危险实现的判断任务，是根据规范的保护目的得出归责的结论，因而，这个阶段的考察目的是对事实结果与具体条文保护的法益进行合致性的评价，其方法是进行规范评价，其标准主要是刑法的目的和刑事政策。由此可见，这个阶段的指导理论不是危险增加原理，而是规范的保护目的理论，因此，在危险实现中包含危险增加论的山中敬一的观点是不明确的。此外，将没有实现的危险在这个阶段作为考察内容，也值得推敲。就罗克辛特别指出的危险或者不容许的危险没有实现以及鲁道夫所指的行为人制造的危险部分不被容许的情形而言，属于特定结果发生了的场合，既可用危险增加原理也可以用规范的保护目的理论，作为阻却归责的根据，如果用规范的保护目的理论解释，可以作为危险实现的一种类型，而不

---

① 参见［德］克劳斯·罗克辛著：《德国刑法学（总论）》（第1卷），王世洲译，法律出版社2005年版，第256—257、262—274页。

② 参见［日］山中敬一著：《刑法中的因果关系及归属》，成文堂1984年版，第72—74页。

③ 参见［日］山中敬一著：《刑法总论Ⅰ》，成文堂1999年版，第271—279页。

是结果没有实现。

行为人制造了危险并有结果的出现，此时考虑阻却归责，主要是基于结果发生时存在其他促进结果的条件，也就是在行为人的行为之后，因为介入了其他条件，促成了结果的发生。其他条件有自然因素，也有人的因素，人的因素中包括受害者本人生理或者心理上的因素，也包括第三人的行为。

2.具体判断类型

根据各种条件介入的方式，一般可将规范的保护目的论中需要特别考察的类型列举如下：

（1）介入自然因素的场合。

就是介入了受害人之外的其他非意向性的事实。此时，要分析行为和自然因素各自的危险的程度，如果行为确定会导致结果，无论自然因素介入的作用有多大，都不能否定对行为的归责。但如果行为产生结果的可能性不是确定不疑的，就不应当将结果归责于行为。比如，行为人受到严重伤害，生命垂危，被送到医院救治，因为意外火灾死亡的，此时，如果一般医学认为行为造成的伤害基本无可救药，那么行为人就要对死亡结果承担责任；反之，如果受害人本来有希望获救，那么就要阻却归责。这点可认为是“疑问有利于被告”原则的具体运用。

（2）介入受害人的生理因素的场合。

它主要包括两类情形：

其一，特异体质。如果是行为与受害人的特异体质竞合而产生的结果，我国刑法理论一般肯定其中的因果关系，[①]这很可能达不到有效限制罪责的目的。但如果我们承认，“通过行为构成的保护目的排除归责的真正案件是这样一些案件，在这里，行为构成的规范（禁止杀人、禁止伤害、禁止毁坏财

---

① 如甲有乙不知道的心脏病，乙谩骂甲致其心脏病发作死亡，理论上认为谩骂行为和死亡结果之间有因果关系，但为了否定行为人的罪责，最后只能通过罪过来消解这个问题。参见高铭暄、马克昌主编：《刑法学》，北京大学出版社、高等教育出版社2000年版，第82页。

产等）从一开始就不包含确定的举止方式和影响”，[1]那么，对于与特殊体质偶然竞合而发生的结果，就不包含在有关规范的目的中，就可在客观上阻却归属。当然，这或许存在一个危险的结果，就是行为人在明知受害人特异体质时故意导致其死亡的，是否也不归责呢？本书认为，特殊体质是针对一般情形而言的，它本身和结果也有确定性，如果行为人认识到受害人的特异体质而实施加害行为，已经说明他的行为是根据确定的方式实行的，此时，行为人基于所认识的事实，获得了关于规范的认识能力和遵守能力，如果他有意违反规范，本身就符合规范的保护目的，因此，不能阻却客观方面的归责。

其二，残留伤害，就是由第一次侵害引发的后续结果。如交通肇事中的被害人，在得救之后，身体残疾，寿命大大减少，如果他在20年后死亡，事故惹起者是否对被害人20年后的死亡承担过失致死罪的责任呢？鲁道夫认为，如果被害人在没有任何过错的时候，对原因行为者（事故惹起者）可以肯定结果的归属；在有过错的时候，以规范的保护目的范围为限。但罗克辛认为，原因行为者对于以后的危险没有承担责任的必要。[2]本书认为，在原始损害之后，通过有效的社会途径，行为人已经受到了法律的处罚，满足了相关规范的目的，受害人之后即便发生不好的结果，但该结果不得再次进入规范的保护范围内，因此，残留伤害处于相关条文的保护目的之外。这也是刑法“禁止重复评价”的旨趣所在。

（3）介入受害人的有意志的行为的场合。

这要根据规范是否包含惩罚自我侵害的目的来处理，具体表现为：

其一，介入受害人的故意行为。比如，受害人负伤后，拒绝接受救护，造成伤害加重而死亡，表明受害人对于死亡结果作出了自己的决定，如果伤害行为本身不足以实现死亡结果，那么，基于受害人的决定而发生的死亡结

---

① ［德］克劳斯·罗克辛著：《德国刑法学（总论）》（第1卷），王世洲译，法律出版社2005年版，第256页。

② 参见［日］饭岛畅：《论Roxin客观的归属论的形成过程》（二），载日本《法学研究》1997年第8期。

果，就不包含在杀人罪的保护目的中，除非杀人罪包含惩罚自杀的目的。例如，受害人被强奸后自杀的行为，并不是强奸行为本身的伤害结果，那么就不在规范的保护目的之内。[①]

其二，介入受害人同意的行为。当受害人完全认识到行为危险性的时候，如乘客因为有特别紧急的事情，要求司机超过法定速度驾驶，司机超速导致发生事故，由于被害人具有共同的作为，所以和危险化者承担同样大小的责任，同样基于有关条文不包括惩罚自杀、自伤的精神，由于受害人同意所引起的侵害，不在规范的保护目的之内。在现代社会，如患者明知自己患病的情况而与他人发生性行为，后者因此感染艾滋病，假若先前患病的行为人事先故意隐瞒了该事实，那么可将结果归责于行为人，否则，行为人就不承担客观责任。但是，在行为人的行为都有明显支配性，且受害人对于危险缺乏充分认知的情况下，受害结果也应该归属于行为人的行为。

其三，介入受害人的过失行为。刑法不处罚过失的自杀，是因为对自杀存在着特殊的立法事由，其规范的保护目的性被否定了，因此，基于过失帮助或者促进自杀的行为也不在规范的保护目的内。

（4）介入第三人行为的场合。

第三人的行为可能是故意的，也可能是过失的。第三人可能是无关者，也可能是负有一定责任者，对此，要特别注意以下情况的处理。

其一，介入医疗过失行为。受害人受伤害后，在救助中因为医生的失误而死亡或者伤害加剧的，这是比较复杂的问题，有别于其他问题的处置。在鲁道夫看来，如果医生没有完全违反处置义务，死亡的结果就要归属于第一人。与此相反，如果医生的医疗行为首先引起死亡，问题就不同了。基于对医生的适法行为的信赖，应该否定第一个伤害者的过失不法的存在。[②]类似

① 参见［韩］金日秀、徐鹤辅著：《韩国刑法总论》，郑军男译，武汉大学出版社2008年版，第172页。

② 参见［日］山中敬一著：《刑法中的因果关系及归属》，成文堂1984年版，第72—73页。

结论在英美刑法司法中也得到了证明。[1]这种结论是应当被承认的，因为如果不这样处理的话，在相当多的场合，医疗行为将成为行为人推脱责任的借口，这将危害到社会的秩序。

其二，介入他人的故意行为。如果故意行为和前行为一起制造并实现了危险，那么，当各自的行为都在规范的保护范围之内时，两者承担客观的责任，如甲和乙分别朝受害人致命部位开枪，受害人因为这两个行为而死亡，无论其中任何一个单独的行为是否会造成死亡，只要它们在相同的时机制造了结果，该结果就要归责于竞合的行为共同体。

其三，介入负有义务者的行为。主要是负有义务者在处理行为人制造的危险时受伤或者死亡的问题。如行为人制造火灾，消防员在救火时被严重烧伤的。在这种情况下，以救助为己任的义务者都受过专门训练，如消防员受过消防训练，如果其介入的重大过失行为是显著的时候，自己的过失行为属于法秩序自身的答责性的范围，就不应当归属于行为人。但是，当救助是出于自愿而不是义务的时候，就另当别论了。

第三节　行为主体

一、行为主体概述

行为主体是实施了构成要件行为的人。在一般情况下，行为主体是具有生命的自然人，自然人以外的自然现象或者动植物不能成为行为主体，因为动植物不能实施该当构成要件内容的行为。

刑法上的行为主体可以是“任何人”，但在一些具体的犯罪构成要件中，行为主体必须具备特殊的身份要求，如“公务员”或者“从事公务的人员”，

---

① 如切塞雷案（1991年），被告和受害人在一家商店争吵，前者用枪射中后者的大腿和肚子，受害人不是因为受伤而死亡，而是在医院时，由于帮助他呼吸的气管手术操作失误而死亡。CA：支持谋杀罪的判决。理由是尽管存在受害人的过失，而且是死亡的非医疗原因，陪审团不能认为这是排除责任的情节，除非过失的医疗非常独立于他的行为，并且本身也具有引起死亡的潜在性。Nicola Padfield，Criminal Law，Butterworths，2000，pp.31–32.

这样就在刑法中产生了身份犯问题。另外，行为主体是法律意义上的人，但法律意义上的人，包括“自然人”和“法人”，那么，“法人”能否成为行为的主体呢？或者说，“法人”是否具备犯罪能力呢？这些是大陆法系刑法学中有争议的话题，而英美刑法中对此没有过多关注。

二、身份犯

（一）身份和身份犯

所谓身份，根据日本判例解释，“不限于男女性别、本国和外国人的区别、亲族关系、作为公务员的资格之类的关系，一般是指与一定犯罪行为有关的犯人人际关系的特殊地位或者状态”①。这里，将行为人的“营利目的”的心理状态、继续性等理解为身份的要素，是不妥当的。所以，有学者认为，身份是“社会、法律等等人的关系中承担特定义务的地位、资格”。例如，关于公务员的定义，在日本刑法中被定义为“国家或者地方公共团体的职员、以及依法令从事公务的议员、委员和其他职员”（第7条第1项）；公务机关指“政府机关、公共机关以及其他公务员执行职务的场所”（第7条第2项）。对公务员来说，其地位具有法律根据，而并非要求有职务权限的规定，但是，他必须具备一定程度的辨识能力，所以，要排除“单纯从事机械的、体力劳动的人”。日本最高法院认为，邮政所邮递员也属于“公务员”，此外，日本银行、住宅经营财团等在职职员，根据法律规定，也要视为公务员。他们在刑法上对应于职务性质，要和公务员等同对待。再如，常习犯，也是一种身份犯，如赌博的常习者，是有反复实行某种犯罪的癖好之人，在构成要件上被特别加重法定刑。常习性是行为人的属性，是考虑到行为人具有反社会性格，因此将在一定期间继续、反复的数个犯行作为常习犯概括评价。身份犯问题在韩国、日本刑法中论述较多。

所谓身份犯，是“普通犯”的对称，指“在构成要件上，以行为者有一

① 最判昭27.9.19刑集6.8.1083，参见［日］山中敬一著：《刑法总论Ⅰ》，成文堂1999年版，第179页。

定的身份为必要的犯罪”。[①]身份犯一般分为两类。(1)真正身份犯，即基于一定的身份才能构成的犯罪，如日本刑法第197条规定的公务员、仲裁人受贿罪。(2)不真正的身份犯，即基于一定身份，行为的法定刑得以加重或者减轻的犯罪，如日本刑法第218条规定的保护责任者遗弃罪。[②]理论上对于真正身份犯并无明显的认识分歧，但对不真正身份犯的认识有一定差异，如前田雅英认为，不真正身份犯是指“具有一定的身份时加重处罚的犯罪”。[③]但金日秀认为，“法律上一定身份的存否并不影响正犯性自身而只影响刑之加减的构成要件叫做不纯正身份犯”。[④]库兹涅佐娃认为，要求考虑犯罪人的身份是刑罚的一般原则，减轻情节和加重情节反映犯罪人个人身份的某些特征，判处比法定刑更轻的刑罚、适用缓刑等措施的条件之一就是考虑犯罪人的个人身份。[⑤]就大多数情况看，具有特定身份，对法定刑存在加重和减轻两种可能效果，所以不真正身份犯应该是因行为人具有一定身份从而加重或者减轻处罚的犯罪。

（二）身份犯加重处罚的根据

为何加重身份犯的处罚，在理论上有多种学说，以下摘要评价三种。[⑥]

1.特别义务之侵害说

该说认为，对身份犯加重处罚，是因为行为人负有特定义务，因此，身份犯也被称为义务犯。在理论上，基于真正身份犯和不真正身份犯的划分，包含着区别身份内容的意思。因此，在真正身份犯中，身份者在本质上根据身份负担了一定义务，表明他在社会、法律等方面的人际关系中负担特定义务的地位或者资格。由此，犯罪的常习性、目的犯中的目的之类的行为人持

---

① ［日］山中敬一著：《刑法总论Ⅰ》，成文堂1999年版，第178页。

② 参见［日］佐久间修著：《刑法讲义·总论》，成文堂1997年版，第54页。

③ ［日］前田雅英著：《刑法总论讲义》，曾文科译，北京大学出版社2017年版，第37页。

④ ［韩］金日秀、徐鹤辅著：《韩国刑法总论》，郑军男译，武汉大学出版社2008年版，第129页。

⑤ 参见［俄］Н. ф.库兹涅佐娃、И. М.佳日科娃主编：《俄罗斯刑法教程（总论）》（上卷），黄道秀译，中国法制出版社2002年版，第289页。

⑥ 参见［日］山中敬一著：《刑法总论Ⅰ》，成文堂1999年版，第179—181页。

续的或一时的心理态度，就不能包含在其中。反之，在不真正身份犯中，有成为加重、减轻刑罚原因的地位、资格、状态。但是，将身份犯加重处罚的根据求之于特定的义务负担的见解，是以义务违反说作为违法性的本质，而且在其前提中，一方面片面强调人的行为无价值，另一方面忽视结果无价值，是不妥当的。

2. 只有身份者可能侵害法益说

该说以法益侵害及其危险为违法性的本质，认为不具有特定身份的人，事实上不可能侵害特定法益，换言之，由于身份者具备特定身份，使他能够侵害不具有身份者所不能侵犯的法益。但是，即便真正身份犯是正犯，根据日本刑法第65条第1项规定，非身份者作为参与者也是共犯。根据因果共犯论，非身份者也可能侵害该法益，也要被处罚。例如，护士泄露由于工作所知道的病人秘密，无疑侵犯了患者的“秘密”法益，刑法规范明确禁止护士侵害他人的秘密法益，而在护士教唆医生泄露病人秘密的场合，护士只是被当作泄露秘密罪的教唆犯被处罚，这点在法律上也是明确的。

3. 特定法益或者期待之侵害说

该说也是从真正身份犯和不真正身份犯的区别上展开，并从保护法益的观点出发的。依据该说，真正身份犯的身份和法益的主体、行为客体有关系，他有保护特别法益的必要，而且只有身份者才能基于其实行行为使特别法益受到侵害或者危险。如在泄露秘密罪中，非身份者不可能侵害他人秘密的保护法益，行为人必须有一定身份，才具备相应的“地位、资格”，以保护不泄露他人秘密的“信赖”的法益；在受贿罪中，被保护的法益是职务的公正以及社会对公务人员的信赖，这种“信赖”只有当它和行为主体的地位、资格相关联时才被保护，共犯者只有通过正犯者才可以侵害这样的法益。与此相反，对不真正身份犯而言，身份者受到比一般人更强烈的避免犯罪的期待，如在业务侵占罪中，由于所谓“业务者”的身份，导致社会更强烈地期待身份者不侵害其占有的他人财物。所以对日本刑法第65条第2项规定中的不真正身份犯的共犯来说，只对有身份的正犯给予了更强烈的期待，而对没有身份者则科处通常的刑罚。

本书赞同特定法益或者期待之侵害说。该说的主要突破在于将身份和社会期待联系起来，较为合理地解释了身份犯在刑法上的地位。在社会活动中，身份是一个非常重要的“标签”，在刑法中它有诸多重要的机能。第一，在一定程度上，身份是刑法规范对身份者直接赋予期待的基础，刑法规范既制约一般的人，也制约具有特殊身份的人。第二，身份类型的差异直接决定了刑法规范所期待的内容不同。第三，身份的差异，直接导致刑法规范所能期待的程度有所区别。所以脱离身份中的社会期待因素或者脱离法益空谈身份，都是不可取的。

（三）人的处罚条件

人的处罚条件，是指由于行为人具有特殊身份关系或者态度，从而阻却对已经成立的犯罪发动刑罚权的情况，这包括在消极身份之中。人的处罚条件分为如下类型和种类。

第一，人身性的刑罚阻却事由。包括（1）议员的豁免；（2）年龄特权；（3）参与包庇之罪；（4）家属特权；（5）享有治外法权；等等。

第二，人身性的刑罚取消事由。包括（1）中止；（2）帮助查明严重的犯罪或者阻止严重的犯罪；（3）实施悔改的特定情况；（4）刑罚的免除；（5）大赦和特赦；等等。

第三，人身性的刑罚限制事由。包括（1）被害人谅解；（2）实施特定悔改的行为；（3）责任轻微；（4）紧急情况下的陈述；等等。

三、法人犯罪

（一）法人犯罪的立法

在英美法系刑法理论中，早期普通法并不处罚公司，只处罚那些参与犯罪的公司官员或雇员，理由之一是公司不是人，不可能形成犯罪的心理状态；理由之二是公司没有自然人那样的身体条件，可以被监禁或禁锢。时至今日，情况大不一样。一般观点认为，公司可以因其代理机构或雇员的行为承担刑事代理责任。[①]迄今为止，在英美法系刑法中一般承认法人犯罪。

在大陆法系刑法理论中，由于受罗马法中“法人不能犯罪”格言的影响，过去很长一段时期里只承认自然人犯罪，否定法人犯罪。随着社会发展，法人犯罪已成为一个不容忽视的现实问题，因此1993年法国新的刑法典第121–1条、第131–37条、第131–49条详细规定了法人犯罪及其刑罚，开创了大陆法系刑法典规定法人犯罪的先河。但是根据俄罗斯刑法典规定，犯罪主体只能是自然人，法人的刑事责任被立法予以否定。[②]现在其他国家的刑法规定了法人犯罪及其刑罚，但通常是规定在刑法典之外的特别或者附属刑法法规中。例如，日本刑法典没有规定法人犯罪，而公害罪法、租税法等行政刑法则对法人罚则有较多规定。在理论上，有些国家、有些学者还是不赞同法人犯罪这一概念。在意大利，根据古老的法谚，犯罪主体只能是有生命力的自然人。[③]在韩国，否定法人为犯罪主体的观点占多数，在判例中也否定法人的主体地位。[④]虽然日本现行刑法以自然人为犯罪主体，但是在行政法中承认很多犯罪的主体是法人。可见，理论上过去对法人的犯罪主体身份持消极态度，但是现在积极的观点开始活跃起来。目前，在司法判例中也开始肯定法人的犯罪主体地位。[⑤]

（二）法人的犯罪能力的争议

那么，法人是否能犯罪呢？其争议焦点是法人是否有和自然人一样的犯罪能力。对此，有否定说、肯定说和部分肯定说。

1.否定说

在立法上，《俄罗斯联邦刑法典》第19条明确否定了法人的刑事责任，

---

① John M.Burkoff & Russell L.Weaver，Inside Criminal Law，Aspen Publishers，2011，p.92.

② ［俄］Н. ф.库兹涅佐娃、И. М.佳日科娃主编：《俄罗斯刑法教程（总论）》（上卷），黄道秀译，中国法制出版社2002年版，第259页。

③ ［意］杜里奥·帕多瓦尼著：《意大利刑法学原理》（注评版），陈忠林译，中国人民大学出版社2004年版，第98页。

④ 参见［韩］金日秀、徐鹤辅著：《韩国刑法总论》，郑军男译，武汉大学出版社2008年版，第130页。

⑤ 参见［日］前田雅英著：《刑法总论讲义》，曾文科译，北京大学出版社2017年版，第37—39页。

主要理由是：第一，许多犯罪不能由法人实施。第二，即便法人参与了犯罪，其犯罪也是由有罪过的成员个人承担的。第三，不追究法人的刑事责任，符合每个人只对自己实施的危害行为负责的原则。第四，法人不能受刑事处罚。[①]在意大利刑法理论上也存在着类似的观点。[②]在其他国家刑法理论中，否定法人犯罪能力的根据主要有如下几点：[③]

（1）法人不具有和自然人相同的心理和身体，所以不具备行为能力。或者说法人是通过其机关行动的，由于法人没有意思、没有躯体，就不能将法人的活动称为“行为”。

（2）责任意味着伦理的非难，对法人而言，这种非难是不可能的，因为根据法律规定，法人只在适法的范围内活动，犯罪不能归属于法人。

（3）刑法的法律效果中的自由刑、死刑对法人不能适用，由于现代刑罚制度以生命刑或者自由刑为核心，据此可以认为，现行刑法只把自然人作为犯罪与受刑的主体。

（4）在相同的法人犯罪中，既处罚法人又处罚自然人，属于双重处罚，违反罪责自负原则。

（5）对于法人犯罪所得的财产或者利益的没收，可以根据非刑罚的刑事政策手段来完成。

2.肯定说

与否定说相对，肯定说的理由包括如下几点：[④]

（1）法人不再是虚拟的实体，而是法律上的现实主体，法人也有不同于

---

① 参见［俄］H. ф.库兹涅佐娃、И. M.佳日科娃主编：《俄罗斯刑法教程（总论）》（上卷），黄道秀译，中国法制出版社2002年版，第259—260页。

② 参见［意］杜里奥·帕多瓦尼著：《意大利刑法学原理》，陈忠林译，法律出版社1998年版，第88—89页。

③ 参见［日］山中敬一著：《刑法总论Ⅰ》，成文堂1999年版，第185—186页；马克昌著：《比较刑法原理》，武汉大学出版社2002年版，第153—154页；［韩］金日秀、徐鹤辅著：《韩国刑法总论》，郑军男译，武汉大学出版社2008年版，第131页。

④ 参见［日］山中敬一著：《刑法总论Ⅰ》，成文堂1999年版，第186页；［法］卡斯东·斯特法尼等著：《法国刑法总论精义》，罗结珍译，中国政法大学出版社1998年版，第288页；马克昌著：《比较刑法原理》，武汉大学出版社2002年版，第154—155页。

每个成员的集体意志。

（2）法人可以通过所在机关形成意思，实行行为。责任非难不以伦理的非难为必要，法的非难也是可以的，因此，对团体的意思形成进行非难也未尝不可。

（3）根据合法目的成立的法人，也存在实施违法行为的事实，而且，法人犯罪现象越来越严重，承认法人犯罪在刑事政策上是极为迫切的。

（4）刑罚的目的不仅在于矫正，而且有预防的因素，所以对法人的处罚并不偏离刑罚的目的。在刑事制裁时，可以对法人进行罚金刑的处罚，特别是当解散法人时，也意味着终止法人的“法律生命”。

（5）机关的行为，具有个人行为和法人行为两方面的含义，因此，处罚机关和法人不是双重处罚。

3.部分肯定说

部分肯定说认为，刑法有固有刑法和行政刑法之分，在行政刑法中，法人的犯罪能力被肯定；在固有刑法中，法人的犯罪能力被否定。特别（行政）刑法重视侵害符合目的的政策要求；固有刑法重视违反道义的社会伦理规范。从社会观念来看，法人内的从业者的违法行为属于法人的犯罪行为。对这个行为，刑法可以非难法人，并处以和法人相适应的财产刑，即承认法人的犯罪能力没有什么不合适的。法人的责任，不是对行为人人格的伦理非难，而是因行政违法状态导致的可归属的非难。[①]

以上争议由来已久。本书认为，法人犯罪的现实，要求对法人的刑法地位予以重新构造，应当承认法人犯罪。但是，对法人犯罪一概予以承认，也是不可取的。部分肯定说显示了理论上的灵活与严谨，较为可取。据此，可认为法人存在有限的犯罪能力，它由如下三种能力共同组成：第一，有限的行为能力。例如，韩国学者认为，在财产犯罪、经济、环境、关税、税收、企业犯罪这些范围内承认法人的行为能力是明智的，而对于杀人、抢劫、强奸等则不能承认法人具有行为能力。第二，特殊的责任能力。法人不具有自

① 参见［日］山中敬一著：《刑法总论Ⅰ》，成文堂1999年版，第186页。

然人意义上的伦理非难可能性，但是它具有法的或者社会的责任非难可能性。第三，特定的受刑能力。对于法人可以适用罚金刑，而且现代刑罚的核心也由生命刑转为自由刑、由自由刑转为罚金刑。[①]

（三）处罚法人的根据

将法人作为具有犯罪能力的主体，那么法人是基于何种根据承担责任的呢？对此，德国学者以不作为责任认定其责任根据，而日本和韩国学者通常以过失责任为其担责根据。具体而言，包括如下学说：[②]

1. 无过失责任说

该说以法人内部的从业人员的违法事实为条件，将其责任转嫁给法人。这种做法类似于英美法系的严格责任或者代理责任制度。

2. 过失责任说

过失责任说可分为四种：（1）过失推定说，主张虽然存在从业人员的违法行为，但是由于法人在对该从业人员进行选任或者监督时存在懈怠，因此应当推定法人存在过失责任。（2）过失拟制说，主张从业人员实施违法行为的原因是法人有过失，监督不充分，换言之，从法律上看，只要存在从业人员的违法行为，就要拟制为当然存在法人的过失，法人不能以无过失为由提出免责事由。（3）过失责任说，对法人的处罚根据是，法人违反了有关规定，未能对从业人员的行为履行结果预见义务和避免义务，因此法人本来就有过失，应当承担过失责任。（4）不作为监督责任说，主张由于法人懈怠了监督管理义务而没有作为，因此承担不作为义务责任。

本书认为，以上学说似乎都不能作为处罚法人的合理根据，因为依据传统理论，法人承担责任必须以有罪过为根据；依据立法处罚法人犯罪的特殊缘由，法人承担责任的主观罪过并不限于过失。

---

① 参见［韩］金日秀、徐鹤辅著：《韩国刑法总论》，郑军男译，武汉大学出版社2008年版，第132—133页。

② 参见［韩］金日秀、徐鹤辅著：《韩国刑法总论》，郑军男译，武汉大学出版社2008年版，第135—136页。

（四）法人的处罚形式

法人处罚的形式，包括代罚制、两罚制和三罚制。代罚制是对从业者的违法行为仅仅处罚法人，也称转嫁罚制度。两罚制是就从业者的违法行为，不但处罚从业者，也处罚法人的制度。三罚制是就从业者的违法行为，除处罚从业者外，还处罚法人以及有关中间管理人员。

第七章

主观要件

第一节 构成要件的故意

一、构成要件的故意

（一）故意概述

所谓故意，是对符合构成要件事实的认识和意欲。

在理论史上，故意（过失）在大陆法系理论体系上的地位有所变化。[①] 早先的理论认为，故意是责任的要素；但随着主观违法要素被发现，以及人的违法性论的展开，故意成为一般的违法要素之一，而将其置于构成要件阶段加以认识的见解相当广泛。处于构成要件中的故意，被称为“构成要件的故意”。理论上对这种具有三重地位的故意观，还存在一些争论。如大塚仁所说：“在犯罪论的体系上，必须分别在构成要件符合性、违法性及责任的各个阶段来考察故意。在承认存在构成要件性故意时，虽然一般能够肯定违法故意的存在，但是，在存在违法性阻却事由的场合，因为违法性被排除了，所以没有进而研讨责任故意的必要。在不存在违法性阻却事由的场合，虽然构成要件的故意、违法的故意能够推定责任故意的存在，但其推定力并不那么强，因此，必须把责任的故意作为独立的要素来研讨、认定其

① 过失和故意在刑法上的地位是一致的，关于故意地位的变化，也一并包含过失地位的变化，所以以下不再对“构成要件的过失”的地位特别进行阐述。

存否。”[①]本书认为，故意和过失的判断，虽然是主观要素的判断，但从方法上看，它们不过是形式的分析，是行为充足构成要件时不可缺少的要素，所以，构成要件的故意或者过失概念是合理的。当然，在违法性、责任阶段中依然存在故意的地位，违法性阶段的故意是违法的一般主观要素，在责任阶段的故意就是“责任故意”。在行文中，对这两个阶段的故意不再另行论述。

（二）故意的成立要件

故意是关于符合构成要件的事实（不法事实）的认识和意欲，在认识方面具有“知的要素”，在意志方面具有“意欲要素”。

1. 知的要素

知的要素，就是一般的认识要素，包括两方面：（1）客观的构成要件要素，即构成要件中被记述的要素，这些都是认识中的必要要素，因此对于行为主体、行为客体、行为自体、行为状态、行为结果、行为与结果之间的联系等，都有认识的必要；（2）规范的构成要件要素，如财物的他属性、行为的猥亵性、资料的文书性，如果行为人对这些要素不能理解，就不能充足构成要件的主观要素。

以下要素则是不需要认识的：（1）属于主观构成要件要素的事实，如故意、目的犯的“目的”，常习犯中的“常习性”；（2）不属于构成要件的责任能力、客观的处罚条件以及追诉条件；（3）结果加重犯中加重的结果。

但是，在知的要素中，有以下两个问题值得注意。

（1）关于因果关系的认识。在故意中，不仅要认识行为，还要认识结果，至于行为和结果之间的联系是否属于故意的构成要件，理论上有必要说（通说）和不必要说之争。[②]本书认为，如果完全不认识因果关系，就不能判断结果，如迷信犯，所以必须要求因果关系的认识。

（2）关于违法性阻却事由不存在的认识，如不存在急迫不正的侵害而误

① ［日］大塚仁著：《犯罪论的基本问题》，冯军译，中国政法大学出版社1993年版，第191页。

② ［日］大谷实著：《刑法讲义总论》，成文堂1996年补定4版，第194页。

信其存在，并实行反击行为的时候，由于欠缺犯罪事实的必要认识，因此阻却故意。可见违法性阻却事由的认识，从消极意义上看是故意的要素。违法性的认识应当和违法性阻却事由的认识区别开，前者是责任要素，后者是构成要件的要素。

英美刑法在认定行为人是否有故意的时候，将阻却违法性的事由称为附随情形（attendant circumstance）。附随情形一般指围绕一个事件的事实。它意味着一个符合犯罪构成的行为不会被作为犯罪，除非特定的情形与行为和罪过同时存在。例如，根据普通法，行为人不能因强奸妻子被指控。强奸罪的制定法排除婚姻性关系，即使存在强制行为也不被承认，所以强奸罪的被强奸者不是行为人的妻子。又如，伪证罪的行为必须经过发誓。①

2. 意欲要素

故意不仅要认识构成要件的事实，还必须具有实现该事实的意思。即实现认识的内容是故意成立的必要条件，这就是故意的意欲要素。

（三）故意的类型

1. 侵害故意与危险故意

所谓侵害故意，是实现所认识的法益侵害的结果的意思。所谓危险故意，是认识到对法益的危险并有惹起该危险的意思。危险故意下的犯罪形态可分为具体危险犯与抽象危险犯，前者对于危险性要求有明确认识，而后者对危险性的认识没有必然要求。

2. 确定故意与不确定故意

所谓确定故意，是意图发生犯罪事实，或者实现犯罪事实的认识是确定的。通常的故意犯都是基于确定的故意展开的。所谓不确定的故意，是实现犯罪事实的认识是不确定的，它包含三种形态：第一，未必的故意，是结果发生本身是不确定，或者说不知道结果是否会发生，但其发生不违背行为人的实现意思。第二，择一的故意，是结果的实现是确定的，但数个客体中只

---

① Sue Titus Reid, Criminal Law, 2001, McGraw-Hill, 2001, p.40.

发生一个犯罪事实。第三，概括的故意，指结果的实现是确定的，但对结果的发生只有概括的认识。

3. 事前故意、事后故意与附条件故意

所谓事前故意，是误认为已经完成特定的故意犯罪，事实上犯罪事实并没有发生，进一步实施一定的行为时，当初误认为发生了的事实才真正发生的场合，如用刀砍杀他人后，以为受害人死亡，将其掩埋，实际上受害人是在土中窒息而亡的，当初的砍杀故意就是事前故意。所谓事后故意，是没有故意实施特定行为，在实施行为过程中才产生故意，而将以后的事态置于自然推移的情形，如医生做手术过程中突然产生杀死病人的意思之后，对病人采取不作为处置的，就是事后的故意。附条件故意，指犯罪的实行或者结果的实现需要一定的条件才可能发生的故意。①

4. 蓄意、直接故意和间接故意

这是德国学者的分类。其中，蓄意也称为一级直接故意，是指实施行为的绝对意愿，或者说是行为人追求符合构成要件的行为，或者为了追求构成要件中预先规定的结果，或者行为人有目标地追求某种构成要件的结果。直接故意也称为二级直接故意，是指行为人明确知道存在特定的构成要件或者行为将实现此等特定的构成要件，尤其是确实预先知道将产生符合构成要件的结果的心理，它强调对特定构成要件的要素的知晓，或者说直接故意中所包含的一切结果，虽然不是行为人所追求的，但行为人已经预见到一定会发生。间接故意是最轻微的故意，指行为人认为法定要件的实现是可能的，且实际上实现了法定构成要件，或者说，行为人认真地认为法律规定的构成要件有可能实现并且对其采取容忍态度。也可以说行为人不能预见结果肯定会发生，而仅仅预见它可能发生，但在自己的意识中

---

① 西原将“附条件的故意”作为不确定的故意类型，而山中将其作为与事前·事后故意并列的类型，在笔者看来，所谓附条件的故意只是实行着手以前的故意，它不是关于单独正犯的问题，而是预备罪、共谋共同正犯中是否做出实行时有条件的场合的问题。因此，笔者同意山中的观点。参见［日］西原春夫著：《刑法总论》（上卷），成文堂1994年改订准备版，第191页；［日］山中敬一著：《刑法总论Ⅰ》，成文堂1999年版，第293页。

仍然接受它的出现。[①]以上分类包含进一步准确把握故意的初衷，但各故意之间的标准并不明确，蓄意与直接故意区别的根据不充分，结果发生的现实可能性程度亦难以把握。

5. 蓄意与明知

过去，英美刑法中的意图分为一般故意（general intent）和具体故意（specific intent），一般故意指犯罪行为的有意的作为（commission）或者不作为，具体故意则有更多的要求，以普通法所规定的盗窃罪为例，该犯罪的构成包括行为人意图取得他人财产并使后者失去对自己财产的控制，这表明行为人有实施禁止行为的一般故意。但对盗窃罪的构成而言，仅仅有取得财产的故意还不够，还必须要求行为人意图永久或者在不合理情由的较长时期里剥夺所有人对财产的权利，或者说，这就是特定具体故意。[②]可见具体故意类似于我们所谓的目的犯。疏忽大意指行为人不应该实行或未能实行某个行为，而其他人在相同或相似情形下会实行该行为。但是，一般故意与具体故意还是不易区分，为了解决这个问题，今天英美刑法将心理态度一般分为四个等级，其中类似大陆法系构成要件故意的有如下两种。

（1）蓄意（intent），是关于行为的性质或行为的结果，即行为人知道行为的性质或者行为的结果，且有实行该行为或引起该结果的意欲。关于蓄意有两个问题值得我们注意。第一是对行为的蓄意和对结果的蓄意，它们是不一样的。例如，行为人蓄意扣动扳机打死了受害人，其对扣动扳机可能是蓄意的，但对于死亡结果可能未必是蓄意的。第二是蓄意的转移。例如，意图杀害甲，却杀害了乙。[③]

（2）明知（knowing），是关于行为的性质或者附随于行为的环境，即行为人意识到行为的性质或行为附随的情形，并且意识到其行为必然合理导

① 参见［德］汉斯·海因里希·耶赛克、托马斯·魏根特著：《德国刑法教科书·总论》，徐久生译，中国法制出版社2001年版，第359—362页；［德］托马斯·李旭特：《德国犯罪理论体系概述》，赵阳译，载《政法论坛》2004年第4期。

② Sue Titus Reid, Criminal Law, 2001, McGraw-Hill, 2001, pp.36-37.

③ Richard G.Singer, John Q.La Fond, Fhima Baradaran Baughman, Criminal Law, Wolterskluwer in New York, 2018, pp.71-72.

致结果。明知与蓄意近似，但并不完全相同，其不意图结果，而是知道结果会发生。

第二节　构成要件的过失

一、过失的概念与成立要件

（一）大陆法系的过失

过失，是没有实现犯罪的认识、意欲而实现犯罪的行为，法律有特别规定加以例外处罚的场合中的心理态度。

在各国刑法中，故意犯是基本的犯罪类型，过失犯是例外地被予以规定并处罚的犯罪类型。过失犯的基本要件包括：（1）欠缺犯罪事实的认识或者容认。过失的成立，首先要排除故意，即行为人对犯罪事实要么缺乏认识（无认识的过失）；要么虽有对犯罪事实的认识，但缺乏实现犯罪的意思（有认识的过失）。（2）不注意，或者说违反了法律上的必要注意义务。违反注意义务，包括违反外部的注意义务和违反内部的注意义务两类情形。成立条件过失犯的客观要件有二：一是违反了客观的注意义务；二是发生了构成要件的结果。注意义务来源于法律法规、行政规章、生活习惯、规则及社会规范，此外司法裁判也具有指导性。①

在大陆刑法中，意大利学者一般将其分为有认识的过失和无认识的过失，俄罗斯刑法中将过失分为鲁莽和疏忽，韩国、日本和德国学者将过失分为有认识的过失和无认识的过失、普通过失与业务过失、轻过失与重过失。业务过失，是指一定的业务从事者怠慢因该业务的性质或者业务上的地位所特别要求的注意义务的情况。一般过失是指懈怠了日常生活中通常要求的一般注意义务。在此场合，因为行为人的主观认识和能力与普通业务过失犯不

① ［韩］金日秀、徐鹤辅著：《韩国刑法总论》，郑军男译，武汉大学出版社2008年版，第433—434页。

同，因此成为加重处罚的根据。[①]在日本，新过失论者认为，重过失是违反避免结果义务的程度严重的过失；旧过失论者认为，重过失是预见结果可能性高的场合的过失。[②]

所谓有认识的过失，一般指尽管行为人认识到实现法上的构成要件的可能性，但仍违反对其所要求的注意义务，相信在自己的情况中不会实现构成要件的情况。

（二）英美法系的过失

在英美刑法中与过失对称的概念是鲁莽和疏忽大意。

1.鲁莽（recklessness）

关于行为环境或者行为结果，行为人意识到行为环境和行为结果，但意识上忽视了环境中存在的实质和不恰当的风险，以及结果发生的可能风险。还有观点认为，鲁莽是犯罪最低限度的心理要件，故此它也被作为“重大过失”的同义词使用。鲁莽通常指行为人在意识到危险的情况下，有意作出的忽视该危险的意思决定，由此将导致“坏”结果发生或导致了构成要件的事实的存在。因此，鲁莽的本质是，行为人尽管知道存在伤害的危险，但无论如何都执意为之。[③]鲁莽接近上述有认识的过失概念。

2.疏忽大意（negligence）

关于行为环境或者行为结果，行为人本应意识到行为环境或者行为结果发生的实质风险，却并未意识到。一般而言，疏忽大意并不关心行为人的心理事实，它所关心的是行为人是否履行了合理谨慎的行为义务，如果行为人履行了该义务，即使他的思想是邪恶的，他也没有责任。可以说，疏忽大意接近大陆法系的无认识过失概念。

---

① ［韩］金日秀、徐鹤辅著：《韩国刑法总论》，郑军男译，武汉大学出版社2008年版，第4256页；［日］关哲夫著：《讲义刑法总论》，成文堂2015年版，第330页。

② ［日］松原芳博著：《刑法总论》，日本评论社2013年版，第281页。

③ Richard G.Singer，John Q.La Fond，Fhima Baradaran Baughman，Criminal Law，Wolterskluwer in New York，2018，p.73.

值得注意的是，英美学者对于疏忽大意的处罚正当性进行了阐述。即如果行为人因为主观上没有预见结果或者没有预见到结果发生的可能性时，是否值得对他进行刑罚处罚？英美刑法报应主义与功利主义对此提供了不同的观点：一种报应主义观念认为，行为人没有注意到风险，并没有选择制造这种风险，因此其在道德上也没有责任；其他报应主义观念则认为，行为人有能力不疏忽，但却未能运用这种能力，所以在道德上是值得谴责的；一种功利主义的观点认为，惩罚疏忽的行为人可能会督促其他人变得更加谨慎，从而阻止未来的伤害；另一种功利主义的观点则认为，人们很少在认为自己的行为是不合理的情况下实施行为，所以处罚并不会产生教育（威慑）作用，对疏忽行为人的惩罚在现实世界中也没有有益的作用；还有一种功利主义观点则认为，如果法律不惩罚那些疏忽的行为人，邪恶的罪犯就会通过欺骗陪审团使之相信自己不是鲁莽，而仅仅是疏忽大意以逃避刑事责任。[①]显然，上述观点有助于我们更合理界定过失的范畴。在笔者看来，在行为造成严重后果的情况下，如果不从社会功利的角度出发，难以说明处罚疏忽的必要性，因为赔偿在某种意义上也是一种报应，该种场合之所以不适用赔偿而是追究其行为人刑事责任，显然是从社会预防的角度所提出的要求。任何处罚都可以作为实现预防的手段，处罚不可能不对行为人或者其他人产生威慑作用，所以，第一种功利主义观点较为现实合理。在大陆法系，金德霍伊泽尔也认为，区分有认识过失或者无认识过失没有意义，因为只要有无认识的过失就可以构成过失，但是只有在将轻率作为责任的前提时才具有意义，此时，有无认识都不重要，因为只有轻率才是过失的提高形式。他认为轻率可以表述为“严重违反交往中的必要谨慎”，大致对应民法中的“重大过失”，[②]他的观点和英美学者类似。

---

① Richard G.Singer, John Q.La Fond, Fhima Baradaran Baughman, Criminal Law, Wolterskluwer in New York, 2018, p.75.

② ［德］乌尔斯·金德霍伊泽尔著：《刑法总论教科书》，蔡桂生译，北京大学出版社2015年版，第347页。

二、注意义务的内容

注意义务的具体内容是预见结果义务还是避免结果义务，在过失论中有不同见解。[①]

（一）旧过失论

旧过失论基于结果无价值论，立足于传统的犯罪论构造。从法益侵害的结果出发，认为在违法性阶段，过失犯和故意犯在本质上没有区别；在责任阶段，过失和故意的内容不同，过失强调的是对结果的预见可能性或者预见义务。因此，传统的旧过失论以责任论中的预见可能性问题作为过失的核心。传统的旧过失论采取心理责任论，认为故意是关于构成事实的认识、预见的积极心理态度；过失是基于欠缺意思紧张，而未认识或预见到构成事实的消极心理态度。

据此，在故意犯的场合，因为行为人认识到犯罪事实，所以可以唤起其违法性意识，并期待其避免犯罪，一旦行为人选择了犯罪行为，就要对其予以法的非难；在过失犯的场合，由于行为人未能认识事实，因此不能期待他的违法性意识，就有必要从其他途径寻求过失犯的非难根据。对此，规范责任论将过失概念从心理的东西变为规范的东西，认为在有预见义务时，行为人就能预见犯罪事实，即便由于欠缺意思的紧张而没有预见到，但因其违反了预见义务，使得结果发生了，就需要由刑法加以非难。

传统旧过失论，将注意义务的内容理解为结果预见义务，不能解释有认识的过失。为此，有学者提出了修正的旧过失论：一是曾根说，认为旧过失论基本上是正确的，但是，应当从违法性的观点出发，独立评价过失犯；[②]二是平野说，将过失概念在责任论中求之于预见可能性以及避免可能性，而关

---

① 除特别注明外，参见［日］曾根威彦：《新旧过失犯论争总括——自旧过失论的立场》，载日本《现代刑事法》2000年总第15期；［日］船山泰范：《新旧过失犯论争总括——自新过失论的立场》，载日本《现代刑事法》2000年总第15期。

② ［日］曾根威彦：《新旧过失犯论争总括——自旧过失论的立场》，载日本《现代刑事法》2000年总第15期。

于构成要件符合性和违法性中的过失行为，限定为具有发生结果的实质上不被容许的危险行为。这样，在过失犯中既要求“行为的危险性”，还要求“危险的现实化”。

本书认为，曾根和平野将过失犯置于违法性中论述的理由不是很充分，另外，平野将行为的危险性和危险的现实化包含于“实质上不被容许的危险”中，这在体系上的位置也不明确。总之，“这样的旧过失论，在传统的、牧歌式的社会中，对例外发生的人身事故的刑事法的处理，是十分有效的理论。在这样不复杂的社会中，对本来会由此而发生的事情的预见可能性所必要的范围不大，在如此狭小的领域中只有预见可能性成为问题”[①]。而在现代复杂的社会生活中，传统的旧过失论已经成为过时的理论了。

（二）新过失论

新过失论立足于行为无价值论的立场。该说认为，过失在犯罪论体系上，不仅是责任要素，而且是构成要件符合性、违法性的要素，其中，对结果的避免义务是注意义务的内容。即在过失的构造中，行为人不仅违反了结果预见义务，而且还违反了结果避免义务。特别是在运输和医疗中，仅仅依据预见可能性就会扩大过失犯的范围，为了限制处罚范围，即便有预见可能性，只要行为人尽到了结果避免义务，就不成立过失犯。

新过失论的特点是，认为过失犯的本质不是结果无价值，而是懈怠在社会生活中为了防止有害结果发生而必须注意的行为（规范违反说），所以行为无价值是过失犯的首要本质。这样，结果的避免义务从结果阶段转移到行为阶段。该说以一般人为标准，认为在一般人可以避免而行为人不能避免的场合，行为也是违法的，但是，要以本人为标准看其可否避免结果，如果可以避免就有责任，如不能避免就没有责任。从中，我们可以看到过失的双重性，即客观的过失在违法论中，主观的过失在责任论中。

① ［日］山中敬一著：《刑法总论Ⅰ》，成文堂1999年版，第352页。

（三）新新过失论

新新过失论，也称为危惧感说，它是由新过失论发展而来的理论。该说从新过失论内部出发，针对结果预见可能性的判断，提出对结果的发生无须预见具体的因果过程，只要一般人有该结果发生的预见可能性。该预见可能性则体现为对结果具有危惧感、不安感。

这种理论有两个特征：其一，注意义务包括“预见可能性”和“避免可能性”，后者是过失的中心。其二，在违法论阶段的客观预见可能性，是漠然的危惧感、不安感，因此，违法行为和结果的结合不是很密切。依照该说，只要行为违反了行动准则，基本上就可以认为是违法的。新新过失论在现代社会有一定道理。但是，它使责任概念形式化和空洞化，会无限扩大刑事过失的成立范围。

（四）客观的归属构成要件说

这是日本学者山中敬一的观点。他认为，客观的过失本来是违法的要素，它以一般人的结果预见可能性以及避免可能性为基础，判断行为人是否违反注意义务，因此，客观的注意义务被肯定就具有违法性，被否定就没有违法性。如果行为人违反了注意义务，在形式上就具有违法性，违法性的本质是对应行为无价值论的规范违反。如果这样，注意义务的违反和违法性的判断就没有直接关系。因此，过失犯的构成要件是客观归属的问题，其中只要具有“危险制造”和“危险实现”，行为就符合过失犯的构成要件。①

该说为了避免行为无价值和结果无价值理论对于过失犯成立要件的争议，主动放弃客观的注意义务的概念，从事前的立场考察危险制造；从事后的立场考察危险实现，以确定对有关行为的归属。这种分析角度很新颖，但是在具体运用中忽视了对一般人关于行为的预见可能性的考察，因此并没有解决问题。

① ［日］山中敬一著：《刑法总论Ⅰ》，成文堂1999年版，第356页。

三、预见可能性

如前所述，预见可能性是过失犯中的核心问题之一。关于预见可能性，有多个问题要探讨，如预见可能性的程度、内容、对象、判断标准等。

（一）预见可能性的程度和内容

1. 旧过失论说

预见可能性无疑处于该说的中心地位。此说不要求过失犯对因果关系进程中的具体事项有预见可能性，但是，要求对结果的发生以及由行为导致结果发生的因果关系的基本内容是可能预见的。因此，预见结果发生而精神紧张成为注意义务的内容，预见可能性被视为主观的要素。

2. 新过失论说

此说认为注意义务的内容是结果的避免义务，预见可能性不再是过失的基础，它不过是为选择避免结果的措施提供了一定的机能。所以，在新过失论中，预见可能性的对象是最终发生的结果。考虑到结果发生未免过于抽象，因而将其对象求之于导致结果发生的"原因事实"。例如，孩子外出飞车导致交通事故的，预见对象不是孩子的死伤结果，而是飞车这样的事实。和旧过失论一样，新过失论对客观预见可能性的判断，要求达到某种较高且较为具体的程度。

3. 危惧感论说

该说认为，预见可能性对结果避免义务的特定标准具有提示功能，如果依然以具体的预见可能性为前提，就不能决定结果避免的措施。所以在与公害、药害等未知危险相关联的问题中，对结果的预见只要达到具有危惧感、不安感的程度即可。①

日本判例的主导理论是具体的预见可能性说。但因受风险社会理论的影

---

① 参见［日］曾根威彦：《新旧过失犯论争总括——自旧过失论的立场》，载日本《现代刑事法》2000年总第15期；［日］曾根威彦著：《刑法的重要问题》，成文堂1996年增补版，第155—156页。

响，根据社会保护机能的需要，危惧感说也有参考价值。

（二）预见可能性的对象

关于预见可能性的对象，包括结果和因果关系的预见可能性两方面。

1. 结果的预见可能性

和故意犯一样，过失犯并不要求详细、准确地预见可能性，但是，对可能发生的结果的预见可能性还是必要的。日本通说将所发生的结果当作预见可能性的对象。根据有关学说，作为预见可能性对象的是发生结果的原因事实。例如，孩子跑到马路上因而发生交通事故的，预见可能性的对象不是孩子死伤的结果，而是跑到马路上的行为。在原因导致结果的盖然性较低的时候，原因事实的预见可能性和所发生的结果之间的结合不十分严密。应当将对原因事实的预见可能性，解释为因果关系的预见可能性。

问题是，在认定过失犯时，行为当时需要有发生结果的认识可能性吗?在日本有关判决中，即便行为人不能认识有关事实，依旧可构成过失，如日本最高法院1988年3月14日的判决（刑集第43卷第3号第262页）：驾驶普通运货汽车的被告人由于驾驶不慎，导致在后厢的A和B死亡，并使副驾上的C受伤，被告人并不知道在汽车后厢坐着A和B，但法院认为这不妨碍业务上的过失致死伤罪。其旨趣是：即便没有认识可能性，但结果的预见可能性还是存在的，如果采取法定符合说，在由于方法的错误而没有认识发生结果的客体的场合，成立故意；那么，即便对A和B的存在没有认识可能性，也可成立过失犯。但是，其结果和采取危惧感说的场合一样，不能容许具体的预见可能性说。过失论中的具体预见可能性说，在事实的错误中可以根据具体符合说解释，即因对发生结果的具体客体存在认识可能性，可以推定为有具体结果的预见可能性，因此可成立过失犯。

2. 因果关系的预见可能性

如果采取具体的预见可能性说，还要预见行为和结果之间的“因果关系的本质部分”。在故意犯中，由于欠缺关于因果关系的认识和预见可能性，即便客观上存在因果关系，也只能在未遂的范围内追究故意的责任。同样，在过失犯中，即便存在因果关系，由于没有预见可能性以至于发生结果的，不追究其责任。例如，行为人驾车不慎，碰撞了步行者使之倒地，由于步行者有驾驶者不能认识的特异体质而死亡的，根据客观的相当因果关系说，虽然能确定行为和结果之间的因果关系，但在行为人不能认识到特异体质时，只能在伤害的限度内追究过失责任。因此，不仅故意中不需要对因果关系的具体部分的预见，在过失中也不需要对非本质部分的预见可能性。

（三）预见可能性的判断标准

在认定注意义务（预见义务）时，涉及要求的注意（预见可能性）的程度，应当以达到何种程度的能力为标准判断注意义务。理论上对此有如下见解。①

1. 客观说

该说立足于社会责任，认为法律要求的注意义务本来是客观的东西，所以，应当以一般人的注意能力为标准，如果一般人有预见可能性，行为人即便不可能预见，也要认为有注意义务。一般人被金日秀表述为“准信的、谨慎的、诚实的平均人”，被金德霍伊泽尔表述为“认真且有洞察力的相关人员”。

2. 主观说

该说主要立足道义责任论，认为应当以行为人本人的注意能力为标准，如果一般人可能预见到，但行为人不可能预见的，就不能认为违反了注意义务。

3. 折中说

该说认为关于注意义务，应当以一般人的注意能力和违反注意义务的行为人本人的注意能力为标准，根据折中说，如果行为人的注意能力高于一般人的，就以一般人的能力为标准；如果一般人的注意能力高于行为人的，则以行为人的能力为限度。

4. 能力区别说

这是近年比较有力的主张，该说依据意思紧张将对一定情形形成意识集

---

① ［日］曾根威彦著：《刑法的重要问题》，成文堂1996年增补版，第159页。

中，分为“注意”能力和有结果的“预见”能力，前者应以一般人为标准，后者应以行为人为标准。

如果采取客观说，那么，当存在一般的预见可能性时，即便行为人由于身体条件或者其他原因而未能预见的，也要认定为有过失。从责任主义的论点看，这是不妥当的。例如，行为人由于不能预见的意识障碍，以致发生交通事故的，不宜追究其过失的责任。据此，主观说较为可取。但根据主观说，则轻率者就可能以欠缺注意能力为由，否定其过失责任。这也是不恰当的。折中说不仅存在类似的问题，而且在近视者未戴眼镜驾车的场合，由于不能注意到步行者而发生交通事故的，也应当追究行为人的过失责任。

相对而言，能力区别说较为可取。根据该说，如果努力使意思紧张、意识集中，在一般人可能注意的程度内，就完全可以要求行为人注意；而在可以达到同等程度的意识集中的前提下，由于行为人的身体条件（如近视）、知识、经验、认识能力等因素，不可避免地存在差异时，就应当考虑到个体的特性。即由于行为人能力较低，不能认识到一般人能认识的事实，就不能施加责任非难；相反，轻率者在没有预见到结果时，由于他并未尽到自己的注意义务，应当认为有过失。[①]在结果发生时，即便欠缺注意能力也可以追究成为原因行为的不注意的责任。例如，行为人本来近视却忘记戴眼镜，以至于发生了交通事故的，在危险实现的时候，行为人欠缺注意能力，但因为事前存在着可以注意的能力，因此，行为人有发生结果的预见可能性，可以认为有过失。这和原因中的自由行为具有相同的构造。

四、过失的限制理论

（一）被容许的风险

被容许的风险是指，在现代社会中，汽车、飞机的运行以及工厂的运营等机械操作，或者企业的其他活动，其中包含即便遵守了最高的注意义务也

① ［日］曾根威彦著：《刑法的重要问题》，成文堂1996年增补版，第160页。

难以避免的诸多危险，但立法者基于公共利益的权衡，以遵守一定的安全规则为前提，这些行为在一般场合得以容许，伴随这些行为存在的风险属于被容许的风险。[①]关于被容许的风险的作用，在理论上有的将其视为违法性阻却事由，有的将其视为构成要件排除事由。前者严格区分被容许的风险与社会相当性，后者将被容许的风险理解为社会相当性。金德霍伊泽尔认为，被容许的风险只是在过失责任的框架内“排除对违反谨慎义务的认定”，但其“根本不是正当化事由”[②]；金日秀认为，从注意义务中可以确定被容许的风险以及社会相当性，因此，二者兼而有之。[③]

（二）信赖原则

信赖原则是指依照交通规则行动的人只要信赖其他交通参与者也会遵守交通规则即可，而且只要不存在能够认识他人违反交通规则事实的特别事由，就没有必要事先预见其他人会实施违反交通规则的行为并履行特别注意义务的原则。[④]目前该原则已经广泛运用到交通事故、医疗行为和科学实验等事务中。信赖原则适用于“风险领域中数人集合到一起或者互相协作的通常的情况”[⑤]。

（三）紧急状态

当行为人面临紧急状态，常常会因过失引起结果。

事例一：甲为了威慑不法侵害人V，鸣枪示警，结果击中V，导致其受

---

① ［韩］金日秀、徐鹤辅著：《韩国刑法总论》，郑军男译，武汉大学出版社2008年版，第436页。

② ［德］乌尔斯·金德霍伊泽尔著：《刑法总论教科书》，蔡桂生译，北京大学出版社2015年版，第334—335页。

③ ［韩］金日秀、徐鹤辅著：《韩国刑法总论》，郑军男译，武汉大学出版社2008年版，第436页。

④ ［韩］金日秀、徐鹤辅著：《韩国刑法总论》，郑军男译，武汉大学出版社2008年版，第437页。

⑤ ［德］乌尔斯·金德霍伊泽尔著：《刑法总论教科书》，蔡桂生译，北京大学出版社2015年版，第336页。

重伤。

事例二：乙在饮酒后，开车将身患疾病的病人V送往医院。

在国外刑法理论中，一般承认事例一可以作为正当防卫阻却过失的违法性。但在事例二中，金日秀和罗克辛认为，过失行为可以认定为阻却违法性的紧急避难。基本理由是行为人要保全的利益大于遵守交通规则的利益。[①]但是，金德霍伊泽尔认为，对于行为人来说，要求他保持谨慎地采取相应举止必须具有期待可能性。但在事例二中，不可期待行为人采取谨慎的举止，即便不能满足阻却责任的紧急避难，但因为“可以理解的理由”导致行为人失去了谨慎行为的动机也不得进行罪责非难。[②]事例一涉及正当防卫是否过限的问题，结论是妥当的。但是将事例二作为阻却违法性的行为，容易导致刑法失去应有的行为指导性。对此，根据期待可能性作为阻却责任的事由相对合理。

五、过失和故意的区别

过失和故意在文字上的界限是明确的，但在实践中，如何区分有认识的过失和未必的故意，事实上很困难。围绕故意与过失区别的学说，也有的将它当作“故意本质学说”的主要内容，它首先是根据“知的要素”展开的，其关键要素是行为人能否认识符合构成要件的事实。后来则根据“意欲要素”展开，其关键要素是行为人对于符合构成要件的事实，是否具有一定的实现意志。在理论争议中，主要形成了一些具体学说。

（一）认识说

认识说强调认识或者表象等“知的要素”，其进一步可分为可能性说和

---

① ［韩］金日秀、徐鹤辅著：《韩国刑法总论》，郑军男译，武汉大学出版社2008年版，第444页；［德］克劳斯·罗克辛著：《德国刑法学（总论）》（第1卷），王世洲译，法律出版社2005年版，第737页。

② ［德］乌尔斯·金德霍伊泽尔著：《刑法总论教科书》，蔡桂生译，北京大学出版社2015年版，第345页。

盖然性说。[①]

1. 可能性说（预见说）

德国学者修米特等人认为，只要行为人认识到构成要件结果的发生可能，即便其没有达到一定的发生程度，也可以成立故意；日本学者泉二新熊等人认为，只要预见到结果，无论其发生的可能性大小，都可成立故意。根据这样的观点，有认识的过失就丧失了存在的余地，而属于故意。

2. 盖然性说

该说认为为了成立故意，不仅要认识到结果发生的可能性，而且要认识到可能性的盖然性。其中的盖然性，不是优越的盖然性，也就不要求是“相当高的概率”。[②]

（二）意思说

该说强调行为人的“意欲要素”。

1. 希望说

过去采取希望主义的观点（希望说），认为为了成立故意，必须要求行为人的意欲或者希望。这样一来，未必的故意就没有存在余地，而成为过失的类型。同时，“知的要素”也不是完全没有意义，比如在迷信犯的场合，如果不考虑认识内容，就应当作故意论处，但判例中却是作为不能犯不处罚的。现在一般很少有人采取希望主义的观点了，而在此基础上形成的容认说及其修正学说则比较有影响。

2. 容认说

该说认为构成故意，不仅要有对结果的预见，还要有容认该结果发生的意思。早期的容认说有“积极容认说”和“假说的容认说”，前者将未必的故意的形态，求之于“希望或不致发生结果”的心理内容；后者将重点

① 理论上通常认为，“表象”和“认识”是相同的概念。但在认识论上，表象还可以包括动物对外界的感觉，或者说“认识”是专门指人的表象。另外关于学说分类，则采用马克昌教授的观点。参见马克昌著：《比较刑法原理》，武汉大学出版社2002年版，第238—242页。

② 参见［日］山中敬一著：《刑法总论Ⅰ》，成文堂1999年版，第296—297页。

置于“在确实发生结果之情形，或亦为其行为”的心理构造。[①]但是，该说只重视心理上的容认，在盖然性较低的认识下而行为的场合，也认为是故意；相反，即使认识到很高的盖然性，如果没有容认，就要否定故意，这和只重视意志因素的希望主义一样，具有不合理性。所以另外形成修正的观点。

3. 实现意思（实现意思形成）说

由目的行为论者所倡导，该说比较实现结果的意思（实现意思）和避免结果的意思（回避意思），根据哪一方被发现来区别未必的故意和过失。该见解以可能发生的结果中是否为行为人所“计算”并形成实现的意思为中心，从而否定作为责任要素的故意，并在故意中排除情绪要素，只承认构成要件的故意。山中敬一认为，实现意思是预见结果发生的因果过程，为了实现意图的结果、避免没有意图的附属结果，投入自己适当手段的行为的操纵意思。如果形成了对法益侵害结果的行为进行操纵的实现意思，就可以承认未必的故意。[②]

（三）动机说

动机说以结果发生的认识对动机的形成过程赋予的影响，来区别故意和过失，即通过行为人对于“发生结果”的认识是否可以形成反对动机来区别故意和过失，并进一步依据行为人认识发生违法结果所形成的动机过程，究竟是出于积极的推动还是消极的推动，来划分未必故意和有认识的过失。如出于积极的推动力，则为未必故意；反之，则为有认识的过失。

（四）责任三分说

该说针对实践和理论上划分故意和过失界限的困难，提出将责任分为故意和过失两种形式，在其中区分未必故意和有过失的认识，是将不可分的事

① 参见洪福增著：《刑事责任之理论》，台湾刑事法杂志社1988年修正再版，第380—381页。

② 参见［日］山中敬一著：《刑法总论Ⅰ》，成文堂1999年版，第300页。

项进行人为的划分。所以该说主张将责任划分为三种：意图、认识和过失，在认识中一并包括未必故意和有认识的过失。[①]

以上认识说中的“可能性”和“盖然性”，强调量的标准，在客观上很可能是不明确的，而且在实例中存在即便没有盖然性认识也当作故意的情形。因此，该说具有局限性。责任三分说有一定道理，并有和英美刑法的主观状态趋同的特征；但英美刑法中的主观状态通常也划分为四种类型，说明将未必故意和有认识的过失作为同一类型，不尽合理。至于动机说，是在行为人内心寻求判断依据，在可操作性上较困难。可见，容认说还是相对妥当的理论。其中的实现意思说，在一定结果发生的可能性的事实基础上，判断行为人对结果的意思，较为合理地将“知的要素”和“意思要素”结合起来了，较为可取。

第三节 构成要件的错误

一、构成要件的错误概述

错误，是表象和现实的不一致。一般认为，错误包括构成要件的错误和法律错误。构成要件的错误，是行为人所认识的符合构成要件的事实和现实发生的符合构成要件的事实不一致；法律错误，或称禁止的错误，是关于违法性的法秩序的客观评价与行为人的主观评价之间的不一致。

构成要件错误有不同分类。有观点将错误分为缺乏认识和错误认识两种形式，并认为前者是一种消极的错误，即当事人对真实存在的对象根本就没有认识或者没有完全认识到；后者是一种积极的错误，即行为人将真实不存在的对象当作存在。[②]

---

① 参见洪福增著：《刑事责任之理论》，台湾刑事法杂志社1988年修正再版，第386—387页。

② ［德］乌尔斯·金德霍伊泽尔著：《刑法总论教科书》，蔡桂生译，北京大学出版社2015年版，第243页。

这种划分的意义并不明显。还有人将其分为构成要件的事实错误和有关违法性阻却事由的事实前提的错误。构成要件的事实错误，在必要的时候可以阻却故意；而有关违法性阻却事由的事实前提的错误，通说将其作为事实的错误，严格责任说将其作为禁止的错误。[①]还有的人将其分为具体的事实错误和抽象事实错误，前者是关于同一构成要件内的事实错误认识；后者是关于不同构成要件之间的错误认识。[②]

关于构成要件错误，一般认为包括客体错误、方法错误和因果关系错误。但是金日秀认为，这些错误严格上并不是构成要件错误，而是与故意认识内容的特定性、故意的归属及故意的具体化相关联的问题。换言之，是行为人认识到的内容与发生的结果存在不一致的情况下，何种程度的符合才能对发生的结果认定为故意既遂的问题。[③]应该承认，金日秀的观点较为合理。因此，我们有必要将构成要件错误分为一般类型和特殊类型。构成要件错误是关于构成要件故意的认识对象作为不法构成要件事实的认识欠缺（无知或者误认）。如果存在构成要件错误，将否定构成要件的故意。如下不法构成要件的事实是故意的对象：（1）构成要件的行为；（2）构成要件的结果；（3）构成要件的行为客体；（4）行为与结果的因果关系；（5）特定的客观构成要件，如对于物的性质的认识；（6）特殊的主观构成要件要素，如目的犯中目的范围的认识。客观构成要件要素之外的其他事实，如客观处罚条件、追诉条件、人身的处罚阻却事实则不是故意的认识对象。

二、构成要件错误的一般类型及其处断

构成要件错误的处断要依赖于法律规定，在没有法律规定的情况下，可以参考适用学说理论。相关学说理论包括具体符合说、法定符合说和抽象

---

① 参见［日］山中敬一著：《刑法总论Ⅰ》，成文堂1999年版，第305页。

② 参见［日］曾根威彦著：《刑法的重要问题》，成文堂1996年增补版，第163—164页。

③ 参见［韩］金日秀、徐鹤辅著：《韩国刑法总论》，郑军男译，武汉大学出版社2008年版，第214页。

符合说。德国刑法规定，如果行为人客观上实现了轻的犯罪，实际实现的是重的犯罪，则按照轻的犯罪处罚。在法律没有规定的情况，大致有如下情形。[①]

（1）没有认识到不法加重事由，即认识到轻的事实，但却实现了重的事实，如故意杀人，但是被杀害的是尊亲属。一般主张按照基本构成要件的故意的既遂犯进行处罚。

（2）没有认识到不法减轻事由，如得到承诺杀人，但对承诺事实不知道。对此一般以轻罪的故意既遂和基本罪的未遂的观念竞合，做一罪处理。

（3）没有认识到责任减轻的事由，如产妇将婴儿误当作私生子杀死。由于没有认识到具体情状不能构成减轻罪责的动机，所以，仅仅在行为人认识到相应的事实时，才予以减轻刑罚。

三、具体的事实错误及其处断

（一）具体的事实错误及其类型

具体的事实错误，是对在同一构成要件内的客观构成要件要素的错误，或者说是行为人认识到的事实与现实结果发生的事实具有等价性的情况下的错误。这种类型的错误是以构成要件的要素为标准划分出来的。作为构成要件要素的具体事实的错误，不是对琐碎的具体事实的错误，而是关于法律上重要的事实的错误，特别是关于行为客体的具体事实的错误。

具体的事实错误一般分为如下类型。

（1）客体错误，即行为人意图的客体和结果所发生的客体在具体的同一性上有错误。例如甲意图杀害A而开枪，但当时被袭击致死的人不是A而是B。客体错误存在于侵害行为指向行为人所认识的客体的场合，它属于一个客体错误的问题。

---

① ［韩］金日秀、徐鹤辅著：《韩国刑法总论》，郑军男译，武汉大学出版社2008年版，第210—215页；［德］乌尔斯·金德霍伊泽尔著：《刑法总论教科书》，蔡桂生译，北京大学出版社2015年版，第249—250页。

（2）方法错误，或称打击错误，指由于攻击的方法有错误，对行为人意图的客体没有发生结果，而是对别的客体发生了结果。例如，甲意图杀害A而开枪，但子弹没有命中A，而命中了B并致其死亡的。方法的错误存在于侵害行为指向与行为人所认识的客体不同的客体的场合，属于数个客体错误的问题。

（3）因果关系错误，是认识的结果事实和发生的结果事实是一致的，但是由于行为人没有预见到的因果过程导致结果事实发生的场合。

为了处理具体的事实错误，在理论上产生了两种分歧，即具体符合说和法定符合说。基于错误类型的不同，具体符合说和法定符合说在实践当中的结论是不一样的。

根据具体符合说，在客体错误的场合，在行为人所认识的事实和现实发生的具体事实是不一致的范围内，并不阻却故意；但在方法错误的场合，则阻却故意。这种区别导致，是客体错误还是方法错误往往成为具体符合说首先要解决的问题。

根据法定符合说，行为人认识的事实和现实所发生的事实在法定限度内具有等价性时，不阻却故意；只有不具有等价性时，才阻却故意。①可见关于具体事实错误的处理，在客体错误和因果关系错误的场合，并不存在理论上的争议；但是在方法错误的场合，在是否阻却故意这个问题上，采取具体符合说或者法定符合说的结论是明显不同的。在法国，理论上有观点认为此时存在一个故意行为和一个过失行为，但是司法实践中一般按照故意犯罪评价。②在英美刑法中，则适用法律上的故意推理，如A持装弹的手枪向B射击，意图杀B，但因打击错误而杀了C。依据法律规则，这种行为可推理为A谋杀C。假定A只是意图伤害或恐吓B，对C的死亡就出现一个事实问题，如

① ［日］曾根威彦著：《刑法的重要问题》，成文堂1996年增补版，第164页。

② ［法］卡斯东·斯特法尼等著：《法国刑法总论精义》，罗结珍译，中国政法大学出版社1998年版，第398页；［意］杜里奥·帕多瓦尼著：《意大利刑法学原理》（注评版），陈忠林译，中国人民大学出版社2004年版，第258页。

果存在充分详细的证据，司法机关根据这些情形可以推定A有蓄意。[①]可见，这个问题只能从规范中找到答案。

（二）具体事实错误的处断理论

1. 法定符合说

法定符合说的理论根据是，行为人如果认识到的事实和当该行为实现的事实，是受同一构成要件评价的事实，作为规范中的具体问题，对于他实现的事实，可以肯定其“直接的反规范的人格态度”或者“直接的反规范的意思活动”。[②]但是，法定符合说在实践中也并非不存在争议，如当行为人基于一个故意的心理态度实行行为，并产生了数个犯罪结果的时候，因为其实现了数个犯罪，对此应当如何定性，在法定符合说内部产生了两种不同的处理意见：[③]

（1）数故意说。该说认为当行为人具有概括故意的时候，即便没有针对某个特定对象的故意，也成立故意犯，此时，故意的个数对于故意的成立不是本质的东西，从而该说不考虑故意的个数。但是在特殊情况下需要根据不同情形分别处断，这些特殊情形包括如下事例。

事例一：甲意图开枪打死A，子弹意外命中B，并将B打死。

事例二：甲意图开枪打死A，子弹却同时命中了A和B，并造成二人死亡。

事例三：甲意图开枪打死A，子弹打中A的手腕，使A负伤，同时命中并打死了B。

事例四：甲意图开枪打死A，子弹命中并打死了B，在B之外还导致C的死亡。

---

① Sue Titus Reid, Criminal Law, 2001, McGraw-Hill, 2001, p.40.

② 参见［日］山中敬一著：《刑法总论Ⅰ》，成文堂1999年版，第307页。

③ 参见［日］曾根威彦著：《刑法的重要问题》，成文堂1996年增补版，第165—168页；［日］山中敬一著：《刑法总论Ⅰ》，成文堂1999年版，第310—313页；［日］松原芳博著：《刑法总论》，日本评论社2013年版，第218—220页。

针对上述事例，数故意说有不同观点。

第一，在典型的方法错误案件中，如事例一中，对B成立故意既遂，同时对A成立杀人未遂。可是，行为人只有一个杀人的故意，却成立两个故意犯罪，这从责任主义的观点看是有问题的。

第二，在并发事实的场合，如事例二中，此时，同时成立故意犯，这是根据一个故意认定两个故意犯的成立。对此，要根据刑法中的观念竞合，作为科刑上的一罪。但是，在方法错误的案件中，由于本来就存在数个客体，当然应当成立数个犯罪，如果援用观念的竞合，反而不妥当了，比如行为人意图开一枪同时打死A和B，可以认为是两个杀人的观念竞合，但在本案中，只有杀A的意思，所以类似问题只应该在区分确定故意和概括故意的不同场合适用。

第三，在未遂的场合，如子弹从A和B之间穿过，不能不认为有两个杀人未遂，当存在射中C、D、E等人的可能性时，在结论上必然归结为有数个杀人未遂的故意犯。这种评价和行为人的认识有很大差距，明显违反了责任主义。

（2）一故意说。该说主张行为人只有侵害一个客体的意图，因此其故意只有一个。但是该故意落脚到哪个行为客体呢？针对上述特殊事例，在一故意说内部存在如下分歧。

第一，在典型的方法错误事例中，如事例一，一故意说认为对B的关系上成立杀人既遂，但对A的关系上，由于当初对A的故意转移到B，完全不存在故意，因此不可罚。

第二，如事例二的并发事例中，一故意说认为，在对A的关系上成立杀人既遂；在对B的关系上，由于实现了当初对A的故意，没有适用错误的余地，B的死亡则因理解为是基于过失，成立过失致死罪。这个结论和具体符合说是一致的，但是，由于对B是意外发生的结果，认为不属于错误的论述本身是有问题的。

第三，如事例四的场合，在一故意说的内部有很大分歧，第一种观点认为，对B、C哪一个成立杀人既遂，是不确定的。但这种见解在实务中很少被运用。第二种观点认为，对B、C中先死的一方成立故意。这样一来，则当哪一方先死难分时，就很有问题了。[①]

第四，如对事例三，在一故意说内部，日本学界大体有三种见解。第一种观点认为，使A负伤的事实应包含在对B的杀人罪中理解，只承认对B的杀人既遂的罪责。第二种观点认为，对B的关系成立杀人既遂，对A的关系由于转化为对B的故意，就不得认定故意，而成立过失致伤罪，两罪应作为观念的竞合处理。第三种观点认为，当子弹打中当初意图的A使之负伤，对A的杀意没有得以实现，就没有错误存在的余地，和具体符合说的结论一样，对A成立杀人未遂，对B成立过失致死。

在上述第四种情形中，第一种观点的问题是，不追究使A负伤的事实，就会产生不对A的身体的重大法益侵害进行独立评价的问题，而且，在一人被杀一人受伤的场合，和使A死亡、使B受伤的场合的杀人与过失致伤之间产生了不均衡的评价。第二种观点的问题是，行为人要打击的是A，结果却被当作过失的，这显然是极不妥当的。这个见解如果在对B的关系上得到承认，并以行为人的过失为基础认定对A的过失犯，是将所谓对B的过失转化到对A的关系上实现的，则不过是一种技巧，而且对B不追究其是否有过失的责任，违反了过失责任主义的原则。进而在前例中A负重伤其后死亡的场合，就会得出对A的杀人既遂和对B的过失致死的结论，故意的内容也就显得变化无常了。第三种观点的问题是，行为人对A持有杀人既遂的故意，在未遂的阶段没有得到充分实现，如果在实行杀人的时点寻求故意的表现，则不问是否使A负伤，都应当认为行为人是杀人未遂。

日本学者认为，法定符合说的主要问题包括以下几点。

第一，法定符合说中“转换故意”的理论根基不确定。故意本来是以行为人的心理事实为基础的，行为人对A的杀人故意是否不得不转换为对B的杀人故意呢？和其他的法律概念一样，故意也存在事实和规范两方面的评价

① ［日］曾根威彦著：《刑法的重要问题》，成文堂1996年增补版，第168页；［日］松原芳博著：《刑法总论》，日本评论社2013年版，第218页。

要素，但是，法定符合说在评价中过于重视故意的规范因素，反而轻视了事实因素。在主观的构成要件符合性判断之前，构成要件的故意首先必须作为“行为的意思”而存在着，即客观方面的实行行为应具有“行为”的事实基础，与此相同，主观方面的故意也应当具有行为意思的事实基础。而行为意思并非突如其来的，它是否存在、内在表现的程度等，为客观的行为客体所规定，所以，行为意思的内容是具体的、个别的东西。以杀人罪中的行为意思为例，它不仅包含“杀人”的抽象意思，而且具有社会的、现实的意义，是“杀害某个人的意思”。在经过构成要件符合性的判断之后，行为意思才成为构成要件的故意，它和特定的行为意思并非没有关系。因此，故意具有确定评价的含义，它必须受到评价对象的事实制约。故意的个数也必须由行为意思的内容决定，杀人的故意是一个，是因为“杀害某个人的意思”只有一个，而不是“杀人的意思”只有一个。所以，将和具体侵害对象有联系的故意当作使法定客体发生的故意，是没有道理的。

第二，法定符合说难以确定故意的个数。如上所述，对法定符合说而言，数故意说不存在故意个数的问题，而一故意说则存在类似问题。问题在于，一故意说的结论得到了普遍的肯定和支持，所以，故意的个数就是必须考虑的问题了。如事例一中，法定符合说认为对B成立故意犯，其理由是：在相同的构成要件的范围内，即便有具体的事实错误，因为表象的是由相同构成要件评价的事实（如杀A），所以，对行为人所发生的事实（B遭杀害）的规范评价并没有发生变化，对发生的事实不阻却故意的成立；或者说，从规范的责任论看，故意责任的核心是违法性意识，事实的故意是产生违法性意识的根源，行为人预见到自己的行为将导致A的死亡，就可能意识到自己的行为是违法的，就具备追究其故意责任的理由。但是，故意的个数是故意责任的“量”的问题，而上述法定符合说的理由是故意责任的“质”的问题。这说明，法定符合说认为，客体的个数、故意的个数是不重要的，为了追究故意责任，只要有明确的杀人意思就足矣。而且，即便考虑作为故意内容的“杀一人”的认识场合，用法定符合说来评价故意，其问题如前所述，即行为人的行为不可能只符合一个构成要件，法定符合说由于舍弃了“杀某一个人”的客体个数，就要在事实的构成要件阶段分别判断各个构成要件的事实。例如，在事例二的并发事例中，A和B都是一个人，杀害A或者杀害B，都是因为杀害一个人的意思而实行杀害一个人的行为，应当认为有两个杀人的故意。因而，根据法定符合说的立场，故意的个数问题在理论上是不可能解决的。[①]

2. 具体符合说

如果采取具体符合说，对客体错误和方法错误的处理是不一样的。在方法错误的场合，对发生的结果可以阻却故意。例如，X意图杀A，而朝A开枪，子弹却命中了B，并致B死亡的。行为人对于A成立杀人未遂；对于B成立过失致死罪。理论上关于具体符合说有如下几点争议。

第一，难以区分客体错误和方法错误。有学者认为，从具体符合说的立场看，客体错误和方法错误之间的区别并不明确，因此，在适用错误论时就会遇到困难。例如，X为了胁迫A而往A家打电话，但由于线路故障，电话打到了B家，从而将B当作A进行胁迫，此时，它是客体错误还是方法错误呢？再如，X要杀A，在A的汽车上装置了炸弹，A的妻子B在驾驶该车时炸弹爆炸，B被炸死，行为人在行为时没有确认行为客体，以至于行为开始时认识的客体A和实际结果中的客体B不同，可视为方法错误；但是，如果在行为对客体发生作用的时点考虑的话，则在装置炸弹时已将B当作A，就属于客体错误了。

第二，不能贯彻其理论主张。大体上包括如下两种情形的问题。

其一，在客体是“物”的场合，采取具体符合说会遇到如下问题：对行为人意图的行为没有未遂的规定，且对过失导致的结果也没有处罚过失之规定的场合。例如，X意图毁坏甲物，却将乙物误认为是甲物而毁坏的，对甲物成立毁坏财物的未遂，对乙物成立过失毁坏财物。由于有些国家的刑法对毁坏财物的未遂和过失毁坏财物都没有处罚的规定，结果，即便具有毁坏财物意思，并且损坏了他人的财物，也只能当作无罪。这一点是不合理的，值

---

① ［日］曾根威彦著：《刑法的重要问题》，成文堂1996年增补版，第168—170页。

得反思。特别是当甲物和乙物都为同一人所占有时，如果不处罚，明显是不妥当的。据此，依据法益的“二分说”，故意的个数应着眼于客体的个性。在涉及人的生命、身体等具有重大价值客体的场合，应当重视客体的个性，对此应根据具体符合说解决问题；相反，由于财物的价值并不重要，当其个性不成问题的时候，则应根据法定符合说解决。显然，根据客体的差异采取不同的标准，这在理论上是不彻底的。在上述场合，即使不存在客体的个性问题，也只有在占有者和被害者是同一人的场合才得以解决，这符合以法益的一身专属性阻却故意的特征。例如，甲瞄准B的右脚射击，却打在左脚上，就不能否定故意，因为客体是左脚和右脚并没有重要的法律意义，而且都是朝人的身体射击并使之受伤，没有阻却伤害故意的余地；同样，X对A的甲物射击却毁坏了其乙物时，因为要侵犯的和实际侵犯的都是一人之物，因此可构成损坏财物之罪。但如果行为时将附近的第三人的财物毁坏了，就应当阻却故意。此时，认定故意的与其说是具体符合说，不如说是法定符合说。

其二，关于“社会法益”的客体错误与方法错误问题，无法予以有效解释。在实际侵害的客体不是具体的人而是社会法益时，如在放火罪中涉及社会法益的场合，“被害者”的个数是社会的集合体，当X放火烧毁A的房子时，将隔壁B的房子烧毁了，成立现居住建筑物放火罪。此时，应当考虑到公共安全，不能重视客体的个性，不应当考虑行为的直接的客体是A的房子还是B的房子，即不能认为对A家构成放火未遂，对B家构成失火罪。

四、抽象的事实错误及其处断

（一）抽象的事实错误及其类型

在构成要件的错误中，对属于其他构成要件的事实有错误认识的，就是抽象的事实错误（不同构成要件间的错误）。抽象的事实错误也被认为是行为人认识的事实与现实发生结果的事实不具有等价性的情况。如日本刑法第38条第2项规定：行为人以犯轻罪的意思而犯重罪的场合，不能根据重罪处罚。那么，它是成立重罪并在轻罪的限度内处罚，还是仅成立轻罪呢？而且在以犯重罪的意思而实现轻罪的场合，认识的犯罪事实和实现的犯罪事实的法定刑是一样的，且刑法没有明文规定的场合，应当如何对行为进行定罪处罚呢？围绕这些问题，理论上有法定的符合说和抽象的符合说的对立观点。[①]抽象的事实错误情形包括：

（1）客体错误，即行为人认识到的行为客体与发生结果的行为客体被认定不具有构成要件上的等价性的情况下的错误，如行为人夜间意图将坐在窗户旁边的受害人杀害，但子弹击中了窗台上摆放的雕像。

（2）方法错误，即行为人所意图的行为客体与因行为进程的错误致使结果发生的行为客体之间被认定为不具有构成要件上等价性的情况下的错误。例如，行为人向受害人射击，但子弹击中受害人怀中抱着的宠物狗。可见，抽象的事实错误问题涉及行为人意图实施一个轻罪或者一个重罪，结果实现了一个重罪结果或者轻罪结果，应该如何定罪处罚。

（二）解决抽象事实错误的学说

1. 法定符合说

法定符合说认为，当行为人认识的事实和发生的事实，在法定范围内具有等价性时，不阻却故意；不具有等价性时阻却故意。即在抽象的事实错误的场合，只在等价性不同的构成要件错误中阻却故意；构成要件即便不同，但只要具有等价性时，还是可以认定故意的。

至于在什么范围内可以认定法定的符合，这在法定符合说内部产生了如下分歧意见。[②]

（1）构成要件符合说。该说将故意理解为对符合构成要件事实的认识，

---

① ［日］曾根威彦著：《刑法的重要问题》，成文堂1996年增补版，第175—179页；［韩］金日秀、徐鹤辅著：《韩国刑法总论》，郑军男译，武汉大学出版社2008年版，第215—220页。

② ［日］曾根威彦著：《刑法的重要问题》，成文堂1996年增补版，第175—179页；［韩］金日秀、徐鹤辅著：《韩国刑法总论》，郑军男译，武汉大学出版社2008年版，第218—222页；［日］松原芳博著：《刑法总论》，日本评论社2013年版，第226—229页。

认为构成要件的故意规制机能意味着，如果认识的事实在构成要件内没有关联性，原则上要否定故意；但是在构成要件重合的范围内，应承认故意。在认定构成要件是否重合时，则有形式说和实质说两种见地。

形式说严格把握构成要件的重合部分，认为在如盗窃和强盗、伤害和杀人之类的场合，由于不同的构成要件可看作基本类型和加重、减轻类型的关系，所以，只有在刑法法规形成法条竞合关系的场合才承认构成要件的重合；在此之外的场合，如公文书的有形伪造和无形伪造，罪质即便相同，也不承认构成要件的重合。如果贯彻形式说，那么在以暴行、胁迫为手段的夺取罪、基于被害人意思的恐吓罪和不基于被害人意思的强盗罪等，和不要求以暴行、胁迫等为特定手段的单纯侵占罪、侵害被害人占有的盗窃罪和不伴随占有侵害的遗失物侵占罪等罪之间，不能认为是重合的。这就产生了故意的认定范围过于狭窄的问题。

实质说从立法上理解构成要件的规定，认为应在构成要件实质重合的范围内认定符合，此时，认定构成要件实质重合的标准是罪质的同一性。由于构成要件是异质的法益侵害行为类型，所以，具体标准就要考虑保护法益和行为客体的共通性，故此，恐吓和强盗、盗窃和遗失物侵占、公文书的有形伪造和无形伪造之间的构成要件也可以认为是重合的。最近的日本判例也是根据实质说进行解释的。

（2）罪质符合说。该说超越构成要件的范畴，认为行为人认识的事实和现实发生的事实在具有等价性时不阻却故意，在罪质不同时阻却故意。因此，故意不是根据构成要件的严格类型化，而是在缓和的罪质同一的限度内的类型化。据此，在单纯遗弃和遗弃尸体之间均有“舍弃人”的意义，也可以认为是重合的，可是，两者的构成要件及其法益并不相同，仅仅依据行为的外在类似性认定罪质的符合性，是不妥当的。罪质符合说的主要问题包括：不要求法益的同质性，罪质的概念不明确，而且无视构成要件的作用。

（3）不法·责任符合说。该说否定构成要件具有的故意规制机能，认为即使不认识符合构成要件的事实，但如果认识行为是不法的、有责事实，也可以确定故意。在抽象的事实错误的场合，在各构成要件的不法、责任的内容相符合的范围内，能肯定故意犯的成立。不法·责任符合说，是修正故意的概念，可以得出和实质说同样的结论。但是，该说任意设定的认识内容是不明确的，而且，认识到符合构成要件的事实，一般就意味着有不法·责任的认识可能。

总之，依据该说，在抽象错误的场合，无论是客体错误还是方法错误，都将认定为认识事实的未遂与发生事实的过失，并按照想象竞合犯处理。

2. 抽象符合说

抽象符合说对犯罪类型相互之间的性质差别不加确认，将超越构成要件的故意抽象化，认为即便行为人认识的事实和现实发生的事实在罪质上是不同的，也未必阻却故意。至于使故意抽象化的方法，在其内部有以下观点。

（1）分类评价说。该说主张对故意、行为进行一般的抽象化，并在认识的事实和发生的事实之中，承认对较轻的一方事实的故意。其中包括两种类型。第一种类型是行为人具有实现轻事实的故意，却实现了重事实的场合，则在轻事实的既遂和重事实的过失之间，根据观念的竞合进行评价。第二种类型是行为人具有实现重事实的故意，却实现了轻事实的场合，则将重事实的未遂和轻事实的既遂合一，但依据重罪的未遂处罚。

分类评价说试图在抽象事实的错误中校正刑罚的不均衡性，这值得肯定。问题是，在第一种类型中，对于行为人认识的事实，即便没有发生结果也成立既遂，这和罪刑法定的原则是相抵触的；在第二种类型中，对于发生的事实，即便行为人没有认识也成立故意，这和责任主义的原则是相矛盾的。

（2）合一的评价说。该说认为，错误论的功能是为了校正刑罚的不均衡。为此，一方面要排除结果的抽象化，另一方面要推进故意的抽象化。这就应当排除观念的竞合，进行合一的评价，只处罚一个重罪，根据具体事例计算出适当的处断刑。例如，故意毁坏财物的行为致他人死亡的，毁坏财物罪的既遂和杀人罪是可以想象得到的，两者合一，只处罚重的杀人罪，但在毁坏财物罪的法定刑范围内处断。

总之，依据抽象符合说，在抽象错误的场合，无论是客体错误还是方法错误，至少可以认定轻罪的既遂。但是，承认构成要件的故意规制机能，且肯定了构成要件的故意，却将只有毁坏财物意思的人认定为杀人罪，肯定违反了责任原则。另外，从严格故意说的立场出发，行为人既认识到违法的事实，也意识到自己的行为是不被容许的，但他还是实行了违法行为，这应当是故意责任。但是，在仅仅由于量的差别而追问违法性意识的问题之前，在质的方面还有必要注意不同类型的犯罪事实的认识问题。

第四节　严格责任与代理责任

根据责任主义的要求，行为人的行为构成犯罪，其行为必须具有一定的心理事实。但是，在英美刑法中，还存在不强调行为人心理事实的无过错责任制度。无过错责任制度包括严格责任和代理责任两种类型。

一、严格责任

（一）严格责任的概念与沿革

严格责任（strict liability），指只要有一个或者多个行为要件而不需要心理事实的刑事犯罪责任。[①]

一般认为，刑法上的严格责任是在1875年的普林斯案（R v. Prince）中创立的。其案情是：[②]被告人普林斯被控带走未婚少女安尼·菲利普，使其脱离其父亲的监管。安尼的父亲称她未满14岁，但该女子看上去完全满了16岁，而且她在被被告带走时自称已有18岁。该女子的年龄，成为被告的辩护理由，但法庭认为：即使被告人有合理的理由确信该女子已满16周岁，也仍然要承担刑事责任。因为该案应该关注的主观心态是被告人是否存在使该女子脱离父母监护的意图。回答是肯定的（本案被告人知晓少女处于父亲的监护之下的事实已经证明了），因此，即使被告确实认为该少女已满18岁，

① Jonathan Herring &Marise Cremona，Criminal Law，Macmilland Press Ltd，1998，p.78.

② J. C. Smith & B. Hogan，Criminal Law：Cases and Materials，Butterworths，1993，pp.157-160.

其行为仍然是很不道德的，它侵害了少女父亲的权利；被告人应该想到该少女有可能未达到法定年龄，因为被告人知晓少女处于父亲的监护之下。如果把是否明知少女的年龄作为定罪的一个必要条件，就会使该罪失去意义，因而法庭判定被告的行为违反了《1861年侵犯人身罪法令》第55条（该条文现在被纳入《1956年性犯罪法令》第20条）。法庭不考虑被告人关于少女年龄的心理事实，由此形成了严格责任制度。

经常与之相提并论的是希伯特（Hibbert）案（1869年）[①]：被告人希伯特遇到一个不满16岁的未婚少女，并说服后者随从自己从阿森屯到曼彻斯特，之后再次回到阿森屯。其中与普林斯案不同的是，该案件不能证明被告人知道该少女处于其父亲的监护之下。因此，希伯特被判无罪。从以上的案例分析中，我们可以看到，严格责任实质上是对犯罪行为的若干要素中的一个或多个要素不要求有犯意，而对剩余的若干要素还是要求的，而并非像有些人所认为的那样，仅依据客观行为定罪，完全不考虑行为人的主观心态。在这点上，称严格责任为绝对责任是不妥当的。

此后，严格责任制度在刑法中的适用范围也得以推广，并有所发展。如在1895年的谢拉斯诉德·鲁普案（Sherras v. De Rutzen）中：[②]被告是一个持有营业执照的酒店老板，他把酒卖给了一个正在执勤的警察，而未询问该警官是否在执勤（依当地惯例，警官执勤时必须佩戴臂章，而该警察当时已将臂章摘下）。地方治安法官援用《1872年证照法令》第16条第2款的规定，[③]判决被告人有罪。但是该案上诉到最高法院后，判决被撤销。德伊法官在判词中对该案件的解释是："争议在于法令第16条第1款中出现的'明知'和第16条第2款中的'不作为'，在我看来，其唯一效果是转换举

---

① J. C. Smith & B. Hogan, Criminal Law : Cases and Materials, Butterworths, 1993, p.160.

② J. C. Smith & B. Hogan, Criminal Law : Cases and Materials, Butterworths, 1993, pp.164–166.

③ 该法令第16条的规定是：如果任何持照人。（1）故意隐匿或者故意容许任何警察在其执勤的任何时间在其场所……；（2）供应任何饮料或者点心给任何正在执勤的警察，无论是否属于礼品或者出售，除非获得该警察上司的批准，或者……；（3）贿赂或者试图贿赂任何警察，他将承担刑罚责任。

证责任。在适用第1款的案件中，由控方证明明知，然而在适用第2款的案件中，被告不得不证明他并不知道。”从本案可以看出，严格责任在适用中做了一些改变。以往的严格责任是针对犯罪行为的某一要素而言，只要该要素成立，被告人毫无辩解余地地将被判有罪，而在本案中，它将举证责任转移到被告身上，允许其证明自己在售酒时对“警察正在值班”这一情况并不了解且无法知情，表明自己已经履行了应尽的注意义务，从而排除严格责任的适用。

而在1972年的阿尔法塞尔公司诉伍德案（Alphecell Ltd v.Woodward）中，严格责任适用到公害性犯罪中。该案事实是[①]阿尔法塞尔有限公司位于河畔，为了防止生产污水流入河流，被告公司使用了一个溢水通道连接到河流的沉淀池，并安装自动式水泵防止溢水。但后来由于水泵被草木堵塞，脏水溢出而污染了河流。该公司被控让污染物流入河流罪，违反了《1951年河流（污染防止）法》。被告公司辩称：尽管造成了污染，但他们既无故意，也不知晓真实情况，甚至没有疏忽。而各级审判的法官认为，被告的行为并非真正意义上的犯罪行为，但是出于公共利益的考虑应惩罚之。萨蒙法官的判词中有一段话被广为引用，深刻地反映出严格责任的价值取向：“如果本案上诉成功，那么人们就将形成这样一种印象：除非控方被免除通常是不可能的举证责任（即污染是由故意或疏忽引起的），否则不能根据1951年法令对行为定罪。那么，大量的污染案件将不被处罚，河边工厂主的行为也难以遏止。结果，许多现在正在被污染的河流将更污秽不堪，许多今天清洁的河流将失去其清洁。立法认为，从公共政策的角度看，这是极为不幸的。因此，本条规定目的在于鼓励工厂主不仅要采取合理措施防止污染，而且要尽一切可能确保污染不会发生。”[②]

---

① J. C. Smith & B. Hogan, Criminal Law : Cases and Materials, Butterworths, 1993, pp.180–183.

② 转引自莫洪宪、周娅：《英美刑法之严格责任述略》，载《河南省政法管理干部学院学报》2004年第4期。

（二）严格责任的根据和合宪性

严格责任制度和责任主义似乎不一致，以至于在理论上对它是否可取有不同的看法。

1. 肯定论

肯定论者立足于功利主义哲学，提出的理由是：第一，严格责任大多适用于有关管理的制定法犯罪。对这类犯罪适用严格责任，定罪的中心是行为，无疑会促使行为人去尽更多的注意以避免危害结果的发生。从公共利益的保护角度而言，采用严格责任是预防犯罪的实际需要，它将使行政行为更具效用。第二，严格责任可以有效地节约司法资源，发挥刑法对全部犯罪的最大打击力度。同时，严格责任犯罪在具体定罪处刑上，一般不适用于重罪且多处以较轻的刑罚，主要是罚金，亦有少数短期监禁。保护公共利益的强烈要求与轻缓刑罚相结合，使严格责任的存在具有较大的合理性。

2. 否定论

否定论者更多是侧重于从对人性的关怀和人权保障的角度反驳肯定论者的论据，他们的理由是：严格责任有客观归罪之嫌，这是严格责任所招致的最大批评。否定论者认为，不考察行为人的心理状态而对其行为进行处罚，既无效率也不公正。如果一个人知道自己无论如何谨慎行为均不能免除罪责，即使采取了每一项合理的预防措施也不能作为辩护理由，那么促使其尽所有合理注意的动力将减少而不是增加。就社会预防而言，对一个尽了所有合理注意而没有过失的人所进行的惩罚，并不能够鼓励他人尽更多的注意而避免危害结果的发生。另外，不具有可责性的无辜者被定罪，将削弱刑法本身的人性基础，不具人道性的法律也不能获得社会的普遍尊重。

3. 折中论

在肯定论与否定论的激烈斗争中，严格责任的实践仍然继续行进。实践表明，它的确有存在价值，完全取消后不利于社会的现实需要；但绝对意义上的严格责任又不符合刑法的基本原则，因此出现了折中的论调。折中论者提出，现代刑法对严格责任进行了某些限制，比如确定了严格责任中的举证责任倒置，在被告人不能证明自己没有过错的情况下，法律就认为他存在主观可责性。这样一来，严格责任和责任主义并不矛盾。

虽然理论上可运用折中说确立严格责任的地位，但严格责任是否违宪依然是一个重要问题。对于这个问题，英美法系的学者们尽管一直有争论，但普遍的观点认为：宪法对严格责任进行了严格限制，但最高法院在适用严格责任进行裁断时，并未完全遵照宪法限制来行事。法庭的裁决遵循的是折中路线。一般而言，严格责任在司法中会得到认同，但也存在例外判决，比如1959年的史密斯诉加利福尼亚州案（Smith v. California）：被告人史密斯被控在出售书刊时手中持有一本色情图书。加利福尼亚州法院宣告其有罪，并处以30日监禁。理由是：法律对“色情、猥亵”这一要素使用的是严格责任。即如果史密斯知晓自己的卖书行为且其书店里的书中有一本是色情读物，那么他对书本内容所应尽的注意义务则无关紧要。但是该判决经上诉后被推翻。最高法院认为，虽然应该承认“州当局有权创制严格刑事责任”，但从该案所涉及的第一修正案来看，其适用严格责任是违宪的。因为对持有色情图书的行为施加严格的责任，将产生使非色情图书与色情图书同时被禁止销售的倾向。对严格责任限制加以界限，是为了保证正常的社会生活秩序的流转，而州政府本身并无权禁止非色情图书的传播，假如对猥亵要施以严格责任，那么法律将成为一种事实上的“有效”禁令，因为书商只有在检查了图书并知晓其性质后才能加以区分，故其以一般准则行事时，将要面临被刑事追诉的风险，可是，宪法上的言论与出版的自由禁止对书商施以较高的注意标准。①可见，严格责任的适用如不问主观犯意，将不可避免地产生某些消极的法律与社会效果，而违宪即其中之一。

综合以上理论和判决可见，不承认严格责任显然是不符合时代需要的，也与立法和司法的现实情形不一致。关于严格责任的成立，应当不再具有争议性。但是，如何在宪法框架下确定其适用的范围以及适用条件，还是一个

① 参见莫洪宪、周娅：《英美刑法之严格责任述略》，载《河南省政法管理干部学院学报》2004年第4期。

有研究必要的社会课题。

（三）严格责任的类型

英美法系的法律渊源有普通法与制定法之分，因此，严格责任可分为普通法上的严格责任和制定法上的严格责任。

早期严格责任的案件通常涉及性行为（如通奸、重婚和法定强奸）或保护未成年人（服务或出售酒精；允许未成年人出现在赌博、台球或其他此类行为的场合；或两者都有）。法院适用严格责任依靠两个重要前提：其一，立法机构在禁止行为的能力方面不受限制，可以不需要犯罪意图。其二，人们迫切需要保护社会，特别是未成年人免受此类罪恶（性、酒精等）的侵害，而且很难证明犯罪动机。在20世纪上半叶，一些法院将这些裁决应用于新颁布的“监管”制定法中，如禁止：（1）销售人造黄油；（2）一般持有或销售酒精（禁酒期间）；（3）环境损害。在20世纪下半叶，没有规定犯罪意图的制定法一般被解释为严格责任，常见的包括环境、濒危物种或交通案件。①

在现在普通法中，犯罪行为的成立需要证明有犯罪意图，这是一般原则。但以下场合例外：（1）公害罪。公害罪是指违背法律或不履行法律义务，因而阻碍、影响或妨害公民行使基本权利的行为。这类犯罪损害了部分公众的利益，如环境污染，只要行为人制造了噪声、散发了臭味，就影响了公众的正常生活。因此，无论行为人有无过错、是否认识到自己的行为造成了公害事实，均不得免责。（2）刑事诽谤罪。本罪的行为人必须有意公布具有诽谤性的言论材料，至于该言论是否会造成毁损名誉的效果，对此不要求有更进一步的主观意图。（3）蔑视法庭罪。该罪表现为公布有可能影响公正审判的证据材料。确定被告人的责任，一般不需要对被告人是否明知或故意作出证明。（4）渎圣罪。该罪在被废弃了60多年后，于1979年Lemon and

① Richard G.Singer，John Q.La Fond，Fhima Baradaran Baughman，Criminal Law，Wolterskluwer in New York，2018，pp.135–136.

Whitehouse v. Gay News Ltd案中得以重新启用。上议院对本案裁断时，多数派的观点是，控方只需证明被告意图公布一定的材料，法官发现该材料伤害、侮辱了宗教感情，而不必证明被告有意亵渎神灵。持异议的少数派则认为，控方必须证明被告人意图对基督教进行亵渎性攻击，并产生使基督教徒震怒的效果，或预见到可能产生该种效果。他们认为多数派将该罪创制为严格责任罪。尽管多数派否认这一点，但通行的观点认为：当犯罪意图只与出版有关，而无关乎是否知晓其内容会激怒并冒犯基督教徒时，这种裁决就属于严格责任。①

相对于普通法而言，严格责任更多出现于制定法中。制定法中的早期严格责任犯罪出现于18世纪，主要涉及食物与烟草的掺杂掺假问题。但该罪给被告留有辩护的余地，即当掺假行为是在行为人不知晓的情况下发生的，且他已尽了一切合理的注意义务。到了19世纪，由于工业灾害、环境污染等社会问题突出，议会因此创制了大量关于食物、药品、公共健康、环境污染以及其他与公共福利密切相关领域的法规。

由于立法混乱、执行困难，法庭在许多案件中取消了对犯罪意图的要求，而制定法本身也并未明确要求证明犯罪意图。这可以归结为以下原因：其一，早期的制定法对犯罪意图有要求，使得判罪困难。其二，其后的立法或者不用“故意”“明知”等犯罪意图的概念，或者在同一部法令中对不同犯罪的犯罪意图的表述不同。其三，制定法创制的大多数是行政犯，而非自然犯，犯罪通常不涉及道德问题，仅被视为法律禁止的行为而已。如食物销售法的目的在于确保公共的健康与卫生，不认为消费者的利益受到了损害。在20世纪70年代，严格责任较为关注的是环境污染控制问题，因为这些行为将引起公众的极大关注，那些违反了保护公共利益的法规的行为均应判罪——无论行为人是有意为之还是无意为之。这些严厉的惩罚将促使人们守法。

---

① 参见莫洪宪、周娅：《英美刑法之严格责任述略》，载《河南省政法管理干部学院学报》2004年第4期。

二、代理责任

（一）代理责任概述

所谓代理责任（vicarious liability），即被告对他人的行为和精神状态，而不是自己的作为或不作为承担有罪的责任。[①]

通常而言，一个人对他人的行为负责在民法中是很普遍的现状。如雇员在被雇佣期间实施了侵权行为，给受害人造成严重伤害，雇员显然难以凭借自身的能力对其加害行为进行赔偿。为了减少无辜受害者的损失，只能要求雇主承担这种赔偿责任。由于雇主处于雇员与受害者之间，故其赔偿被认为是正当的。这就是民法中的代理责任。

民法领域中代理责任的概念及其某种意义渗透到了刑事法律领域；在刑法中，不仅借用了代理责任这一名词术语，而且出现了一个人对他人的行为或精神状态承担刑事责任的例外规定。故而在刑事领域中出现了这么一种状态，即"通常一个人不对他人的行为承担责任，代理责任却是这一原则的例外，并且由于他人的行为，有时甚至精神状态均可归罪于被告，因而它是一种有建设性的责任"[②]。一般而言，代理责任存在于如下场合中：一是雇主对其所雇人员在雇佣范围内所做的事负责。如在1898年科本诉穆尔（Coppen v. Moore）一案中，店主科本（Coppen）因为他的一个店员出售附带假冒交易证明书的商品而被判有罪，为此，他提出上诉。他的理由是自己事前曾给他所有的商店发出了一条指令，不允许出售附带假冒交易证明书的商品。然而，主持上诉的法官认为："毫无疑问，上诉人出售了有问题的汉堡，尽管交易是他的佣人实施的。易言之，尽管他不是事实的交易者，但他是售卖人。"上诉被驳回。[③]二是在涉及证照的案件中，被代理人要对代理

① Jonathan Herring & Marise Cremona，Criminal Law，Macmilland Press Ltd，1998，p.185.

② Jonathan Herring & Marise Cremona，Criminal Law，Macmilland Press Ltd，1998，pp.84–85.

③ J. C. Smith & B. Hogan，Criminal Law：Cases and Materials，Butterworths，1993，pp.243–244.

者的犯罪行为和罪过承担责任。如在1929年的阿伦诉怀特黑德案（Allen v. Whitehead）中，一个咖啡店老板（持证人，本案被告人），委托一名经理经营在港口的一家店，他自己则一两周光顾一次。有一次他接到警察的警告不要让妓女在其房子（咖啡店）内逗留，他将此警告转告给经理，并贴出一张公告禁止妓女在午夜后进入该店。但后来经理遇到一大群妓女，让她们从晚上8时待到次日凌晨4时，并说了许多脏话。治安法庭认为，被告人没有注意事态的发生不构成犯罪。但上诉法院在审理中则认为，被告人有认识，主张其有罪。[①]这说明是否“明知”就成为这类案件的一个要件。而且从1903年到1993年，涉及“明知”的案件有4起。

传统英美法系中对代理责任缺乏一套内在的连贯的规则。在普通法中，没有要求主人对他的仆人承担责任的前提，也没有要求主人对佣人在代理期间的犯罪行为承担责任。代理责任只是作为例外，存在于制定法中。仅以《布来克斯东刑事》制定法为例，其中涉及代理责任的法令与规范包含：（1）1839年《城市警察法令》第4条规定的娱乐场所占有人对酗酒、非行、赌博等行为的容许；（2）1964年《证照法令》；（3）1968年《盗窃法令》第18条规定的法人责任；（4）1974年《工作场所健康与安全法令》第13条对雇主责任的总则性规定；（5）1984年《音像制品法令》第16条有关法人的责任；（6）1985年《计量法令》第82条规定的法人责任；（7）1987年《消费者保护法令》第40条的总则性规定；（8）1988年《道路交通法令》第177条规定的交通工具公司对其员工的责任；（9）1989年《人体器官移植法令》第4条有关法人的责任；（10）1990年《食品安全法令》第20条雇主对雇员出售不合安全要求的食品承担的责任；等等。

为了更好地理解刑事代理责任，还必须注意如下三点。

第一，刑事代理责任与民事代理责任的功能与目的不同。在民法中，雇员对自己实行的不法侵权行为，如盗窃、诈欺、伤害承担责任自不必说，雇主就这些行为承担对受害者赔偿的责任，其理由是，民法中代理责任的功能

---

① J. C. Smith & B. Hogan, Criminal Law : Cases and Materials, Butterworths, 1993, p.246.

在于弥补受害者的损失。但是，刑法的主要功能是惩罚有罪过的行为人，以保护社会秩序和安宁。刑事代理责任的依据是，被告人没有尽到某种责任，以致他人犯罪，所以对他有惩戒的必要。刑事代理责任的实现方式一般是监禁和罚金，可能同时附加吊销证照，这意味着被告失去了从事某种活动的资格。这一点在民事责任中是不存在的。

第二，刑事代理责任与严格责任不尽相同。严格责任与代理责任的相同之处在于，它们都是没有错误的责任。[①]但是，代理责任与严格责任是两种不同的归罪方式。适用严格责任的场合是：只要能证明被告的行为触犯了制定法的禁令，并且被告难以表明他已在最大限度内履行了注意义务，就可以判定他有罪。导致代理责任的场合是：被告的刑事责任是基于他人的行为，通常是雇员的。有时，他承担责任的范围扩展到实行犯故意地不遵守雇主的命令这一场合。[②]如酒吧侍应生不顾酒吧老板的命令，将含酒精的饮料卖给未成年人，老板有时也要承担刑事责任。一般来讲，存在代理责任的场合，往往有严格责任的发生。如雇员向未成年人出售含酒精饮料的，这时对雇员适用严格责任，同时，雇主将承受代理责任。

第三，法人责任与代理责任有密切关联。珀维斯（Purvis）明确指出："法人也应如个体那样承担责任，其场合是当法律对雇主或其他有特定关系的人施加代理责任之时。"[③]法人犯罪中存在替代主体，因为法人是一个组织严密的体系，如果不确认法人责任，往往很难找出真正的责任人。如果一个在职雇员的业务行为构成犯罪的话，那么这个犯罪行为是公司的行为；如果该雇员在主观上有罪过的话，那么这个罪过是该公司的。"公司毫无疑问承担代理责任。"[④]本书同意这种观点，由此也认为法人责任的实质是代理责任。

---

① A. H. Loewy, Criminal Law in a nutshell, West Publishing, 1975, p.120.

② A. H. Loewy, Criminal Law in a nutshell, West Publishing, 1975, p.120.

③ R. N. Purvis, Corporate Crime, Butterworths Pty Ltd, 1979, p.397.

④ Jonathan Herring & Marise Cremona, Criminal Law, Macmilland Press Ltd, 1998, p.89.

（二）刑事代理责任的根据

刑事代理责任制度是社会发展进程中的产物。这种制度远不及民事代理责任制度古老，它在19世纪末仍遭受着法官们的反对。[①]所以这种制度自然就受到肯定或否定两方面的评价。

对于刑事代理责任持否定态度的学者认为，除了对于个体的明显不公正外，对不该受责难的人适用该制度，无疑在制造罪犯，这甚至降低了刑罚的威严。有人还提出这么一种假设："那个值得尊敬的小伙子在这方面犯罪，我为何就不行呢？"[②]但反对的声音似乎太弱，其理由也显得过于单薄。

更多学者则赞成刑事代理责任制度。综合分析，赞成的理由如下：[③]（1）历史上有适用代理制度的痕迹。在古代以色列人中流传着父亲的行为成为对儿子的报应，如父亲要是没有吃酸葡萄，他儿子的牙齿就应排列整齐。有时这种报应不仅仅在宗教理论中有所展示，在世俗惩罚方面也会表现出来。德国人也曾流行过家族内部成员间的相互责任代理。如此说来，原始社会的复仇方式可归结为刑事代理责任的萌芽，如某些原始部落流行一种做法，一个人杀了另一个人的父亲，那么只有以他父亲的性命，而非他本人的性命作为"对价"，才能解决问题。对于杀人者的父亲而言，他无疑承担了代理的责任。（2）在国际法中，也存在一种视个人为国家代表的理论。那么一旦该人的某种行为有罪，也即意味着该国家有罪，由此国家应对那个人的行为承担刑事代理责任。（3）团体责任理论较系统地支持了刑事代理责任理论。其较为合理的根据是，在团体中委以责任，人们将会减少犯罪的实行，或有助于人们告发犯罪。基于这种原因，在一个地方，掌管几百人的人会因发生在该地区的杀人抢劫行为而被处罚金。在当代，集体主义则演变为要求人们团结合作，对犯罪相互通报。（4）刑事代理责任会阻止或威慑犯罪者本

① G. Williams, Criminal Law (2nd), Stevens & Sons Limited, 1961, p.267.

② A. H. Loewy, Criminal Law in a nutshell, West Publishing, 1975, p.121.

③ G. Williams, Criminal Law (2nd), Stevens & Sons Limited, 1961, pp.266–267; A. H. Loewy, Criminal Law in a nutshell, West Publishing, 1975, p.121; Jonathan Herring & Marise Cremona, Criminal Law, Macmilland Press Ltd, 1998, p.85.

人。在英国统治的Transjordan曾制定一种法律：为了有助于司法审判，可以对犯人的亲戚加以逮捕和拘留，直到他们将该犯人交上来。（5）适用刑事代理责任对象的人通常有某些可罚的程度，对他们大多处罚金，并且这类犯罪数量不大。（6）制定法中的应受处罚性是现实的，但要证明被告人是否尽到了注意义务却很困难。如酒店伙计向未成年人出售酒精饮料的行为取得了雇主同意，但在任何具体案件中，证明"同意"要么不可能，要么就很困难。在这种场合，过失都是现实存在的，所以应成为通常准则。（7）出于政策考虑，刑事代理责任对于被告人是适当的。如前述科本诉穆尔一案，就是考虑到有必要敦促那些有众多营业网点的业主履行义务，而不能因为一纸文书就将责任推脱得一干二净。（8）在涉及罪犯只能是证照持有者的案件中，其他刑事责任制度均不足以解决其中的问题，只能求诸刑事代理责任制度。

双方学者对以上两种对立意见各执一词，却未形成激烈的讨论场面。但是，否定论势微不足以说明它一无是处；肯定论势强也不能说它完全正确。在司法中，否定论在一定程度上获得了认同。根据M·P·C法则，"接受无罪过责任，然而其处罚局限于罚金或民事处罚，但在有可能适用监禁的场合则遭到拒绝"①。而肯定论中的理由在团体主义盛行时期，或追溯到原始部落人群中，其立足根据自难以否定；但在现代文明社会，刑法的机能一方面应合乎保护社会的功利需要，另一方面也不能脱离现代刑法理论的内在价值规范。它要注重公平、正义、平等等社会价值的实现，要注重刑罚过程中的人权保障功能。而团体主义的运用对刑法价值构成极大威胁。因此，我们绝不可能期待用这种理论去阐述刑事代理责任的基础。

（三）刑事代理责任成立条件、法则及限制

1.代理责任的成立条件

由于法律规制的功利性与刑法价值谦抑性之间所存在的明显冲突，代理责任成立与否在很大程度上取决于法官的态度。这样，对同一个案件就会出

---

① A. H. Loewy, Criminal Law in a nutshell, West Publishing, 1975, pp.121–122.

现不同法官持有不同观点，不同法庭有不同结论这种现象。如在前述阿伦诉怀特黑德一案中，治安法庭认为被告人并没有注意到事态的发生，因此毫无罪过，所以判他无罪；而上诉法院则认为："经理人的认识就是房屋占有人的认识。"因而判他有罪。[①]特别是在考虑政策要求时，弹性会更大。不过从总体上看，观念差异在实际操作中发生误差所导致的危害不是很大。因为在许多时候，上下级法院之间存在分歧就意味着一种衡平，这种衡平又恰恰是刑事政策的精髓。

2. 适用代理责任的指导理论

依据不同场合，指导运用代理责任的理论有两种：间接实施原则和代理原则。[②]

其一，间接实施原则，认为只要雇员在雇佣范围内实施了某种行为，就可以将这种行为视为雇主的行为，而不考虑罪过。如出售不符合安全要求的食品，在这种犯罪的界定中，如果有某个词是针对雇员的，法庭就可以认为雇员的行为是雇主的行为。只有在特殊的场合才要求雇主有罪过。这时被转嫁的不是罪过，而仅仅是行为。前述科本诉穆尔一案就是适用这一原则进行处理的。

其二，代理原则，与上述原则不同，它多在一些涉及证照的案件中运用。这种原则的要义是，雇员的合法从业行为如果是经过了特别授权，那么雇员从业过程中的非法行为也被认为是一种代理行为，被代理人自然被推断为具有授权该行为的意思。当违法行为发生后，雇主就要承担责任。此时，对罪过要有所考虑。如一个雇员违反营业许可出售白酒，这种行为显然超越了营业执照所许可的范围，但因为雇员接受了雇主的委托，他的行为就成为雇主有意无意的行为，雇主将面临惩罚。但是基于对授权认识的差异，又产生了部分代理与完全代理的划分。如假定雇员在卖酒时，雇主也在店里，并且嘱咐他不要违法售酒，就可以认为雇员在店内只取得了部分代理权，他的

---

① J. C. Smith & B. Hogan, Criminal Law : Cases and Materials, Butterworths, 1993, p.245.

② J. C. Smith & B. Hogan, Criminal Law : Cases and Materials, Butterworths, 1993, pp.243–245.

违法售酒行为并不必然体现雇主的授权。只要雇主证明他不知情就可阻却责任成立。但假若雇主有事外出，不在店里，他吩咐雇员打理店内事务，哪怕事前他交代过不许违规售酒，也无法摆脱刑事代理责任。在这种情形下，该雇主的行为被认为是完全代理行为。

间接实施原则与代理原则既是两种理论，也是两种指导司法实践的规则，它们可以相互代替。如英国曾在一个时期采用代理原则，但后来法律委员会在制订刑法典草案时以间接实施原则替代了它。很明显的是，适用不同原则，归罪结果将大相径庭。

3. 代理责任的限制

传统刑事立法的模式是对犯罪行为及其罪过都作出明确规定，因而有必要对现代刑事代理责任加以限制。这些限制措施分为宪法限制与非宪法限制。①宪法限制主要是通过有权法院依据宪法思想对刑事代理的适用进行合宪性审查。一般来说，下级法院可以勉强接受上级法院依据宪法思想所作的限制犯罪的观点。但是，在英美国家，代理责任确立之后才受到宪法限制，因而有时这种限制就显得缺乏力度。如在宾夕法尼亚州诉科奇瓦拉案（Commonwealth v. Koczwaca）中，酒馆老板因其雇员向未成年出售酒精饮料而被追究责任。当时高级法院认为根据追诉程序，不能适用监禁，于是毫不犹豫地对老板处以罚金。这种处罚很值得怀疑。虽然宪法限制在此没有发挥多大作用，但是我们应认识到宪法限制的必要性。

非宪法限制则是指合议庭直接拒绝无罪过责任，以避免适用代理责任的不现实。法庭认为，除非罪过在立法中明白无误地得以否定，否则就可以反对无罪过责任。而在立法中，差不多从未明确地对代理责任强调过罪过，就是为减少犯罪发生率提供可能条件。在澳大利亚，采用了一个修订的版本，允许被告将适当注意的证明作为肯定性辩护理由。在一些涉及道德沦丧或有现实的监禁可能的场合，追寻罪过的可能性差不多发展为一种必要要求。

---

① A. H. Loewy, Criminal Law in a nutshell, West Publishing, 1975, pp.121–122.

第八章

违法阻却事由

第一节　违法性概述

一、违法性概念及其理论沿革

一般而言，正当化事由使行为不具有违法性。所谓违法性，是指适合于构成要件的行为，不能得到法律的容许。不能得到法律容许的行为是违法行为；反之，是适法行为。刑法中的违法性不同于一般法的违法性，它是判断犯罪是否成立的一个独立要件，“如果将行为当作犯罪成立的第一要素，那么行为的违法性是犯罪成立的第二要素”[①]。将违法性视为犯罪的构成要件之一并予以独立的论述，可以追溯到19世纪后半期。此前，刑法理论一般将违法性当作犯罪的本质内容进行论述。

在刑法学说史上，由于犯罪概念有形式定义与实质定义之分，因此，在理解违法性的本质时，相应地产生了形式违法性论和实质违法性论。形式违法性较易理解，实质违法性却难以把握。在费尔巴哈时代，犯罪的本质被认为是“权利侵害”。后来的实证主义观念扩大了犯罪本质的内涵，将其解释为“法益侵害”。同时，因受黑格尔的客观不法论的影响，客观的违法性说遂成为当时的支配性观点。1867年，默克尔发表了《关于可罚的不法与民事的不法之关系》一文，主张主观的违法性说。同年，耶林发表的《罗马私法上的责任要素》一文中，明确提出客观违法性论，这两种理论共同推进了对违法

① ［日］西原春夫著:《刑法总论》(上卷)，成文堂1994年改订准备版，第123页。

性本质的认识，并形成了主观的违法性论与客观的违法性论之间的对立。在日本刑法理论史上，主观违法论和客观违法论的争议在第二次世界大战前极其猛烈，但战后，由于客观主义在犯罪论中重新奠定了支柱性的地位，客观违法性论遂成为通说。

在客观的违法性论内部，理论分歧也很明显，有的将违法性实质求之于法益侵害及其危险，据此形成法益侵害说；有的将违法性实质求之于社会伦理规范的违反，因而形成伦理规范违反说。法益侵害说根据外在的、客观的法益侵害及其危险，判断违法性，进而形成了作为因果的违法论或者物的不法论的结果无价值论；伦理规范违反说根据目的行为论，形成了重视人的不法的行为无价值论。

但上述观点并不是绝对的，它们只不过是从不同方面解释违法性的本质。随着理论的发展，现在很多学者倾向于采取二元论（折中说）来解释违法性，所以，以下几种做法已经获得相当多的学者的认可：第一，综合考虑结果无价值和行为无价值。第二，法规范只以人的行为为对象，其中的评价规范和决定规范具有决定违法性和责任的双重作用。第三，违法性判断的基础是客观的，但是其判断对象并非限于客观要素。第四，采取人的不法论。[①] 由上述四个方面可见，二元论在客观主义的理论基础上，吸收了主观主义理论的合理内核，它能较为合理地解释违法性的本质。

二、违法性本质学说

（一）形式的违法性论与实质的违法性论

形式的违法性论与实质的违法性论，是基于违法性判断的着眼点不同而分立的理论。这是传统的分类方法。

1. 形式的违法性论

形式的违法性论着眼于具体的实定法的规定，认为某种事态违反了实定

---

① ［日］奥村正雄：《结果无价值和行为无价值的对立之构造——自行为无价值的立场》，载日本《现代刑事法》1999年第3期。

法的秩序，或者说违反了法律的禁止或者命令，就是违法。概言之，凡行为适合刑法本条的构成要件且没有正当化事由的，就是违法。

2. 实质的违法性论

实质的违法性论着眼于抽象的法理念或目的，认为特定的事态违反了社会共同生活的目的就是违法。所谓违法，被认为是侵害或威胁法规范所保护的共同生活利益、秩序。至于什么是规范所保护的共同生活利益或秩序，有关解释大不相同，其中有社会规范说、文化规范说、公共秩序及善良风俗说、道义秩序说等观点。基于法理念的精神，实质的违法性论者后来还提出了可罚的违法性概念。

理论上通常承认实质的违法性与形式的违法性之间的区别。一般认为，形式的违法不是宪法上的概念，它违反的是刑法实定的法秩序；而实质的违法性是从实定法的外部寻求违法性的判断根据。二者的结论是不同的，如对所谓的"超法规的违法阻却事由"，形式的违法性论认为是违法的，而实质的违法性论却不一定认为是违法的。但是，也有一些学者，如贝林等，主张不应区分这两种违法性，并认为形式的违法性考察的是构成要件阶段的违法问题；实质的违法性考察的是违法论阶段的问题，它们实际上是一致的。①近些年，为了避免区分上的误导，就以"适合于构成要件的行为"取代形式的违法性，以"不具有正当化事由且适合于构成要件的行为"解释实质的违法性。

（二）主观的违法性论与客观的违法性论

主观的违法性论与客观的违法性论的对立，根据的是判断违法性要素的不同。

1. 客观的违法性论

客观的违法性论认为，法规范在本质上是评价规范，规定国家所欲保全并维持的客观共同生活秩序，所以，凡是与法相矛盾的事项，不问发生的原

---

① 参见［日］山中敬一著：《刑法总论 I》，成文堂1999年版，第383页。

因，也不管是人的行为还是自然现象，更不问是不是有责任能力者的行为，都是违法的。主观的违法性论认为，法规范的本质是命令或禁止规范，它通过“受命者”的意思活动（包含使注意力紧张的活动），以保全并实现一定的利益或秩序。所谓违法，是违反命令或禁止规范。因而“受命者”必须能够理解法规范，否则，法规范不能产生效果。换言之，即只有有责任能力者违反法规范，才是违法。“无责任即无违法。”

2. 主观的违法性论

主观的违法性论与客观的违法性论的区别大体有：其一，主观违法性论以法规范具有“意思决定”的作用为基础，认为法规范的根本机能在于意思决定，所以，受命者必须具有理解法规范的内容及其意义的能力，进而依据自己的理解决定行为，因此违法者只能是具有责任能力的人。而客观违法性论将法规范解释为“评价规范”，认为法规范的重要作用是“评价机能”，一定的事态是否违法，仅仅取决于它是否与法所规定的共同生活秩序相违背，从而，无论有无责任能力者的行为，都可以作为违法判断的对象。其二，主观违法性论强调“违法”与“责任”的一体性；客观违法性论认为，在理论上违法性先于责任，主张将两者区别开来。其三，主观违法性论主张法规范必须有受命者，且此受命者须具备责任能力；客观违法性论主张法规范并不顾虑行为人有无责任能力，而是在一般层面上作出规定，所以提倡“责任是主观的”和“违法是客观的”。

客观违法性论不考虑违法的主体性要素，是不妥当的，理由是：第一，从判断的对象上看，正如日本学者西原春夫所说的，法（特别是刑法）应当被认为是约束人的“行为”的规范，它只以人为规范对象，而不以动物、自然现象为规范的对象。而且对于人来说，也不是约束人的意思或者思想本身，而是他的行为，即基于意思支配可能的、人的外部态度。这是评价违法性本质时不可忽视的。[①]因此，违法的评价对象只能是人的行为而不包括非人的事件。第二，从违法的内容看，违法不仅是由于否定或者反对法规

---

① 参见［日］西原春夫著：《刑法总论》（上卷），成文堂1994年改订准备版，第125页。

范，而且因为它产生了为社会所不能容许的法益侵害，因此，违法的内容不仅由行为破坏或者危害了被法律所保护的行为客体所决定，而且要由行为实施的方式和方法决定。[①]第三，从个人的构成要素的作用看，个人特征必须被视为违法的组成部分，因为一方面客观的主体特征属于个人的行为违法性内容，如特殊主体的身份和义务，属于构成不法的要素；另一方面主体的主观违法要素也是行为违法性的内容，如“故意作为直接针对规范命令（Normbefehl）的行为意志，是个人行为不法的核心”[②]。此外，如过失、目的等都具有类似的作用。

如果承认主观违法要素，就要先确定存在故意或者过失，可是，之后还得在责任阶段判断作为故意、过失前提的责任能力。可见，主观违法性论在德日犯罪论体系中亦难以自圆其说。

（三）行为无价值论与结果无价值论

行为无价值论与结果无价值论的对立，根据的是违法性判断的对象和基础的不同。

1.结果无价值论

结果无价值说认为，刑法规范是为了保护一定的法益而设定的，所以，刑法规范或刑罚规范具有保护法益的意义。适合于一定的构成要件的行为，对某种法益造成了侵害，即犯罪所表现的外部行为和行为所产生的实害，显示了其结果的无价值性。因而，刑事责任的基础是结果无价值。刑法的机能、任务在于防止对法益的侵害或危险，而不是维护社会的伦理秩序。刑法上的法益，由于是立法者确定的、由刑罚加以保护的一定生活利益，它在实定法之前就存在，包含着实定法的价值判断，但与宗教、政治、伦理的价值有所区别，从而，刑罚制裁被认为是以报应为原理的。结果无价值论在日本有一

---

① 参见［德］汉斯·海因里希·耶赛克、托马斯·魏根特著：《德国刑法教科书·总论》，徐久生译，中国法制出版社2001年版，第295页。

② ［德］汉斯·海因里希·耶赛克、托马斯·魏根特著：《德国刑法教科书·总论》，徐久生译，中国法制出版社2001年版，第298页。

定影响，其中有将判断的对象限于非主观性要素的纯结果无价值论，还有例外地肯定未遂的故意等主观性违法要素的修正的结果无价值论。根据前种理论，违法意味着客观上的法益侵害，行为的意图、目的、心情、故意或过失等主观性要素，以及行为人承担的义务、行为的形态等，对不法没有影响。[①]结果无价值评价内容包括：第一结果无价值，即法益侵害。第二结果无价值，即法益危险化。第三结果无价值，法益平稳状态的扰乱，[②]为了说明未遂的可罚性，该说提出，结果无价值不仅包含法益的侵害，还包括法益侵害的危险。但根据通说所谓的“行为的客观的、外部的要素决定不法，主观的、内部的要素决定责任”观点，在未遂犯中，故意是违法要素，而在既遂犯的场合依然是责任要素，这难免形成不统一的标准。此外，关于主观方面，对过失犯也不能给予合理说明。所以，一元的结果无价值说，作为政策上的主张，其出发点是正确的，但是在刑法解释上的理由很勉强。而后种理论扩张了法益的含义，有导致“法益概念的精神化”的倾向。[③]

2.行为无价值论

行为无价值论是根据目的行为论展开的。威尔哲尔提出：“人的行为，是遂行目的活动，因此，行为是‘目的的’事象，而不单是‘因果的’事象。”结果，违法性被理解为：“对一定的行为人有关的行为的非认”，不法是“与行为人有关的‘人的’行为不法”，“法益侵害（结果无价值），仅仅在人的、违法行为（行为无价值）中才具有刑法意义。”[④]这在德国获得了基本承认，并成为行为无价值展开的基点。行为无价值是指行为脱逸了社会的相当性，违反了社会历史所形成的社会共同生活秩序。[⑤]而犯罪是由于行为

① 参见［日］山中敬一著：《刑法总论Ⅰ》，成文堂1999年版，第388—389页。

② 参见［韩］金日秀、徐鹤辅著：《韩国刑法总论》，郑军男译，武汉大学出版社2008年版，第237页。

③ 参见［日］佐久间修著：《刑法讲义·总论》，成文堂1997年版，第161页。

④ 转引自［日］清水一成：《行为无价值和结果无价值》，载阿部纯二等编：《刑法基本讲座》（第3卷），成文堂1994年版。

⑤ ［德］汉斯·海因里希·耶赛克、托马斯·魏根特著：《德国刑法教科书·总论》，徐久生译，中国法制出版社2001年版，第310—311页。

人的行为违反了法的基本价值，刑法对其评价的内容包括：[1]（1）客观的行为要素。不单要注重侵害的方向和客体，还要注重行为形态，即对于犯罪的评价，除了包括违法结果之外，还应当关注行为的形态。（2）客观的行为人要素，如身份或者正犯。（3）主观的行为要素，如故意、过失、行为人的主观态度，或者说人格的无价值性，如性格、人格、动机等主观性要素。犯罪行为不过是行为人的性格或者人格的表征。因而，刑法具有积极的、社会伦理的性质，它不仅要保护法益，还要对于犯罪人进行特别预防，使之再社会化。根据行为无价值论，刑法的基本思想是保护社会的伦理等价值。而结果无价值论不足以表现刑法的上述道义性格。对于过失犯，该说给予了和故意犯不同的解释，认为对追求某种目标的必要行为可以进行选择的行为人，在法秩序要求他在行为之际不对目标之外的法益发生侵害时，却由于不注意而惹起了结果，是因为这种过失违反了前述命令，实施了不适当的行为，此时，行为自身的无价值性决定了不法的内容。该行为的无价值，是和结果无关而独立存在的。但是，刑法不能处罚所有的不注意行为，而要以一定的结果无价值作为条件。因此，在过失犯的场合，结果无价值对于从不注意的行为中选择具有刑法上重要的行为，不过具有限制的意义，它仅仅是客观的处罚条件，[2]而不能在理论上和行为无价值具有同等地位。不过将结果无价值仅仅当作客观处罚条件的彻底的行为无价值的一元论，在德国只是少数说。

3. 危险无价值论

少数学者在行为无价值和结果无价值之外提出危险无价值，其理由是，行为无价值和结果无价值的划分，在理论上是有用的，但过于单一，需要更严密的分析。当结果没有发生的时候，就不能根据结果无价值论，从而行为无价值论有存在的余地。但刑法的重要任务，仅仅限于保护法益，所以，应当以结果无价值作为违法性的中核。基于这样的道理，当发生结果的客观危

---

① ［韩］金日秀、徐鹤辅著：《韩国刑法总论》，郑军男译，武汉大学出版社2008年版，第236页。

② 参见［日］山中敬一著：《刑法总论Ⅰ》，成文堂1999年版，第387—388页。

险具有不法的含义时，对此应称为危险无价值。它可进一步分为抽象的危险行为无价值和具体危险发生时的危险结果无价值。[①]这种划分说明了结果无价值的不充分性，但如果依据通常的观念，将抽象危险用行为无价值、具体危险用结果无价值进行消解的话，危险无价值就没有立足的余地了。

（四）二元论

综合以上理论，仅仅根据行为无价值论或者结果无价值论解释违法性本质，属于一元论。一元论实际上是很难全面说明违法性本质的。以客观的违法性为基础，综合考虑行为无价值和结果无价值，以说明违法性的二元论，于是成为通说。如藤木英雄提出，违法性应当从行为无价值和结果无价值两个方面综合判断。大塚仁也说道："无视结果无价值，不可能论述刑法中的违法性。行为无价值是以结果无价值为前提的。由于结果无价值所显示的情形中的刑法意义更明确，所以应当合并考虑。"[②]今天在日本理论中的行为无价值论，实际上是折中理论，属于二元论。运用二元说比结果无价值论更能限制处罚范围。例如，在偶然防卫的时候，由于欠缺结果无价值，所以欠缺违法性，从而不能达到处罚的目的，但根据二元说却可以处罚它。正如佐久间修所说的：由于二元论"在正当化的场合存在，不仅结果无价值，而且行为无价值应当被排除，在此限度中，就产生了扩张违法行为的范围的效果"，所以，在违法性阻却的场合，"行为的结果无价值的要素，立足于客观上所发生的符合构成要件的结果之上，为求其正当化，必须还存在超越结果无价值的行为（有）价值的意义，两者要同时具备"[③]。野村稔也认为，行为无价值是判断法益侵害的不可缺乏的标准，即"行为无价值论和结果无价值论在很多方面具有不同的结论，我认为有必要分别讨论刑法的目的、任务和违法的判断形式。由于刑法的任务应被视为生活利益的保护，后者基本上是正确

---

① 参见［日］山中敬一著：《刑法总论Ⅰ》，成文堂1999年版，第387—388页。

② 转引自［日］清水一成：《行为无价值和结果无价值》，载阿部纯二等编：《刑法基本讲座》（第3卷），成文堂1994年版。

③ ［日］佐久间修著：《刑法讲义·总论》，成文堂1997年版，第161页。

的，但是，法益侵害的危险不是客观的危险性或者作为结果的危险，而是作为行为属性的危险性，应当解释为是在行为当时以一般人的判断为基础的危险性，因此，行为时的主观的、客观的事实应当成为判断的资料”①。

一元说过于抽象，为了限制和指导一元说，金德霍伊泽尔提出了三个限制原则：一是受害人答责原则，即凡属于受害人管辖之内的风险引起的结果，行为就具有正当性；二是受害人利益的把握原则，即立足受害人的立场，只要行为对其有益，或者至少是可以接受的，那么行为就是正当的；三是最低限度的团结原则，即为了保护他人或者公共明显更大的利益，即便行为侵犯某个受害人的利益，也是正当的。②

（五）法益侵害说和伦理规范违反说

法益侵害说和（社会）伦理规范违反说，主要是根据刑法的目的和任务的不同而在实质的违法性内部展开的对立观点，可以说它们分别是结果无价值和行为无价值在实质方面的基本内容。

1.法益侵害说

法益侵害说，可以追溯到费尔巴哈的权利侵害说，后来经过改造并为李斯特所普及而成为有深远影响的观点。该说主张违法的实质是：“法益的侵害或者危险，在与规制共同生活的法秩序相矛盾的场合”（李斯特）；“生活利益的侵害（或者危险）”（泷川幸辰）；“对法益的侵害或者威胁”（佐伯千仞）；“法益的侵害及其危险”（前田雅英）。

法益概念具有流变性、开放性、发展性和经验性。③迄今为止，还没有一个统一的法益概念。我们只能在宪法秩序内根据历史和社会的变化，用开

---

① 转引自［日］木村光江：《结果无价值和行为无价值的对立之构造的意义和机能与范围——自结果无价值的立场》，载日本《现代刑事法》1999年第3期。

② 参见［德］乌尔斯·金德霍伊泽尔著：《刑法总论教科书》，蔡桂生译，北京大学出版社2015年版，第153页。

③ ［德］克劳斯·罗克辛著：《德国刑法学（总论）》（第1卷），王世洲译，法律出版社2005年版；［韩］金日秀、徐鹤辅著：《韩国刑法总论》，郑军男译，武汉大学出版社2008年版，第141页。

放的态度确立法益的形象。

2.伦理规范违反说

该说也称规范违反说，它由来于宾丁格的规范说。该说认为违法的实质是，“违反了比刑罚规范在逻辑上先行的不成文的规范”（宾丁格）；“违反文化规范”（M. E.迈尔）；“违反国家法秩序的精神、目的”（小野清一郎）；违反法秩序的“基础的社会伦理规范”（团藤重光）；“违反国家、社会的伦理规范”（大塚仁）。[①]伦理规范违反容易导致法律道德化的问题，所以伦理规范违反说也存在争议。

3.折中说

法益侵害说以法益的侵害或者危险状态作为法规范的对象，就不能从法规范的对象中排除自然现象和动物的行动，必将认为打雷、地震引起的灾害是违法的。这种结论和法规范的本质是不符合的，所以不妥当。另外，如果不考虑法益之外的因素，也会得出不恰当的解释论，如在日本刑法中，制作虚伪文书罪和公证文书原本不实记载等罪的法益侵害性是相等的，但前者以公务员为犯罪主体，比以一般人为犯罪主体的后罪处罚重，说明必须重视法益之外的因素。[②]

相对而言，规范违反说和违法性的本质是相符合的。但是，当没有法益侵害或者法益侵害的危险时也承认违法性，将导致伦理和刑法的关系过于密切，可罚的范围不明确，容易产生将只和国家的立场不合的行为当作违法的解释。[③]而且在解释论中，伦理规范的基本观点，如“对国民的现实的反道义的行为，根据刑法的报应，显扬并明确证明了道义”（小野清一郎）；“对社会生活所必要的、最小限度的道德规范，有必要通过法律强化之。在该限度内，道德规范归结为法规范”（团藤重光），并将社会伦理作为违法性、责任、刑罚的基础等观点，被平野郎批判为有陷入社会伦理主义、招致刑法伦

---

① 参见［日］山中敬一著：《刑法总论Ⅰ》，成文堂1999年版，第383—384页。

② 参见［日］西原春夫著：《刑法总论》（上卷），成文堂1994年改订准备版，第126页。

③ 参见［日］西原春夫著：《刑法总论》（上卷），成文堂1994年改订准备版，第127页。

理化的可能。[①]这个缺陷受到了主张二元的人的不法论的川端博、将行为自身的违法性和结果的违法性并列考虑的野村稔以及重视行为无价值的井田良等学者的关注，他们在强调各种各样的法益保护论时，都试图摒弃伦理主义。

鉴于上述问题，现在于法益侵害说和伦理规范违反说之间采取的折中观点很多。基于各自侧重点的不同，折中说由于重点不同而有分歧。

（1）基于法益侵害的伦理规范违反说。

基于法益侵害的伦理规范违反说，是违法性二元论中的通说，它以法益侵害为必要前提，和结果无价值论立足于共同的基础，即在结果无价值的判断基础上，衡量被侵害的法益，并综合考虑行为动机、目的、手段以及其他具体要素，只有当该法益侵害违反了社会伦理规范时，才能认为是实质的违法性。如大塚仁认为，违法性的实质是违反国家、社会的伦理规定，即以侵害、威胁法益的存在为前提，判断该行为是否违反了具体的国家、社会伦理规范。如在被害人承诺中，即使有承诺，但如果不具备社会的相当性，承诺的动机和目的为社会伦理所不容许时，也是违法的。[②]西原春夫认为，违法性的实质，首先应当从法益侵害的趣旨中引出，但是，不能完全根据法益侵害及其危险衡量刑罚，而要立足于当时主导的社会伦理秩序，根据一定方法进行无价值的衡量，即应当根据行为违反社会伦理规范的方法和程度，在有法益侵害和危险的场合认定违法性。由于规范是为了保护法益的，所以，没有惹起法益侵害或者危险的行为，不能认为违反了规范，但有法益侵害或者危险的时候，也能认为没有规范违反。[③]佐久间修认为："被评价为违法的行为，在侵害或威胁作为生命、身体以及财产等社会的利益的'法益'时，只要违反国家承认的行为规范，就必然具备行为无价值性。"[④]

① 参见［日］奥村正雄：《结果无价值和行为无价值的对立之构造——自行为无价值的立场》，载日本《现代刑事法》1999年第3期。

② 参见［日］奥村正雄：《结果无价值和行为无价值的对立之构造——自行为无价值的立场》，载日本《现代刑事法》1999年第3期。

③ 参见［日］西原春夫著：《刑法总论》（上卷），成文堂1994年改订准备版，第126页。

④ ［日］佐久间修著：《刑法讲义·总论》，成文堂1997年版，第161页。

（2）基于行为无价值的法益侵害说。

基于行为无价值的法益侵害说，是从结果无价值论中发展而来的，它是以行为的无价值为前提，进而衡量有无法益侵害或者危险。如日高义博认为，应当将法益保护作为重点考虑，理由是：刑法的作用是为了保护人类生存的最低限度的条件，这要求以保全法益为根据的理论构成。作为处罚对象，伦理规范的违反并不是很突出，从经济刑法、行政刑法中可看出这一点。[①]

（3）二元的人的不法论。

二元的人的不法，由来于对物的不法和人的不法的分析，认为重视行为无价值容易形成人的不法论；重视结果无价值则容易形成物的不法论。其理由在于：行为无价值论强调行为，重视行为人的主观，因此，当行为人实现了某种客观的事实，在对行为人进行违法性判断时，是无视行为人的主观事实还是考虑行为人的主观事实，其结果是大不相同的。[②]“由于法是调整人和人之间关系的，必须立足于作为全体的法秩序的立场评价各种各样的正当性，在这点上，不仅结果的侵害性，而且意思操纵的方向、意思的操纵可能性也是行为的违法性评价时应包含的。这意味着，作为违法性评价对象的行为，不是身体的动静，而是有意思的表动及其目的和相当因果的结果。”[③]人的不法论就是要体现重视行为人的主观事实这一要求。

人的不法论认为，表现行为人主观态度的外部身体动静具有法的意义，故意、过失对发生法益侵害结果的确定程度具有重要的差别，因此，在对结果进行评价时，必须考虑到这些主观性的因素。二元的人的不法说和基于法益侵害的伦理规范违反说的不同在于，前者是从违法论出发，排除“社会伦理规范”的要素，认为主观性因素对于结果无价值有影响，对行为的规范违反性没有影响。进而，其责任理论不是道义责任论，而是以破坏了法秩序所

---

① 参见［日］川端博、曾根威彦、日高义博：《结果无价值和行为无价值》，载日本《现代刑事法》1999年第3期。

② 参见［日］川端博著：《违法性的理论》，成文堂1990年版，第7—8页。

③ ［日］川端博著：《违法性的理论》，成文堂1990年版，第70页。

确保的价值秩序、具有法益侵害、危险的违法行为为根据，追究责任的法的责任论。[①]如川端博认为，不能从义务的违反性上把握行为不法，即“①刑法的任务是保全国家生活上被认为重要的‘价值’（法益），该‘价值’不限于社会伦理的因素。②所以，不法的核心是‘价值’秩序的破坏或者侵害，而不是‘社会伦理秩序’。③即便不根据目的行为论，也能将故意、过失理解为一般的主观违法要素，并赞同人的不法论。”[②]

本书认为，人的不法论将主观性内容作为法的评价对象，似乎比较客观、公允，可是，主观性要素不是刑法规制的对象，特别是将故意和过失作为构成要件的内容后，在违法性中，故意和过失往往不再是违法性的评价要素，而是违法类型的要素。而且，在缺乏社会伦理秩序时，不可能对行为的违法进行实质性的解释，即便在经济刑法和行政刑法中，在司法解释上可以认为不需要该秩序，但是，其立法的理由还是存在于社会伦理秩序之上。从这个意义上，基于行为无价值的法益侵害说也不是很有说服力的观点。

基于法益侵害的伦理规范违反说的具体理由在于：（1）它可以解释故意和过失之间的刑罚区别，例如杀人罪和过失致死罪侵害了相同的法益，但违法性的程度不同，故意犯比过失犯要更严重，所以前者的处罚较重；（2）它适合社会的价值、利益的现实情形，特别是当今社会结构很复杂，价值或者利益多元化，许多法益之间的关系纠缠难清，如果仅仅根据法益侵害说，往往很难分析违法性；（3）它保证刑法的有效机能的发挥，因为如果将所谓刑罚的道义非难具体化，就会认为刑法是防止法益侵害，但实际上，刑法不可能将所有的法益侵害作为刑法评价的对象。而社会伦理规范和法益侵害融合在社会伦理秩序的范围内，只有脱逸社会的相当性的法益侵害或者危险才能被认为是实质的违法；（4）故意、过失、行为目的、动机、内心状态等主观

---

① ［日］奥村正雄：《结果无价值和行为无价值的对立之构造——自行为无价值的立场》，载日本《现代刑事法》1999年第3期；［日］大塚仁著：《刑法概说·总论》，冯军译，中国人民大学出版社2003年版，第303页。

② 转引自［日］木村光江：《结果无价值和行为无价值的对立之构造的意义和机能与范围——自结果无价值的立场》，载日本《现代刑事法》1999年第3期。

性的要素，由于对法益侵害、社会相当性有相当的影响，所以应作为违法要素；（5）刑法中关联者的目的、心理构造、义务违反等人的要素，由于对行为的违法性也有影响，当然要视为违法要素；①（6）它适合社会科技发展的现实情形，尤其是在被容许的危险中，如在工业社会，工厂、矿山的生产、汽车、列车、航空器的运行等难以穷计的行为，对人的生命、健康有相当的危险性，但是，如果以有危险为由禁止这些行为活动的话，社会发展就会停止，因此，对法益有危险的行为，即使事实上发生了伤亡事故，但作为“被容许的危险”或者有“社会的相当性”，而被视为适法行为。②可见基于法益侵害的伦理规范违反说，以法益侵害为必要前提，和结果无价值论立足于共同的基础，即在结果无价值的判断基础上，衡量被侵害的法益，并综合考虑行为动机、目的、手段以及其他具体要素，只有当该法益侵害违反了社会伦理规范时，才能认为具有实质的违法性，这对于违法性的阐述是比较全面的，也较为可取。

三、违法的要素

（一）客观的违法要素

由于构成要件是违法的类型，所以构成要件的客观要素，原则上是客观的违法要素。违法性的判断，往往是具体的、非类型的判断，不属于符合构成要件的事实也可能成为其对象。法益侵害、危险的程度、行为的手段、方法、行为形态等也是违法要素，而且关于违法性阻却事由的要素，如被害人的承诺，在消极意义上也成为违法要素。但关于客观的处罚条件，有的认为是违法要素；有的则认为，客观处罚条件是以国家的政策为基本理由的，它与违法性和责任没有直接关系，不属于客观的违法要素。③

① 参见［日］奥村正雄：《结果无价值和行为无价值的对立之构造——自行为无价值的立场》，载日本《现代刑事法》1999年第3期。

② 参见［日］松宫孝明著：《刑法总论讲义》，成文堂1999年第2版，第93页。

③ 参见［日］大谷实著：《刑法讲义总论》，成文堂1996年补定4版，第247页。

（二）主观性的违法要素

主观的要素可以为违法的要素，在主观的违法性论看来是不言自明的，但是对于客观的违法性论则未必如此。鉴于特殊情形下不得不在违法性中考虑主观要素，所以，客观违法性论最终不得不修正自己的观点，有限度地接受主观违法性论的见解。

最早表明主观要素与违法性有关联的，是德国学者H. A.费舍尔，其后数年，黑格尔提出客观违法性论，他在《犯罪论体系的研究》一文中承认主观的违法要素，提出“并非一切之主观的要素皆属于责任；同时，属于违法性者，亦非仅客观的要素”[①]。这对于确立主观的违法要素是功不可没的。几乎同时，M. E.迈尔赞同“主观的违法要素”。麦兹格尔在1924年和1926年连续发表两篇论文，对于主观违法要素进行系统研究，他认为，行为人的意思内容分为“外部行为的单纯意欲”和“有外部行为含义的意欲”，前者对法益侵害没有任何影响，属于责任的要素；后者是超越了单纯内心意欲的一定附随的精神现象，属于违法要素，其实如表现犯、倾向犯、目的犯。[②]这些研究促进并巩固了主观要素在违法论中的地位。如今，大多数学者都承认主观性的违法要素。

故意、过失对行为的违法性有很大影响，所以将其视为一般的违法要素的主张越来越有力。但是需要指出的是，过去的一般观点主张客观违法性说，认为违法要素以客观要素为原则，以主观要素为例外，反对将一般的主观要素如故意、过失视为违法要素。此外，目的犯的目的、倾向犯的主观倾向和表现犯的心理过程，被认为是特殊的主观违法要素，以下进行简要介绍。

1.表现犯

表现犯指行为表现了行为人内心状态的犯罪，有积极和消极两种类型。

---

① 转引自洪福增著：《刑法理论之基础》，台湾刑事法杂志社1977年版，第366页。

② 参见［日］浅田和茂：《主观的违法要素和犯罪论——自结果无价值论的立场》，载日本《现代刑事法》1999年第3期。

（1）积极表现犯，典型的是伪证罪。根据主观说，伪证罪中的“虚伪的陈述”是违反本人记忆的陈述，行为人的主观记忆内容具有判断基础的意义，因此成为主观的违法要素。根据客观说，如果“虚伪的陈述”和客观事实不一致，行为人的记忆内容是故意的问题，不影响违法性判断；如果违反记忆的陈述和客观事实相一致，则不符合构成要件。可见，主观说认为违反记忆的陈述对国家的审判有危害；但客观说认为，从事后看和客观事实相一致的陈述对国家的审判没有太大的危害。（2）消极表现犯，典型的是日本刑法中取缔爆炸物的罚则中的“不告知”。认识一定的犯罪事实却不告知的，构成犯罪。有无犯罪事实的认识，如果成为违法判断的基础，也成为主观的违法要素。但是全面的否定论认为，形成告知义务的客观事实是不告知罪的构成要件要素，而对犯罪事实的认识属于对构成要件的认识，是责任中的故意要素。

2. 倾向犯

所谓倾向犯，指一定内心倾向决定违法性成立与否的犯罪。倾向犯的典型，是公然猥亵罪、强制猥亵罪（如日本刑法第174条、第176条的规定）。在该罪中，性的意图是不可欠缺的，如用手触摸女性阴部的行为，只有具有性的意图，才能构成违法犯罪。而如医师为了诊治女性病人，触摸其阴部的，就不构成违法犯罪。可见，行为人的内心意向左右着违法，因此成为违法的要素。

3. 目的犯

目的犯指以一定的目的决定违法性成立与否的犯罪。目的犯包括：（1）以一定的结果为目的的犯罪，如日本刑法的内乱罪，要求具备“以扰乱宪法所规定的统治的基本秩序为目的”；（2）以之后的行为为目的的犯罪，如通货伪造罪（如日本刑法第148条），基于“行使的目的”而伪造是必要条件。[①]

---

① 参见［日］高桥则夫：《主观的违法要素和违法论——自行为无价值论的立场》，载日本《现代刑事法》1999年第3期；［日］浅田和茂：《主观的违法要素和犯罪论——自结果无价值论的立场》，载日本《现代刑事法》1999年第3期。

四、可罚的违法性论

（一）概说

所谓可罚的违法性，是指行为的违法性程度必须适合于刑罚的质与量，才具有可罚性。可罚的违法性是用来限制成立犯罪条件的违法性评价，以区别于民法或其他法领域上的违法性。可罚的违法性论，应合了古罗马法中“法官不管琐事”（De minimis non curat lex）的思想。可罚的违法性观念，最初由日本的宫本英修所倡导。他以明治43年10月的“一厘事件”为契机，[①]提出“对于某种行为成为犯罪，首先要评价为对法律上一般规范的违反，并且必须认为在刑法上是可罚的”，[②]这奠定了以被害法益轻微阻却可罚性的根基。其后数十年内，可罚的违法性论虽经佐伯千仞的大力提倡，却未能受到重视。但1976年10月26日的“中邮事件”和1979年4月2日的“都教组事件”，使可罚的违法性论出现了转机，并成为理论上的重大问题，得到了多数学者的肯定与重视。应该说，可罚的违法性理论与战后日本社会政治、经济和文化现实是分不开的，即“战后的特点，是新宪法所保障的思想、信仰自由、学术自由、表现自由、劳动基本人权和刑罚法规的矛盾、紧张关系，即便在裁判中也有争执，所以，在判例和学说中，各种形式和内容的违法论得到了充分展开”[③]。

（二）可罚的违法性的地位

可罚的违法性论是在违法性判断中形成的理论。关于它在刑法中的地位，有的认为是超法规的阻却处罚事由，有的认为是构成要件符合性阻却事

---

① 一厘事件：受政府专卖局委托的烟草栽培人（被告人），应当将所生产的烟草全部卖给政府，但是，他将其中的一枚——按当时的市价值一厘金——留下来了。由于他违反了烟草专卖法而受到起诉。明治43年10月11日，大审院以被告人的所为过于琐碎为由，认定其无罪。

② 转引自［日］大塚仁著：《犯罪论的基本问题》，有斐阁1982年版，第150页。

③ ［日］生田胜义：《可罚的违法性》，载［日］阿部纯二等编：《刑法基本讲座》（3），法学书院1994年版，第37页。

由，有的认为是违法性阻却事由。[①]考虑到违法性在公法和私法中具有共通性，因此自然要从法秩序的整体出发进行违法性判断；但由于不同部门法的目的和效果有区别，违法性的程度也不一致，因此违法性表现出相对性的色彩。刑法中的刑罚是严厉的法律后果，所以，刑法中的违法，是法秩序中与刑罚制裁相对应的违法，在量上重于其他违法，在质上必须是适合刑法制裁的违法。[②]

第二节　违法性阻却事由

一、违法性阻却事由的概述

违法性阻却事由，也称为正当化事由，是指行为即使合乎形式的构成要件，但有排除违法性根据的事由。[③]违法性阻却事由通常分为两大类：一是法规中的违法性阻却事由，包括正当防卫和紧急避难；二是超法规的违法性阻却事由，主要是刑法法规没有规定，但被认为是正当的行为，如被害人的承诺等。

不过上述两种事由的界限有时候并不明确。如在日本刑法理论中，对于日本刑法第35条中“依照法令或者基于正当业务而实施的行为”的属性，存在不同的看法，有的认为它是法规中的正当化事由（如山中敬一）；有的认为它是超法规中的正当化事由（如大谷实）。本书认为，既然“依照法令或者基于正当业务而实施的行为”已经为刑法确定规定为不处罚，所以不妨认为它们是法规中的正当化事由。

---

① 参见［日］佐久间修著：《刑法讲义·总论》，成文堂1997年版，第165—166页。

② 参见［日］大谷实著：《刑法讲义总论》，成文堂1996年补定4版，第252页。

③ 参见［日］木村龟二主编：《刑法学词典》，顾肖荣等译，上海翻译出版公司1991年版，第175页。

二、大陆法系违法性阻却事由的一般原理

违法性阻却事由之所以被正当化，就其基本法理有如下几种学说：[①]

（一）一元说

将违法性阻却的原理求诸一个统一的理由，就是一元说，它主要包括四种：（1）目的说，认为符合构成要件的行为，如果存在立法者所承认的、达到正当目的的正当手段，就要作为正当化的事由。（2）价值衡量说，将价值衡量（Wertabwägung）作为正当化的原理。而在应当被衡量的价值中，不仅包含法益，而且包括国家、司法、家族等社会关系。（3）社会相当性说，认为在历史上形成的社会伦理秩序之框架内的行为，即便侵犯了法益，也不违法。根据社会相当性说，对于没有法益侵害的行为，不问社会相当性的有无，应阻却违法性。（4）法益衡量说，该说认为，当存在法益冲突的时候，如果牺牲价值小的法益可以保全价值大的法益的话，那么行为就是正当的。

在西方法理学中，还有一种"法外空间说"。所谓"法外空间"，是介于合法性和违法性之间的、法律不予以评价的事由。"法外空间"所涉及的行为，与法律相关，且为法律所规范，但是它们既不能被评价为合法，也不宜被评价为违法。例如，有名的"卡尼德斯（Karneades）的木板"事件、自杀等。菲利普斯认为："法外空间属于不禁止的规范领域，然而并不可由此导出允许，或者——同值的——属于非不允许的领域，同样地，它并非允许的。"[②]"法外空间说"建立于宽容的、多元文化的、风险社会的理想中。本书赞同"法外空间"的概念，认为适法行为不能仅仅指称合法行为，还包括

---

① 除特别注明外，参见［日］山中敬一著：《刑法总论Ⅰ》，成文堂1999年版，第404—407页；［韩］金日秀、徐鹤辅著：《韩国刑法总论》，郑军男译，武汉大学出版社2008年版，第261页；［日］关哲夫著：《讲义刑法总论》，成文堂2015年版，第154页；［意］杜里奥·帕多瓦尼著：《意大利刑法学原理》（注评版），陈忠林译，中国人民大学出版社2004年版，第158页。

② 参见［德］考夫曼著：《法律哲学》，刘幸义等译，法律出版社2004年版，第321—329页。

法外空间的行为。

（二）多元说

多元说认为，违法性阻却事由的原理不止一个，而是有数个，这些原理可分别适用。由于各国刑法的理念和规定有所区别，究竟采取哪些基本的原理，有不同的做法。在日本，有力的理论是利益衡量说，它是优越的利益原则和利益不存在原则的并合说，该说关于紧急避难，以优越的利益原则为正当化根据；关于被害人的承诺，则以利益不存在原则为正当化根据。此外，还有目的说和优越的利益说并合的立场。在德国，有学者认为："只有通过多元的角度，才有可能对正当化范畴进行广泛的结构化。"①利益衡量说和目的说的并合说是正当化事由的主要理论根据，但在个别场合，则是根据社会秩序的调整原理组合适用的，如正当防卫的根据是个人的"保护原理"和"法确证原理"的并合，而防卫性紧急避难采取了"保护原理"和"比例性原理"的并合，攻击性紧急避难适用的是"利益衡量原则"和"自律性原理"的并合。还有学者认为，根据法秩序的统一性和无矛盾性，刑法上发生各种公私权利的所有容许和豁免，基本上都可以期待正当化事由的作用。②

迄今为止，学界对违法性本质的讨论还没有取得成功，或许这个理论任务也不可能完成。本书认为，多元说失去了寻求违法性阻却一般原理的意义，而一元论中的目的说过于抽象，价值衡量说过于具体，均难以把握刑法中违法性阻却事由的内在要求。社会相当性说重视历史上形成的伦理规范的秩序，体现了国民内心关于法的信赖基础，但是，在没有法益侵害的情形下，不问有无相当性均阻却违法性，这未能贯彻社会相当性原理。所以，首先需要一般的违法性阻却的原理，一般原理应建立在行为规范的基础上，违法的本质是行为违反了社会的基本伦理规范，因此从总体上看，违法性阻却

---

① ［德］克劳斯·罗克辛著：《德国刑法学（总论）》（第1卷），王世洲译，法律出版社2005年版，第400页。

② ［德］乌尔斯·金德霍伊泽尔著：《刑法总论教科书》，蔡桂生译，北京大学出版社2015年版，第155—156页。

事由不违反社会伦理规范是最基本的要求。其次要针对不同事由，进一步根据法益侵害对各种事由的违法性进行辅助性判断。即在行为规范的评价中应结合实际情况，考察行为是不是明显脱逸一定的社会利益的限度。在具体判断违法性阻却的时候，必须考虑以下因素：一是就行为本身的性质而言，它在文化、习俗、秩序等方面是被认可的；二是就行为的后果看，其造成的损害或者危险应当处于社会可以容许的限度内。

三、辩护事由

（一）辩护事由概述

在英美刑法中，要认定一个犯罪行为的最终刑事责任，还必须排除特定的免责或者正当条件，即不存在刑事辩护事由（criminal defenses）。通常认为，刑事辩护事由包括正当化事由（justification）和宽恕事由（excuse）两类，它们的内涵、外延以及各自在刑法中的机能是不同的。但也有学者认为："就目前的法律现状而言，任何试图将辩护理由分为正当性辩护理由或可宽恕性辩护理由的尝试都是不成熟的。"[①]本书认为，否定正当化事由与宽恕事由的区别的观点，无论是在理论上还是实践上都难以成立。为了行文上的便利，本书在此就刑事辩护事由一并加以介绍。

（二）正当化事由与宽恕事由的区别

普通法在实践中很早就意识到区别两种事由的必要性，这一点在杀人罪中有明显的表现。在理论上，弗兰西斯·培根是英国最早区分正当化事由和宽恕事由的学者。在研究所谓的"保护生命之必要"的问题时，培根举了三个例子，第一个是行为人极其饥饿而盗窃；第二个是囚犯乘监狱发生火灾而逃走；第三个是两个落难者在海中争夺一个浮板时，其中一人将另一人推下水。他认为，第一个和第三个属于可宽恕的辩护事由，第二个则属于正当化

① ［英］J. C. 史密斯、B. 霍根著：《英国刑法》，马清升等译，法律出版社2000年版，第217页。

的辩护事由。[①]可惜的是，培根没有提出很充分的理由。根据现代英美刑法理论，区分正当化事由和宽恕事由的基本理由如下。

第一，两种事由的刑法机能不同。刑法不仅惩罚犯罪之人，而且强调和突出社会的价值及其期待，所以，它应该分别确定行为的道义特征和将特定的人从刑事责任和刑罚之下解脱出来的道义基础。正当化事由表明，行为是国家或社会承认的，或者至少是被允许的，它向社会公众提供了明确的指导性规范；宽恕事由表明，行为是非法的，行为人尽管免予责难，但应当尽可能避免类似行为的发生。即"正当化的要求就是表明行为在所有环境中都是被允许的。它不一定是道德上被赞同的行为，但却必须是法律所许可的。正当化事由不否定受害人有问题，但是表明有抵消性的环境使得行为有正当可能。……另一方面，宽恕的要求承认行为是不正当的，但是认为在当时条件下，被告不应当受到有关的刑事责难，行为是可谅解和可宽恕的"[②]。如果不区分正当化事由和宽恕事由，就会向社会传递混乱或者矛盾的信息。进而，我们可以发现，区别两种辩护事由有助于完善刑法立法，因为立法可以将一些比较成熟的辩护事由以制定法的形式确定下来，从而克服适用中的严重分歧。

第二，两种事由的规范性质不同。英美刑法中的规范分为禁止性规范和归属性规范。正当化事由对称于修正的禁止性规范，宽恕事由对称于归属性规范。禁止性规范强调社会成员的一般义务，但在特定条件下，一般义务也应有例外，必须允许存在修正性的规范。作为正当化事由的道义基础，无论是实用主义理论还是非实用主义的理论，都反映了这种实践需求：一是以罪恶减少原理（principle of lesser evil）为基础的实用主义认为，在利益不可避免予冲突的情形下，保护较大利益的行为是正当的，尽管它在一定意义上是有害的，但在当时的条件下，要优先考虑对更大危害的预防或者对更优越社会利益的保护。二是以丧失理论（the forfeiture theory）为

① George Mousourakis, Criminal Responsibility and Partial Excuses, Athenaeum, 1998, p.15.

② Jonathan Herring & Marise Cremona, Criminal Law, Macmilland Press Ltd, 1998, p.269.

基础的实用主义认为，对非行者施加危害是正当的，因为非行者放弃了自己的权利。自卫常常以此为理由。三是非实用主义理论则认为，如果一个人为了保护自己被认定的权利，就有必要对未经授权的侵犯施加一定危害，因此，预防侵犯是道义上的权利或者许可。[①]上述观点都为正当化事由寻求合法的根据，认为正当化事由不是非法的，它是针对一般违反禁止规范的行为，为了在特殊前提下修正为合法行为而提出来。而归属性规范作为特殊的规范，不修正禁止规范，它对在特定情形下实施的有害行为，给予和通常情形下发生的行为不一样的评价。即对那些虽然触犯了法律禁令的行为人，提供法律宽恕的基础。与正当化事由不同，归属性规范的角色不是引导行为，而是容许将道义谴责作为法律惩罚的先决条件的例外。[②]宽恕也可被视为“对人性脆弱的让步”。[③]

第三，两种事由的评价对象不同，正当化事由与行为的客观特征有关；而宽恕事由与行为人的主观状态有关。如保罗·洛宾逊所说：“行为是正当的，行为人是可宽恕的。”[④]当然，以宽恕事由为基础的辩护，并非单纯依靠主观认识，它也要以客观要件为基础。什么是可宽恕的行为环境，通常是由裁判者根据为社会所接受的道德标准和共同认识来决定。不过，法律有一些最起码的限制，如在运用“胁迫”进行辩护时，英国法律规定行为人必须当时面临突然而至的死亡或者伤害威胁。由于正当化事由与行为的客观评价有关，导致正当化事由的条件被认为与错误的或者不法行为的前提不同，所以，一个通常被视为犯罪的行为，在正当化事由下，可以被认为是合法的，或者至少也是法律许可的。而合法的宽恕用于将一个具有刑事责任的人解脱出来，即便他承认自己有犯意。通常，行为人在对环境、可能的结果等事实有错误认识、不能意识或者不能控制自己的所作所为、受到特定的胁迫等场

① George Mousourakis, Criminal Responsibility and Partial Excuses, Athenaeum, 1998, pp.8–10.

② George Mousourakis, Criminal Responsibility and Partial Excuses, Athenaeum, 1998, p.7.

③ Nicola Padfield, Criminal Law, Butterworths, 2000, p.91.

④ Jonathan Herring & Marise Cremona, Criminal Law, Macmilland Press Ltd, 1998, p.269.

合，他可以不承担刑事责任，但是他的错误的行为是不可否认的。

第四，两种事由的司法效果不同。例如，在由于胁迫和缺乏主观状态被判定为宽恕事由的场合，同案主犯可能被宽恕，但是从犯不一定被宽恕；相反，如果主犯的正当化事由得以认定，那么从犯就应当免予刑事责任。又如，执行国家法律的行为不能受到暴力抵制，在国家法律的执行被委诸第三人时，第三人的行为就是正当的，因此不能受到暴力抵制。假如行为人用暴力抗拒第三人的合法逮捕，就是不正当的；但宽恕事由的非法性质并未被否定，所以，一个人可以用暴力对一个可宽恕的侵犯者进行打击。再如，一个辩护事由是正当的还是可宽恕的，在涉及经济赔偿时，也会产生明显不同的后果，宽恕事由不免予赔偿责任，而正当化事由一般不存在向受害者赔偿的问题。①

如何从实践上明确两种辩护事由的界限，还存在一定难度。主要是，其一，在道义论中，授权的行为范围包括哪些应当受到赞同和鼓励的行为。其二，哪些结果是由于人性和环境的相互作用致其无法避免，因此行为人可以被谅解。其三，两类事由在实践中存在重叠现象，如判决确定被告防卫过当，被告在正当化辩护失败之后，转而寻求部分的宽恕或者部分的正当，前者的理由是当时很难正确估计防卫所需要的力度；后者的理由是防卫不法侵犯的事实足以减轻客观责任。②故此，本书在如下论述中不对辩护事由作明晰分类。其实，在意大利刑法中，就规定了可原谅的理由。这些理由用于排除行为人主观罪过，其内容包括：不可避免的对法的认识错误、执行无权审查的犯罪命令、因他人胁迫而造成的紧急避难状态以及不可抗拒的暴力。③

① See George Mousourakis, Criminal Responsibility and Partial Excuses, Athenaeum, 1998, pp.13–14; Nicola Padfield, Criminal Law, Butterworths, 2000, p.91; Jonathan Herring & Marise Cremona, Criminal Law, Macmilland Press Ltd, 1998, pp.270–271.

② George Mousourakis, Criminal Responsibility and Partial Excuses, Athenaeum, 1998, pp.26–27.

③ ［意］杜里奥·帕多瓦尼著：《意大利刑法学原理》（注评版），陈忠林译，中国人民大学出版社2004年版，第264—273页。

（三）辩护事由的类型

1. 自卫

自卫是为了保护自己或者他人或者财产，对他人或者他人财产施加合法强制力的情形。自卫有四个构成条件：（1）对被告人或者某人的不法威胁；（2）为了避免威胁，有必要使用强制力；（3）被告人使用的强制力是适当的；（4）被告人是为了保护自己或者他人，而不是因为其他原因。一般认为，自卫属于正当化事由，但是正如前文所述，也有个别学者认为自卫属于阻却犯罪构成的行为事由。

2. 无意识

无意识是指一个不受思维控制的身体举动，包括反射运动、睡眠状态下的举动等，如A将拿在B手上的刀子刺在他人的背上。这类物理强制的案例比较容易确认。不过当行为人因内在原因致其失去身体控制时，如梦游或者癫痫发作，也可以同样适用。值得注意的是，部分学者认为无意识属于宽恕事由，还有部分学者认为无意识属于阻却犯罪构成的行为事由。

3. 事实错误

如果证明行为人对事实有错误，就意味着控方没有提出犯罪所必要的心理事实。例如，在A（男）违背B（女）的意思与之发生性关系的时候，误认为B是C，对此错误，不影响A的心理事实；但是，如果A同B发生性行为时，对于B是否同意存在错误认识，则可以否定指控的心理事实。错误只在与行为人的心理状态有关联时，才对刑事责任产生影响。法律错误一般不影响刑事责任，除非刑法条文有特别规定，或者该错误可能导致心理事实的缺失。事实错误一般属于阻却犯罪构成的罪过的事由。

4. 醉酒

如果将犯罪分为“具体意图”（specific intent）的犯罪和“基本意图”（basic intent）的犯罪，那么，“基本意图”（对称于鲁莽）的被告人不能以有幻觉为由否定必要的心理态度。而“具体意图”（对称于故意）的被告人可以有幻觉为由否定必要的心理态度。如果被告人是故意使自己陷入幻觉状态的话，虽不能否定他的鲁莽，但是可以表明他没有必要的意图。如果被告人不是故意使自己陷入幻觉状态的话，就可以否定他在主观上存在基本意图或鲁莽，且未能预见到其行为的后果。幻觉一般也属于阻却犯罪构成的罪过的事由。

5. 挑衅

挑衅只能作为谋杀的宽恕事由。有关刑法草案曾规定："在所有的情形（包括影响行为严重性的任何个人性格）中，挑衅对于失去自控提供了充分理由。"但是，理论上关于挑衅的性质有争议。一种观点认为，挑衅是特殊的正当化事由，其理由之一是，挑衅人通过挑衅行为自招侵害。当受害人是哭泣的婴儿时，该理由就不能接受了。其理由之二是，当面对严重侵犯时，展示正义的威严是正确的。但是，如果某人告诉一个孩子的母亲，他伤害了她的孩子，孩子的父母亲却没有显示必要的震惊和愤怒，这在某种意义上是不道德的，而杀害挑衅者则不恰当地展示了正义的愤怒，这也正是其为特殊正当化事由的道理之所在。另一种观点认为，挑衅是宽恕事由，理由是，被告人失去自控意味着杀人不是其真实的选择。如果一个人不尽合理地失去自控，显然不能等同于合理地失去自控，可见这种解释不充分。

6. 责任耗弱

责任耗弱（diminished responsibility）能将谋杀减化为杀害。责任耗弱通常要求具备三个方面的要件：（1）在事件发生时，行为人的心理状态不正常；（2）行为人心理状态不正常的原因是精神发育不健全或者为疾病、伤害所致的其他内在原因；（3）行为人不正常的心理状态客观上削弱了被告人对自己行为的责任。责任耗弱不构成免除责任的事由。免除责任的事由主要是未成年和精神病。

7. 自杀关联

自杀关联（suicide pact）的适用受到了严格限制。被告人如果杀害了他人时，即便得到了他人的请求，也将受到处罚，因此故意的安乐死构成谋杀或者杀害。但是，如果他人执意自杀，被告人对其自杀予以协助的，他可以请求将其犯罪由谋杀减化为杀害。

8. 杀婴

杀婴作为宽恕事由，需要具备如下条件：（1）母亲杀害了自己的婴儿；（2）该婴儿出生不到12个月；（3）被告人没有更小的孩子；（4）被告人因为产后心理压抑，且未能完全康复。在过去，杀婴被认为是正当化事由，但今天一般认为杀婴只能减少责任。

9. 承诺

承诺究竟是阻却犯罪构成的要素还是辩护事由，在理论上还有争议。一种观点认为，辩护事由是心理态度的一部分，对他人使用暴力一般是非法的，但是基于被害人的承诺，在某种情形下能被正当化；另一种观点认为，缺少承诺是行为事实的一部分，如果行为人得到了被害人承诺，就应认为没有发生不法事实，除非法律有特别原因认为其为不法。这两种观点将导致不同的举证责任。以下行为一般认为是被许可的：（1）体育竞技、身体游戏和危险表演；（2）文身、男性割礼仪式、穿耳以及身体装饰；（3）宗教禁忌；（4）高难度的马戏表演；（5）具有资格的人实施的外科手术等。

10. 受到他人的胁迫

作为辩护事由，受到他人的胁迫指的是，被告人不得不实行犯罪，因为一旦他不遵照他人的命令实行犯罪的行为，本人或者他人就将死亡或者遭到严重伤害。和自卫一样，受到他人的威胁是一个完全的辩护事由，一旦辩护成功，被告人将被宣判无罪。但是，它究竟是正当化事由还是宽恕事实，尚无明确界定。

11. 受到环境的束缚

受到环境的束缚源自对受到他人的胁迫的分析，它被认为是一种辩护事由的时间并不长。受到环境的束缚明显不同于受到他人的胁迫。后者受到的是他人的威胁，而前者受到的危险一般来自环境，而不是人。受到环境的束缚不适用于谋杀或谋杀预备。被告人可以运用它表明，自己实行犯罪是必要的，如酒后为了躲避死亡或者严重伤害的危险，必须驾驶。

12. 强制

强制是一种特殊形式的胁迫，其适用场合是，妻子受到丈夫的威胁，不得不实行犯罪。在这类情形中，妻子不必证明威胁的内容是死亡或者严重伤害，任何可以迫令她实行犯罪的威胁都可以构成强制。故此，强制作为辩护事由只适用于结婚的配偶，而不适用于长期不结婚的伴侣之间。

13. 必要

必要（紧急避难）有时候指称受到环境的束缚，但是，有时候指称完全合法的辩护事由，而不是受到环境的束缚，它适用于被告人的行为方式产生的危害是最小的场合。在普通法中，有三种情形可适用必要：（1）未获他人同意，实行了保护他人的生命或者利益的行为；（2）为了保护财产而损毁其他财产；（3）为了避免伤害他人而损毁财产。后两种在制定法上也构成必要。

14. 上级命令

在警察机关或者武装部队里，一个级别较低的人接受上级的命令实行犯罪的话，他可以否定有必要的心理事实，或者运用胁迫进行辩解。①

第三节　法规中的正当化事由

一、正当防卫

（一）正当防卫的有关立法例

《德国刑法典》第32条第1款规定："正当防卫不违法。"同条第2款规定："为使自己或他人免受正在发生的不法侵害而实施的必要的防卫行为，是正当防卫。"《德国刑法典》第33条规定："防卫人由于惶惑、害怕、惊吓而防卫过当的，不负刑事责任。"

《日本刑法典》第36条第1项规定："为了防卫自己或者他人的权利，对于急迫的不正当侵害不得已所实施的行为，不处罚。"同条第2项规定："超出防卫限度的行为，可以根据情节减轻或者免除刑罚。"

---

① Jonathan Herring & Marise Cremona, Criminal Law, Macmilland Press Ltd, 1998, pp.269-299.

（二）正当防卫的理论根据

正当防卫，包含着“法（正）没有必要对不法（不正）让步”（Das Recht braucht dem Unrecht nicht zu weichen）的思想。现在，关于正当防卫的合法根据，是分一元论和二元论展开的。

1. 一元论

一元论包括如下几种：[①]

（1）法的自己保全说，认为正当防卫是在国家机关不能预防法秩序的侵害或者不能恢复该秩序的场合，许可个人补充性地行使有关行为的情形。[②]法的自己保全说只将法的确证原理作为正当防卫的原理，忽视了防卫行为人的主观心理活动，具有一定的片面性。

（2）自己保全说，认为在紧急状态下，人具有自我保全的本能，消极地允许个人行使保全自己生活利益的行为，就成为正当化的基本思想。或者说对违法行为进行反击，是人的本能，法律上对此予以容许，成为正当防卫的根据。自己保全说也具有片面性，而且不能说明为了救助他人的行为的正当化原因。

（3）正当防卫义务说，该说认为正当防卫不仅是权利，也是义务或者责任。如卡斯东·斯特法尼所说：“我们甚至承认，受到侵害的人进行自我防卫，不仅是行使一种权利，而且是履行一种司法性责任。因为击退不法侵犯之行为的人是在为法律而战，并以此为社会防卫作出了自己的努力与贡献。”[③]这种理论目前仅见于法国刑法学之中。正当防卫义务说将法秩序的维护作为义务，具有国家主义的色彩，是不妥当的。

（4）法益性欠缺·折扣说，根据优越的利益原则，认为不法侵害者的利益的法益性被否定，其法益是“0”，或者说由于它是不正的，因此“打了折

---

① 除了特别注明外，参见［日］山中敬一著：《刑法总论Ⅰ》，成文堂1999年版，第421—425页。

② 参见［日］大谷实著：《刑法讲义总论》，成文堂1996年补定4版，第259页。

③ ［法］卡斯东·斯特法尼等著：《法国刑法总论精义》，罗结珍译，中国政法大学出版社1998年版，第354页。

扣”，据此，防卫者的法益通常具有优越性。而法益性欠缺·折扣说，对于不正地侵害他人利益的人，认为其法益性被剥夺或者其法益的价值减少的观点，显然是不可取的。而且，该见解将侵害者视为“不正”、将防卫者视为“正”的前提就是不当的。此外，优越的利益原则，并不能说明正当防卫的根据，只不过具有界限性的效果。

（5）法确证衡量要素说，立足于利益衡量说，认为对正当防卫而言，是在紧急状态中为了保全自己或者他人的利益，而不仅是为了保全个人的利益，作为法确证的利益的存在，防卫者的利益具有优越利益的原理。法确证衡量要素说是将正当化事由的一般原理求之于利益衡量说，其基本思想是不适当的。在正当防卫中，利益衡量具有第二次的意义，其旨趣是保全个人利益，容许立足法的方面反击不正。这应当是错误的理论。

（6）社会相当性说，认为在自我保全的本能之外，正当防卫是历史形成的，在社会生活的秩序内具有社会相当性，从而是正当的。社会相当性说，是将法的确证原理融入目的说形成的一元说，它并没有对于正当防卫的本质予以实质的说明。

2.二元论

二元论主要立足个人权利和社会权利两方面，综合性地论述正当防卫的正当性。如德国学者耶赛克等人提出：“自我保护（Selbschutz）的权限与权利证明（Rechtsbewaehrung）思想，虽然都是以现行法中的正当防卫为基础的，但是个人权利的考察方法依然是占优势的，正如它与刑法典中的自由主义的传统相适应一样。”[①]日本的山中敬一提出法的确证与个人保全说，认为正当防卫一方面要体现在紧急状态下对他人的侵害行为要保障个人防卫权的思想，另一方面还要明确“法（正）没有必要对不法（不正）让步”这一思想。前者是个人保全的思想，后者是法的确证的思想。[②]意大利的帕多瓦尼也有类似的观点，他认为，私人的自我防卫权，作为对国家的防卫权的补

① ［德］汉斯·海因里希·耶赛克、托马斯·魏根特著：《德国刑法教科书·总论》，徐久生译，中国法制出版社2001年版，第402页。

② 参见［日］山中敬一著：《刑法总论Ⅰ》，成文堂1999年版，第421页。

充形式，必须结合同犯罪斗争的需要，两者相辅相成才能作为正当防卫的基础，否则，要么难以说明为救助第三人而实施防卫行为的合法性，要么难以说明对无罪过侵害进行防卫的合法基础。[①]正当防卫是基于个人自我保全的动机，但却契合了法的确证思想，相对而言，二元论比一元论在论述上更为全面，亦较为可取。

（三）正当防卫的概念和要件

正当防卫是为了防卫自己或者他人的权利，对于急迫不正的侵害，不得已所实施的不可罚的行为。为了成立正当防卫，一般需要具备如下要件：

1.具有急迫不正的侵害

具有急迫不正的侵害是正当防卫的首要前提。所谓“急迫”，是指从客观情形看，通过国家机关的法律程序难以预防法益侵害，且法益侵害的危险迫在眉睫。虽然现实正在进行的侵害状态属于急迫不正的侵害，但并不要求侵害是正在进行的，不过，对于已经过去的侵害或者将要发生的侵害，不成立正当防卫。在实践中，侵害在形式上可能已经结束，但是实质伤害没有停止，且构成危害持续性犯罪中的时候，正当防卫就是允许的。

所谓“不正”，是违反法秩序，具有和违法相同的意思，“不正的侵害”，也就是“违法的侵害”。违法，要求是违反了客观违法性论中的整体法秩序，既不要求具备可罚的违法性，也不要求有责。因此，无责任能力者的侵害行为，也可成为正当防卫的对象。正当防卫具有“正对不正”的关系，所以，“不正对不正”、“正对正”以及“不正对正”的关系都不可行。另外，只有在不能认为是正当防卫的时候，才能实施紧急避难。

所谓“侵害”，是对他人权利施加的实害或者危险，不问是故意的还是过失的，在不作为的场合也存在侵害。例如，对被要求退去而不退去的人，可以实施正当防卫。侵害也不以构成犯罪为必要。德国刑法和学界提出了实

① 参见［意］杜里奥·帕多瓦尼著：《意大利刑法学原理》，陈忠林译，法律出版社1998年版，第161—162页。

践中应注意的几类特殊来源的不法侵害。[①]

（1）无责任或者责任明显减轻者的侵害。对此要具体分不同情况予以限制性适用。第一种情况，被攻击者必须躲避，只要这种躲避没有危险并且可能，同时，防卫一定会给攻击者造成严重的损害。第二种情况，被攻击者必须召唤他人帮助，只要由此能够比较小心地对攻击加以防卫。第三种情况，被攻击者既不能消除攻击又不能取得帮助时，允许为了自身的安全对无责任的攻击者采取一切必要行动。

（2）被攻击者违法惹起的攻击（挑拨防卫）。德国主流观点不仅以滥用权利为由否定惹起人的防卫权，而且认为应对攻击者惹起人的攻击进行惩罚。但是理论上还是有观点认为应当赋予惹起人正当防卫的权利，也有观点认为故意惹起人必须承担和容忍轻微损害的义务，但是在其他情况下，他保有防卫权。

（3）轻微攻击。轻微攻击是指那些经常可见的，只能导致不明显的利益损害的举止方式。一般认为，在轻微的攻击中，严格的正当防卫权也需要受到限制。

（4）在保证关系范围内的攻击。也称为保证人地位之间的攻击，主要适用于父母和子女或者夫妻之间的关系。从理论上讲，当发生一方攻击另一方的情况时，虽然允许被攻击的一方通过防卫来保护自己，但是，只要参与这种关系的人认为他们之间还存在团结关系，还有必要维持共同体关系，所以受攻击者一定的克制是必要的，那么，法保护利益就退到对自然人考虑的义务之后了。

（5）通过威胁的勒索性攻击。关键问题是勒索性威胁能否防卫。被攻击者可以通过报案避免危险。

对物、动物以及不能称为行为的人的举动的“侵害”，不能理解为侵害。对物或者动物侵害的防卫称为对物的防卫。关于对物的防卫，存在以下见

---

①　参见［德］克劳斯·罗克辛著：《德国刑法学（总论）》（第1卷），王世洲译，法律出版社2005年版，第444—456页；［德］乌尔斯·金德霍伊泽尔著：《刑法总论教科书》，蔡桂生译，北京大学出版社2015年版，第170—174页。

解:(1)否定说，认为违法性是人的行为的问题，所以动物的侵害不是正当防卫的对象，应适用紧急避难;(2)肯定说，认为由于动物的侵害也是违法的，所以对动物的防卫应该认为是正当防卫;(3)准正当防卫说，认为虽然不能说对物的防卫是正当防卫，但是应作为准违法性阻却事由。[①]大谷实认为，根据人的违法性观念，第一种观点无疑是合适的，但是，如果所有者或者管理者基于故意或者过失，造成动物侵害他人时，适用紧急避难需要严格的要件，会使违法性阻却不均衡，因此，如果满足正当防卫的其他条件，应当作为准正当防卫处理。在这点上，第三种观点是妥当的。而且在日本民法第720条第2项中规定，"为避免他人的物所产生的急迫危难而毁损该物的场合"，不是作为紧急避难而是作为正当防卫处理的，结果"不承担损坏赔偿的责任"，从这点看，作为准正当防卫也是妥当的。[②]本书认为，在行为人故意利用动物伤害他人的场合，并不存在赔偿责任，但是在管理人有过失的场合，如果认为不能构成正当防卫，行为人就只得进行紧急避难，此时，一方面行为人要应对过于苛刻的避险要求，另一方面还可能会面临他人的赔偿诉求，如此看来，将对物的反击作为正当防卫处理，还是具有一定道理的。

2.防卫自己或者他人的权利

所谓"权利"，即法益或者法所保护的利益。权利不以法令的明确规定为必要，也不要求是刑法保护的利益。行为人对自己的权利和对他人的权利都可成立正当防卫。"他人的权利"，包含自然人的利益、社会的利益和国家的利益。

正当防卫是为了防卫权利的行为，即客观上对法益侵害者的打击，在性质上必须是防卫的行为。如果见母亲以杀害婴儿的意思不喂奶，而将该母亲用枪打死，就不具有防卫权利的性质，所以不能成立正当防卫。在理解防卫行为时，有以下问题需要注意:

(1)当防卫的结果发生在第三人身上时，如D见X拿刀向自己扑来，赶

---

① 参见[日]山中敬一著:《刑法总论Ⅰ》，成文堂1999年版，第429—430页;[日]大谷实著:《刑法讲义总论》，成文堂1996年补定4版，第262页。

② 参见[日]大谷实著:《刑法讲义总论》，成文堂1996年补定4版，第262—263页。

紧用枪射击，结果打中了V，对此，有的观点认为构成正当防卫，有的观点认为构成误想防卫，有的观点认为构成紧急避难。[①]本书认为，这不是认识上的错误，而是打击错误，因此不能构成误想防卫。如果构成紧急避难，则意味着行为人应当承担损害赔偿的责任，这个责任最终可能转嫁给结果的惹起者X，但是，问题在于，D是否认为通过伤害V能保全自己呢？可见，这个问题还值得研究。

（2）侵害人利用第三人的物的场合，例如侵害者X利用V饲养的猎狗攻击D，如果D将猎狗打死，这是正当防卫还是紧急避难呢？本书认为，根据对物的防卫，不宜认为是紧急避难，作为正当防卫比较恰当。与之相反，如果防卫者利用第三人的物进行防卫损害该物的时候，对于物主而言，防卫者的行为属于紧急避难。

3.不得已的行为

正当防卫是“正对不正”，考虑到“法不要求怯懦”的道理，因此，所谓“不得已的行为”，是对急迫不正的侵害进行的反击行为，作为防卫自己或者他人权利的手段是必要的，并且是有相当性的行为。因此，防卫行为首先要有必要性，防卫手段要有相当性。

4.正当防卫的意思

关于正当防卫的意思在正当防卫要件中的地位，存在必要说和不要说之争。不要说的根据是：（1）违法或者适法应当是客观决定的，和行为人的主观没有关系；（2）防卫行为多是反射性的，如果立足必要说，那么正当防卫的范围过于狭窄；（3）否定基于过失的正当防卫是不妥当的。但是，行为是根据客观要素和主观要素组成的，违法的评价也不能缺乏主观的要素，对正当防卫而言，防卫的意思显然是必要的。

过去认为，正当防卫的意思是通过对不法侵害人造成侵害，从而积极地保护自己或者他人的利益。但是，个人在防卫时有本能的一面，在没有积极防卫意思的场合，也不能否定防卫意思，所以，防卫的意思是认识到急迫不

---

① 参见［日］大谷实著：《刑法讲义总论》，成文堂1996年补定4版，第264页。

正的侵害，并且为了避免它的心理态度。如果行为人认识到防卫时机，并产生了利用该时机实现犯罪的意思，那么，这属于攻击的意思或动机，不能认为是正当防卫的意思。根据正当防卫的初衷，当无法确定积极的加害意图或者借防卫之名行积极加害之实的意思时，原则上要认为是防卫的意思。①但有学者认为，当两种意思并存且防卫意思居优越支配地位时，应认为是防卫的意思；相反，如果攻击的意思居优越支配地位，则应否定防卫意思。②

5. 防卫的相当性

防卫行为，除了要满足法律规定的形式要件之外，还有内在的限制，即社会的相当性。符合形式要求的行为如果实质上违反了法秩序，就欠缺社会的相当性，不能阻却其违法性。在此涉及对自招侵害的处理。

自招侵害，是行为人因为自身的原因招致侵害，从而产生正当防卫状况的情形。一般认为，对自招侵害不得进行正当防卫。其理论根据有：③（1）权利滥用说，认为故意招致侵害，属于权利滥用，不得允许正当防卫。但基于过失招致侵害的，可以允许正当防卫（大塚仁）。（2）急迫性否定说，认为自招侵害不具有正当防卫所必要的急迫性（平野一郎）。（3）防卫意思否定说，认为自招侵害不产生防卫意思。（4）原因中的违法行为说，认为挑拨行为对结果具有加害的意思，其原因是违法的，就不能成为正当防卫。（5）"挑拨行为+实行着手"说，认为挑拨行为是事后加害行为的实行着手，它是违法的（木村龟二）。（6）相当性否定说，认为挑拨行为丧失了防卫行为的相当性，所以不允许正当防卫。

根据自招侵害的方式，④此时的"防卫"可以分为：（1）基于意图的侵害

① 参见［日］大谷实著：《刑法讲义总论》，成文堂1996年补定4版，第268页。

② 参见［日］山中敬一著：《刑法总论Ⅰ》，成文堂1999年版，第440页。

③ 参见［日］山中敬一著：《刑法总论Ⅰ》，成文堂1999年版，第458—461页。

④ 山中敬一将挑拨防卫分为意图的挑拨防卫、故意的挑拨防卫和过失的挑拨防卫，笔者不同意这种划分，并结合有关自招侵害，将自招的侵害分为故意招致的侵害和过失招致的侵害，其中故意招致侵害可以分为意图招致侵害和容忍招致侵害。参见［日］大谷实著：《刑法讲义总论》，成文堂1996年补定4版，第270页；［日］山中敬一著：《刑法总论Ⅰ》，成文堂1999年版，第457页。

之防卫，即行为人假防卫之名，意图挑拨他人的攻击，进而利用该机会侵害对方的场合；（2）基于容忍的侵害之防卫；（3）基于过失的侵害之防卫。以上各说，很少注意到过失招致侵害的情形，即便故意招致侵害，恐怕也得考虑自招侵害行为的程度，如行为人仅仅辱骂对方，但招致对方用刀砍杀的危险，此时，如果不允许防卫，显然是不恰当的。因此，基于过失自招侵害的，并不能认为脱离了社会的相当性范围，即便是当行为人仅有造成轻微侵害的故意，而对方的攻击可能产生异常重大的法益侵害时，也可以承认正当防卫。

（四）误想防卫、过剩防卫和误想过剩防卫

1. 误想防卫

误想防卫有广义和狭义之分。狭义的误想防卫，是不存在急迫不正的侵害而误信其存在，进而实行防卫的行为。广义的误想防卫，除了包含狭义的防卫之外，还包括存在过剩的事实，但误信其不存在，进而加以防卫的情形。因此，误想防卫涉及“正当防卫状况的误想”和“防卫行为的误想”。[①]也有学者将误想防卫概括为三种类型：一是急迫不正的侵害不存在而误信其存在，并对误信的事实实行相当的防卫，这是最典型的误想防卫；二是急迫不正的侵害存在，防卫行为本身是为了防卫的相当行为，但误信为不相当的行为而实行（如超越防卫限度）；三是急迫不正的侵害不存在而误信其存在，而对该误信的事实实行不相当的防卫行为。[②]关于误想防卫处理，有以下争议：[③]

（1）藤木英雄认为，在误想防卫的场合，如果行为人的误信在客观上有合理根据时，应当作为正当防卫的一种阻却违法性事由。藤木英雄将正当化事由的错误当作事实的错误，结果，即便存在结果的无价值，但根据法秩序

---

① 参见［日］山中敬一著：《刑法总论Ⅰ》，成文堂1999年版，第470页。

② 参见［日］大谷实著：《刑法讲义总论》，成文堂1996年补定4版，第274页。

③ 参见［日］奥村正雄：《结果无价值和行为无价值的对立之构造——自行为无价值的立场》，载日本《现代刑事法》1999年第3期。

的保全，欠缺行为无价值。该说的判断基础是行为人，忽视了客观的标准，所以难以把握，而且可能放纵犯罪。

（2）川端博认为，正当化事由的错误是违法性的错误，从一般人的观点出发，当正当化事由的错误无法避免时，可作为正当化事由阻却违法性；如果一般人认为可以避免错误时，则和严格责任说一样，成立故意犯。川端博的理论从人的违法论出发，重视刑法的行为规范性，事前进行违法性判断，但根据一般人的标准要求行为人，这种主张过于绝对，并不妥当。

（3）野村稔认为，在误想防卫的场合，客观上不存在急迫不正的侵害，但如果一般人认为其存在时，可阻却违法性。野村稔和川端博的观点，都可归结为基于法益侵害的伦理规范违反说，他们对行为无价值的一元论均进行了批评。但有学者提出如下问题：基于法益侵害的伦理规范违反说的立场，当一般人对误想防卫的正当化事由错误无法避免时，能否阻却违法性呢？在误想防卫时，行为人认识到构成要件的事实，在面临规范问题时，能认为具有构成要件的故意，将法律上不被容许的事实误认为被容许的场合，不是作为违法性的错误阻却故意，而应当是责任减免的对象（严格责任说）。问题在于，采用人的违法论时，违法性判断必须是事前的吗？准确地说，刑法是行为规范，违法性的判断是类型的构成要件符合性之后的、非类型的实质性判断，要基于事后判断，以有无法益侵害、危险及其程度为基础，进行行为无价值的判断。即使立足于事前判断，误信客观上不存在的急迫不正的侵害，当一般人也不能避免该误信时，认为它不存在也是有疑问的。[①]

2. 过剩防卫

过剩防卫，是基于防卫的意思，对急迫不正实行的防卫行为超过了防卫的限度。防卫过剩在客观方面分为：（1）质的过剩（或者称强度的过剩），即存在正当防卫的状态，但是防卫的强度超越了必要范围的限度，例如可以用拳头防卫，但是开枪进行射击；（2）量的过剩（或者称范围的过剩），即

---

① 参见［日］奥村正雄：《结果无价值和行为无价值的对立之构造——自行为无价值的立场》，载日本《现代刑事法》1999年第3期。

正当防卫的状况并不存在，在防卫时间上产生的过剩反击，例如对逃跑的对手进行追击，在最后一击时致其死亡。防卫过剩在主观方面可以分为故意的过剩和过失的过剩。对于过剩防卫，不阻却故意，但减免违法性或者责任。

3. 误想过剩防卫

误想过剩防卫，是不存在急迫不正的侵害而误信其存在，并实行防卫行为，但即便存在误想的侵害，其防卫也过剩的场合。处理该问题存在三种观点：[①]（1）故意犯说，认为关于发生的事实成立故意犯，错误不可避免时，阻却责任；（2）过失犯说，认为关于发生的事实有过失的时候，成立过失犯；（3）二分说（通说），认为关于过剩的事实不能认识时，阻却故意；能认识时不能阻却故意。本书认为，对误想过剩防卫，首先应当按照误想防卫处理，判断其是否有故意或者过失，并且在主观上不能阻却故意或者过失的前提下，结合可罚的违法性论进行处理。

二、紧急避难

（一）紧急避难的立法例

《德国刑法典》第34条规定："1为使自己或他人的生命、身体、自由、名誉、财产或其他法益免受正在发生的危险，不得已而采取的紧急避难行为不违法。但所要保护的法益应明显大于所要造成危害的法益。2仅在行为属于避免该危险的适当的措施的情况下，方可适用本条的规定。"第35条规定："（1）1为使自己、亲属或其他与自己关系密切者的生命、身体或自由免受正在发生的危险，不得已而采取的违法行为不负刑事责任。2在因行为人自己引起危险或因其处在特定的法律关系中而须容忍该危险的限度内，不适用该规定；但是，如果不顾及某一特定的法律关系行为人也须容忍该危险，则可依第49条第1款减轻处罚。（2）1行为人行为时，误认为有第1款规定不负责任的情况，仅在他能够避免该错误时，才予处罚。2可依第49条第1款

① 参见［日］大谷实著：《刑法讲义总论》，成文堂1996年补定4版，第276页。

减轻处罚。”

《日本刑法典》第37条第1项规定：“为了避免对自己或者他人的生命、身体、自由或者财产的现实危难，而不得已实施的行为，如果所造成的损害不超过其所欲避免的损害限度时，不处罚；超过这种限度的行为，可以根据情节减轻或者免除刑罚。”同条第2项规定：“对于业务上负有特别义务的人，不适用前项规定。”

（二）紧急避难的性质

紧急避难在刑法上不可罚，体现了“紧急则无法”（necessitas non habet legem，Not kennt kein Gebot）的法律思想。关于紧急避难的性质，现在有如下学说：[①]

1. 阻却违法说

阻却违法说（违法阻却一元说）具体包括：

（1）放任行为说，认为紧急避难行为不是适法行为，而是作为法上放任的行为阻却违法性的，所以紧急避难全部是放任行为。这种理论体现了“法外空间说”。

（2）“违法性”被阻却说，或称为非违法说。此说以正当化原理的“优越利益的原则”为根据，认为为了保全大的利益而牺牲小的利益，对保全法秩序是必要的，紧急避难时以补充性与均衡性为条件，当避险行为保全了优越的利益时，就是适法的。此说是日本的通说。

（3）阻却可罚的违法性说。此说认为在法益具备同等价值时，阻却可罚的违法性。

2. 责任阻却说

该说认为紧急避难行为侵犯的是他人或者第三方的正当利益，因而是违法的，只是由于没有适法行为的期待可能性，故而阻却责任。

---

① 除了特别注明外，参见［日］山中敬一著：《刑法总论Ⅰ》，成文堂1999年版，第482—486页。

3. 二分说

二分说大体可分为两类。

(1)以阻却违法为原则的二分说，认为紧急避难原则上是阻却违法事由，例外的是阻却责任事由。该说进一步有两种观点，其中第一种观点认为，为了保全较大利益而牺牲较小利益时，是阻却违法性事由；当利益大小难以比较时，是阻却责任事由。第二种观点认为，在生命对生命、身体对身体的关系中，实施的紧急避难是阻却责任事由；在其他场合是阻却违法事由。

(2)以阻却责任为原则的二分说，认为紧急避难行为原则上是违法的，例外的是阻却违法事由。如德国学者绍尔认为，所有的紧急避难，由于避险人心理受压抑之故，基本上应当认为是阻却责任事由；但当避难行为保护了优越利益时，由于承认紧急权，所以是阻却违法事由。①

依据各国刑法的规定，阻却违法性说基本上是正确的，但其问题在于：第一，刑法是否承认牺牲相同法益的紧急避难？对此，德国刑法、意大利刑法是承认的，俄国刑法是否定的。获得刑法承认，自应阻却违法；但如果刑法不承认，那就不是适法行为了。②第二，当被牺牲的价值和被保全的价值相同时，“优越的利益的原则”有待阻却可罚的违法性来补充，这在理论上是不全面的。第三，如日本刑法规定：“对于业务上负有特别义务的人，不适用前项规定。”对此，法益衡量说不能解释为何有的人可以进行紧急避难，有的人不能进行紧急避难。

(三)紧急避难的概念和要件

紧急避难一般是指，为了避免对自己或者他人的生命、身体、自由或者财产的现实危难，不得已实施了损害第三方利益的行为，且所造成的损害未超过该行为所要避免的损害限度。紧急避难的要件通常包括：

---

① 参见马克昌：《紧急避难比较研究》，载《浙江社会科学》2001年第4期，第92—93页。

② 参见马克昌：《紧急避难比较研究》，载《浙江社会科学》2001年第4期，第93页。

1.现实危难

所谓“现实危难”，是现实存在着对应当保全的法益的侵害，或者说侵害的危险是迫切的。其中的“危难”，是法益侵害或者侵害的危险。危难的原因，可以是人的行为、自然现象、动物举动以及社会关系等。“现实的”，指法益侵害的状态是现存的，或者说法益侵害的危险已经迫近，它和正当防卫中的“急迫”具有相同含义。

对于行为人自招的危险，可否进行紧急避难呢？日本学说上有：[①]（1）积极说，认为对自招危险可以承认紧急避难（植松正）；（2）消极说，认为基于故意或者过失招致的事态不是“危险”，不能承认紧急避难（泉二说）；（3）折中说，认为对故意招致的危险，不承认紧急避难，但对过失招致的危险，可以承认紧急避难（泷川幸辰）；或者根据自招危险的意思，将自招危险分为故意的自招危险和过失的自招危险，分别加以检讨；（4）个别解决说，认为对自招危险可否承认紧急避难，应当自相当性的见地出发，具体加以判断（团藤重光）；或者综合当时的情形，依照社会的伦理规范加以确认（大塚仁）；或者根据社会相当性进行具体分析（大谷实）；或者当作利益衡量的要素加以考虑（内藤谦）；或者依据原因中的违法行为的法理进行解决；等等。本书认为，如果绝对否定对自招危险的紧急避难，将违背紧急避难的立法旨趣，但如果无条件承认对自招危险的紧急避难，又会导致法秩序的不稳定，因此，区别对待的方法是妥当的。在具体操作中，则应考虑自招危险的原因、危险的大小等要素，进而在社会相当性的范围内肯定紧急避难。

紧急避难要保全的法益，可以是自己的生命、身体、自由或者财产等法益，也可以是他人的生命、身体、自由或者财产等法益；而国家法益或者社会法益，可否为紧急避难中要保全的法益，日本通说采取的是积极说，不过消极说也比较有力。在判例中则认为，“在不可期待国家公共机关的有效活动的极其紧迫的场合”，可例外地容许对国家法益和社会法益的保全。对此，

① 参见［日］山中敬一著：《刑法总论 I》，成文堂1999年版，第50—51页。

学说上有的学者认为这属于超法规的违法阻却事由的问题。[①]

2.为了避险不得已实施的行为

所谓“不得已实施的行为”，是为了保全法益的唯一方法，而不存在采取其他方法的可能性。这是由紧急避难中“正对正”的关系所决定的。为了具体把握这一点，派生出以下两个原则：

（1）补充性原则。即由于紧急避难是“不得已实施的行为”，是唯一可以保全法益的方法，只有不存在避难行为之外的方法时，避险行为才被允许。那么，在过失导致危难的场合，可否允许紧急避难呢？如司机为了避免和对向开来的车相撞，打方向盘，将路人撞伤的，这虽然在理论上和司法中有不同看法。但是，“即便是违反注意义务的行为，如果该行为是基于保全法益而没有其他办法的时候”，也应当认为是紧急避难行为，[②]因此，基于过失行为也可以进行避险。

（2）法益衡量的原则。即为了成立紧急避难，由该行为导致的侵害不得超过其所要避免的侵害。因此，为了保护同等的或者较大的法益（保全法益），牺牲了同等的或者较小的法益（侵害法益），即只要侵害法益不超过保全法益时，这是允许的。关于两种法益的客观衡量，在同一法益中采取量的标准；在异种法益中，则以有关犯罪的法定刑的轻重为大致标准。当然，法定刑的轻重并非必然的标准，在具体适用中，还要考虑社会的一般观念。

在生命对生命的场合，如何进行法益衡量，理论上有争议。如两个登山者在攀登时，由于绳索不能承受两个人的重量，此时，上行者将下段绳索砍断保全自己的生命，致使同伴摔死；或者两个落水者同时争抢一个只能承载一人的浮板，其中一人将另一人推开，自己苟活，同伴溺水死亡；还有遇难的船在大海中，由于无食无水，其中部分人杀死一个同伴，吃他的肉、喝他的血，得以生存的，类似问题如何衡量法益大小呢？是根据被保全人数比牺牲人数多，还是根据被保全者的生存机会比被牺牲者大，或者根据其他的什

① 参见［日］山中敬一著：《刑法总论Ⅰ》，成文堂1999年版，第489页。

② 参见［日］大谷实著：《刑法讲义总论》，成文堂1996年补定4版，第282页。

么原因来决定行为人的性质呢？这是一个值得思考的问题。本书认为，在这些场合，必须结合各国现实的一般社会伦理观点进行处理，不应当强求古今中外对该问题得出一致的处理结论。

3.避险意思

避险意思是否为紧急避难的要件，也存在不要说和必要说。但如正当防卫中的相同理由，在紧急避难中应当包含避险意思，也就是说，行为人必须有避险的认识和目的。

（四）特例规定

日本刑法第37条第2项对业务上负有特别义务的人限制承认紧急避难。“业务上负有特别义务的人”，包括自卫官、警察、消防员、船长和海员、医生和护士等。由于这些人员从事的业务，都具有一定的危险性，故使其承担特别的义务。这个义务不是个人义务，而是对一般人的义务，是根据法令、习惯、合同等产生的。

之所以有类似特例，在日本刑法理论中有多种观点。本书认为，由于社会分工不同，每个人在各种社会关系中扮演着不同的角色，负担不同的责任，由这些责任出发，我们可以发现其中的特殊义务。上述特殊身份者，其特殊责任就是保护人身安全或者重大财产安全，他们具有和其他人不一样的义务，这些义务者自然就不得适用一般紧急避难的规定。

（五）过剩避险、误想避险与误想过剩避险

过剩避险，是紧急避难的其他要件被满足的场合，避险行为超越了其限度。它或是违反了补充性原则，或是违反了法益衡量原则。对于过剩避险，要减免其刑罚。

误想避险，是不存在紧急避难的事实而误信其存在，并实行避险行为。误想避险不阻却故意，但是，当误想有相当理由时，也可以阻却责任。

误想过剩避险，是不存在现实的危险而误信其存在，并实行避险行为，但即便该事实存在的话，该避险行为也违反了法益衡量原则的场合。误想过

剩避险不阻却故意，但根据有关法律规定，可以减免刑罚。

三、正当行为

正当行为，指刑法规定的基于法令或者正当业务的行为。在日本刑法中，刑法第35条的规定属之。一般而言，正当行为包括基于法令的行为和正当业务行为。

（一）基于法令的行为

基于法令的行为，是基于法律、命令以及其他成文法规作为权利或者义务的行为。具体包括四种类型：（1）职务行为，是根据法令属于一定公务员的职务权限的行为，例如执行死刑、监禁的行为、对犯罪嫌疑人进行逮捕的行为等；（2）权利·义务行为，是根据法令属于某类人的权利或者义务的行为，例如个人当场抓捕现行犯的行为、亲权者惩戒自己未成年的子女的行为；（3）基于政策理由的行为，指由一定的政策理由出发阻却违法性的行为，如赛马和赛车中投注彩票的行为等；（4）注明规定的行为，该行为本来是合法的，但法律特别明确注明是违法性阻却事由，如优生保护法中的优生手术、劳动争议行为等。

劳动争议行为在现代法治中较为特殊，所谓劳动争议行为，是劳动者为了达到其要求，通过同盟罢工、怠工、关闭工作场所等手段，妨碍业务的正常运作的行为。如日本宪法第28条规定："保障劳动者的集体权利和集体交涉及其他所做的集体行动的权利。"因此，劳动者有团结权、集体交涉权以及争议权，这些行为可以阻却日本刑法中的业务妨碍罪、暴行罪、胁迫罪、住宅进入罪、逮捕监禁罪和器物毁坏罪等的违法性。劳动争议的正当性有所限制，至少要保证：（1）目的的正当性，主要是为了改善劳动者的经济条件，而主张与经济条件没有直接关系的政治运动的目的，就不能阻却违法性；（2）手段的相当性，这点要根据社会一般的观点加以评价。

（二）正当业务行为

"所谓'正当的'业务，是虽然没有法令上的依据但被认为是正当的业务。"[①]所谓"业务"，是作为社会生活上的事务，具有反复或者连续行使的事务。正当业务行为包括：（1）辩护人的辩护行为。因为在辩护过程中，基于职责，可能泄露他人的秘密，或者提供有损他人名誉的事实。（2）新闻机构采访报道行为。（3）宗教活动。（4）体育竞技行为。（5）医疗行为。医疗行为可能符合构成要件，但是由于其有益于维持生命、健康，而且属于医学上的适当行为，且取得了患者同意，属于保全优越利益的典型行为。（6）安乐死、尊严死。安乐死是对于濒临死亡的患者，为了减缓其痛苦，而提前实现其死亡的行为。尊严死是对无恢复可能性的、处于植物人状态的患者，停止适用延缓其生命装置，从而导致其死亡的行为。

在正当业务行为中值得关注的是教师的惩戒行为。在韩国，教师的惩戒是没有争议的。有争议的仅仅在于教师是否可以对学生进行体罚。理论上的通说和判例对此采取容许的立场，有观点认为："教师的体罚在其是为教育目的所必要的最小限度的措施时，将其作为业务上的行为被正当化。"[②]但在德国，教师的体罚已经不再被允许，只有在为了维持课堂秩序而使用轻微强制的情况下，才可以得到允许。[③]

第四节 超法规的正当化事由

一、义务冲突

（一）义务冲突的概述

刑法上的义务冲突，是指几个作为义务与不作为义务同时发生在一个人身上，如果履行其中一个义务，必将违反其他刑法规范上的义务，从而与实

---

① ［日］大谷实著：《刑法讲义总论》，成文堂1996年补定4版，第292页。

② ［韩］金日秀、徐鹤辅著：《韩国刑法总论》，郑军男译，武汉大学出版社2008年版，第329页。

③ ［德］乌尔斯·金德霍伊泽尔著：《刑法总论教科书》，蔡桂生译，北京大学出版社2015年版，第207页。

质的义务发生冲突，在现实情形之下，根据相互对立的两个义务的要求，行为人处于两难的境地。由于义务冲突是刑法上的问题，所以被侵害的冲突义务，必须是刑法规范上的义务。

通说认为发生冲突的义务仅限于法律义务，而法律义务不限于有法律的明文规定者，还包含着从法的整体出发所形成的与法有关的义务，只要习惯上或者条理上能认定就可以，比如新闻记者关于资料来源的保密义务，虽不是法律义务，却是与法有关系的义务。但是也有不同的观点，如土本武司认为："由于没有明文规定，对资料来源的保密义务不是义务冲突中的'义务'。对资料来源的保密，是世界公认的新闻工作者的社会伦理义务，但不是法律判断对象上的义务，因此不能成立刑法中的义务冲突。"①

道德义务等非法律义务也可以构成义务冲突。如坂本英雄认为："道义上的义务和法律上的义务相对的时候，通常认为法律义务优先，但当其不可能时，根据具体情形，也不能否定道义上的义务比法律义务具有更为重大的法益。"②可见，冲突义务不限于法律上的义务，宗教义务、道德义务、习惯上的义务等都可以。在事例上，如新闻记者在保守秘密的职业道德义务与在法庭上宣誓作证的义务之间，拒绝作证的时候；再如，牧师对相信自己的犯罪之人，在自家住宅执行灵魂救助的教义义务，与禁止藏匿犯人的不作为义务不相容的时候。当这些宗教义务、道德义务、习惯上的义务和刑法规范义务发生冲突的时候，行为者不可避免地陷入二者择一的困顿中，这种现状显示了义务冲突的理论出发点。

（二）义务冲突的类型

由于义务分为规范命令下的作为义务与禁止规范下的不作为义务，义务冲突因此一般分为作为义务与作为义务的冲突、不作为义务与不作为义务的

① ［日］大嶋一泰：《义务冲突》，载［日］阿部纯二等编：《刑法基本讲座》(3)，法学书院1994年版。

② ［日］大嶋一泰：《义务冲突》，载［日］阿部纯二等编：《刑法基本讲座》(3)，法学书院1994年版。

冲突、作为义务与不作为义务的冲突三种。

1.作为义务与作为义务的冲突

例如，交通工具发生颠覆，父亲对两个孩子有救助义务，但在当时的条件下只能救助其中一个孩子的时候。再如在飞行事故和列车事故中，有多人受重伤，医生在当时的情形下不可能对所有患者进行救助。

2.作为义务与不作为义务的冲突

有人认为，由于这时要根据紧急避难进行解决，所以没有义务冲突，应该称之为义务紧急避难。但是，在这个时候，行为人面临内容相反的作为义务和不作为义务，必须作出选择，也显示了义务冲突的理论构造。如医生对患者承担保守患者疾病隐私的不作为义务，那么，是否需要将患者疾病的传染危险告知该患者同室的其他病人呢？又如，医生将用于康复无望的高龄患者身上的唯一一台人工心脏起搏器取下来，安装到了一个刚入院的、极有可能救活的、濒临死亡的年轻重伤病人身上；再如在面临共同危险时，为了避免全部人员死亡，可以容许牺牲部分人救助多数人吗？这时发生的就是作为义务与不作为义务的冲突。

3.不作为义务与不作为义务的冲突

主要是行为人为了脱离一定处境将不得不破坏所有的禁止规定，如驾驶员没有看到信号，驾车进入高速公路的逆行车道，开车到中央隔离带避难后，根据规定，他既不能掉头也不能后退的情形。

（三）义务冲突的法律性质

关于义务冲突的法律性质，主要有四种观点：一是紧急避难的特别场合解释说；二是作为法令行为说；三是和紧急避难不同的其他正当化事由或者责任阻却事由说；四是具有紧急避难性格和正当行为性格说。①

本书认为，对于义务冲突要分三种场合进行讨论。其一，在作为义务与

① 参见［日］大嶋一泰：《义务冲突》，载［日］阿部纯二等编：《刑法基本讲座》（3），法学书院1994年版。

作为义务发生冲突的场合，一开始就必须选择并履行其中的一个义务，在这种强制的行为状态下，行为人要忍受不作为。而且法益侵害不是由于积极的作为，而是由于受当时的客观情形限制，存在事实上的客观不可能，才至于不作为，这和紧急避难不同，应作为类似日本刑法第35条的正当行为类型加以把握。其二，当作为义务与不作为义务发生冲突时，关键问题是可否允许行为人违反禁止义务，通过积极的作为侵害他人的利益呢？在这种场合，行为人在什么时候都可以保持不作为状态，可由于命令仅仅允许做出作为，这在司法评价中就出现了困难，如果肯定这个问题，就要允许行为人做出作为，而做出积极的作为肯定会侵害他人的利益，这是其特点。不过，当其能充足紧急避难的要件时，应该认为它属于紧急避难，避险从而成为义务，所以也可以称为义务紧急避难；当紧急避难的要件不充分的时候，只要它能保护优越的利益，也是正当行为。其三，在不作为与不作为的义务冲突时，由于不可能完全禁止行为可能性，行为人应该如何行动在事实上是不清楚的，往往不允许他做出任何破坏禁止的作为，这样一来，可能所有的利益都会受到侵害。在这种状况下所招致的违法原因行为并没有违反不作为义务的意思，根据原因中的不法行为，即使存在事实上的客观不可能性，也不能免除违反不作为义务的违法性。不过在它维护了优越的利益时，应该认为阻却了违法性，而在其违法的场合，因为存在事实上的客观不可能，也可以阻却责任或者减轻责任。

（四）义务冲突的解决办法

义务冲突要解决的，是应当履行哪一方面的义务问题。宾丁格提出了以下义务衡量原则："（1）应当牺牲层次低的义务、履行层次高的义务；（2）当两个义务等价值时，哪一个义务都是应该履行的。"认为在义务冲突时，如果履行同等的或者层次高的义务，就阻却与之冲突的其他同等的或者层次低的义务违反的违法性。宾丁格的见解可否得以全面贯彻，是值得推敲的。

日本学者大嶋一泰的看法是，首先以法益的保护价值性为基础，来决定义务的地位关系。然而，在具体的事例中，法益侵害的急迫性和重大性，必须根据行为人追求的目的等一切与之有利害关系的要素进行概括的评价而决定。因此，当冲突义务之间的价值地位不同时，履行了层次高的价值义务就是正当的。但在冲突义务的价值相同时，由于各种义务所维护的利益大致等同，维护了价值等同的一方利益，就不能通过优越的价值衡量确定义务的优先性。但在两个作为义务或者两个不作为义务冲突的场合，同时履行这两个义务实际上是不可能的，根据“没有可能就没有义务”的原则，结果符合宾丁格所说。应该说，在同价值的作为义务或者不作为义务冲突时，选择其中之一，可以阻却不履行其他义务的违法性；然而在价值等同的作为义务和不作为义务冲突时，就不能采取宾丁格的见解。因为有一般法的禁止，违反不作为义务的积极作为侵害他人的利益，这是受到禁止的，此时，突破禁止牺牲其他的同等价值维护同样的价值的命令是不妥当的。以积极的作为侵害另外一方同等价值的利益，是不能被承认的，也是违法的。因此，同价值的作为义务与不作为义务冲突时，都不能进行自由裁量，合乎禁止的，必定合乎不作为的义务。因此，不能维护一方的利益，也可以阻却违反作为义务的违法性，行为也就是正当的。[①]大嶋一泰的观点比较妥当。

二、被害人承诺

（一）被害人承诺的概念和法律性质

所谓被害人承诺，是被害人关于自己的法益侵害的同意。如法谚所说，“对承诺者不可能实施侵害”，以承诺为阻却构成要件的场合，承诺的存在就说明不符合构成要件，从而构成违法性阻却。医疗行为、安乐死和尊严死都可以认为是被害人承诺的行为。在理论上，有的将被害人承诺作为阻却构成要件的事由，有的将其作为阻却违法性事由。在少数犯罪中，被害人的承诺的确可以阻却犯罪的构成要件，但是在一般情况下，还是作为阻却违法性事由比较合理。

---

① ［日］大嶋一泰：《义务冲突》，载［日］阿部纯二等编：《刑法基本讲座》(3)，法学书院1994年版。

被害人承诺阻却违法性的理论根据大致有：[①]（1）法益衡量说，认为法益的持有者本人放弃自己的法益，以及承诺其侵害，根据“利益不存在的原则”，就没有必要适用为了保护该利益的刑罚法规而对行为人进行处罚。（2）规范说，也是通说，是在国家所承认的、为了达到共同生活目的的适当手段方面（目的说），或者依照法的理念在社会上有相当性的行为（社会相当性说）方面，寻求违法阻却的根据。（3）“自己决定的自由”说，强调放弃法益是被害人自己决定的自由，自己决定的价值和被侵害法益的价值相比较，前者优越于后者时，违法性被阻却。（4）综合说，认为利益不存在原则或者优越的利益说和目的说并非对立的，应当将其综合考虑，以说明被害人承诺中的正当性。

以上各说中，结果无价值说仅仅强调结果的无价值，是不妥当的，而且关于生命、身体的个人法益的承诺，从国家或者社会的立场看并不能阻却违法性，因此，不能忽视社会伦理观念的实际影响。但社会相当性的概念比较暧昧，而目的说对具体事例难以解释。至于“自己决定”的概念，非但不明确，而且分离法益和法益处分的权利，显示了与强调个人自由相反的思想，至少有一些国家曾经用刑法严厉惩罚和羞辱自杀者及其家庭。在此意义上，综合说比较恰当。

（二）被害人承诺的要件

为了阻却基于被害人的承诺的行为的违法性，被害人的嘱托或者承诺是必要的。具体而言，其要件包括：

1.有效的承诺

被害人自己的有效承诺是首要的要件。承诺的有效，意味着是有法益处分权并且有承诺能力者的真实承诺。因此，幼儿、没有通常意思能力的精神分裂病患者的承诺，由于其欠缺承诺的能力，所以无效；在强制之下的承诺，不是出自真诚意愿，也是无效的承诺。但是，被害人基于错误的承诺是

---

① ［日］须之内克彦：《被害人承诺》，载［日］阿部纯二等编：《刑法基本讲座》(3)，法学书院1994年版。

否属于有效的承诺，在理论和实践上还值得研究。

2. 承诺的对象、方法和期限

被害人的承诺必须以行为人的行为及其结果为对象，因此，法益侵害的结果要满足承诺的内容。但是，当侵害的方法和承诺的内容不同时，不阻却违法性；在关于行为的承诺中，没有对行为产生的结果的承诺时，不能适用被害人的承诺，比如乘客明知驾驶员醉酒，依然搭乘其驾驶的汽车，结果因为交通事故负伤，那么司机的过失行为并不适用被害人承诺。

承诺者要求是法益主体，代理人的承诺一般是无效的，但是，法定代理人基于管理权限，为了被代理人的利益而承诺的，是有效的。

关于承诺的方法，有不同观点：一种观点认为，只要被害人内心同意即可，无须外部表示（意思方向说，平野龙一）；另一种观点认为，必须有同意的外部表示（意思表示说，大塚仁）。[①]本书认为，由于被害人承诺是极为敏感的正当化事由，为了不至于被滥用，应当强调意思的外部表示，但不限于文字的表示，如录音、证言可以证明该承诺的有效性等方式都可以。

承诺在期限上必须存在于实行行为时，事后的承诺一般认为是违法的。如果事前承诺在行为时被撤销，就属于无效的承诺。

3. 承诺认识

在现实中，可能存在行为人不知道受害人已经承诺而行为的情形，比如D不知道V已经将财产赠予了自己而抢夺的，这是否承认被害人承诺呢？理论上关于是否要求行为人认识被害人的承诺作为被害人承诺的要件，存在不同看法。比如大谷实认为，由于被害人对行为人的行为和法益侵害的结果有承诺，被害人应当被保护的利益不存在，所以不需要存在对被害人同意的认识，一样可以认为是被害人的承诺。对这种行为的处理，有的认为是不可罚的；有的认为不成立既遂犯，但构成未遂犯；有的认为成立既遂犯。[②]本书认为，违法性中的行为无价值，显示了行为人违反规范伦理的态度，对其行

① 参见［日］大谷实著：《刑法讲义总论》，成文堂1996年补定4版，第298页。

② 参见［日］大谷实著：《刑法讲义总论》，成文堂1996年补定4版，第299页。

为不宜阻却违法性。但在处理上，由于法益被放弃，也没有必要作为既遂论处，因此可作为未遂犯论处。

（三）推定承诺

所谓推定承诺，是被害人没有现实的承诺，但是可以认为如果被害人当时知情也会承诺，从而推定其意思所实施的行为。例如，发生火灾时冲进没有人的房子，将其贵重财物抢救出来。

关于推定的承诺阻却违法的理论有：（1）目的说或者社会的相当性说，认为推定的承诺不是被害人主观的问题，而是法的理念问题。依据对相关事态的客观、合理判断，如果被害人知道有关事实，认为当然会承诺的场合，是对有关意思的推定判断，即对事态的客观、合理判断。（2）法益衡量说或者优越的利益说，认为如果被害人完全认识事态，根据其个人立场，也会同意行为，这是和被害人的个人意思方向合致的、客观的、盖然的判断，它延伸了现实承诺。但它只是在一定限度内是恰当的。（3）基于“被容许的危险”的违法性阻却事由说，该说结合法益衡量说中的妥当之处，将这种情形当作具有被容许的危险的性格，推定为承诺。进一步分析可以发现，关于推定承诺的解释，有的是将其作为其他违法阻却事由的一种特殊形式，有的是将其作为独立的违法性阻却事由，即认为推定承诺既不是紧急避难，也不是被害人承诺。①

是否允许干预行为要根据干预的动机确定其不同原理：一是利益代理原则，即为他人利益的干预行为有益于他人的利益；二是缺乏利益原则，即为本人利益或者第三人利益的干预行为无损于他人利益。据此，承诺和推定承诺的区别在于，前者是阻却构成要件的事由，后者是一种正当化的事由。

---

① ［日］须之内克彦：《被害人承诺》，载［日］阿部纯二等编：《刑法基本讲座》（3），法学书院1994年版；［韩］金日秀、徐鹤辅著：《韩国刑法总论》，郑军男译，武汉大学出版社2008年版，第313页；［德］乌尔斯·金德霍伊泽尔著：《刑法总论教科书》，蔡桂生译，北京大学出版社2015年版，第195页；［韩］金日秀、徐鹤辅著：《韩国刑法总论》，郑军男译，武汉大学出版社2008年版，第312—313页。

适用推定承诺，在客观上必须具备三个条件：一是除了有权利人的承诺表示之外，能满足成立有效承诺的其他所有条件；二是由于无法克服的障碍，没有办法及时获得权利人的明确意思表示；三是综合客观情况，可以肯定地预料到权利人也会承诺，因为干预行为是出于权利人利益考虑的，或者没有明显触动当事人值得保护的利益。

推定承诺是对事实承诺的假定，其假定前提是一般人在当时都可能同意，所以具有比较浓厚的社会伦理规范的特色。而所谓优越利益说在有些场合是看不出来的，即便存在损害法益和得救法益，那么是否意味着行为人要对损害法益承担民事上的赔偿责任呢？特别是当行为人推定的同意事实上不存在的时候，是否应当就其错误进行违法性判断呢？因此，本书认为第二说不妥当。至于“被容许的危险”根据，它和社会伦理规范是表里关系，在现实生活中，基于推定承诺的行为是不免予一定危险的，如医生面对昏迷不醒的伤者，切除其大腿保全其生命，这是事实上的危险，但这样的情形在社会伦理规范不认为是不当的，因此可以阻却违法。

三、自救行为

（一）自救行为的概念

所谓自救行为，又称民法上的自力救济，是法益被侵害者为了恢复法益，在不能得到国家机关依照法律程序的救济时，如果丧失时机，事实上就不能恢复法益或者恢复法益有显著困难的情形下，所实施的自力恢复行为。从广义上讲，正当防卫以及紧急避难包含着自救行为的含义，但自救行为一般指对已经过去的侵害所实施的恢复法益的行为。

（二）自救行为的要件

（1）请求权。即请求他人为一定行为的权利。该权利一般为债权。作为自救行为的前提，必须存在权利或者法益侵害的事实，因此，对适法行为不存在自救可能。法益应当是个人法益，但不限于准正当防卫场合的个人法益。它的内容也不限于财产权，对名誉权也可以自救。

（2）请求权的实现存在紧急性。这是自救行为的第二个条件，根据通说，其要求是：首先，必须是没有国家机关根据法律程序进行救济的余地。其次，如果不亲自救济，以后就不能恢复法益，或者以后恢复法益有显著困难。

（3）请求权的具有必要性、相当性。自救行为是为了恢复法益所必要的并且具有相当性的行为。在判断相当性时，要考虑自救的方法、程度以及法益衡量。

（4）自救的意思。即行为人要有为了恢复自己或者他人的法益的意思。这是和正当防卫相同的主观违法阻却要素。

第九章

责任论

第一节 责任论概述

“没有责任就没有刑罚”，是责任主义的基本命题。但什么是责任，何谓责任评价的对象等问题，都有待进一步讨论。另外，现代刑事责任一般主张排除结果归责或者客观归责，可是英美刑法中的严格责任，并不要求主观的要件；而且责任主义以个人责任为原则，要求排除具有连坐或者缘坐性质的团体责任，但英美刑法中还有刑事代理责任制度，使有关人员必要时要代理行为人承担行为的刑事责任，这些是否符合责任主义呢？本节对这些问题一一加以介绍。

一、责任的本质

何谓责任（schuld; verschuldung; responsibility），在大陆法系学者中有不同的见解。但一般认为，责任是指根据行为人实施的符合构成要件的违法行为，可对其施加作为无价值判断的非难或有非难的可能性。①在人类社会的各个时期，人们对于“无价值判断的非难或有非难的可能性”的判断方法和标准，存在着不同的认识和要求。在古代社会，受客观责任和团体责任观念的支配，追究行为人的法律责任时，只要求行为人的行为对社会共同生活产

① 参见［日］木村龟二主编：《刑法学词典》，顾肖荣等译，上海翻译出版公司1991年版，第218页。

生了危害即可，一般并不以故意或过失为责任的前提。随着社会文明的发展和社会分工的细化，这种责任观念渐渐暴露出多方面的不足，主观责任论应运而生。但主观责任中需要评价哪些因素，评价的主体是什么，围绕诸如此类的问题，产生了关于责任本质的不同学说。

（一）行为责任论、性格责任论和人格责任论

这是根据刑法评价的不同对象产生的责任学说。

1. 行为责任论

该说认为，责任非难的对象是形成具体行为的意思，所以具有个别行为责任或者意思责任的含义。该说是根据“应当被惩罚的不是行为人，而是行为”的行为主义责任论产生的，即在责任中被讨论的是行为，而不是行为背后的性格或者人格。在行为责任论中，依据责任非难的不同标准，形成了道义责任论和法的责任论。

2. 性格责任论

该理论认为，责任的对象不是具体的行为，而是行为人对社会的危险性格。根据这种理论，应当被惩罚的不是行为，而是行为人，所以它属于行为人责任论。性格责任论在评价标准上，属于社会责任论。性格责任论直接将责任导向行为人的性格本身，结果不能考虑行为人的主体性，事实上排斥了责任的非难意义。①

3. 人格责任论

人格责任论本来萌芽于德国，是由麦兹格尔和鲍克曼提出来的，但它却在日本刑法理论中开花。②第二次世界大战前安平政吉和不破武夫采纳了德国学者的人格责任论的观点。但真正为人格责任论做出突出贡献的，还是团藤重光。他根据常习犯中的常习性提出，责任首次是行为责任，应该着眼于作为行为人人格的主体性现实化的行为，但是，在行为背后存在的是虽然

---

① 参见［日］大塚仁著：《刑法概说·总论》，冯军译，中国人民大学出版社2003年版，第376页。

② 参见［日］大谷实著：《刑事责任论之展望》，成文堂1984年版。

受到素质和环境制约，但是却由行为人的主体性努力形成的人格，可以针对这种人格形成中人格态度非难行为人，也称为人格形成责任。为了把握现实的人格态度，就必然要论及人格形成。这样，责任和活生生的现实就不能分开，而应该作为整体，即人格责任。①

（二）道义责任论、社会责任论和法的责任论

这是根据责任评价的标准进行的分类。

1.道义责任论

道义责任论是处于上升时期的古典学派的刑事责任论，它以意志自由论为理论基础，认为责任的本质是道义的非难，即凡达到一定年龄、精神正常的人原则上均有依理性而行动的自由意思，而具有自由意思的人，由于其自由意思决定而为一定的行为，并发生一定的犯罪结果，就应对该行为进行道义观念上的否定评判，并让行为人负担一定的刑事后果。这种理论认为，行为人具有责任的必要心理结构包括三个部分：其一，辨别是非的能力；其二，意思自由的能力；其三，决意犯罪的能力。②

2.社会责任论

社会责任论立足于现代科学的实证分析，否定行为人的意志自由，认为犯罪是被决定的，是特殊的社会因素、自然因素、行为人素质因素的综合产物。该说将犯罪能力理解为刑罚适应能力，因此，对实施犯罪行为的人，如果具有刑罚适应能力，就要给予刑事制裁；如果没有刑事责任能力（刑罚的适应能力），也要给予保安处分。即该说从社会本位出发，认为刑事责任的本质是防卫社会，其根据是行为人的社会危险性。如木村龟二博士认为："社会的责任论，并非以形而上学的自由意思为中心之'个人的道义责任'之理论，而系以社会的道义为基础之'社会的道义责任'之理论。刑事责任乃系立于如此之作为社会的道义责任之'社会的责任论'之上者。……盖人

---

① 参见［日］大塚仁著：《刑法概说·总论》，冯军译，中国人民大学出版社2003年版，第377页。

② 参见马克昌等主编：《刑法学全书》，上海科学技术文献出版社1993年版，第631页。

就自己之行为负担责任，乃系由于彼营社会生活，本应依从社会生活规范之要求（即法规范之要求）而为意思决定，然竟未依从此要求而为意思决定。若认为在此有社会的非难之责任时，则刑事责任之本质，即应解为系如此的意义之社会的责任。”①

3. 法的责任论

法的责任论认为，责任非难是根据作为社会统治手段的法的立场的非难。和道义责任论相同，法的责任论承认意志自由，当既可以选择适法行为也可以选择违法行为时，却选择了违法行为，对所实施的行为用刑罚手段进行非难，对作为非难对象的违反法规范的行为，如果根据法的立场，作为法益的侵害或者危险来把握，就是法的责任论。②

道义责任论以行为作为非难的对象，与“无行为则无犯罪，亦无刑罚”的现代刑法命题甚为一致，在现代刑法建立之初，可谓基本上把握了责任基础的核心。但诚如洪福增所批评的：“往昔的道义责任论以绝对的自由意思作为理论之前提，仅以责任之对象，求之于‘行为’（此系所以称为客观主义之由来），此对于以性格之特殊性特别成为刑罚对象者（如常习犯人）之‘责任’，将不能作合理的说明，且亦将无须区别累犯与初犯矣，自嫌欠妥；……”③

社会责任论在责任中融入了目的的刑罚观念，着眼于预防犯罪，体现出社会进步的必然趋势；但是，这种观点也有以下不足之处：第一，它全然否定了意志自由，认为人的行为是被决定的，这种前提不免会沦为宿命论的观念，也将人与动物混同起来，从而否定刑法的伦理价值。第二，它单纯强调社会的要求，片面地突出社会利益，忽视了刑法中个体的实际情况，很可能侵害社会个体的正当权利，因为“如果刑罚不以罪过作为适用的限度，仅以对社会成员的威慑，对犯罪人的隔离或最适当的再社会化为追求的目标，无

---

① 转引自洪福增著：《刑事责任之理论》，台湾刑事法杂志社1988年修正再版，第16页。

② 参见马克昌著：《比较刑法原理》，武汉大学出版社2002年版，第434页。

③ 洪福增著：《刑事责任之理论》，台湾刑事法杂志社1988年修正再版，第12—13页。

疑就是将刑罚变成了一种实现某种预防性刑事政策的随机的工具”①。第三，如完全从社会的责任观念出发，则许多犯罪是社会规制的结果，就不可能正确揭示行为人的人身危险性。所以，社会责任论不能取代道义责任论。

法的责任论重视法的评价主体，这是正确的。但是，在评价对象方面，它违背了刑法的主要任务。

（三）心理责任论、规范责任论和实质责任论

这是根据责任评价要素进行的分类。

1.心理责任论

心理责任论是19世纪末20世纪初在西方责任理论中居于支配地位的学说，它也是以意志自由为理论基础，不过是从区别犯罪的外部事实与心理因素等构成要素出发，放弃把握责任的本质内容，将外部的事实对象与行为人的心理关系的整体作为责任来把握，认为责任是指行为人与已经发生的违法结果之间的主观联系，其中不包含非难的要素。刑事责任也就是故意、过失的全体。

心理责任论的问题在于：其一，它不能充分说明“过失”的责任性，因为在无认识的过失场合，行为人对于犯罪结果的心理关系是完全不存在的，即欠缺心理的事实性，而无责任性可言。这与当今的过失观念不相一致。其二，它不能说明哪种心理关系在刑法中是重要的，也不能解释为何构成责任或者在缺少心理关系时阻却责任，如精神病患者或者在紧急避难当中不负责任的理由何在。

2.规范责任论

规范责任论或称规范的责任概念，该说是在以故意、过失、责任能力为基础的心理要素之外，提出“非难可能性”作为评价要素存在的必要性，同时，重视在何种情形下，才可以对行为人追究责任、加以非难，其结果是认

① ［意］杜里奥·帕多瓦尼著：《意大利刑法学原理》，陈忠林译，法律出版社1998年版，第181页。

为："法期待行为者能服从其命令要求时，始得加以非难。"即不具有故意或过失的行为没有责任；但如果只具有故意或过失，却因为存在特殊情状，致使行为人不能作出正常的意思决定时，纵然行为人的决定违反了义务，由于非难可能性不明显，就不能对其科以刑罚。所谓责任的非难，被认为是从国家的立场对犯人施加的非难，但是作为国家非难的前提，行为人不仅要有遵守法律的一般能力，而且在实行犯罪行为之际，也要有遵守法律的能力。所以，在对行为人进行主观评价时，还必须要求行为人有适法行为的期待可能性。①帕多瓦尼认为，责任的实质在于行为人的意志与刑法的禁止规范或者命令规范之间存在对立，行为人没有根据刑法规范的要求运用自己的意志。对故意犯而言，表现为行为人希望实现他本不应当追求的东西，对过失犯而言，表现为行为人没有预见到他本该预见的事实。②

规范责任论是以期待可能性理论为基础建立起来的。关于规范责任论的理论渊源，道义责任论认为它是起源于本派的观念；而社会责任论认为它与道义责任论无关，是社会责任论的纯熟形式。③这种争议从侧面反映出，规范责任论无论较之于道义责任论，还是社会责任论，都更为科学、合理，不然两派就不会力举规范责任论是源自本派的学说。从实质内容上看，就是否承认意志自由而言，规范责任论似乎属于道义责任理论的产物；但从是否承认行为具有被决定的方面而言，规范责任论则似乎是社会责任论的发展形式。如果我们对该理论形成的背景与过程加以通盘考虑，就会得出如下结论：规范责任论，作为历史的产物，它首先是道义责任论为了回应社会责任论所做的反省与发展，即由于犯罪存在由自然环境和社会环境决定的因素，那么人在理性上并非完整的，如果忽视这一点，则抛弃了作为启蒙思想基础的人性观念。道义责任论的不足，在社会责任观的批判下不得不被修正。其

① 参见［日］大塚仁著：《犯罪论的基本问题》，有斐阁1982年版，第215页。

② ［意］杜里奥·帕多瓦尼著：《意大利刑法学原理》（注评版），陈忠林译，中国人民大学出版社2004年版，第196页。

③ 参见［日］木村龟二主编：《刑法学词典》，顾肖荣等译，上海翻译出版公司1991年版，第211页。

次，它是社会责任论自觉演绎的结论，即尽管犯罪有被决定的方面，但是忽视行为人的决意可能性，无异于把人混同于动物，这显然降低了人的社会价值，也贬低了刑法的价值，所以，必须有限度地承认意志自由。因而，规范责任论也可说是对道义责任论和社会责任论的批判性继承和发展。而心理责任论，仅仅在责任的结构上与道义责任论有所区别，却没有吸纳社会责任论中的合理内核，所以相对而言，规范责任理论比心理责任论在构造上要完整一些。意大利学者帕多瓦尼也认为，在刑事责任中引进期待可能性因素，是规范责任论的“革命性”的表现。[①]

3. 实质责任论

实质责任论是第二次世界大战后在德国以规范责任论为前提展开的理论。规范责任论是以期待可能性为核心的实质性责任理论，其将责任判断从事实转向规范的呼应。但在第二次世界大战之后，随着意志自由假设已经不再重要，一些学者关注到如下问题：规范责任仅仅提出了有罪责的行为必须是“可谴责的”，这只具有形式上的性质，却没有回答“这种可谴责性应当取决于哪一些内容上的条件”这一实质性问题。[②]或者说，规范责任如何实现以及规范责任的正当性根据等问题都有进一步研究的必要。对此，理论上提出了一些实质的责任概念：（1）为德国联邦法院所接受的“不法”责任论；（2）态度责任论；（3）个性责任论等。[③]

（四）机能责任论、规范的应答可能性说与交谈责任论

1. 机能责任论

机能责任论是由德国学者雅科布斯提出来的。雅科布斯以预防为目的，寻求责任的根据。他认为刑罚是由一定的目的所决定的，只有刑罚的目的才

① 参见［意］杜里奥·帕多瓦尼著：《意大利刑法学原理》，陈忠林译，法律出版社1998年版，第185页。

② 参见［德］克劳斯·罗克辛著：《德国刑法学（总论）》（第1卷），王世洲译，法律出版社2005年版，第562页。

③ 有关内容及其评价参见［德］克劳斯·罗克辛著：《德国刑法学（总论）》（第1卷），王世洲译，法律出版社2005年版，第562—566页。

能赋予责任以内容。责任与目的的联系表现为，责任刑法不应是无目的的刑法，而应该是有益于维持秩序的刑法。适用刑法时，责任意味着向忠诚于法的市民确证秩序的约束力，并阐明用一个确定的尺度进行处罚的必要性。犯罪行为破坏了法律所保障的合法性期待，因此是一种需要被排除的东西，而责任可以把业已存在于令人失望的行为中的各种条件中的一个条件，即动机赋予缺陷，作为刑法上重要的东西孤立出来。探究产生动机赋予的缺陷就意味着试图免责。刑法通过责任判断将行为人一般化，以期实现如下目的：把冲突从一个需要维护的秩序转移到一个可以孤立的下层构造、一个亚系统中，并且采取的方式是，在一个重要的问题上促成亚系统运用其遵守规范的自治能力上稳固与亚系统相对立的外在条件，以至于通过负有责任的归属证实秩序必须被坚持。[①]但在期待可能性与不可期待性的法律中，所涉及的不是人们能够期待行为人作出某种决定，因为行为人不是孤立地生活的，而是生活在一个被确定的社会和国家中，这就使行为人必须接受某种强制性的或者不能减轻对这种强制所承担的责任。这不仅适用于法律上关于期待可能性和不可期待性所规范化了的规则，它们是法官在量刑时必须考虑的。[②]

2. 规范的应答可能性说

规范的应答可能性说是由德国学者罗克辛提出来的，他认为所谓责任是虽然存在规范的应答可能性而实现不法行为，即为了肯定行为人的责任，需要具备以下条件：其一，根据其精神状况可以应答规范的要求。其二，存在朝规范要求的方向决定行为心理的可能性。其三，在具体的事例中存在一般成年人的心理控制可能性。因此，责任是经验和规范的综合体，原则上必须具备经验上可以认定的控制能力和规范的应答可能性，而且，规范上必须要求具备适法行为的可能性。如果采取罗克辛的观点，那么适法行为的可能性是根本问题，它必须根据意志自由展开讨论。意志自由是作为规范的要求

---

① 参见［德］格吕恩特·雅科布斯著：《行为 责任 刑法》，冯军译，中国政法大学出版社1997年版，第9—13页。

② 参见［德］格吕恩特·雅科布斯著：《行为 责任 刑法》，冯军译，中国政法大学出版社1997年版，第45页。

确定的，进而，责任要追加依据刑法处罚的“预防必要性”的判断，从而形成“答责性”概念。所以，当行为人可以知道“规范的提诉作用”，具备控制能力，实行适法行为在心理上也是可能的时候，却实现刑法上的不法，其责任就被肯定，处罚的必要性在通常的场合也随之被肯定，但在例外的、作为责任宽恕的紧急避难的场合，从预防上看没有处罚的必要性，而阻却其答责性。①

3. 交谈责任论

该理论试图建立责任和规范的合法性二者之间的关系。根据该观点，行为人不仅是法律上受责难的（规范）接受者，还是缔结这种被他破坏的规范的主人，这种缔造规范的活动，存在于法治国的民主之中。因为在一个民主的社会中，自治而有人格的个人对于其利益可能或者应当得到怎样的协调和处理有着相应的理解，当这种理解以法律的形式明确表示出来后，就成了各种规范。当行为人作为规范的缔造者时，就和他人确立了这种理解。因此，他们之间只能以理解（“交谈”）的方式，与法律规范发生偏离。在民主社会，每个人都可以谋求各种规范的改变，但是，也必须诚实地注意到他人权利的存在，交往性地参与这种理解的过程。如果行为人破坏了规范，就否定了规范赖以存在的根基——诸参与者的理解。行为人不按照他人的理解行事，就是通过自己犯罪的形式表现出对他的不诚实，缺乏这种诚实，就是实质的责任。②此外，还有法律责任论。法律责任论认为责任都是法律责任，它仅仅是对缺乏忠诚的责难，它和道义、伦理标准无关。③该观点和交谈责任论有内在联系。

德国学者在第二次世界大战之后的机能责任论，是针对期待可能性论中

---

① 参见［德］克劳斯·罗克辛著：《德国刑法学（总论）》（第1卷），王世洲译，法律出版社2005年版，第568—573页；［日］山中敬一著：《刑法总论Ⅱ》，成文堂1999年版，第554—555页。

② ［德］乌尔斯·金德霍伊泽尔著：《刑法总论教科书》，蔡桂生译，北京大学出版社2015年版，第211页。

③ ［德］乌尔斯·金德霍伊泽尔著：《刑法总论教科书》，蔡桂生译，北京大学出版社2015年版，第211页。

采取行为人的标准可能导致法律“软骨化”的批判而提出来的，它强调和突出的是国家或者社会在确定行为人是否值得期待时的地位。这个问题虽然当初在德国没有得到解决，但是，日本学者佐伯千仞在研究期待可能性时，注意到了这个问题，并提出了国家标准说，在一定程度上丰富了期待可能性的内涵，因此，所谓机能的责任说属于现代规范责任论。而规范的应答可能性说意在表现规范和规范对象之间的联系，强调规范的意识和基于该意识形成规范中的意思自由决定的可能性，其内容和以期待可能性为核心的规范责任论别无二致。故此，本书认为机能责任论和规范的应答可能性说是规范责任论的发展，但它们还没有对“可谴责性”予以明确地回答。在民主社会，交谈理论值得肯定。通过交往建立的规范和规范的共识是实现责任的重要前提，所以本书倾向于交谈责任理论。

二、责任的要素

责任判断，是根据符合构成要件并且没有违法阻却事由的事实，判断其是否足以对行为人进行非难以及在有非难可能性的场合达到何种程度的非难。它的机能表现为：一方面基于法治国的理念保障被告人的权利，因为法官在何种条件下会同意对行为人进行责任非难，不单纯是自由裁量决定的；另一方面是基于刑法的严格规定，例外地考虑消极性的责任要素（责任阻却事由），只有在不具备这些消极事由的情形下，才肯定责任。责任的要素通常包括责任能力、故意或者过失、期待可能性以及违法性意识的可能性。

责任能力是第一责任要素，也是法定的责任要素。责任以成年人健全的精神和心理能力为前提，在行为人的精神和心理能力有严重缺陷的场合，如严重的精神分裂症，行为人往往欠缺认识能力和决定能力，就不得对其进行非难。

责任故意或者过失是第二责任要素，它们也属于法定的要素。故意或者过失以行为人具有责任能力为前提，反过来说，只有责任能力者才能具有对构成要件要素的必要认识能力和决定能力（控制能力），基于该能力行为人实行一定行为，违反刑法规范的禁止或者命令，显示其不同程度的可非难态度。责任故意或者过失和责任能力一样，从总体上看属于形式的判断。

期待可能性是责任的第三要素，也是核心性的要素。考虑到行为时客观情形的复杂，在一些具体的案件中，具备责任能力的人在故意或者过失的心理态度下，实施了符合构成要件的行为，但在当时的情形下，依据一定的标准，行为人只能实施这些行为，因此，具有法定的责任能力的人在具体环境下失去了决定能力而实行的行为，是在不具备期待可能性的条件下实施的，不能显示行为人的可非难态度，根据“法不强人所难”的品格，阻却对行为人进行非难。

违法性意识的可能性属于期待可能性的认识前提，但也可以作为责任的第四要素，因为当行为人完全可以认识到行为的违法性质而决意实行犯罪行为的时候，充分显示其对刑法规范的否定，但是与之相反，当行为人不具备违法性意识的时候，影响其行为决意，对于期待可能性和故意、过失都有不同程度的影响，所以违法性意识的可能性应当被当作责任判断的一个要素。

第二节　责任能力

一、责任能力概述

（一）责任能力的意义

所谓责任能力，是有责行为在生理和心理上的能力。实行符合构成要件的违法行为的行为人，如果没有辨别自己行为的违法性的能力，或者根据该认识控制自己行动的能力，就无责任能力（责任无能力），其责任应当被否定。可见，责任能力是责任判断中的第一个要素。责任能力包括有责行为的能力和可罚的责任能力。

责任能力首先是有责行为能力。这是由应答规范的可能性所要求的，也是科处刑罚的前提能力。它包括实行刑法上的行为的能力（行为能力）、进行有效诉讼的能力（诉讼能力）和接受刑罚的能力（受刑能力）。

有责行为的能力是接受刑罚的条件之一。在刑法中，不满14岁的未成年人一律视为无责任能力者。但是，不满14岁的未成年人并非一律欠缺是非的辨别能力，只是如果对不满14岁的未成年人科处刑罚，将对少年行为人的健全发育产生不良的影响，因此从刑事政策的要求出发，一律否定其责任能力。这就是在具备责任能力的时候，否定所谓的“可罚的责任能力”。

（二）责任能力的体系地位

1. 责任要素说

该说将责任能力视为和故意、过失等并列的责任要素。其结论是：（1）将责任能力当作和具体行为有关系的责任要素；（2）判断责任能力时重视心理学的标准；（3）基于犯罪的种类，肯定部分的责任能力；（4）在故意·过失之后判断责任能力。

2. 责任前提说

该说认为责任能力不是具体行为的能力，而是成为其前提的一般的人格的能力。其结论是：（1）责任能力是从具体行为中独立出来的行为人的一般能力；（2）判断责任能力时重视生物学的标准；（3）否定部分责任能力；（4）先于故意·过失判断责任能力。

责任要素说认为，责任能力是作为非难可能性的前提的人格的适应性，该能力是关于行为人是否可以辨别具体行为的是非善恶，以及是否可以根据该认识进行行动的问题，因此，它不仅仅是非难的前提，还包括对行为意思的形成的非难可能性。①通说认为，责任能力是接受责任的能力，因此采取责任前提说。本书认为，这个问题的实际价值不大，因为责任能力在实质上是责任的前提，但是在形式判断中，它是责任的要素。

二、责任能力的判断标准

关于责任能力的判断标准，主要有：②（1）生物学的标准，侧重于行为人是否存在精神障碍；（2）心理学的标准，侧重于行为人是否有认识是非善恶

① 参见［日］大谷实著：《刑事责任论之展望》，成文堂1984年版，第31页。

② 参见［日］大谷实著：《刑事责任论之展望》，成文堂1984年版，第32—34页。

以及根据该认识行动的能力；（3）混合标准，就是同时兼顾生物学和心理学的标准。在日本判例和通说中，采取的就是混合标准，如判例认为：在由于精神障碍，没有认识事物的是非善恶的能力，另外也没有根据该认识而行动的能力的场合，就无责任能力。

理论上通常认为，责任能力是法官根据法律或者规范进行判断的。在实务中，大部分判例则依据鉴定的结果确定责任能力。这样，当一个案件中关于责任能力存在数个不同的鉴定结论时，就必须由法官决定采用哪一个鉴定结论。而在鉴定为典型的精神病的场合，行为人具备负担什么样的法律责任的能力就成为问题的核心。在这方面，美国的一些州认为，当行为是因为精神病而发生的时候，不问其有无认识能力和控制能力，都认为没有责任能力。法国采取依据有无精神或者认识障碍判断责任能力的生物学标准。

但是，混合标准中关于可能性的判断，在科学上是难以证明的，所以，它受到了各种各样的指责，如认为它进行的是政策的、伦理化的判断，可能招致价值论、政治立场左右责任能力存否的危险。为了避免这个问题，在评价责任能力时，就应当根据生物学的方法，考虑没有精神障碍、意识障碍的正常状态。同时，作为刑法命令或者禁止的对象，是根据绝大多数国民而不是具体的行为人的精神状态预定的，所以，其判断标准就可能是行为是否正常，反过来说就是，是否不存在精神疾病或者意识障碍。

三、有关责任能力的分类及其具体类型

在日本刑法中，责任能力分为责任能力欠缺（无责任能力）和减低（限定责任能力）两种场合，作为责任阻却事由和责任减轻事由规定下来。无责任能力者包括心神丧失者以及未成年人；限制责任能力者包括心神耗弱者、喑哑者和限制责任年龄者。在德国刑法中，责任能力的类型也包括无责任能力和限定责任能力。在法国，有关责任能力的问题与不可归责的主观原因以及未成年有关联。综合而言，责任能力的核心问题在于行为人有无责任能力及其程度，进一步说，区分无责任能力和限制责任能力，是解决责任能力问题的主要任务，其客观要素与心理、生理等因素有密切关联。

（一）无责任能力

1. 心神丧失

心神丧失，在日本判例中，指“由于精神障碍，没有认识是非善恶的能力，或者没有服从该认识而行动的能力状态”。理论上一般也采用这种定义。心神丧失有两个要素：一是精神障碍；二是不具有服从不法认识的行动能力。前者是生物学的要素，表现为存在病态的精神障碍；后者是心理学要素，包括不能理解实质不法的认识能力，以及不能基于认识决定行为的能力（控制能力）。

精神障碍作为无责任能力的重要要素，在广义上包括一切精神疾患，在狭义上则仅仅包括狭义的精神病、意识障碍以及其他精神障碍。

（1）精神病，分为：其一，外因性精神病，如脑内出现器质性病变的情形，诸如脑梅毒等。其二，外伤性精神病，如脑部受到挫伤。其三，中毒性精神病，如酒精中毒、兴奋剂中毒等。其四，身体性精神病，如老年痴呆症、脑动脉硬化、羊癫疯等。其五，内因性精神病，如精神分裂症、躁郁症等。在德国刑法第20条规定中，病态的精神障碍和意识障碍、精神薄弱以及其他重大的精神病变是并列的，但精神障碍的用法不是唯一的，如在日本《精神保健法》中，精神障碍包括精神分裂、中毒性精神病、精神薄弱、精神病质、其他的精神疾患。

（2）意识障碍，是指对自己或者外界的意识不明确的状态，分为：其一，病变意识障碍，如由于脑部器质变化或中毒引起的意识障碍。其二，正常的意识障碍，如在睡眠中或激情时的意识障碍。

（3）其他精神障碍，主要包括：其一，精神薄弱，指由于先天的或者幼童期的原因产生的智能发育迟缓。其二，是神经症，指由于不安、过度疲劳、精神冲动等心理原因引起的精神机能障碍。其三，精神病变，指由于性格的异常，欠缺适应社会的能力状态。

2. 未成年

人的认识能力和控制能力是随着年龄的增长而形成并逐步强化的，因此，各国刑法都规定了刑事责任年龄的起点。大多数国家规定14岁是刑事责任年龄的起点，但有些国家的刑事责任年龄超过14岁，最高的如巴西是18岁；但也有比一般界限低的，最低的如加拿大等国为7岁。影响一个国家刑事责任年龄起点的因素比较复杂，它涉及人类学、社会学、经济学以及其他学科的知识。有必要提及的是，针对14岁的刑事责任年龄起点，现在在国际刑法界有一种提高刑事责任年龄起点的倾向，但在理论上也有学者主张降低刑事责任年龄的起点。

（二）限制责任能力

1.心神耗弱

心神耗弱是限制刑事责任能力的最主要类型。在日本判例中，心神耗弱指责任能力“显著减少的状态”。具体而言，是指因为精神障碍，行为人的违法性认识能力，以及服从该认识而行动的能力显著减少的状态。它和心神丧失只是在程度上有区别，但在刑法中，在心神耗弱状态下，行为人有责任能力，其行为构成犯罪。

2.喑哑

与限制责任能力有关系的第二种类型是喑哑人，或者聋哑人。对于这类人，有些国家的法律明确规定“不处罚或减轻处罚”（日本），有些国家刑法规定“得减轻处罚”（韩国），有些国家规定“处于聋哑状态的人在实施行为时因其残疾而不具有理解或者意思能力的，是不可归罪的。如果理解或意思能力严重降低，但未完全丧失，刑罚予以减轻”。可见喑哑者一般被视为限制责任能力者，至于是否处罚他们，要考虑他们普遍具备的认识能力和控制能力。

3.限制刑事责任年龄

限制刑事责任年龄，主要是相对的刑事责任年龄。世界上规定相对刑事责任年龄的立法，主要有如下情形：[①]（1）对某些严重的犯罪负责，如蒙古刑

---

① 参见马克昌著：《比较刑法原理》，武汉大学出版社2002年版，第458页。

法典第6条第2款规定："14岁以上16岁以下的犯罪人实施杀人、故意重伤和故意伤害他人而导致健康损害的行为，强奸、盗窃、抢劫……应当负刑事责任。"（2）减轻刑罚，如意大利刑法典第98条规定："在实施行为时已满14岁，但尚不满18岁的，如果具有理解和意思能力，则是可归罪的；但是，刑罚予以减轻。"（3）具备一定条件时不构成犯罪，如新加坡刑法典第83条规定："7岁以上12岁以下的儿童，在实施行为时对行为的性质和后果缺乏足够理解判断能力的，不构成犯罪。"

四、责任能力存在的时期

（一）一般原则

"行为与责任能力同在的原则"是基本原则，但该行为是指实行行为吗？围绕行为和责任能力在何种时期必须同时具备的问题，理论上有两种观点：（1）实行行为时说，认为行为人在实行行为之时应当具有责任能力，而结果发生时行为人是否有责任能力并不重要。团藤重光、大塚仁等人主张这样的观点。（2）原因行为时说，认为行为人只要在实施成为实行行为的原因行为时有责任能力就足以。佐伯千仞、平野龙一等人都支持这种观点。

上述论争和实行行为的概念有联系。"行为与责任能力同在的原则"，一般指实行行为和责任能力同时存在，原因行为时说只能作为一种例外被承认。因为犯罪构成可以分为原则型和例外型，在责任能力存在与否的时间上也是如此，即在符合构成要件的行为阶段，应当具有责任能力，实行行为才能成为有责行为。但是，对原因中的自由行为来说，还有进一步检讨的必要。

（二）原因中的自由行为

1.概述

所谓原因中的自由行为，是行为人自己招致精神障碍，陷入无责任能力或者限制责任能力的状态，并在此状态下惹起犯罪结果的场合。其中，招致精神障碍的行为是原因行为，在精神障碍的状态之下实行的惹起符合构成要件结果的行为是结果行为。原因自由行为的结果行为是在没有责任能力的状态下实行的，而原因行为是在意思自由状态下实行的。原因中的自由行为可分两种类型：

（1）故意的原因自由行为，即行为人有实现犯罪的意图，使自己陷入无责任能力或者限制责任能力的状态中，并实现意图的犯罪的场合，如为了杀人而大量饮酒以至于陷入无责任能力或限制责任能力的状态，在该状态下杀死他人。

（2）过失的原因自由行为，即行为人能够预见自己在无责任能力或者限制责任能力状态下可能惹起犯罪结果，从而避免结果的发生，但由于不注意，而没有避免该状态发生的场合，如母亲在哺乳时由于不注意而睡着，结果身体压迫婴孩致其窒息死亡。

2.原因自由行为中责任能力存在时期的学说

关于原因自由行为中的责任能力存在的时期，萨维尼曾说："行为人如意图犯罪，藉饮酒自陷于酩酊，而在完全丧失心神状态中实行者，则属显然矛盾；盖彼若完全陷于丧失心神，则彼应已不能遂行其以前所曾决意并意图之行为，如彼仍可以遂行其以前所曾决意并意图之行为时，则系彼并未丧失心神之证据，自不能免予归责，纵无特别规定，裁判官亦可加以处罚。"[①]如果事实就如萨维尼所言，自然没有必要争议原因自由行为中责任能力存在的时期问题。然而就最终的结果来看，萨维尼采取的是具体符合说的观点，可是，如果按照法定符合说，问题就存在：如意图杀甲而喝酒使自己陷入无责任能力状态，在开车去杀甲时将乙撞死的，至少需要就过失致人死亡的主观心理状态进行讨论。所以，主流观点是肯定原因自由行为，至于其理由，则有如下学说：[②]

（1）间接正犯构成说。该说认为，行为人将在无责任能力状态中的行

① 参见洪福增著：《刑事责任之理论》，台湾刑事法杂志社1988年修正再版，第404页。

② 除特别注明外，诸学说的观点参见［日］山中敬一著：《刑法总论Ⅱ》，成文堂1999年版，第573—582页。

为当作间接正犯加以利用，从而惹起结果，所以原因设定行为的时点就完全可以确定实行的着手，它符合“行为与责任能力同在”的原则。根据这种观点，原因自由行为具有和间接正犯同样的构造。如团藤重光认为：“间接正犯是将他人作为道具利用，而原因自由行为是将自己没有责任的状态作为道具利用，它们的区别不过如此。”意大利学者一般也持这种观点。[①]间接正犯构成说对于当今社会的一些问题的处理，如醉酒驾驶等，是有意义的，而且它不但重视意思决定能力，也重视行为的控制能力，这也是可取的，但是该说有如下问题：其一，利用自己的行为（原因行为）是否具备实行行为的“定型性”呢？对于过失或者不作为而言，这方面似乎没有太大问题，但是，在烂醉中杀人时，将饮酒的行为认为是符合构成要件的杀人，显然是没有根据的。其二，当行为人仅仅陷入限制责任能力状态时，结果行为时的实行行为是限制责任能力，但间接正犯中的道具是否包括限制责任能力者，这还有待讨论，因此在对故意犯的解释中，该说有许多问题。

（2）原因行为时支配可能说。这种观点认为，由于原因行为对结果行为是支配可能的，形式上虽然违背了责任与实行行为同时存在的原则，但是，它和该原则的实质理由是密切关联的，即在原因自由行为中，无能力时的实行行为是在有能力时表象的，如认识到中毒后的杀人等行为，那么，是否饮酒或吸毒是行为人可能支配的，此时，是否实施实行行为，应当求之于行为时依据“行为人的规范意识”形成的抵抗能力。在法国，理论上提出“可能故意理论”，认为行为人本应当预见行为的后果，但仍然为之，所以应当负刑事责任。[②]在将归责的原因求之于原因行为之时的支配意思这一点上，原因行为时支配可能说和“可能故意理论”是类似的理论。原因行为时支配可能说的问题是，在结果行为时的无责任能力的状态中，以结果行为是可能支配的为由追究行为人的责任，其理由并不充分，因为原因行为不是符合构成

① 参见［意］杜里奥·帕多瓦尼著：《意大利刑法学原理》，陈忠林译，法律出版社1998年版，第193页。

② 参见［法］卡斯东·斯特法尼等著：《法国刑法总论精义》，罗结珍译，中国政法大学出版社1998年版，第387页。

要件的行为，它可能支配实行行为，这说明不能以它作为符合构成要件的行为追究责任。

（3）意思决定行为时责任说。这是西原春夫的主张。他认为在行为开始时的最终意思决定，由于贯穿行为的全部直到结果发生，因此，只要在最终的意思决定之际有责任能力，即便在现实的实行行为（惹起结果的行为）之际丧失了责任能力，也不妨认为行为人具有责任能力而追究其责任。[①]该说的理由在于：在规范的责任论中，责任判断是从意思决定的规范立场出发的、对意思决定的非难，因此，责任能力在进行行为的意思决定时必须存在。而且，刑法上的行为是实现特定意思的过程，一个行为是根据一个意思实行的，所以其结论是：第一，行为人的责任能力在对当该行为进行最终的意思决定时必须存在。第二，责任能力不是在违法行为开始之时，而是在包含违法行为的全体行为开始时应当存在。第三，在有责任能力的状态下，预见到在无责任能力状态下实行的行为，该预见在通常人看来如果并非不合理，就可以作为被实现的东西。根据同时存在的原则，要求实行行为和责任同时存在，不是实行行为时存在的意思决定，不能影响行为，而意思决定行为时责任说不能满足该原则。

（4）正犯行为时责任说。这是平野龙一的观点，他认为正犯和实行的同一性是共犯论的基础，只要正犯时存在责任能力，即便在实行行为时不存在，依据同时存在的原则，就可以认为在正犯行为和结果之间存在责任能力。从该见解出发，最近关于实行行为概念的有力主张，就包括所谓的“作为因果关系的起点的实行行为”和“作为未遂行为的实行行为”。由于正犯的行为和实行行为传统上认为是一致的，如果将其分离只能招致概念上的混乱。而“正犯”和“实行”的区别，只是变更了“实行行为”和“正犯行为”的名称。可见该说也未能解决问题。

（5）相当原因行为时责任说，这是山口厚提出来的。该说认为，具备责

① 参见［日］西原春夫著：《刑法总论》（下卷），成文堂1994年改订准备版，第462—463页。

任能力的原因行为是追究责任的对象，原因行为和结果行为之间的“相当因果关系”以及“责任关系”如果被确定，就能追究原因自由行为的责任。该见解为了追究结果的罪责，而将行为的必要的危险性和未遂成立的危险性当作不同的东西，实行行为是“作为因果设定的因果链条的起点，从而成为问责对象的行为”，责任要件被认为是实行行为的时点的问题，而未遂是在发生了具体危险时开始的，所以依据通说，实行的着手是实行的开始，但不能认为是未遂成立的时点。实行行为只是行为问责对象的行为，未遂是和实行行为分离的、发生具体危险的可罚的行为。这样一来，原因行为由于是实行行为，就符合实行行为和责任同时存在的原则。原因行为和结果行为之间的相当因果关系，是在“实行行为的危险性”和“对该危险的实现”被确认时得以肯定的，其中的危险必须达到相当的程度，为此，如醉酒后就实行暴行的“癖好”应认为是特殊阶段的事情。和责任有关的故意或者过失，在原因行为时也是必要的，在追究故意责任时，就要认识到原因行为具有惹起结果行为和结果的危险性。相当原因时责任说的问题是：第一，将实行行为和未遂行为分离，是所谓实行行为二元论的结论，而传统观点认为实行行为就是未遂处罚的起点，因此，该说无视传统观点，恣意定义实行行为，容易招致概念上的混乱。第二，原因行为具有发生结果行为或者结果的“相当危险性”，如果有故意或者过失就是实行行为，那么通常预备的行为也可能成为实行行为。例如，D意图杀X而准备工具，这完全是预备的行为，但该准备行为具有相当危险，也具有杀人的故意，就成为“作为因果关系的起点的实行行为”。进而，为他人实行杀人提供凶器的帮助者，由于具有“相当危险”，当相当行为被实现的时候，由于行为人也具备故意或者过失，从而实行“作为因果关系的起点的实行行为”，当使他人发生具体危险的时候，要作为杀人未遂被处罚。这是不合理的结论。

（6）事后的实行行为时责任说。该说由山中敬一所主张，认为行为者潜在的实行行为一开始就是为了实行最终产生危险的行为的“结果行为”，这种潜在的实行行为是符合构成要件的违法行为，但是责任能力被否定。潜在的实行行为是从原因行为时出发的持续“支配可能”的行为，在客观上是基于原因行为可以支配因果关系的行为，在主观上是基于原因行为时的故意、过失可以支配的行为。它在无责任能力状态下完全不会产生规范的障碍，因此，原因行为时的故意、过失在其后陷入无责任状态下不能被阻止，只要表象结果以至于有预见可能性，原因行为就和潜在的实行行为相连续，并成为其中的一部分，从开始实行事后的结果行为就成为实行行为。根据事后的实行行为时责任说，事前制造了危险的一部分行为，和在事后实现了具体危险的另一部分行为，在故意的场合能排除规范的障碍，在过失场合具有“支配可能性”，事后可将它评价为“实行行为”，这样，和间接正犯的实行行为的构造一样，在原因行为（饮酒）后醉酒不至于结果发生的场合，不是实行行为，不成立未遂犯；但是实行行为和责任能力同时存在还是可以被维持的。因此，事后的实行行为时责任说比较恰当。

第三节　期待可能性论

一、期待可能性理论概述

所谓期待可能性（emergences），是指依据行为之际的现实情形，能够期待行为人不实施犯罪行为而实施适法行为；反之，则为期待不可能性。

期待可能性理论肇始于德国帝国法院第四刑事部的“弊马案”判决：该案被告人是马车夫，自1895年起，他受雇于一名经营马车出租业的雇主。在受雇期间，被告人发现其驾驭的马车中的一匹马时不时用尾巴缠绕缰绳，并用力压低缰绳，妨碍被告人驾车。被告人虽多次要求雇主更换马匹，但未获准，迫于生计，只好依从。1896年7月19日，正当被告人驾车之时，该马突然绕住缰绳并用力下压，致被告人不能制御它，马车往前急驰，终将一行人撞伤。检察官以过失伤害罪提起公诉，但原判法院宣告被告人无罪。检察官不服，提起上诉，案件移交德国帝国法院。该法院驳回上诉，维持原判。理由是，要确定基于违反义务的过失责任，不仅要依据行为人当时可能并且已经认识到“驾驭有癖害之马可能伤害行人”，还要求考察被告人处于当时的境遇有无拒绝驾车之可能。受判决提示，M. E.迈尔在1901年发表论文《有责行为与其种类》，认为包含故意行为与过失行为的有责行为，须含有违反义务的意思活动，而行为人是否认识违法，仅仅是责任分类的标准。[①]其后，在R.弗兰克、J.戈登修米特、B.弗洛登塔尔以及E.修米特等学者的努力下，期待可能性理论得以确立。

二、期待可能性标准

有关期待可能性应当采用的标准，因为学者们的立场不同，他们之间的认识存在明显分歧。以下对它们进行检讨。

（一）立足于客观情形的标准学说

该说也称类型的行为事件标准说，为日本学者泷川幸辰、内藤谦等所倡导，认为应当以一定事件的类型，作为决定有无期待可能性及其程度的标准。泷川幸辰认为，决定期待可能性标准的，“不是行为人，而是促成行为人通常的动机过程的类型性事件。将此归结为弗兰克最初主张的附随情形，即导致行为人不得不实施行为的类型性情形是期待可能性的标准”。他进一步分析认为：“紧急状态是表示期待可能性不存在的典型情形，一旦出现超法规的紧急状态，根据通常人的健全的理解力，也能直接认识到否定期待可能性的附随情形，这种感觉对法律家而言具有必要的精神作用。”[②]

期待可能性作为一种反映选择行为的能力，肯定要受到客观环境的制约，所以，只有透视行为时的客观环境，才能分析期待可能性。但是，将客观情形作为期待可能性的标准并不妥当，理由如下：第一，用客观情形作为期待可能性的标准，偏离了问题的方向；第二，客观情形及其类型化不能作为期待可能性的标准；第三，客观情形并不能全面说明期待可能性的有无及其程度。单单以一方面的因素为基础，有失偏颇。

① 蔡墩铭：《刑事责任与期待可能性》，载台湾《法令月刊》第23卷第9期，第11页。

② ［日］泷川幸辰：《规范的责任论中的期待可能性》，载《泷川幸辰刑法著作集》，世界思想社1981年版，第377—378页。

（二）立足于人的各种标准学说

提倡以人为判断期待可能性标准的学说，存在多种争议，包括：

1.国家标准说

该说也被称为法规范标准说，它立足于期待者的立场判断期待可能性，认为期待体现了存在于国家和行为人之间的对立关系，它必须由期待的主体充当判断的标准，即必须依照国家意志的统一要求，由现今国家所施行的法规作为期待可能性的标准，以决定行为人能不能采取具体的适法行为。该说在德国的支持者有弗力克·沃尔夫（Frik Wolf）与麦兹格尔，在日本的提倡者有佐伯千仞、平野龙一、平场安治等人。该说的不足主要是：第一，不免予强人所难的结果。第二，不能够就期待可能性与具体客观情形之间所存在的动态发展关系作出公正的解释。第三，有导致不当扩大国家主义的危险。第四，现实的期待者不确定。这说明期待可能性的标准，主要还是应该着眼于被期待者一方。

2.行为人标准说

该说侧重于被期待者的立场，认为确定有无期待可能性，应当立足于具体行为的行为人的自身条件，并结合行为时的具体客观情形，以判断可不可以期待他实施合法行为，或者不实施违法行为。该说在德国的代表有弗洛登塔尔，日本的代表有团藤重光。立法例上，有法国刑法第64条规定："受强制而阻却责任"，或"行为人不能抗拒"（iln' a pu resister）等。[①]该说对于刑罚个别化的理解过于极端，势必造成许多问题，其中主要的是：第一，有导致弛缓法秩序的可能。第二，背离了法秩序的统一性要求。第三，不符合评价的实际。当行为人以外的人对特定行为的期待可能性进行评判时，并不是单纯把行为人置于行为场合进行判断。恰如美国学者洛韦（Low）生动描述的："我们能不能预期一个合理的人，会屈服于压力时，就想想我或你

① 廖文焕：《刑法"期待可能性"之研究》，载《台湾法研究学刊》1999年第1期，第41页。其中法国刑法，在大陆中文版本中是第122—2条规定："在其不可抗拒之力量或者不可抗拒之强制力下实施行为的人，不负刑事责任。"

吧！”[①]所以，必须以行为人之外的其他人作为标准。

3.平均人标准说

该说也是立足被期待者，但依据的不是具体行为人，而是以一般人处在行为人的情形之下有无规范上期待可能性为判断标准，决定行为人有无期待可能性，也即认为必须以平均人，社会中的一般人，作为衡量期待可能性的标准，如果通常一般人处在行为人的情形下，也可以实施合法行为，此时就应该认为该行为人有期待可能性；相反，如果通常一般人在相同情形下，亦无法实施合法行为，就应该认为行为人没有期待可能性。该理论在德国的代表有戈登修米特及E.修米特，日本的代表有植松正、安平政吉、木村龟二、西原春夫等人。我国台湾地区的代表则有陈朴生等人。立法例上，日本在昭和23年，下级法院对于“经济统制法规违反案件”或“劳资纠纷案件”中，常常出现“一般普通人”“社会一般的道义”“一般通念”“通常人”等语句，这可以认为是产生该说的一个背景。[②]平均人标准说的观点，比较客观地解释了法律的性质以及司法判断中的思维模式，对于不得采取行为人标准的理由也做了必要阐释，其立足点是正确的，而且在理论上，采取这种标准，有利于在较大范围内维护法秩序的统一性。但是，该说存在如下几点问题：第一，平均人界限模糊，导致平均人的范围过于宽泛，不利于实际判断。第二，平均人标准完全不能显示刑罚的个别化原则。第三，将导致期待可能性与责任能力等同的结果。第四，在有些方面存在与国家标准说一样的不利结果，一是强人所难，二是期待可能性的标准也不免予演化为法官标准。故此，维各那尔（Wegner）认为，“该标准不是从各个的‘偶然的行为者，而是从他的类型的窘状出发’”。[③]这说明，只要科学合理地对一般人的范围进行限制，就可以发现期待可能性的

① 参见蔡蕙芳：《从英美法理论论蔡墩铭教授的期待可能性思想》，载蔡墩铭教授六秩晋五寿诞祝寿论文集编辑委员会：《现代刑事法与刑事责任》，台湾刑事法杂志社1997年版，第541页。

② 廖文焕：《刑法“期待可能性”之研究》，载《台湾法研究学刊》1999年第1期，第41页。

③ ［日］佐伯千仞著：《刑法中期待可能性的思想》，有斐阁1985年增补版，第314页。

合理标准。在此基础上，有极个别的学者提出了类型人标准说，为解决这一问题提供了正确的思路。

三、期待可能性的地位

关于期待可能性的地位，大体有如下学说：

（一）超责任要素说

该说主张在犯罪论体系中的有责性要件之外确立期待可能性的理论地位的观点，主要有规制原理说和违法性要素与责任要素说两种观点。

1. 规制原理说

该说的主倡者亨克尔（Henkel）认为，期待可能性与期待不可能性实际上具有立法与司法的辅助作用，而且在民法、行政法、刑法、警察法或国际法等领域均有适用余地，可以被认为是全部法领域的“规制原理”。据此，该概念不仅在刑法中的责任论领域内，而且在违法性论和构成要件论两个领域中，都有极其重要的意义。川端博认为，“规制的原理说，作为说明法的义务界限的原理，应该说是比较好的，但是，‘规制原理是价值关系的概念，对以限定规范妥当性的可能性的有无作为本质的概念，缺乏正确的认识’，在这一点上，该说是不妥当的。而且，在构成要件的符合性以及违法性的阶段中，使用期待可能性的用语，坦率地讲，这与责任论中的期待可能性肯定没有同样的法律意义，前者被认为是关于‘以义务的可能为前提’的一般命题的具体化的问题，后者被认为是关于以法定意思的结构的问题。所以，这种见解不区分两者的法律意义是不妥当的”[①]。

2. 违法性要素与责任要素说

这种观点认为，期待可能性不仅是责任论的要素，更是违法性的要素。如宫泽浩一说：“我和亨克尔一样认为，期待可能性的理论是违法评价阶段

---

① ［日］川端博：《期待可能性》，载［日］中山研一等编：《现代刑法讲座》（2），成文堂1979年版，第246—247页。

的，起着客观的注意义务的界限的作用，扮演着法官裁判的成因的作用。”[①]这种学说将期待可能性区分为违法性中的期待可能性与责任中的期待可能性，为了避免混淆，有的学者称阻却责任的是“真正的期待可能性”，阻却违法的是“客观的期待可能性”。[②]如此一来，问题就变为倘若行为人没有期待可能性，还可以理解为是法律规范中没有相应的义务类型，那么，在特定场合，没有期待可能性就应当阻却违法性。而将期待可能性作为义务的界限，并不能否定义务可能作为责任范畴的实质，把它理解为特殊的责任要素或许更恰当。

（二）责任要素说

刑法通说正是将期待可能性置于责任论中讨论的。但是，由于对责任论有不同看法，所以，该说复分为独立责任要素说、故意·过失要素说、消极要素说，以及分别说等。

1.独立责任要素说

该说认为，期待可能性是责任论中与责任能力、故意·过失平行的独立要素，故又被称为第三要素说。1907年，弗兰克在《责任概念的构成》中提出，附随情状的正常性影响责任的有无及轻重，即将期待可能性要素当作与心理责任论中的责任能力、故意·过失平行的责任要素。之后，戈登修米特虽然提出“义务违法性”概念替代“附随情状的正常性”概念，但是，他的“命令的双重构造”与前者的立场相同，也是把期待可能性当作独立于责任能力、故意·过失之外的第三责任要素。日本的大塚仁、立石二六等都持这种看法。

2.故意·过失要素说

该说认为，期待可能性是故意、过失共通的构成要素，即欠缺期待可能

① ［日］官泽浩一：《过失犯与期待可能性》，日冲宪郎博士还历祝贺论文，1966年，第117页。

② 参见陈友锋：《期待可能性：刑法上地位之回顾与展望》，台湾辅仁大学1993年硕士学位论文，第112页。

性时，就不存在故意或过失。弗洛登塔尔认为，将期待可能性仅仅限制在过失犯的范围内，不能达到弥合法律与国民之间的隔阂的目的，其关键在于把期待可能性与故意·过失并立，所以他的“义务规范论”，主张把期待可能性置于故意、过失的构造之内，从而认为期待可能性是故意·过失共通的“伦理的责任要素”。这首开故意·过失要素说的先河。[①]后来，E.修米特采取“评价规范先于意思决定规范”的理论，但在结论上仍然归结为故意·过失要素说。该说在日本只得到了个别学者的赞同。

3.消极要素说

该说通常被称为责任阻却说，认为期待可能性不存在是消极的要素，也就是说，如果存在责任能力、故意·过失，就大致可以推定为存在适法行为的期待可能性（责任的原则型或责任的积极要素），但是，也存在没有期待可能性的例外的情形（责任的例外型）。在日本，这种理论由佐伯千仞大力倡导。他认为：“在理论上，意思决定过程的正常进行，是责任非难的积极要件，但实际上，在责任非难的积极要件中，由于主观上加入了难以抗拒的精神上的压迫，从而丧失意识过程的正常性，这是经常存在的。而且丧失意识正常进行的情形有种种形态，不可能积极地预见，从而不可避免地保留着原则—例外的关系，即责任阻却原因的概念。”[②]他以“原则—例外型”的思维模式，提出消极要素理论，得到了大多数学者的认同。[③]持此说的日本学者包括中山研一、木村龟二、前田雅英、川端博等。在下级法院的判决中，以没有期待可能性作为阻却责任的类型，是比较常见的。由于消极要素说被批判为不能说明责任大小，所以，佐伯千仞另外还提出以期待可能性作为责任加重减轻的事由。[④]

---

① 陈友锋：《期待可能性：刑法上地位之回顾与展望》，台湾辅仁大学1993年硕士学位论文，第95页。

② ［日］佐伯千仞著：《刑法中期待可能性的思想》，有斐阁1985年增补版，第346页。

③ ［日］中森喜彦：《期待可能性》，载［日］阿部纯二等编：《刑法基本讲座》（3），法学书院1994年版，第280页。

④ 参见［日］佐伯千仞著：《刑法中期待可能性的思想》，有斐阁1985年增补版，第388页。

将期待可能性作为行为人的责任要素，可谓正确地把握了期待可能性的实质，但是，鉴于大陆法系刑法理论的特点，以上各说不同程度地存在着不能令人信服的方面。各说中存在的共同问题包括：第一，将期待可能性置于责任论中，其地位与期待可能性的实际机能不能吻合，存在机能大而适用面狭窄的结果；第二，将期待不可能性作为犯罪阻却的事由，缺乏必要的法律依据；第三，以期待不可能性作为阻却责任的事由，无论是作为独立的要素，还是作为故意、过失的要素，或者是消极的要素，都不可避免地会诱发诉讼问题。另外，上述各说还分别存在其他的不能自圆其说之处。

（三）减免刑罚事由说

减免刑罚事由说认为，在没有期待可能性的场合，并不是没有责任，而是减免刑罚的理由。该说复分为事实宽恕说与答责性阻却说。

1.事实宽恕说

该说认为，期待不可能性是事实上的宽恕罪责理由。这种观点为德国学者阿明·考夫曼提出，并得到了威尔哲尔、耶赛克等人的赞同。依据考夫曼的观点，责任是包括性的概念，广义的责任，属于包含不法的、完全的责任前提的总体。因此，构成要件的实现是不法的前提（要件），不法是责任的前提，所以不法的量影响责任的量。紧急避难的行为，虽然作为自我保全的目的被评价，但为了维持更高的法益而自法秩序的见地出发，自我保全的行为也可以不被承认，不过，由于该目的的遂行，使行为的无价值减少，因而依存它的责任非难的量相应地减少了。另外，紧急状态在事实上是由于产生了“动机压力”，所以，原则上，与理解行为的违法性相对应的形成意思的能力，比通常的时候减少，当然就要减少行为人的责任非难的量。依据这种紧急避难行为论，期待可能性理论具有测量责任非难的量、在事实上起着宽恕行为人的作用。对此，威尔哲尔表达了相同的见解。[①]问题是，如果期待可能性不

① 参见［日］川端博：《期待可能性》，载［日］中山研一等编：《现代刑法讲座》（2），成文堂1979年版，第241—242页。

能阻却犯罪成立，就丧失了在犯罪论中的地位，而如果仅仅把它当作刑罚裁量时所要斟酌的原因，与该理论又有矛盾，因为只有“非难”才是刑罚的内容，而“非难可能性”不具有这种性质。而且一旦将期待可能性当作刑罚论的要素，那么它就不能说明行为人的责任问题，其机能就大大减少了。

2. 答责性阻却说

该说认为，没有期待可能性就不能对行为人追究责任。该说由德国学者默拉赫（Maurach）提出。他认为责任非难，并不是对所有受刑法手段影响的行为人，而仅仅是对适法的行动可以被期待者所施加的。期待（不）可能性问题，是根据法律以规格化、类型化的方法被确定的，与个别化的非难不相同。在紧急避难场合中的问题，不是人的非难，而是行为人没有作出相应平均人的行动的一般化的评价。因而，为法律所承认的紧急状态存在的时候，阻却行为答责性。所以，即使是无责任能力者处在紧急状态下，也可援用行为答责性阻却。[①]在司法判断中，行为答责性是责任的基础，则可能导致将本属于责任论的问题依附在行为中加以检讨。依据论者的想法，许多概念在刑法理论中将不得不重新予以定位，如此一来，刑法理论的体系就将崩溃，且难以确立。

综上所述，在大陆法系刑法理论中，将期待可能性置于责任论中讨论，比放在其他范畴之中更为妥当，但是，由于大陆刑法体系固有的特征，期待可能性的机能不能完全被理论体系所反映，致使期待可能性论的问题一头大、一头小，这种缺陷在该理论体系中不可能得到彻底克服。

四、超法规的期待可能性问题

超法规的期待可能性可否在刑法中得以适用，其主要争点集中在故意犯的场合。理论上大体有如下见解：

1. 否定说

否定说从法的安定性、法律秩序等要求出发，不同意将期待可能性的欠

① ［日］川端博：《期待可能性》，载［日］中山研一等编：《现代刑法讲座》（2），成文堂1979年版，第243页。

缺作为超法规的责任阻却事由。该说为弗兰克首次提出，其后得到了李普曼（Liepmann）等人的赞同。现在，在德国，帝国法院刑事判例66，397（399）中表明："根据现行法，行为人在故意犯罪情况下，法律规定之外的免责事由，不得承认。"这一立场在学术界也获得了一致认识。[①]在日本只有少数学者持这种论点。

2.限定说

限定说认为，在法有规定的场合之外，可在部分故意犯罪中适用期待可能性。但关于适用的故意犯罪的场合，却有间接故意类型说（泷川幸辰）、故意不作为类型说（威尔哲尔）、例外适用"安乐死"（中义胜等）以及解释场合说（木村龟二）四种主张。

3.肯定说

肯定说认为，在没有法律明文规定的场合，可以承认超法规的期待不可能性作为责任阻却事由，或期待不可能性可以作为超法规的责任阻却事由。此说最初由戈登修米特提倡，其后得到了弗洛登塔尔、E.修米特等人的支持。该说是日本居绝对地位的通说，得到了包括佐伯千仞、团藤重光、植松正、平野龙一、大塚仁在内的众多学者的赞同。

本书认为，运用超法规的期待可能性，作为责任阻却的事由，并不会违背罪刑法定原则，也不会弛缓刑法秩序。在以下场合，可以根据超法规的期待不可能性阻却故意犯罪。

第一，部分间接故意犯罪。间接故意有三种情形：第一种是行为人为了追求一个犯罪目的，而放任另外一个危害结果的发生；第二种是行为人为了追求一个非犯罪目的，而放任另外一个危害结果的发生；第三种是在突发性事件中，行为人不计后果而行为。在第一种情形和第二种情形中，不宜适用超法规的期待可能性。但是在第三种情形中，由于时间的突然性，行为人在实施行为时，通常出于感情冲动，这时，行为人的实际控制能力大大减低，

① ［德］汉斯·海因里希·耶赛克、托马斯·魏根特著:《德国刑法教科书·总论》，徐久生译，中国法制出版社2001年版，第603页。

期待可能性也相应降低。如行为人回家，发现妻子与情夫相互搂抱，本来就很生气，此时，情夫反而对他出言不逊，于是他和情夫扭打起来，并将后者打成重伤。这种情形并不是正当防卫，也不是紧急避难，所以通常并不能免予对行为人的处罚。然而，一般人此时往往不可能压制自己的感情冲动，如果行为人为此要受到法律的制裁，就不合情理。而德国刑法典、韩国刑法典、瑞士刑法典对此都有特别规定，如韩国刑法典第21条（正当防卫）第3项规定："前项情形下，如其过当行为系在夜间或者其他不安的状况下，由于恐怖、惊愕、兴奋或者慌张而引起的，不予处罚。"那么，前述情形，在这些国家比较容易处理。鉴于本国刑法中没有规定，所以应当适用超法规的期待可能性，作为犯罪阻却事由。

第二，不作为的故意犯罪，可以适用超法规的期待可能性。不作为犯要求行为人具有特定的作为义务和作为能力。作为能力包括主观方面的能力与客观方面的能力。具体到案件中，应对这些能力予以积极、具体的把握。另外，大陆法系国家有学者提出，公序良俗也是作为义务之一。可见，作为的义务并不单纯来源于法律的规定。既然可以超出法律之外理解作为义务，那么在法律之外把握期待可能性也是必然的。

以上仅仅是就期待不可能性在阻却犯罪方面的适用面而言的，在衡量刑事责任方面，本书认为超法规的期待可能性可以适用于一切故意犯罪。

五、期待可能性的错误及其处理

（一）期待可能性错误概述

究竟什么是期待可能性的错误，目前尚没有明确界定。大谷实认为，期待可能性的错误是指，如违法拘束命令不存在而误信其存在的场合，或以期待可能性不存在为基础的情形没有而误信为有。[①]这是目前所见到的、对期待可能性错误的唯一列举式界定。

---

① ［日］大谷实著：《刑法讲义总论》，成文堂1996年补定4版，第367页。

有日本学者认为，期待可能性以包含主观原因的行为情形为基础，是对行为人所作的客观的判断，所以期待可能性不具有判断行为者的意思，因而期待可能性的错误不太重要。①

还有观点认为，以期待可能性的存在为基础的情形，是属于行为人能力的不同客观责任要素，但作为属于责任的东西，与符合构成要件的客观的事实并不相同，所以，其错误不是阻却故意的东西。因而，陷入错误没有期待可能性的时候，应以不存在期待可能性为理由，阻却责任。②这样一来，就在故意、过失中消解了期待可能性的错误，使得期待可能性的错误看上去似乎没有理论上的意义。

但有学者提出，在生命对生命的紧急避难中，法益衡量相当困难，侧重于期待不可能性的责任阻却二分说是有力的。基于这种观点，如果生命对生命的避险起因于行为人的误想，是作为责任阻却事由的错误而构成的。另外，如日本刑法第105条藏匿犯人、湮灭证据罪中亲属之间的特例，以期待可能性减少为理由，免除刑罚规定的相关错误，也有必要作为责任阻却事由的错误。这说明，责任阻却事由的错误，特别是期待可能性的错误，作为实定法上的问题是有意义的。所以必须对从来的错误论，传统体系的关系进行再检讨。③这种观点无疑是有积极意义的。

那么期待可能性错误的是事实错误还是法律错误呢？日本学者对此有三种不同观点：第一种观点认为，因为期待可能性是一种客观的事实，所以期待可能性的错误属于事实错误，要根据有关事实错误的理论进行处理。第二种观点认为，期待可能性的错误应当作为法律的错误加以对待。④第三种观点认为，期待可能性直接影响到行为人的责任（故意或过失），所以，期待

---

① 参见［日］中森喜彦：《期待可能性》，载［日］阿部纯二等编：《刑法基本讲座》（3），法学书院1994年版，第285页。

② 参见［日］大谷实著：《刑法讲义总论》，成文堂1996年补定4版，第367页。

③ 参见［日］石堂淳：《责任阻却事由的错误：以期待可能性错误为中心》，载［日］阿部纯二等编：《刑法基本讲座》（3），法学书院1994年版，第317—318页。

④ 转引自刘明祥著：《错误论》，中国·法律出版社—日本·成文堂1996年联合出版，第249页。

可能性的错误与故意、过失无关，只是在这个错误不能避免时，阻却责任，可以避免时，则不阻却责任。[①]将期待可能性的错误当作事实的错误，只注意到了客观环境对于期待可能性错误产生的影响，而没有注意到行为人的主观因素，对于期待可能性错误的发生机制没有充分地评估。将期待可能性的错误当作法律错误，则仅仅注意到了部分的主观要素，更不可取。至于第三种观点，把期待可能性作为责任的基础，认为它可以直接阻却责任，这种看法在司法实践中难以获得全面认可，因为责任阻却是违法性判断之后的结果，而故意、过失的判断，存在于责任阻却的判断之前，所以，不能说期待可能性的错误可以逾越故意、过失，而直接在责任判断中得到运用。期待可能性的错误体现的是对事实认识的错误，或者基于违法性意识的错误，在行为决意中，导致行为偏离了行为人的主观愿望，所以它是对事实性或者违法性意识的错误是否可以避免，以及事实性或者违法性意识的错误是否可能左右行为人的期待可能性。

（二）期待可能性错误的类型

关于期待可能性的错误的类型，有以下几种观点：第一种观点认为，期待可能性的错误只有一个类型，即作为期待不可能性基础的事实本来不存在，而行为人误认为存在的情形；第二种观点认为，期待可能性的错误包括积极错误和消极错误，前者指合法行为的期待不可能情形尽管不存在而行为人误以为存在，后者指合法行为的期待不可能的情形本来存在而行为人误以为不存在；第三种观点认为，期待可能性的错误包括不知或消极的错误和误信或积极的错误，前者指阻却或加重减轻责任的事由本来存在而行为人由于错误不知其存在，后者指阻却或加重减轻责任的事由尽管不存在但行为人由于错误确信其存在；[②]第四种观点认为，期待可能性的错误包括四种：（1）欠

① 参见［日］木村龟二主编：《刑法学词典》，顾肖荣等译，上海翻译出版公司1991年版，第295页。

② 参见刘明祥著：《错误论》，中国·法律出版社—日本·成文堂1996年联合出版，第250页。

缺期待可能性的事实（异常的外部的行为情形）不存在，而误信存在的场合，如赃物罪的犯人X误信本犯A是父亲；（2）相反的情形存在而误信其不存在的场合，如X不知本犯B是自己的父亲；（3）认识该事实的存在而误信其不阻却期待可能性的场合，如X认识本犯C是父亲，而以为要受处罚的时候；（4）该情形即使不存在，而误信可以阻却期待可能性的场合，如X以为和朋友D之间的赃物罪也不处罚。[①]

上述第二种观点和第三种并无实质差异，只不过它把行为人对加重减轻责任事由的误信，也纳入期待可能性的错误之中，从而扩大了期待可能性错误的范围。[②]本书认为，期待可能性的错误可以从三个层次分类：在第一个层次中，分积极的错误类型和消极的错误类型；在第二个层次中，将积极的错误类型和消极的错误类型再分为事实性错误和法律性错误；在第三个层次中，将错误的认识和认识的能力分为错误的认识与不发生错误认识的可能性。鉴于传统的错误论对错误的认识已经进行了较为透彻的研究，本书仅仅就期待不可能性的事由不存在而行为人误以为存在（积极的错误）、期待可能性的事由不存在而行为人以为存在（消极的错误）、可以避免错误认识的期待可能性（违法性意识的可能性）及其处理方法加以说明。

（三）积极错误的处理

积极的错误，是不存在作为责任阻却的期待不可能事由，而行为人误认为存在，如立于紧急避难中的二分说，误信自己的生命处于现实的危难中，为了能够避免危难，而牺牲他人的生命的时候。就其处理方法，在日本存在三种意见：（1）视期待可能性为故意的成立要件者认为，无期待可能性即无故意，所以当期待可能性的错误不能避免的场合，当然阻却故意。（2）视期待可能性为责任要素者认为，期待可能性的错误不是关于构成要件内容的事

① ［日］浅田和茂：《关于期待可能性错误的分类说明》，载日本《法学教室》1982年第8期，第129页。

② 参见刘明祥著：《错误论》，中国·法律出版社—日本·成文堂1996年联合出版，第250页。

实的错误，应该与法律的错误（禁止的错误）同样对待，即在错误可以避免的场合，不阻却责任；当错误不可避免时，则阻却责任。期待可能性的错误与故意的成立与否毫无关系。（3）认为误信无期待可能性的事实存在的场合，故意是存在的，只不过在这种错误不可避免的场合，故意责任被阻却，是一种无责任的行为。①可以看出，当期待可能性的错误不可避免的时候，作为责任或者故意的阻却事由是没有争议的。但是，存在的问题是：

第一，期待可能性的错误不可避免时，到底是阻却故意还是阻却责任呢？这个问题取决于期待可能性在理论体系中的地位。当把期待可能性视为故意、过失的要素时，肯定可以阻却故意、过失。但是，这种主张存在诸多欠缺，因为期待可能性除在部分故意与过失犯中可以被运用外，主要还是评价刑事责任的要素。所以，当期待可能性的错误不能避免时，一般作为减轻或者免除刑事责任的事由比较合适；但是，如果故意、过失的规范构造中包含着期待可能性的要素，可以阻却故意、过失。

第二，在错误可以避免的时候，又当如何处理呢？多数学者认为，期待可能性的错误属于无可奈何的场合，在适用中要有所限制。如果错误能够避免，就不能阻却责任或故意。②这种看法，基本上符合禁止的错误中的责任说或者限制故意说的理论。多数说主张，责任可以避免的场合，成立过失犯。即依据这种见解，在错误可以避免的场合，也和行为人的精神状态没有期待可能性的场合完全相同，仍然根据无期待可能性阻却责任进行处理。从而，没有责任的行为，和原因中的自由行为一样，陷入检讨错误有无过失之中。如果认为有过失，就要问可否成立过失犯。如关于生命对生命的误想避难的事例中，行为人陷入错误，如认为有过失，就成立过失致死罪。③这种见解在结论上，是将误想防卫等违法阻却事由的错误当作事实错误加以处

① 转引自刘明祥著：《错误论》，中国·法律出版社—日本·成文堂1996年联合出版，第251页。

② ［日］石堂淳：《责任阻却事由的错误：以期待可能性错误为中心》，载［日］阿部纯二等编：《刑法基本讲座》（3），法学书院1994年版，第319页。

③ ［日］石堂淳：《责任阻却事由的错误：以期待可能性错误为中心》，载［日］阿部纯二等编：《刑法基本讲座》（3），法学书院1994年版，第319—320页。

理。但是，责任阻却事由的错误和违法性阻却事由中的事实错误，不能用同样的理论加以解决。而且过失犯成立的根据也无须援用原因中的自由行为。因此，该错误是否可以避免，都应将行为人的精神状态和没有期待可能性的场合同样对待，并以此为出发点。

在期待可能性错误的场合，和可否进行责任非难的阶段一致，也具有和禁止的错误同样的构造。因而，错误可以避免的场合，也不能否定故意的责任。即错误可以避免的场合，不能阻却故意犯的成立及其责任。①

（四）消极错误的处理

消极的错误，是期待不可能事由实际存在而行为人并不知道，并在此基础上实施违法行为。例如，在日本刑法中第256条规定了赃物罪，但第257条规定："配偶之间或者直系血亲、同居的亲属或者这些人的配偶之间犯前条罪的，免除刑罚。"根据日本一般学者的理解，这是责任阻却的事由，即亲属间的赃物罪可以免除刑罚。假如行为人甲与犯人乙之间本来是父子关系，但由于失散多年，行为人不知道犯人是自己的儿子而为之窝藏赃物的。对此是否还能免除甲的刑罚呢？日本学者的观点有如下几种：（1）责任成立说。多数学者主张，在消极错误的场合不阻却责任的成立。理由是，在该场合，行为人对于自己所处的状况并无错误认识，对其行为可以作直接评价，即认为是符合构成要件的违法且有责的行为。那么，尽管甲在客观上存在责任阻却的事由，但是他并无认识，则不能阻却责任。因为客观上存在的责任阻却事由，并没有反映在行为人的主观方面，对阻却责任就毫无意义，所以，对行为人甲仍然应当按赃物罪的既遂犯处理。（2）刑罚免除说。部分学者认为，存在无期待可能性的客观事实，就意味着具有责任阻却事由，自然应当阻却责任。那么，对上述案件中的甲，可以免除其刑罚。②（3）责任例

---

① 参见［日］石堂淳：《责任阻却事由的错误：以期待可能性错误为中心》，载［日］阿部纯二等编：《刑法基本讲座》（3），法学书院1994年版，第322页。

② 参见刘明祥：《错误论》，中国·法律出版社—日本·成文堂1996年联合出版，第254页。

外免除说。也有学者认为，消极的错误一般不阻却责任，但也有例外，即在有“客观的责任要素”的场合，如甲犯赃物罪，即使乙不知甲与自己有父子关系，也应当推定其知道有这种亲属关系，并且推定为是基于亲属感情而实施赃物罪行为，可以成为责任阻却事由，准用刑法第257条之规定并免除刑罚。对此，也有学者认为，这是关于身份的刑罚阻却事由的错误，与期待可能性的错误不同。①

本书认为，当消极的错误产生后，不能对行为人的心理产生特别的压力，对行为人来说，不存在适法行为的期待不可能性，所以，没有阻却责任的可能。因此，即使在不许反证的身份阻却原因的场合中，哪怕发生了消极的错误，行为人不知道而行为的，也能够充分表明行为人不愿意依从法的期待，而不是不能，它在意志上是自由的，其责任与不存在客观条件者的责任没有区别，所以，不应该阻却行为人的责任。

第四节　违法性意识及其可能性

一、违法性意识概说

（一）概念

“不知法不赦免”是古老而且重要的法律规则，但对其合理性在理论上有很大争议，直到今天这种争议也未消除。规则的反对者认为，行为人未能知道每一部制定法和行政法规。如果行为人对自己的行为是否违法确实不知或不可避免存在错误认识，他在道德上就不具有可谴责性，其对法律的违反既不是故意的也不是鲁莽的。②

规则的支持者认为，人们应该知道法律，并在知道法律之前不要采取违

---

① ［日］石堂淳：《责任阻却事由的错误：以期待可能性错误为中心》，载［日］阿部纯二等编：《刑法基本讲座》（3），法学书院1994年版，第323—324页。

② Richard G.Singer，John Q.La Fond，Fhima Baradaran Baughman，Criminal Law，Wolterskluwer in New York，2018，p.108.

法行动。理由是，任何人都可以声称信赖其他人的建议，这要么导致否定证明，要么导致行为人与其他声称提供这种建议的人勾结。最近的观点认为，意识到或应该意识到自己的行为可能受到监管的人有义务查询法律，如果没有确定法律的适用范围，那么在道德上就是应受谴责的。霍姆斯，作为一名功利主义的热衷者，甚至认为，国家应鼓励人们学习刑法，有时牺牲道德上无辜的人以获得学习法律的动机是必要的。①

所谓违法性意识，是意识到自己的行为为法所不容许，或者实质上是违法的。违法性意识在犯罪的成立中是否属于必要的呢？围绕这个问题，在犯罪论中展开了争议。而违法性意识的主要问题，大多是在违法性意识的错误中讨论的。

违法性的错误，发生在行为人不知道自己的行为不为法所容许，而误认为为法所容许的场合，因此，违法性的错误，是关于行为的违法性的错误，由于它是关于符合构成要件的行为“被禁止”的错误，因而也称为禁止错误。

（二）相关立法例

《德国刑法典》第17条规定：“1行为人行为时没有认识其违法性，如该错误认识不可避免，则对其行为不负责任。2如该错误认识可以避免，则依第49条第1款减轻处罚。”

《法国刑法典》第122—3条规定：“能证明自己系由于其无力避免的对法律的某种误解，认为可以合法完成其行为的人，不负刑事责任。”

日本刑法典没有对此作出规定，但是日本改正刑法草案拟对此作出完善规定。其中第21条第1款规定：“即使不知法律，也不能据此认为没有故意，但可以根据情节减轻刑罚。”同条第2款规定：“不知自己的行为为法律所禁止而实施的，对此具有相当理由时，不处罚。”

《韩国刑法典》第16条规定：“误认为自己的行为依法令不构成犯罪，

---

① Richard G.Singer，John Q.La Fond，Fhima Baradaran Baughman，Criminal Law，Wolterskluwer in New York，2018，p.109.

如其误认确有正当理由者，不予处罚。”

《瑞士刑法典》第20条规定：“行为人有足够的理由认为，他有权为该行为的，法官以自由裁量减轻处罚（第66条）或免除处罚。”

《新西兰刑事法典》第25条规定：“行为人不具有违法性认识的实事（作者注：应为‘事实’）不构成其无罪的辩护理由。”

二、违法性意识地位的学说

违法性意识的主要问题，和违法性的错误有关系，最终涉及违法性意识是不是故意的要件问题。围绕这个问题，在理论上形成多种违法性意识的学说。

（一）违法性意识的必要说①

1.严格故意说

该说立足于规范责任论，认为故意责任的本质，是对法规范的有意识抗拒，因此，仅仅认识犯罪事实还不够，行为即使违法，但由于超出了规范的抵抗力而实施行为之时，也不可以作为故意犯加以非难，故意通常是以违法性意识为要件的，从而，“违法性意识才是故意和过失的分水岭”。

批判意见认为该说难以适用于下述犯罪中：（1）常习犯。习惯犯的规范意识麻木，不能感觉规范意识的抗拒，那么，是否要承认其没有违法性意识，或者由于其程度低从而不处罚，或者由于责任轻从而不能加重责任呢？（2）激情犯。在激情犯中，行为不能被自觉控制，也不能否定责任能力，同时缺乏违法性意识，如果根据严格故意说，则是不可罚的。（3）确信犯。确信犯很难说有“为非作歹”的意识，严格故意说就不能说明其可罚性了。（4）行政犯。行政犯大多不是作为过失犯加以处罚的，它们一般欠缺违法性意识，如果根据严格故意说，就不能被处罚，这就不能达到行政取缔的目的。

① 参见［日］松原久利著：《违法性的意识可能性》，成文堂1992年版，第11—13页。

对于上述批评，严格故意说的论者的反驳意见是：在常习犯、激情犯和确信犯的场合，都有潜在的违法性意识，行为人一般在行为之前对违法性是熟知的。而在规定罚金刑的行政犯场合，从罪刑法定原则出发，也不能说没有立法上的规定。可见反驳观点并没有全面解决批判意见中提出的问题。

2. 准故意说

准故意说是在严格故意说的基础上发展而来的。根据严格故意说，行为人如果有违法性的现实认识，在其内心就可以形成不为该行为的反对动机，尽管如此他还是实行了该行为，就产生了故意责任。因此，行为人仅仅有违法性意识可能性，还不能认定是否有过失责任，必须检讨违法性意识。对此，有观点认为，行为人虽然没有违法性的认识，但如果有过失（违法性的过失）的场合，成立过失犯。

但是，将违法性的过失和没有认识事实的本来的过失同样处理，这在概念上是不明确的。而且如果有违法性的过失，认为构成过失犯，则当没有过失犯的明确处罚规定时，就是不可罚的，这样的结论就有缺陷了。[①]

（二）违法性意识的可能性必要说[②]

1. 限制故意说

限制故意说的基础也是规范责任论，认为如果行为人能认识犯罪事实，就会产生违法性意识，进而可以形成反对动机并实施适法行为。因此，对实施违法行为者可能加以故意的责任非难。但是，当违法性意识欠缺并非没有道理之际，也不能加以非难。这种观点在责任说中得到了大多数学者的认同。

限制故意说的问题在于：其一，将所谓可能性的过失要素导入故意概念之中，混同了故意和过失。其二，为什么只在欠缺违法性意识时才考虑人格形成的责任，而在欠缺事实认识时不考虑呢？该说对这一点没有明确解释。

---

① 参见［日］曾根威彦著：《刑法的重要问题》，成文堂1996年增补版，第192—193页。

② 参见［日］松原久利著：《违法性的意识可能性》，成文堂1992年版，第17—20页。

其三，故意以及过失都不过是责任的条件，而不是责任的类型和形式，有违法性意识未必一定要考虑故意。其四，事实的过失阻却故意，违法性的过失却不阻却故意，这种划分的根据是不明确的。[①]其五，就理论而言，即使不知违法，但其可能性如果存在时，也不能说有故意。所谓“故意地”，要求“明知”，而且根据有关国家的刑法规定，行为人即使不知违法，也有犯罪的意思，至少上述日本学者的解释和日本刑法的规定从正面发生了冲突。其六，如果要求违法性意识的可能性作为故意的要件，检察官就必须立证其存在，这实际上是困难的。

2. 责任说

该说认为，故意仅仅要求认识犯罪的事实，违法性意识的可能性是其独立、个别的要素。即犯罪事实的认识属于构成要件要素，而违法性意识的可能性，具有在行为意思形成的过程中形成反对动机的机能，显示出适法行为的可能性，只要它存在，对违法行为的行为人就产生了非难可能，所以它是责任的要素。但是，违法性意识的可能性在过失中也是必要的责任要素，因此就成为故意犯和过失犯共通的责任要素。这种观点达到了限制故意说相同的目的，另外也可以克服限制故意说的理论缺陷。

然而，在理论上，犯罪事实的认识和违法性意识是不可分的，责任说“割裂了故意犯中行为人心理过程的统一构造”。在体系上，将故意、过失从责任移向构成要件、违法性，导致责任概念空虚化。可见，犯罪事实的认识和违法性意识（的可能性）之间，是有机联系的，这意味着两者是责任的要素，所以，不将犯罪事实的认识作为责任要素的责任说是有问题的。

3. 修正的责任说

平野龙一认为，故意、过失都是责任要素，但违法性意识的可能性是个别的责任要素（修正的责任说）。但为何故意和违法性意识的可能性都是责任要素呢？两者是个别的要素吗？进而，必要的违法性意识的可能性是责任的积极要素还是阻却责任的消极要素呢？对此，平野龙一解释道，犯罪事实

---

① 参见［日］曾根威彦著：《刑法的重要问题》，成文堂1996年增补版，第197页。

的认识，是所谓故意的严重责任的原则性要素，如果有犯罪事实的认识可能性，就有间接的违法性意识的可能性，这是所谓过失较轻的责任的原则性要素。作为例外，当没有违法性意识的可能性时，就不能加以非难。不存在违法性意识的可能性，就是责任阻却的事由。因此，应该说违法性意识的可能性是消极的责任要素。

如果从诉讼法上看，根据日本法律的规定，故意、过失属于刑事诉讼法第335条第1项的"成立犯罪的必要事实"，检察官一般要对此进行立证，但作为责任阻却事由，违法性意识的可能性的不存在，是同条第2项的关于"阻却犯罪成立的事由"，当有疑问时，即当被告人的举证发生责任效果时，检察官就要充分证明其不存在。基于这种原因，可以避免立证的困难，从而，违法性意识的可能性成为实体性问题。但是，在日本刑法第38条第3项中，[①]将很难说明责任说。日本刑法规定，贯彻了"不知法不赦"的原则，所以，违法性的错误不阻却故意，只是在违法性意识欠缺时，非难的程度就轻，才可以减轻刑罚，这应该是规定的旨趣。因此，如果认为违法性意识的可能性的不存在是责任阻却事由，根据现行法，它就是超法规的责任阻却事由，最终是否和罪刑法定原则相抵触呢？这是一个值得思考的问题。

（三）违法性意识不要说[②]

1. 区别说

区别说是相对区分自然犯和法定犯的划分而言的，主张自然犯的成立不需要考虑违法性意识，而法定犯的成立则应当考虑违法性意识。区别说的基础在于，自然犯和法定犯关于犯罪事实的认识意义是不同的，有必要在和违法性的联系中考虑作为故意要件的犯罪事实的认识意义，然而，"在行政犯中，即使仅仅认识到外在的犯罪事实，也不能形成反对动机，因此，非常需

① 即使不知法律，也不能据此认为没有犯罪的故意，但可以根据情节减轻处罚。

② 参见［日］松原久利著：《违法性的意识可能性》，成文堂1992年版，第8—9页。

要违法性认识加以沟通”。

但是，法定犯和自然犯的界限在理论上不仅难以完全明确区分，也欠缺具体条文的区别根据，如通常认为经济刑法中很少包括自然犯，可是金融诈骗是经济刑法的对象，也是诈骗的特殊类型，因此很难说它是自然犯还是法定犯。此外，所谓法定犯并非和伦理、道德观念没有关系，特别是法定犯最终将强化人们的社会伦理观念感，随着时间的变化，法定犯和自然犯的界限将变得越来越模糊，而且要注意的是，真正意义上的法定犯相当少，所以，本书认为区别说的意义不大。

2.不要说

不要说认为，有犯罪事实的认识，就可以认为故意责任成立。这是立足于心理责任论的结论。不要说的理论根据在于，对成为犯罪的事实，“只要有认识，通常就具有形成抑制感情或者反对动机的期待可能性，所以认为有法律责任，对该犯人要加以非难和处罚”。具体来说，在一般情形下，只要行为人认识到犯罪的事实，就有违法性意识。一些国家的判例认为，只要行为人认识到犯罪的事实，就可以期待他避免违法行为，因此，没有违法性意识也可以确认故意，因而，不把违法性意识当作犯罪的要件，违法性的错误对犯罪的成立没有影响。在违法性错误的场合，只能以违法性意识的欠缺作为宽恕的事由，减轻刑罚。

但是，批判者认为：责任的本质是规范的责任论，现在基本上没有异议。因此，为了成立故意责任，仅仅认识犯罪事实是不够的。而且违法性意识的可能性也可能例外地不存在，即由于没有意识到违法性，行为人不能作出适法行为的决意，那么在该场合，不要说和规范责任论是不相容的。此外，上述理论的根据是：有法的判断能力的责任能力者，也就具有意识违法性的能力，因而无须讨论违法性意识的可能性。然而，违法性意识的问题，并不可能等同于完全的责任能力问题，即使有责任能力，在具体的场合，也可能不能意识到各种行为的违法性，责任能力的存在和违法性意识的可能性并不能完全重合；而且，即使在不能意识到违法性的场合，“违法是否完全不能判断的精神状态，和没有违法的判断的精神状态之间是不同的”。将两者等同视之是不当的。特别是对没有违法性意识有相当的理由时，即没有违法性意识的可能性的场合，如果也成立故意犯，就违反了责任主义。[①]

本书认为，在德日刑法理论中，这种批判是值得重视的，因为德日的刑法构造是“犯罪—刑罚”模式，如果不能在犯罪论阶段积极评价，将导致不合理的刑罚。而违法性意识作为责任构造中要考虑的一个要素，或者是故意的前提，或者是单独的责任阻却事由评价要素，这都不影响犯罪的成立，因此，以上讨论显示出德日理论的烦琐。而关键的问题，即如何对没有违法性意识的情况进行处理，并没有得到妥当的解决。

三、违法性意识的内容

（一）违法性意识内容的表现

讨论违法性意识可能性的有无，当然不会发生在有违法性意识的场合，因此，要检讨违法性意识的可能性问题，首先有必要明确什么是违法性意识。违法性意识的可能性是责任非难的核心，因为它可以对不符合规范的行为形成反对动机，对符合规范的行为赋予动机，所以，当有违法性意识而决意实行违法的行为时，就可以给予严厉的责任非难。

由于违法性有形式违法性和实质违法性之分，因此，关于违法性意识究竟是指形式上的违法性还是实质上的违法性，是首先应当澄清的问题。

一般认为，违反形式的法规的意识是没有必要的。关于这个问题，日本理论认为，在自然犯的场合，有实质的违法性意识就可以；在行政犯的场合，则要求认识形式的规范违反；但是，行政犯也包含实质的违法性，这一点和自然犯并无差异，所以，即使是行政犯，实质的违法性意识也足矣，即便是特殊的行政犯，在事实的认识方面也是如此。这里所说的“实质的违法性”，一般认为是意识到自己的行为为法所不容许，或者实质上

① 参见［日］曾根威彦著：《刑法的重要问题》，成文堂1996年增补版，第189—190页。

是违法的。

（二）违法性意识内容的学说

违法性意识，是实质性的违法意识，它可能是刑法上的违法性、可罚性，也可能是私法或者行政法上的违法性，那么，违法性意识究竟包含何种形式的法的意识呢？对此，在德日学说和判例中存在以下三种见解。①

1.前法律的规范违反的意识说

此说得到了以道义责任论为前提且采取严格故意说的泷川幸辰、小野清一郎的支持。该说将违法性的内容理解为“反条理性的认识”（泷川幸辰）、“违反国民的道义的意识”（小野清一郎）或者“反社会性的认识”（平场安治），等等。另外，佐伯千仞将麦兹格尔的“常人领域中的并行评价”理论适用于违法性意识；而庄子邦雄立足于严格故意说的立场，将违法性意识内容理解为“不纯而受良心谴责的意识”或者“违反人伦的意识”。

可是，“违反条理的意识”“违反国民道义的意识”等，是不可能从法的意义中被分离出来进行理解的。“违反条理的意识”通常包含着行为在“法上的评价”，或者说违法性意识是“违反国家的条理的意识”。但是，我们不能要求行为人对自己的行为进行法律评价和判断。从理论上看，它和第二说是根本不同的。如果根据一般人的立场对行为进行法律评价，和法的评价并行的、行为的社会评价的“反社会性”的认识，就并不具有决定性。

2.一般的违法性意识说

一般的违法性意识说是现在的通说，也称为法律上的禁止、命令违反的意识说，认为是否积极定义违法性意识，和法律错误之间的关系是不同的。以前的见解认为，违法性意识的内容仅仅是“违反法秩序的意识”，或者“法上不被容许的意识”，或者“行为的违法性意识”，但是，最近违法性意识被定义为“实质的违法性意识”，例如，团藤重光认为，行为人不是法学

① 参见［日］长井长信：《违法性的意识》，载［日］阿部纯二等编：《刑法基本讲座》（3），法学书院1994年版；［日］山中敬一著：《刑法总论Ⅱ》，成文堂1999年版，第620—623页；［日］松原久利著：《违法性的意识可能性》，成文堂1992年版，第39—41页。

家，不知道法律是很普遍的现象。不过，即便行为人不知道法律的规定，但通常也能意识到行为是违法的。所以，应该区别“形式的法律规定的知或者不知”与“实质的违法性意识的有无”，后者是“违法性意识”的问题。但如何具体把握实质的违法性意识，这一点也是不明确的。理论上一般是从“全体法秩序的违反”，即“一般的违法性”的角度理解的。

3. 特殊刑法的违法性意识说

特殊刑法的违法性意识说，也称为可罚的刑法违反意识说，是最近关于违法性意识的学说中比较有力的见解。如町野朔提出如下看法：其一，作为犯罪成立要件的违法性，和作为行为人认识对象的违法性不一定是同一的；其二，从责任说出发，应当成为认识对象的“违法性”，必须根据是否存在十分充分的不实施违法行为的反对动机来确定，法律效果作为认识对象是当然要考虑的；其三，由于刑罚威慑对违法行为具有抑制机能，所以，对没有行为可罚性的认识、认识可能性的人施加刑法非难，就和根据刑罚抑制犯罪的刑法目的没有关系，即使确实有刑法上的责任，也要求行为人对自己行为的具体可罚性有认识，也就是要存在“可罚的刑法违反的认识”。根据该说，关于“可罚的违法性”的错误认识、“法定刑的错误”等，都作为违法性的错误处理。进而，最近的“违法性意识”，是作为构成要件的故意的“构成要件关系的利益侵害性的认识”和作为责任要素的“可罚的评价的认识（可能性）”进行区分和处理的。

在以上三种观点中，第一种观点完全无视法律与道德、伦理的区别，可是，法律非难与社会伦理非难毕竟有本质的区别，因此是不明确的。第三种观点要求达到刑罚上的可罚性程度，这明显缩小了违法性意识的范围，也就不正确。第二种观点的界限则基本恰当，比较可取，只是还需要进一步加以研究。

在英美刑法中，对法律的无知一般不影响定罪和处罚。例如，决斗在法国不仅是合法的，而且是很光彩的事情。假如一名法国人移民到英国，在当地参与决斗并获得名次。可这名法国人不知道的是，决斗在英国是非法的。再如，一个意大利人在本国收集了很多儿童色情图片，美国特工联系他将照片发给自己。后来，当这个意大利人到美国从事其他业务时被逮捕。在意大利，收集并发送儿童色情图片的行为不是犯罪，但在美国这是不允许的。在前两个案件中，当事人一般是无法脱罪的。如果行为人不是出于对法律的无知，而是由于对法律的错误，一般也无法脱罪。对法律的错误表现为行为人曾怀疑过自己行为的合法性，但是因为受到错误的信息影响，最终误认为其行为是合法。通常，行为人会自己查阅法律或者咨询相关法律人士，如律师、法官、检察官以及其他执法人员等。一般而言，律师的建议不是可接受的辩护理由。但在具体场合，还是存在例外性规则：一是对具体特定意图犯罪的法律错误，如盗窃罪是特定意图的犯罪，如果行为人坚信财物归自己所有而拿走它，那么他没有盗窃的故意；二是对作为非刑法法律的认识错误，所谓非刑法法律，是被纳入刑法中的民法或者行政法，或者说是空白罪状所依托的法律的认识错误；三是负责特定活动的政府官员的错误建议。总之，要根据合理信赖原则来决定是否承认法律认识错误。依据《模范刑法典》第2.04（3）条规定，如果行为人能够证明他有“合理依赖”而实施行为，他可以对指控进行辩护，构成合理信赖的根据主要是后来被认定为无效或错误的法律正式声明，包含：（1）制定法或其他法令；（2）司法决定、意见或判决；（3）行政命令或许可；（4）负责解释、管理或执行法律界定的犯罪的官员或机构的官方解释。[①]

四、违法性意识的不可能性与期待不可能性

（一）关于违法性意识的不可能性的处理规定

违法性意识的错误是一种特殊类型的期待可能性错误，其关键的问题是，如果行为人没有违法性意识的可能性时，应该如何处理，也即违法性意识的不可能性对期待不可能性具有何种影响。

《德国刑法典》第17条规定：“行为人行为时没有认识其违法性，如该

① Richard G.Singer, John Q.La Fond, Fhima Baradaran Baughman, Criminal Law, Wolterskluwer in New York, 2018, pp.112–116.

错误认识不可避免，则对其行为不负责任。如该错误认识可以避免，则依第49条第1款减轻处罚。”另外第35条第1款，同一条第2款中也有关于错误认识的规定。《日本刑法典》第38条第3项规定：“即使不知法律，也不能据此认为没有犯罪的故意，但可以根据情节减轻处罚。”可见，没有违法性意识的可能性，在德国刑法中一般是责任阻却的事由，而在日本不能阻却犯罪，只能够减轻刑罚。

日本学者石堂淳认为，期待可能性的错误和违法性的错误，虽然可以用同样的方法加以处理，不过两者并不相同。违法性的错误可以避免时，期待可能性的错误有时尚不能避免，也有相反的情形。不过和德国不同的是，在日本由于没有规定必须减轻刑罚，所以，当行为人因为没有违法性认识可能性而陷入没有期待可能性的心理状态时，虽然存在心理的压迫并且责任的程度低，却不一定减轻刑罚。[①]石堂淳的分析侧重于违法性意识的错误与期待可能性的错误的区别，这尽管有必要，但是，当我们把违法性意识的错误作为期待可能性的主观前提认识时，应重点分析的问题：一是当违法性意识不可能时，是否可以阻却期待可能性；二是如何判断违法性意识的可能性。对此问题，石堂淳的回答比较含糊，他对日本立法的评价不够客观。

（二）违法性意识的不可能性是否阻却期待可能性

根据古老的法谚，“不知法不赦免”（ignorantia legis non excusat），任何人都不得借口不知法来为自己的行为进行辩解。但是，由于依据行政性刑法和临时性预防的需要而规定的犯罪情形越来越多，许多规定的确不为行为人所知道，所以司法机关不得不采取和缓的措施，消解上述法谚的不合理。如在意大利，司法实践中作出了一些妥协性解释。[②]对此，帕多瓦尼指出：“严

---

① ［日］石堂淳：《责任阻却事由的错误：以期待可能性错误为中心》，载［日］阿部纯二等编：《刑法基本讲座》（3），法学书院1994年版，第323页。

② 意大利司法机关将以下三种情形作为对行为人有利的处理：其一，行为得到了有关主管机关的许可。其二，对同一主体以前实施的同一性质的行为，法院曾以“行为未被法律规定为犯罪”为由，宣判无罪。其三，有关主管机关对行为长期容忍，不加干涉。参见［意］杜里奥·帕多瓦尼著：《意大利刑法学原理》，陈忠林译，法律出版社1998年版，第258页。

格地说，这种解释肯定不符合原刑法典第五条规定的精神，因为根据该条规定，对法律的认识错误并没有可原谅与不可原谅的区别。”①

然而，在1988年第364号判决中，意大利宪法法院认为，刑法典第5条部分违宪，违宪部分是该条“不承认对刑法不可避免的认识错误有可原谅性”。理由是“不知法不赦免”的法谚不符合宪法确定的罪过原则，如果根据主体和法律之间的关系，以及由此决定的主体和行为的联系，不可能发现可从法律的角度视为无价值的事实，行为人与行为之间的心理联系就不能作为决定主体刑事责任的根据。从宪法中的责任原则出发，主体不了解法律不是出于过失时，因为行为人不是故意践踏法律所维护的价值，就没有必要用刑罚进行再社会化。此外，在宪法框架内，仅当公民有认识刑法规定的可能性，从而能自由选择行为时，才能发挥罪刑法定原则保护公民自由的作用。所以，刑法典第5条的实际内容应该是：“除不可避免的情况外，不知道刑法不是辩护的理由。”②必须承认，许多国家的刑法并没有规定关于法律性质的错误对于认定犯罪的影响，所以，“不知法不赦免”的命题还有讨论的必要。应当说，意大利宪法法院的判决作出了很好的表率，帕多瓦尼对该判决的评价很高，认为“宪法法院的上述决定，使我们的刑法制度得以跻身于当代最先进的、承认对法律认识的错误也可成为辩护理由的刑法制度之列”③。

根据德国和日本的刑法理论以及违法性认识可能性的性质，本书认为，德国立法的规定是合理的，而日本的规定不合理。因为违法性意识的可能性在这两个国家的理论中，都是责任阻却事由，所以不能阻却故意或者过失，但是可以阻却期待可能性。以认识可能性阻却期待可能性，不能依赖于当事人的情况，而必须结合特定类型的人有无认识可能性进行判断，如果特定类

① ［意］杜里奥·帕多瓦尼著：《意大利刑法学原理》，陈忠林译，法律出版社1998年版，第258—259页。其中意大利原刑法典第5条的规定是：“任何人都不得以不知道刑法作为自己辩护的理由。”

② 参见［意］杜里奥·帕多瓦尼著：《意大利刑法学原理》，陈忠林译，法律出版社1998年版，第259页。

③ ［意］杜里奥·帕多瓦尼著：《意大利刑法学原理》，陈忠林译，法律出版社1998年版，第260页。

型的人都没有认识的可能，则说明这类人都不存在期待可能性，就不宜当作犯罪处理。这本来是影响期待可能性的一个特殊原因，而且业已为日本的立法所注意。只是立法没有表现出理论上的勇气和胆识。

（三）违法性意识的可能性的判定

德国刑法判例和理论从如下途径判断行为人有无违法性意识的可能性：

1. 良心的紧张

即将是否可能意识到行为的违法性求诸良心的相当紧张。所谓良心的紧张，“意味着在必须对特定的行为的适法或者违法作出判断的时候，行为人完全尽到了精神上的认识能力和伦理的价值表象（sittliche Wertvorstellungen）义务”[①]。对该说的批判是：其一，违法性意识与意识到自己的行为为法所禁止而发出的良心知觉不同，所以，不可能通过良心的紧张显示行为的违法性。其二，在秩序刑法的领域中，禁止规范是为了维持公共秩序而存在的，而良心的紧张不能对此有完全正确的认识，良心的紧张不具有作为标准的机能。其三，在确信犯或者常习犯的场合，法秩序与行为人的良心并非一致，即使良心紧张，也不能意识到行为的违法性。因而，“相当的良心紧张”标准，不能确定有无违法性意识的可能性。[②]

2. 避免错误的可能性

即从避免错误的可能性出发，而不是仅仅从有无违法性意识的可能性出发判断问题。成立避免错误的可能性，必须同时具备三要件。其一，行为人具有检讨自己行为的法律性质的机会。其二，行为人必须现实地具有违法性意识的可能性。其三，行为人利用违法性意识的可能性是可以期待的。[③]在检讨自己行为的法律性质的机会中，判断有没有违法性意识的可能性，一般要考虑如下事实：第一，行为人认识到犯罪事实是前提条件。第二，关于行为的法律性质是补充性事实。第三，行为人自身的个人情形必须予以考虑。

---

① 参见［日］松原久利著：《违法性的意识可能性》，成文堂1992年版，第62页。

② ［日］松原久利著：《违法性的意识可能性》，成文堂1992年版，第62—63页。

③ ［日］松原久利著：《违法性的意识可能性》，成文堂1992年版，第63页。

第四，行为人检讨行为法律性质的手段。第五，从国家的层面所要求的对法律的遵守。

第一种标准完全依赖于内在的主观因素，这非但在当前没有可靠的检验手段，在理论上也不圆满，所以不可采用。第二种标准依据行为人客观的行为表现，探求行为人对于违法性性质的认识态度，大体上将主、客观因素统一起来，较前种标准易于操作。但是，由于周围的客观情形仅仅是判断的现实基础，而该说没有注意行为主体的主观状态，所以也有进一步具体化的必要。

关于违法性意识的可能性判断标准的类型，有日本学者认为包括：（1）不知法；（2）对法规、判例的信赖；（3）对公共机关见解的信赖；（4）对私人意见的信赖；（5）行政犯。[①]

本书认为，判断行为人有没有违法性意识的可能性，首先要检验行为人对于行为的法律性质是否给予了必要注意。如果行为人根本不考虑行为的法律性质，就不能认为他没有认识的可能性，其实只要行为人稍加留心就能够注意到行为的法律性质。

其次要根据行为人的具体表现，判断他有无违法性意识。行为人即使对于行为的法律性质给予了必要的注意，但是，由于客观原因，也存在判断行为人没有违法性意识的可能性。其中重点要考虑的是：（1）行为人的行为环境与形成行为人生活观念的环境是否有明显悬殊，如果行为在行为人的生活地普遍被认为不违法，而在行为地被认为违法时，就可以认为没有违法性意识的可能性。（2）在行为人的生活环境中，人们对于国家机关的信赖，是否比较普遍，如果人们对于国家机关普遍信赖，那么行为人基于国家机关的错误指导或者错误解释而行为的，就不能推定为行为人有违法性意识的可能性；反之，人们对于国家机关的信赖感普遍不高时，行为人依据国家机关的错误指导或者错误解释而行为的，尚不能否定行为人的违法性意识的可能性。（3）国家机关的个别错误性指导或者解释是否必然获得行为人的信赖，

① ［日］松原久利著：《违法性的意识可能性》，成文堂1992年版，第72—73页。

也是必须考虑的。如果国家机关的错误指导或者解释极其个别，则行为人未必没有违法性意识的可能性。（4）对于个人的信赖错误，如果行为人在行为之前，以真诚的善意进行过询问，假如被询问的对象是具有执业资格的人员，那么可以排除违法性意识的可能性，如果被询问对象不具有执业资格，则不能一律以没有违法性意识的可能性处理。

第十章

遂犯论

第一节　概说

一、未遂犯的立法例

《日本刑法典》第43条规定："已经着手实行犯罪而未遂的，可以减轻刑罚，但基于自己的意志中止犯罪的，应当减轻或者免除刑罚。"第44条规定："处罚未遂的情形，由各本条规定。"这就是未遂犯的规定。

《法国刑法》第121—5条规定："已着手实行犯罪，仅仅由于罪犯意志之外的情事而中止或未能得逞，即构成犯罪未遂。"

《德国刑法典》第22条规定："行为人已直接着手实现构成要件，而未发生行为人所预期的结果的，是犯罪未遂。"第23条规定："（1）重罪的未遂一律处罚；对轻罪的未遂的处罚以法律有明文规定为限。（2）未遂可比照既遂减轻处罚（第49条第1款）。（3）行为人由于对行为对象和手段的认识错误，其行为根本不能实行终了的，法院可免除其刑罚，或酌情减轻其刑罚（第49条第2款）。"第24条（中止）规定："（1）1行为人自愿地使行为不再继续进行，或者主动阻止行为的完成的，不因犯罪未遂而处罚。2如果该行为没有中止犯的努力也不能完成的，只要行为人主动努力阻止该行为完成，即应不予刑罚。（2）1数人共同实施同一行为的，其中主动阻止行为完成的，不因犯罪未遂而处罚。2如果该行为没有中止犯的努力也不能完成的，或该行为没有中止犯停止以前的行为也会实施的，只要行为人主动努力阻止该行为完成的，即应不予刑罚。”

在英美法系，未遂犯一般与煽动犯、阴谋犯合称为未完成犯或不完整罪（inchoate offences）。

从上述诸国关于未遂犯的立法例和理论中可见，刑法以处罚犯罪既遂为原则，以处罚未遂为例外。所以，在未遂之前的行为阶段处罚犯罪的预备、阴谋，这样的规定更属例外中的例外。未遂犯作为特定的犯罪构成类型，与此前的预备犯或阴谋犯，与之后的既遂犯，都有特定的界限，以下依次说明。

二、预备犯、阴谋犯

预备和阴谋是具有侵害特定法益的危险性的行为，但由于其危险性不是十分明显，因此外国刑法原则上不处罚预备犯和阴谋犯，只对特别重大犯罪的预备或阴谋行为作为独立的犯罪类型加以处罚。

所谓预备犯，是为了实现犯意进行准备活动，并且尚未着手实行的情形。例如，为了实现杀人的意思，携带刀子前往行为对象家的行为；为了伪造通货而准备设备、材料的行为；等等。日本刑法在内乱罪、外患罪、私战预备罪、放火罪、通货伪造罪、杀人罪、掠取和诱拐罪和强盗罪中规定了8个处罚预备犯的条文。法国刑法第121-4条规定：“下列之人为罪犯：1.实施犯罪行为人；2.图谋实施重罪，或者在法律有规定之场合，图谋实施轻罪者。”可见在该国被作为犯罪处罚的，是重罪的预备或者有明文规定构成犯罪的轻罪的预备。

所谓阴谋犯，是二人以上就一定犯罪的实行进行谋议的情形。刑法独立处罚谋议的规定比预备更少，如日本刑法只包括内乱罪、外患罪和私战预备罪3个条文。关于阴谋的法律性质，有学者认为它是一种预备，有学者认为它是二人以上在预备以前的阶段进行的心理准备行动，还有学者反对前两种观点，并认为阴谋和预备是各自独立的准备阶段的行为。[①]

① 参见［日］大谷实著：《刑法讲义总论》，成文堂1996年补定4版，第370页。

三、既遂犯

所谓既遂犯，是基于实行行为完全实现犯罪的情形。构成要件的充足，是既遂犯的特征。

构成要件的充足，要求具备构成要件的所有要素。在结果犯的场合，结果的发生是必要的；在举动犯的场合，构成要件记述的行为，即实行行为的完全实行是必要的。至于在什么时候发生了既遂犯的结果、有实行行为的遂行，则必须根据对各个具体构成要件的解释而决定。

第二节　障害未遂（狭义）

一、未遂犯概述

（一）大陆法系未遂犯

未遂犯，有广、狭两种含义。广义未遂犯，是着手实行犯罪而不遂的场合，至于不遂的原因则在所不问，它包括狭义未遂和中止未遂。狭义未遂犯（criminal attempt），发生于不是基于自己的意思而不遂的场合，又被称为障害未遂。本节讨论的是狭义未遂犯。

狭义未遂犯必须具备如下构成要件：（1）实行着手，即行为人着手“实行犯罪”，或者说行为人开始实行部分实行行为。如果没有实行的着手，则属于预备或者阴谋。可见，实行的着手是区别未遂犯和预备罪、阴谋罪的重要界限。（2）犯罪没有完成，或者说构成要件的结果没有发生。这是由于意外的障害，从而构成要件不能充足。犯罪是基于意外的障害而没有完成，还是基于行为人自己的意思而没有完成，是区别障害未遂与中止未遂的主要因素。

根据犯罪没有完成的客观情形，未遂可分为两种类型：（1）着手未遂，或称未实行终了的未遂，是已着手实行犯罪，实行行为本身没有完成的情况。（2）实行未遂，或称实行终了的未遂，是犯罪的实行行为已经终了，但是没有产生构成要件的结果的情形。

（二）英美法系的犯罪未遂

在早期英国普通法中，未遂不构成犯罪，直到1784年，在一起案件中，行为人点燃蜡烛，意图烧毁其所租住房子内的可燃物质，由于房间没有被烧毁，行为人的行为不构成纵火罪，为了反对企图实行犯罪不是犯罪的辩解，法庭认为："不仅仅一个完成的行为表征犯罪，意图可能产生行为，它或是表征无辜，或是表征犯罪，如果它表征犯罪，就具有必要的犯罪性。"① 自此以后，未遂被当作普通法的犯罪。今天，如果行为人企图实行一个轻罪（misdemeanor）或者重罪（felony），该轻罪或者重罪的未遂就被当作轻罪处罚。在英美刑法中，虽然有些地方没有唆使罪的法令，司法机关在早些时候是根据未遂法令处罚唆使。这说明未遂在英美刑法中的历史比较久远。犯罪未遂要求行为超出了为了实行犯罪而预备（preparation）的阶段，有些英美法令规定："构成未遂必须是……一个行为的预备，然而，唆使是预备但又不仅仅是预备。"②因为未遂要求行为超越"单纯的预备"，它是一个应当被刑罚处罚的危急行为。未遂在客观上接近犯罪的实行，在主观上有实行该犯罪的具体故意。

未遂的要件如下：第一个要件是行为人应有犯罪的心理态度，而且行为人的企图是具体故意，仅仅一般故意还不充分；第二个要件是有犯罪行为，未遂的行为要超越预备。如何划分未遂与预备的界限，早期法庭采取的标准是："预备由图谋和计划实行犯罪所必要的方法或者手段构成；未遂是预备后直接指向实行的举动。"③但是，现在的观点认为，未遂是犯罪的实质阶段，而预备还不是实质的。其中对实质阶段的判断根据则存在不同的观点：一是结果说，认为达到实现所追求的结果的十分充足的程度，即实现的着手（commencement）。二是犯意说，认为当行为人实行实质犯罪的意图表现得

---

① Sue Titus Reid, Criminal Law, 2001, McGraw-Hill, 2001, p.56.

② Sue Titus Reid, Criminal Law, 2001, McGraw-Hill, 2001, p.56.

③ Sue Titus Reid, Criminal Law, 2001, McGraw-Hill, 2001, p.58.

很明确，所以对于实行犯罪实施的行为可以构成未遂。当行为中的犯罪意图表现模棱两可，并不清楚的时候，还不足以构成未遂。三是计划说，认为犯罪计划进程中的行为没有达到未遂阶段，除非行为人实施计划达到了接近犯罪完成的危险程度。四是综合说，认为实行犯罪的未遂决定于行为人的意图和行为，且不受环境影响，从常识看由于存在不可预见的障碍，导致行为人的目的无法实现。①

关于英美犯罪未遂，有两点值得注意。其一，未遂的处罚范围。未遂作为犯罪行为已经获得立法上的普遍承认，但处罚范围也和大陆法系一样，立法上的做法不统一。有的规定未遂存在于任何犯罪中，有的则将其限定在严重的犯罪中，或者明确列举存在未遂的严重犯罪。其二，处罚依据，对未遂的处罚，有些根据行为人所企行之罪决定刑罚；有些正式地规定处以所企行之罪一般的刑罚；有些则处以和所企行之罪等同的刑罚，但是当行为人实行应处死刑之罪时则例外规定，此种情形的例外也扩大到行为人所企行的是一级重罪。此时，法令会根据所企行之罪配以具体的刑罚。

二、未遂犯的处罚根据

（一）概说

处罚未遂犯是近代刑法的特色，但其渊源可以追溯至古代罗马法。在古代罗马刑法中，未遂一般是不可罚的，只有关于杀人、不敬乃至通奸的未遂，才个别地被认为可罚。在古代日耳曼刑法中，没有实害的未遂一般也不处罚，只有在现行犯的场合的未遂才和既遂一样对待，且未遂行为被当作独立的犯罪被处罚。一直到这个时期，也没有形成未遂概念。到中世纪时期，原则上是不处罚未遂的，但是由于重视犯罪意思的主观化，导致处罚未遂的范围扩展，才出现了未遂的概念。特别是1532年加洛林纳法典第178条，对未遂概念给予了明确规定，成为后世处罚未遂的法律基础。在英美刑法中，

① Sue Titus Reid, Criminal Law, 2001, McGraw-Hill, 2001, p.61.

在20世纪之前，处罚未遂也受到限制，但是自20世纪之后，刑法大大地扩展了未遂犯的处罚范围。①

未遂犯和既遂犯的构成要件不同，但在刑法中也是例外地被处罚的。那么，在哪些场合可以或者应当处罚未遂呢？这就是未遂犯的处罚根据问题。对此，早期存在主观未遂犯论和客观未遂犯论的对立。但自第二次世界大战后，在综合主义的刑法理论中，由于违法二元论成为有力的理论，形成与结果无价值论（以法益侵害说或者物的违法论为基础）对立的现状，进而在未遂犯中，出现了以下争议：危险判断是事前判断还是事后判断呢？故意是否都包含在判断对象中呢？判断的主体是法官（科学的一般人）还是一般的人呢？这些问题，不仅是说明刑法上处罚未遂犯的理由，同时与判断实行的着手和不能犯也有密切联系。

（二）主观未遂论

主观未遂论认为，行为人的性格危险性（社会危险性）是刑法上的处罚或者处分对象（犯罪征表说），当表现该危险的犯意明确时，就充足了处罚或者处分的要件。如此一来，未遂和既遂的区别就不重要了，未遂减刑的理由也不存在了。②

（三）客观未遂论

客观未遂论认为，刑罚的处罚对象本来是法益侵害或者危险结果的发生（犯罪现实说），未遂是存在结果发生的危险而例外被处罚的，所以，要根据既遂的刑罚对未遂予以必要的处罚减轻。在客观未遂论中，在以下问题上存在对立的论争：作为未遂犯处罚根据的危险，是归结为以行为无价值为立场的行为属性的危险，还是求之于以结果无价值为立场的行为结果的危险呢？或者说，未遂犯的构造是被视为行为犯还是结果犯呢？对此，该说有作为行

---

① Steven L. Emanuel, Criminal Law (3d 0Edition), Emanuel Publishing Corp, 1992, p.142.

② 参见［日］浅田和茂：《未遂犯的处罚根据——自实质的、形式的客观说的立场出发》，载日本《现代刑事法》2000年第17期。

为的属性的危险说（行为犯说）和作为结果的危险说（结果犯说）的分歧：[①]（1）行为犯说，将法益侵害的危险理解为行为的属性，并以之作为未遂犯的处罚根据，因此，其判断属于事前的判断，未遂犯的构造就成为以危险的行为为内容的行为犯；（2）结果犯说，将未遂犯的处罚根据求之于法益侵害的危险，并将其理解为结果的危险，从而，未遂犯的构造被当作以危险结果发生为必要的结果犯。

（四）折中的未遂论

折中的未遂论，在日本尚不显著，但在德国则是纯粹的主观说和客观说之外的第三种理论："第三种理论（折中理论）虽以客观—主观说为前提，但却与构成未遂可罚性根据的附加的要素结合在一起。根据该理论，未遂的处罚根据存在于违背行为规范及其所表现的意思；只有当公众对法秩序有效性的信赖受到动摇，法安定性的情感和法和平受到影响时（印象理论，Eindrucks theorie），犯罪行为的可罚性才能被肯定。此外，未遂的可罚性还以行为人的危险性为根据，此时，应当注意被保护的行为客体的危险性存在于行为意志之中（行为人理论）。"[②]或者认为，行为人的行为接近构成要件的实现，或者接近构成行为的实现，且是动摇法律的规范违反。[③]可见这种未遂论的核心在于将一般人的法感受作为评价的素材。

（五）犯罪预防理论

重视犯罪预防是英美刑法处罚未遂的一般理由。英美刑法处罚未遂的理由包括：其一，行为人是一个明显有危险并值得被惩罚的人；其二，处罚未遂有助于警察介入并阻止犯罪。假如不能惩罚未遂，则当一个人向受害人射

① 参见［日］野村稔：《未遂犯的处罚根据——自实质的客观说（折中说）的立场出发》，载日本《现代刑事法》2000年第17期。

② ［德］汉斯·海因里希·耶赛克、托马斯·魏根特著：《德国刑法教科书·总论》，徐久生译，中国法制出版社2001年版，第614—615页。

③ ［德］克劳斯·罗克辛著：《德国刑法学（总论）》（第2卷），王世洲主译与校订，法律出版社2013年版，第256页。

击命中之前，他就可以一次一次地向他人射击，而警察在其开枪之前不能逮捕他，不得不坐等行为人的行为成功，这样一来，刑法预防犯罪、保护社会的机能就遭到严重削弱和限制。[①]

本书认为，犯罪未遂的处罚根据，首先要考虑预防犯罪、保护社会的现实需要，在这一点上，英美刑法的犯罪预防理论是可取的。当然，为了限制刑法过于提前介入社会生活，招致侵犯人权的结果，还需要从行为人的方面确定刑法介入的恰当时点，此时不能忽视行为人的主观犯意。但这并不表明主观犯意在评价中无须客观因素的限制，所以，单纯的主观说和客观说都不可取，在这方面，德国的折中理论显现了未遂处罚的具体旨趣。当然，如果细究日本的客观说，其行为犯说立足于行为无价值的理论，也表现出折中论的一些意旨，只是在表述上不是十分明确。

三、实行的着手

（一）实行着手的学说

实行的着手，是未遂犯成立的第一要件，也是未遂犯和预备罪、阴谋罪区别的重要界限。围绕这个界限，主观未遂犯论、客观未遂犯论以及折中未遂犯论进一步展开了诸多争议。[②]

1. 主观说

主观说以主观方面的要素为标准，判断实行的着手时期。但具体表述不同，包括"犯意的成立，由于其遂行的行为而确定地被认识时"（牧野英一）；或"犯意的飞跃的表动"（宫本英修）；或"显示行为者的犯罪意思的存在没有二义，不可能取消的确实性的行为存在的场合"；或"如果根据自然的过程，认识到自己的行为肯定实现犯罪的可能性，而做出该行为时"（江家义男）等具体场合，确认实行的着手。主观说以新派理论为基础，重

---

① Steven L. Emanuel, Criminal Law（3d 0Edition）, Emanuel Publishing Corp, 1992, p.142.

② 除特别注明外，参见［日］板仓宏、铃木裕文：《实行的着手》，载［日］阿部纯二等编：《刑法基本讲座》（4），法学书院1992年版，第24—27页。

视行为人的危险性的显现。但是，如果完全无视实行行为的开始，就违背了法律相关条文的规定，会侵害法的安定性。

2. 客观说

客观说复分为三种：

（1）形式的客观说。这种理论将未遂犯当作抽象的危险犯，对行为的危险性进行抽象的、类型性的判断，认为实行的着手是开始实施符合构成要件的行为，即着手“是以实现犯罪构成要件事实的意思，而开始它的实行”（小野清一郎）。但有修正的客观说认为，实行的着手并不限于实施符合构成要件的行为，实施与符合构成要件的行为“有密接关系的行为”，也是实行的着手，即着手是“实现构成要件的全部或部分或者与此密接的事实”（植松正）。形式的客观说不仅有以问代答之嫌，而且难以具体判断，所以不妥当。

（2）实质的客观说。这种观点将未遂犯当作具体的危险犯，对法益侵害的危险性进行实质的判断，以决定是否着手实行。但关于何时才有法益侵害的危险性，进而是实行的着手，有的认为是“为实现结果所必要不可或缺的状态”（安平政吉）；有的认为是“开始了至于实现犯罪构成要件的包含现实危险性的行为”（前田雅英）；有的认为是“含有至于发生构成要件的结果之现实的危险性行为的开始”（大谷实）；还有的认为是“结果发生的具体的危险”发生了时（山中敬一）。①

（3）实质·形式客观说。这种观点由浅田提出来，他认为，未遂犯的处罚根据，是存在发生结果的实质危险，同时，如日本刑法第43条的“实行”是实行行为的含义，所以，实行行为的开始，并且存在结果发生的实质危险的场合，才成立未遂犯。其理由是实行行为的存在是罪刑法定原则的要求，而结果发生的实质危险是未遂的处罚根据的要求。②

3. 折中说

认为判断实行的着手时，要考虑行为者的计划。因此，产生了基于主观

① 参见马克昌著：《比较刑法原理》，武汉大学出版社2002年版，第530—532页。

② 参见［日］浅田和茂：《未遂犯的处罚根据——自实质的、形式的客观说的立场出发》，载日本《现代刑事法》2000年第17期。

或者客观事实的不同观点：

（1）主观的折中说，如木村龟二认为，以行为人的“全部企图”为基础，在对符合构成要件的保护客体产生了直接危险的行为中，明确表现了犯罪意思时，是实行的着手。

（2）个别的客观说，如威尔哲尔认为，人的行为是有目的的活动，从行为无价值的立场出发，“行为人根据其计划，开始直接实现犯罪构成要件”是着手。

（3）迫切性（直接性）说，强调“直接性”“急迫性”等具体标准，认为“如果根据行为人的所为计划，对符合构成要件的保护客体有直接的迫切危险时，认为是实行的着手”。如果有直接的危险，但其不是急迫时，还不能认为是着手 。

（4）之前行为说，关于实行的着手，基本上着眼于行为人犯罪计划上的构成要件行为之前位置的行为，“于构成要件行为之前的位置的行为之开始，是实行的着手。所谓之前的行为，就机能而言，是自动过渡到构成要件的行为，或者是与构成要件的行为在时间上接近的行为”。

主观说以及主观的折中说，是以主观未遂论为论调的，在司法实践中，它们难以被采信，因为它们提供的标准不容易把握。而客观说和除主观说外的折中说，是以客观未遂论为基础的。就形式的客观说而言，属于对刑法相关条文的忠实解释，但是，凭借自然的观察和定型，其根据是存在问题的。就实质客观说而言，以结果发生的实质危险，即行为具有法益侵害的客观危险的迫切性为基础，用具体的危险捕捉未遂，如符合构成要件的行为或者接续的行为，具有结果发生的迫切危险，从而被认为是实行的着手。这是忠实于客观未遂论或者结果无价值论的解释，但在判例上，实行行为即便没有开始，也可能成立未遂犯，该说在这点上有问题。[①]进而，关于“实行的着手”的标准，还有进一步研究的必要。

---

① 参见［日］浅田和茂：《未遂犯的处罚根据——自实质的、形式的客观说的立场出发》，载日本《现代刑事法》2000年第17期。

（二）特殊犯罪形态的实行着手

由于犯罪形态较为复杂，一些特殊犯罪类型的实行着手如何判定存在较大的理论纷争。[①]

1.不作为犯的实行着手

关于不作为犯的实行着手，有以下见解：（1）现实危险发生时点论，如大谷实认为，不作为犯的实行着手，是负有应当预防结果的法律上的作为义务者，违反该义务，不实行作为，从而惹起构成要件的结果的现实危险。因此，由于违反作为义务，结果发生的现实危险发生的时期就是实行的着手。[②]（2）分别说，认为应当区别真正不作为犯和不真正不作为犯，分别讨论不作为犯的实行着手。真正不作为犯的实行着手比较明确，而在不真正不作为犯中，只有结果犯的实行着手才有讨论必要，对此有三种观点。其一，认为作为义务既然是命令规范，作为成为可能的最初时间，就是实行的着手（齐藤说）。据此，母亲为了饿死婴儿而不喂食的场合，最初不给予食物就是着手。其二，认为可能履行作为义务的最后瞬间，是实行的着手（阿明·考夫曼说）。其三，认为对行为客体的直接危险迫近（西原春夫说），或者已经增加了现存的危险时，或者危险即便不迫切但对因果过程进行支配和统制的时候就是着手（野村稔说）。

本书认为，真正不作为犯和不真正不作为犯有不同的构造，所以区别两者对于认定未遂是必要的。由于真正不作为犯的实行行为在构成要件上很明确，因此，只要开始实行该不作为的，就是实行的着手。而不真正不作为犯因为没有明确的行为类型，在实践上也就难以求之于形式的标准，只能从实质上分析。此时，必须把握产生具体义务的时机。在这点上，分别说中的前两说都不可取。但就西原说而言，将未遂的开始置于行为对行为客体的直接危险迫近之时，未免过于狭隘。例如，母亲开始不喂食而饿死孩子有一个过

---

① 除特别注释外，参见［日］山中敬一著：《刑法总论Ⅱ》，成文堂1999年版，第685—689页。

② 参见［日］大谷实著：《刑法讲义总论》，成文堂1996年补定4版，第376页。

程，是孩子刚刚饥饿，还是孩子饿到某种程度才属于急迫呢？这显然是可争议的。但是，如野村稔说认为只要行为人开始支配和统制因果关系就是着手实行，似乎也不妥当，如孩子刚吃完奶，母亲产生犯意，决定不再喂食，这是否属于支配因果关系的开始呢？可见不作为的实行着手，要以具体危险的发生为时点，如果行为人的行为开始增加发生的危险，就是着手实行。

2. 间接正犯的着手

间接正犯是以他人为道具实现犯罪的情形。间接正犯中的行为包括利用行为和被利用行为，因此，关于间接正犯的实行着手的见解包括：（1）利用行为说，认为利用者开始利用被利用者的行为时，就是间接正犯的着手；（2）被利用行为说，认为被利用者开始实施实现犯罪的行为时，就是间接正犯的着手；（3）合并说，认为应将利用者的诱致行为和被利用者的身体动静合并，将其全体作为实行行为，在一般情况下，开始实施利用行为是着手，但在利用有故意的工具时，则被利用者开始实施犯罪行为时为着手。[①]

不考虑行为的危险属性，单从外在表现上衡量实行的着手，是不可取的，在此，被利用行为说是不妥当的。但就合并说而言，如后所述，利用有故意的工具是难以想象的，因而该说的前提是正确的，但着眼于被利用行为的主观因素，似乎并不恰当。行为人开始实施利用行为，往往可以认定是间接正犯的着手，但是，间接正犯和直接正犯的构造毕竟不同，所以还应当考察利用行为是否现实地增加了被利用行为的客观危险性。

3. 原因自由行为的着手

原因自由行为，是行为人使自己陷入心神丧失的状态，进而加以利用并实现犯罪的情形。原因自由行为包括使自己陷入心神丧失状态的行为（原因设定行为）和实现犯罪的行为（结果惹起行为）。围绕原因自由行为的实行着手，理论分歧包括：（1）原因设定行为说，认为使自己陷入心神丧失状态的设定原因的行为开始是着手；（2）结果惹起行为说，认为行为人使自己陷入心神状态之后所实施的、开始惹起结果的行为为着手；（3）折中说，即有

① 参见［日］大塚仁著：《犯罪论的基本问题》，有斐阁1982年版，第105页。

时在原因设定行为中，有时在惹起结果的行为中寻求实行行为的着手。[①]

如果采取原因设定行为说，就不当地扩大了实行行为的范围，如果采取结果惹起说，就难以符合责任能力与实行行为同时存在的要求。而折中说也没有提供明确的结论。可见，原因中的自由行为的实行着手，是一个比较复杂的问题，还值得研究。

4.隔离犯的着手

所谓隔离犯，是行为和结果的发生之间存在时间和空间的间隔的犯罪。例如，以毒杀的意思邮寄有毒食品，被害人饮食之后死亡的，其中存在时间和空间的间隔，属于隔离犯。

关于上述隔离犯的实行着手，有以下分歧：（1）发送时说，认为行为之后的因果过程是自动和必然地进行的，不存在规范障碍的介入，从而产生了现实的危险，因此，隔离犯的实行着手是交付有毒害的食物；（2）到达时说，认为形成结果的迫切、具体的危险状态的时候才可认为实行着手，因此，行为人交付的有毒食品要对受害人产生效果，才能认为有迫切的危险，即应当在饮食可能的时点寻求实行的着手。

本书认为，关于这个问题，一方面要和刑法的空间效力范围相联系，另一方面，这样的隔离犯问题比较特殊，如果根据有关国家判例的立场（到达时说），那么会产生新的问题：有毒害的食品到达之后，行为人实际上对于因果过程不能施加有效影响，此时，导致受害人死亡的行为是什么样的实行行为呢？可见这个问题还有待研究。

5.结合犯的着手

结合犯是数个行为各自符合数个构成要件，在法律规定中被包括在一个构成要件中的情形。例如，日本刑法中的强盗致死伤罪，就是在强盗的场合致人死伤的情形。那么行为人使用暴力强取财物，并致人死伤的，哪个行为的开始是实行着手呢？在日本，一般认为，如果着手手段行为，就是实行的着手，如强盗罪中作为手段的暴力、胁迫行为的实行，就是强盗罪的着手。

---

① 参见马克昌著：《比较刑法原理》，武汉大学出版社2002年版，第542—544页。

第三节　不能犯

一、不能犯的概述

所谓不能犯，是指行为人在形式上已经着手实行犯罪，但是，由于根本没有结果发生的危险存在，而不能作为未遂犯处罚的场合。[①]英美刑法认为，不可能性（impossibility）和不能犯是对称的范畴，是指行为人试图完成犯罪，“但由于外在情形，没有实质的犯罪被实行”，它是一种刑事辩护事由。[②]

大陆法系刑法认为，不能犯是由于行为人的认识有错误，所以其行为不能导致结果发生，不能犯通常被分为如下情形：（1）方法不能，例如误将白糖水当作农药让行为对象服用，其行为的性质不能产生后果；（2）客体不能，如误将尸体当作活体射击，由于行为客体不存在，所以死亡结果不会发生；（3）主体不能，如自己不是公务员，但误以为自己是的，从而收受他人财物，由于欠缺行为主体，其相关犯罪结果也不可能发生。[③]

在英美刑法中，不可能性是未遂的辩护事由，它分三种：（1）事实不可能性（factual impossibility），是行为人基于错误认识或者其他原因不能完成犯罪的，如行为人将手伸进他人口袋，但口袋是空的；或者行为人试图强奸女性，但对象是自己的妻子或者行为人性无能等；（2）法律不可能性（legal impossibility），是基于法律的规定而不能构成犯罪，如行为人涂改支票上的阿拉伯数字，但是忘记涂改字母数字，由于他的行为没有违反制定法，所以不是未遂；（3）与法律关联的事实不可能性，这一类型现在很少。[④]

---

① 参见［日］野村稔：《不能犯和事实欠缺》，载［日］阿部纯二等编：《刑法基本讲座》（4），法学书院1992年版，第3页。

② Steven L. Emanuel, Criminal Law（3d 0Edition）, Emanuel Publishing Corp, 1992, pp.152–153.

③ 参见［日］大谷实著：《刑法讲义总论》，成文堂1996年补定4版，第382页。

④ Steven L. Emanuel, Criminal Law（3d 0Edition）, Emanuel Publishing Corp, 1992, pp.153–154.

虽然对不能犯的分类方法在两大法系之间有区别，但是相关类型并非毫无关联。事实上，大陆法系也有事实不能与法律不能的分类。大陆法系的方法不能、客体不能、主体不能等类型分别包含于事实不可能和法律不可能中。

二、不能犯的学说

不能犯是在形式的未遂场合，考虑到结果发生的危险根本不存在而不加以处罚，所以它具有限制责任范围的法理意义。根据这种旨趣，就必须区分在何种情形下不存在结果发生的危险，以区别不能犯和未遂犯。由于未遂犯理论中的处罚根据论的立场不同，而它和区分不能犯有直接联系，因此，不能犯和未遂犯的区分理论，成为不能犯的主要学说，产生了更复杂的论争。以下围绕主观未遂论和客观未遂论展开述评。[①]

（一）主观说

主观说以行为人主观上的危险性作为判断基础，只要行为人实施了表现犯罪意思的行为，不问该行为有无危险性，都认为是未遂犯。该说复分为以下两种。

1. 纯粹的主观说

该说认为未遂犯的处罚对象是行为人的性格或意思的危险性，所以，只要行为人有犯意，并且有实现该犯意的行为，就成立未遂犯。换言之，只要行为人认为自己实施的行为可以导致结果的发生，不管行为客观上可否发生结果，都是未遂犯。根据该立场，除了迷信犯作为特例之外，原则上不承认不能犯。由于该说的危险判断标准是行为人的主观认识，因此，根本没有必要从一般人的观点出发判断客观上是否有结果发生的“危险”。

2. 抽象的危险说

该说为德国学者瓦琴菲尔德（Wachenfeld）所主张，认为抽象的危险是

---

① 除特别注明者外，参见［日］曾根威彦著：《刑法的重要问题》，成文堂1996年增补版，第248—258页。

对法律秩序的危险，具体的危险是对一定客体的危险，对其判断要以一般人的认识为基准，当一般人意识到有危险发生时，就是未遂犯；反之就是不能犯。即该说依照行为当时行为人认识到的主观事实，在一般人能感到有抽象结果发生的危险的场合，为未遂犯；否则成立不能犯。抽象的危险说对行为的危险性是根据行为时的事前判断进行的，此时，仅仅以行为人的认识内容为判断基础，因此，也称为“主观的危险说”。和纯粹主观说不同，如用砂糖杀人，根据纯主观说，由于有实现犯意的行为，所以成立未遂犯；与之相反，如果根据抽象的危险判断，则成立不能犯。

主观说以人的不法论为基础，采取的是彻底的行为无价值论。在客观未遂论看来，未遂犯的处罚根据是法益侵害的具体危险的发生，所以，主观说是不妥当的。

（二）客观说

客观说以客观上发生危险的可能性为判断基础，复分为以下四种。

1. 客观的危险说

该说渊源于费尔巴哈的思想，他最早提出不能犯的问题。该说主张：以行为当时存在的客观事实为判断基础，在（科学的）一般人能感到有结果发生的危险的场合，成立未遂犯；否则，成立不能犯。该见解的特点在于，在判断危险时，对行为当时无论行为人还是一般人都不能认识的事实，根据该事实存在的事后判断进行全盘考虑。客观的危险说将结果发生的不能分为绝对不能和相对不能，即以行为时的所有事实为基础，事后对行为进行观察，从客体与手段的性质上看，如果绝对不会发生结果，就是绝对不能犯，成立不能犯；与此相反，如果结果的发生属于相对不能，则是相对不能犯，成立未遂犯。因此，它又被称为“绝对不能—相对不能说”，在有的学者看来，“关于违法性的本质立足于法益侵害说，在违法论中的危险判断，从应当是事后的、纯客观的见地看，属于妥当的见解”[①]。

---

① ［日］曾根威彦著：《刑法的重要问题》，成文堂1996年增补版，第255页。

客观危险说和其他学说有很大的差别，尤其是它判断危险的方法属于事后判断。但是，在客观的危险说中，绝对不能和相对不能之间的区别标准不明确，例如，用没有达到一定剂量的毒药杀人，结果自然也就不会发生，这是属于相对不能还是绝对不能呢？理论上对此有分歧。有学者认为，在涉及危险性的质或者存在与否的问题的事例中，客观危险说的标准是明确的，例如，对尸体进行“杀害”，由于危险判断基础的客体是尸体，所以结果绝对不能发生；用空手枪杀人的时候，作为判断基础的手段，由于没有往手枪中填装子弹，也绝对不能发生危险；相反，在涉及危险性的量和程度的问题事例中，关于未遂犯和不能犯之间的界限，必然归结为危险概念的程度上，这是该说的固有问题。①

2.新客观危险说

客观危险说在发展中，演变出以下修正性的学说：

（1）假定的事实说。该说主张：首先，以法益侵害的不发生为前提。其次，如果有替代现实存在的事实，则对法益侵害是否发生采取科学的法则确定。最后，由于发生了法益侵害的事实存在，其实际的程度如何，则要判断具体危险。这就是将现实存在的事实置换为假定的事实，并用科学的一般人的观点，判断其存在的可能性。因此，在被害法益事实上不存在的场合，由于保护对象也不存在，欠缺被害的现实性，就不问现实上不存在的客体是否具有存在可能性，要将它从处罚范围中排除掉。

该说存在两个基本问题，其一，以客观危险说理解为绝对不能的空枪杀人事例，以及从巡警手中夺空枪杀人的事例，肯定为可罚的未遂，因为在该场合作为个别的存在，被害的现实性也可能不欠缺，所以，假定的事实可能判断，在客体不能和方法不能上，肯定不能做统一解释。其二，在投放致死剂量不足的毒物时，存在数个假定事实，如致死量、被害者的身体状态等，在判断可能性时，决定假定的事实标准是不明确的。②

---

① 参见［日］曾根威彦著：《刑法的重要问题》，成文堂1996年增补版，第256页。

② 参见［日］内山良雄：《不能犯论——自客观的危险说的立场出发》，载日本《现代刑事法》2000年第17期。

（2）客观的事后预测说。该说主张：立法者只根据行为时的一定危险决定处罚的政策，这并非不当。在政策上，作为未遂的结果发生之前就有处罚必要的场合，应当以行为时为判断标准，所以行为时的危险判断是必然的，因此，有无危险是基于实行行为时存在的客观事实，以实行时为标准，法官根据一般人的观点科学、合理地判断结果发生的概率。

该说以行为时“存在的客观事实”为判断基础，这一点维持了事后判断的形式，对显然是死体的尸体开枪、向根本没有财产的口袋伸手盗窃等场合，即便一般人感到危险也被当作不能犯。可是，关于客体不能的客观的、类型的事实，法官判断的是“及其客体是否存在”，对生死的界限是“灰色的部分”，如对尸体的杀人也认为是可罚的未遂；在扒窃空口袋的事例中，“基于行为时的客观事实考虑，携带财产的可能性如果很高，就可以成立未遂”；对于用空枪杀人（方法不能的事例），由于抢夺警官的手枪并射击的，存在伤害的可能性，也作为可罚的未遂。这样的结论就放弃了事后的判断。[①]

（3）一般的危险感说。该说立足客观危险说，认为危险判断是以事后判明的事实为基础的，必须追问事实的可能性，但危险概念本来包含某种价值的、评价的要素，作为危险判断的标准，不是纯科学的物理法则，而是一般人的危险感。所以，以行为时的客观事实为前提，根据社会的一般感觉，在能感到危险的场合为未遂；不能感到危险的场合为不能犯。[②]

但是，该说所持的“一般人的危险感”，完全超出了客观危险说的框架；而且按照此说，用空枪射击的时候，科学的一般人能感到危险，投放不足致死剂量的毒物，科学的一般人不能感到危险，这是很不明确的判断。[③]

3.具体的危险说

这是德国学者李斯特和希培尔提倡的学说，与客观危险说被称为旧客观

---

① 参见［日］内山良雄：《不能犯论——自客观的危险说的立场出发》，载日本《现代刑事法》2000年第17期。

② 参见［日］曾根威彦著：《刑法的重要问题》，成文堂1996年增补版，第258页。

③ 参见［日］山中敬一：《不能犯论中危险判断的构造——二元的危险预测说之提倡》，载日本《现代刑事法》2000年第17期。

说对应，它被称为新客观说。具体的危险说以一般人可能认识到的事实以及行为人特别认识到的事实为基础，根据一般人的立场，判断有无发生结果的具体危险性。即当一般人能感到该危险时，成立未遂犯；反之，是不能犯。在根据行为时的事前判断这点上，它和抽象危险说是一致的，但是行为人意图杀人，将砂糖误信为毒药而投放到他人食物中去，如果一般人能认识到这是砂糖，投放砂糖的事实成为判断基础，此时，考虑一般人认识到的事实这一点，和抽象危险说不同。由于具体危险说依据的是事前的判断，和上述客观危险说不同。例如，"杀害"尸体的行为（客体的绝对不能），只要行为当时一般人和行为人都会认为是活体时，该事实作为行为危险性判断的基础，成立对"人"的杀人未遂；再如，用空手枪杀人的行为（手段的绝对不能），只要认为当时手枪里有子弹，也可以成立杀人未遂。

具体危险说的最大问题是，危险的判断方法是事前的判断，而局限于行为时的事前判断，就会将一般人可能认识的事实完全从判断基础中排除，可它们在危险判断中具有本质的作用。结果，这种观点和抽象危险说之间的差异就不明显了，即对行为当时客观存在的事实，在一般人可以认识的场合，不得不根据行为人的认识判断其行为的危险性，但在结论上和抽象的危险说相同，就会产生如下疑问：被处罚的不是行为人的意思的危险性或者计划的危险性吗？例如，向做工精致到足以以假乱真的人体模特射击，构成杀人未遂，其处罚的应当是行为人的意思的危险性，可结果不是这样的。相反的是，如果根据事前判断，本来有危险的行为也存在被当作不能犯的可能性。例如，产生用砂糖杀人的意思，用一定量的砂糖让重症糖尿病患者A食用，在行为当时，如果一般人不知道A的病情，则根据具体危险说，结果构成不能犯而不可罚。但是，本案中的行为也是有法益侵害的具体危险的行为，是不能作为不能犯的。所以，根据行为人的认识决定危险发生或者不发生，是不妥当的。

4.修正的具体危险说

该说有多种修正的理论：

（1）甲说，采取部分的事后判断对事前判断的结论予以修正。这一种理论和客观的危险比较接近，但哪些场合依据事前判断，哪些场合依据事后判断呢？其界限不明确。

（2）乙说，排除行为人的主观要素，依据行为及其外部事实事前判断行为的危险性。如果排除行为人的主观要素，当一般人不能认识行为当时客观存在的事实时，就会得出不妥的结论。例如，一般人不知道患者有重度糖尿病，行为人知道而使患者大量饮食砂糖的，却要构成不能犯。

（3）丙说，也称为构成要件的定型性欠缺说或者定型说，认为在构成要件中，如果欠缺犯罪的主体、客体、手段、行为状态等要素，就失去了构成要件定型性的本质要素，也就不具有构成要件符合性。如果结果的不发生是因为欠缺符合构成要件的事实，就成立不能犯；如果欠缺的是因果关系的要素，则成立未遂犯（法律的不能说）。该说是从事后的判断而非事前的判断中得出结论的。可是，该说对于欠缺客体的事例，如对空口袋盗窃的，认为成立盗窃未遂。可见其理论并没有得到贯彻。

（4）丁说，即二元的危险预测说，认为是否成立不能犯，要进行以下判断。第一，事前的具体危险预测。如在故意犯中，成为实行行为的是没有规范障碍介入的危险制造行为，这是以行为当时行为人所知道的具体事实和一般人认识的事实为基础，并根据一般人的立场，事前判断行为是否会造成结果发生的危险。所以用砂糖杀人，没有制造危险，就不具有潜在的行为性，属于不能犯。第二，事后的假定危险预测。判断有无具体的危险状态，要以结果发生的迫切性为前提。反之，在结果确定不发生之前，应依据假定的危险预测判断是否有结果发生的高度盖然性。[①]根据危险判断，即便肯定潜在的实行行为性，假如具体的危险结果不能发生，也可认为没有实行行为。但是，在不能犯中，当危险制造的判断被肯定时，由于以事前判断为前提，在行为外观的危险很迫切这点上，具体的危险状况只是在形式上存在，而且对事后的具体的危险状态的发生也不明了。

---

① 参见［日］山中敬一：《不能犯论中危险判断的构造——二元的危险预测说之提倡》，载日本《现代刑事法》2000年第17期。

综上所述，本书认为，不能犯是在形式的犯罪构成中，根据实质的罪刑法定的要求，尽可能限制刑法的适用范围的产物，因此，仅仅在构成要件中是难以寻求不能犯的真正根据的，对此，还必须立足于刑事政策的现实需要，确定合理的刑法基本观念，以此作为说理的根据。

第四节　中止犯

一、中止犯的立法例

各国刑法关于中止犯（criminal abandon）减免刑罚的规定基本上是一致的；但是，对中止犯的具体规定不尽相同。比如1996年《瑞士联邦刑法典》第21条第2项规定："行为人自动中止犯罪的实施，法官可免除其刑罚。"现行《日本刑法典》第43条规定："已经着手实行犯罪而未遂的，可以减轻刑罚，但基于自己的意志中止犯罪的，应当减轻或者免除刑罚。"2002年《德国刑法典》第24条规定："（1）1行为人自愿地使行为不再继续进行，或者主动阻止行为的完成的，不因犯罪未遂而处罚。2如果该行为没有中止犯的努力也不能完成的，只要行为人主动努力阻止该行为完成，即应不予刑罚。（2）1数人共同实施同一行为的，其中主动阻止行为完成的，不因犯罪未遂而处罚。2如果该行为没有中止犯的努力也不能完成的，或该行为没有中止犯停止以前的行为也会实施的，只要行为人主动努力阻止该行为完成的，即应不予刑罚。"从内容上看，瑞士刑法中的中止不包括真诚悔悟的情形，[①]日本刑法将未遂和中止作为一条，这也是理论上将未遂犯分为障碍未遂和中止未遂的法律根据。而德国刑法中对中止的适用规定比较明确。本书认为，中止犯具有不同于狭义未遂犯的情由，应当在处罚上区别于狭义未遂犯，因此，日本刑法将障碍未遂与中止未遂规定在一个条文的做法，显然没有德国刑法合理。

---

① 对此第22条第2项规定："行为人主动阻止犯罪结果的发生或实际阻止了犯罪发生的，法官以自由裁量减轻处罚。"

二、中止犯减免刑罚的根据

在英美刑法中，自动有效的犯罪中止属于犯罪未遂的辩护事由。如果行为人被抓或者行为被发现，就辩护不成立。即便允许辩护，但是解释极其严格，大多数时候是不成功的。[①]在大陆法系诸国，对立法例为何减免中止犯的刑罚的理论争议很多，以下摘要论述。

（一）刑事政策理论

刑事政策理论也称政策说，分为一般预防说和特别预防说。

1. 一般预防说

该说认为对基于自己的意思而中止犯罪者，规定可以给予刑罚减免的恩典，有预防国民犯罪的效果。该思想可以追溯到费尔巴哈的“黄金桥”理论，受到了李斯特的特别提倡，他认为：“在不处罚的预备和应处罚的着手实行之间的界限被逾越之时，未遂犯之处罚已经实现。这一事实不再能被改变，不能‘向后退而撤销之’，不能从这个世界中被摆脱掉。但是，立法可以从刑事政策的角度出发，在已经犯了罪的行为人之间架设一座中止犯罪的黄金桥（eine goldene Bruecke）。”[②]该说在日本只为少数学者所赞同，主要原因是，德国刑法规定对中止犯不处罚，而日本刑法仅仅规定减免刑罚，前者可根据刑事政策说解释，后者就不能根据该说解释了。

2. 特别预防说

与对国民的一般预防观点不同，它认为中止行为是“犯罪后的行为人的行为”，它不是犯罪成立的要件，属于“量刑情节”，所以，中止犯的本质是以犯罪的成立为前提而展开的，能够认定为中止犯的场合，要根据积极的特别预防论，推定对行为人的处罚必要性减少了或者丧失了。[③]

① Sue Titus Reid, Criminal Law, 2001, McGraw-Hill, 2001, p.63.

② ［德］F.V. 李斯特著：《德国刑法教科书》，徐久生译，法律出版社2000年版，第349页。

③ 参见［日］山中敬一著：《刑法总论Ⅱ》，成文堂1999年版，第709—710页。

（二）恩惠理论

恩惠理论也称褒奖理论，认为自动中止犯罪并阻止既遂，或者为实现此目的而真诚努力者，即便犯罪本来就不可能既遂，同样也能够再次部分地消除行为破坏法律的影响，从而能得到宽大处理，而且行为人在一定程度上抵消了未遂不法的行为，应当受到赞赏。该说是德国现今的主导理论。[①]

（三）刑罚目的理论

刑罚目的理论认为，如果行为人在行为既遂之前自动放弃犯罪，则表明他尚不具备将行为实行终了的、对法的敌意，因此，无论是基于一般预防还是特殊预防的需要，都没有必要科处刑罚。此时，即便根据正义的要求也无须进行处罚。但是反对该观点的意见认为，行为人的意志在未遂瞬间已经强烈到将行为实行终了的地步，因为中止通常是由非常偶然的外部情形所引起的，行为以及行为人的危险性，并不因为犯罪中止而理所当然地消灭，所以，在刑罚目的理论的论据下还应当加上恩惠理论的思想，即当行为人自动回归到法的支配下，就应当免除本来应对他科处的刑罚。[②]

（四）法律说

法律说在犯罪成立的要件中寻求中止犯减免刑罚的根据。由于德日等国犯罪成立的要件包括构成要件的符合性、违法性和责任，因此，法律说是从违法性或者责任减少或者消灭的角度来分析中止犯减免刑罚的理由，其又分为以下三种。[③]

① 参见［德］汉斯·海因里希·耶赛克、托马斯·魏根特著：《德国刑法教科书·总论》，徐久生译，中国法制出版社2001年版，第644—645页。

② 参见［德］汉斯·海因里希·耶赛克、托马斯·魏根特著：《德国刑法教科书·总论》，徐久生译，中国法制出版社2001年版，第645页。

③ 参见［日］野村稔著：《未遂犯研究》，成文堂1984年版，第439—448页；［日］山中敬一著：《刑法总论Ⅱ》，成文堂1999年版，第711—715页。

1.违法性减少·消灭说

该说认为中止犯基于自己的意思中止犯罪的实行，减少了违法性，因此应被减免刑罚。违法性减少，是因为:（1）从主观的违法要素看，任意的中止消灭了主观的违法要素，使计划的危险性丧失；或者说中止行为表现出行为人撤销违反规范的意思，从而减少了违法性。（2）从客观的违法要素看，中止使客观的危险状态减少。如日本学者山口厚1998年在《问题探讨刑法总论》一书中提出，中止犯的规定，是为了救济由于未遂犯的成立招致了危险的被害法益，奖励消灭“既遂结果惹起的危险”设立的纯粹政策的措施，是与一般的犯罪“向相反的方向”的构成要件所构成的理论。或者说是将与“一般的犯罪论”相反的“向减免方向的构成要件”附加于犯罪论之后而形成的。它是由法律说中的违法性减少说派生出来的。[①]

2.责任减少·消灭说

该说认为中止犯由于责任减少，因此应被减免刑罚。责任减少的原因较多，如行为的撤销表现了行为人的规范意识，对行为的责任就减少了；或者从主观主义的立场看，行为人的反社会性减少，因此责任减少；从道义责任论看，中止反映了行为人对自己行为的价值否定，其非难可能性减少。这一点在中止未遂和障碍未遂的区别上表现明显。

3.违法·责任减少说

该说认为，行为人放弃犯罪的企图，首先，说明行为人的责任减少了；其次，虽然着手产生了违法问题，但中止却减少了违法；再次，由于存在主观的违法要素，因此违法也导致故意的实效性的丧失；最后，中止时的决意减少了对法的敌对性，从而使责任减少了。

（五）并合说

就是主张综合上述有关理论，说明中止犯的性格。其中具有的主张，包

① 参见［日］山中敬一著:《刑法总论Ⅱ》，成文堂1999年版，第710页。

括：（1）政策说+违法性减少说；（2）政策说+责任减少说；（3）违法性减少·消灭说+责任减少·消灭说；（4）政策说+违法性减少说+责任减少说；（5）可罚的责任减少·消灭说。在此不再一一论述。

本书认为，中止犯减免处罚的根据的确比较复杂，不能单纯从国家或者行为人的层面进行评价，因此，采取并合的观点是正确的。对中止犯的宽大处理首先是一个政策问题，其次才是一个法教义学的问题。如果不能从政策层面提供正当化根据，教义学的论证是毫无意义的。从国家的层面上看，国家刑罚具有防卫的机能，预防犯罪的发生作为具体的防卫内容，还包括促使已经发生的犯罪不再继续的意义，因此，刑法应当存在促使中止犯罪的规定。此时，对于中止犯通常规定“应当”或者“必须”减免刑罚，就具有“黄金桥”或者奖励的意味。从行为人的层面上看，首先行为人基于自己的意思，决意中止犯罪，显示了违法意识的消灭或者减少，表现了适应社会规范的意识，其非难可能性减少了，责任自然就应当减少。在这个意义上，障碍未遂和中止未遂是有区别的。其次行为人的决意使故意行为不再继续，所以主观的违法要素减少，而客观的危害也因为行为的中止而明显消失，其中的危险也减少了。在这个意义上，不能和既遂一样处罚行为人。

三、中止犯的概念与要件

中止犯，是指已经着手实行犯罪，但是基于自己的意志而中止犯罪完成的情况。根据行为人中止犯罪的行为方式，它分为着手中止和实行中止。着手中止，也即消极中止，是实行着手后、实行终了前放弃其后的实行行为；实行中止是实行行为终了之后，积极防止结果发生，所以它也被称为积极中止。

中止犯的成立包括如下要件：

（一）任意性

任意性是指，中止犯在主观上必须是出于自己的意志而中止犯罪。如何理解基于自己的意志而中止，有如下分歧：[1]（1）主观说，该说立足于违法性减少说，区别表象外部障碍与动机赋予之间的关系，认为行为人中止犯罪的动机，如果是因为认识到外部障碍，则是障碍未遂；此外，就是任意的中止。其中著名的弗兰克公式说："中止是能而不欲，未遂是欲而不能。"（2）限定的主观说，此说立足于责任减少说，对于前述主观说在动机上进行了限制，认为只有基于广义的后悔这种内心障碍的场合，才能认为是基于自己的意志。（3）客观说，认为对没有完成犯罪的原因，应根据社会的一般观念进行一般的客观评价，外部障碍如果对一般人不会产生强制性影响，而行为人中止犯罪的，就成立中止；反之，如果外部障碍对一般人形成强制性影响，则要认定为未遂。这是日本理论通说，也曾为实践所采纳。（4）折中说，认为应客观地判断行为人是如何接受外部事实的，判断外部事实对行为人的意志是否产生了强制性的影响。

本书认为如果采取主观说（包括限定的主观说），那么当外部障碍不存在而行为人以为其存在时，中止犯罪构成障碍未遂；当外在障碍存在而行为人以为其不存在时，中止犯罪构成中止未遂。客观说仅仅根据社会的一般观念判断强制性影响，这不符合中止犯的法律性格。因此，任意性应当从外部的客观事实出发，主要考虑行为人的主观认识，才能作出具体判断。

（二）中止行为

在着手中止的场合，只要行为人放弃进一步的实行行为即可，而在实行中止的场合，则要求行为人采取积极措施防止危害结果的发生。

关于着手中止和实行中止的区别，存在以下异见。（1）主观说，认为行为是否终了，应以行为人的犯罪计划和认识内容为标准；（2）客观说，认为应以行为的外部形态或者对结果发生的客观危险性为标准，区别行为是否实行终了；（3）折中说，认为应将行为时的客观情况与行为人的主观要素综合

---

① 参见［日］野村稔著：《未遂犯研究》，成文堂1984年版，第460—463页；［日］山中敬一著：《刑法总论Ⅱ》，成文堂1999年版，第725—729页。

起来进行客观判断。折中说基本上是通说。

（三）结果没有发生

结果没有发生是中止犯的基本要素。但在实践中，却存在以下两方面的争议：

（1）结果发生是否完全不能成立中止？

日本刑法学通说认为，即使行为人为防止结果的发生作出了真诚的努力，但如果结果发生了，就不能成立中止。但是主观主义论者认为，行为人基于自己的意思，为防止结果的发生作出了真诚的努力，结果即便发生了，也说明行为人的责任减少了，因而应当认定为中止。本书认为，从刑事政策论来看，当行为人作出了真诚的努力，也未能避免结果的发生时，如果能成立中止犯，将会诱发假中止问题；从构成要件论来看，如果结果发生了，行为人的行为要素完全充足基本构成要件，就不存在未遂的情状，也就不便作中止论处。相反，如果将此情形作为既遂犯，并由法官依据行为人的具体情形酌情处理，则可避免类似问题。

（2）行为人实施了中止行为，但结果没有发生是由于中止行为以外的原因，是否成立中止犯？

对此，有肯定和否定两种观点。本书认为，对此应当一分为二处理：如果行为人仅仅消极停止了行为的实行，而没有采取有效措施预防结果发生，就不宜作为中止犯。因为从刑事政策观来看，为了促进行为人对结果的预防，更充分地显示其内在的意志，而不是希望偶然的、外在因素的介入，有必要要求行为人采取积极措施去预防结果的发生；如果行为人采取了积极的举动预防结果发生，即便结果的不发生是由于中止行为之外的原因所致，也可以当作犯罪中止。比如，行为人意图杀害受害人，将其打成重伤后，由于同情后者，将他送到医院救助，最后医生凭借高超的医术将受害人救活的。假如从避免死亡和救助行为之间的因果关系上分析，可能导致理解上的分歧，甚至认为受害人没有死亡和行为人的行为之间没有因果关系。这种观念不符合中止犯的旨趣，是不可取的。

第十一章

犯罪参与理论

第一节　概论

一、共同犯罪概说

现代刑法要求，行为人要对自己的意思和自己的行为负责，这是罪责自负的一般要求。但有两种例外情形，第一种情形是行为人作为他人行为的同谋者（accomplice）被认定为共犯（complicity），第二种情形是行为人对他人的行为负代理责任。前一种情形存在于犯罪参与场合。犯罪参与（parties to crime）理论是关于共犯理论新的较为流行的表述。但从当前研究来看，犯罪参与理论和共犯理论之间的实质差异尚不显著。

二、共同犯罪的法理

德、日学者认为，所谓共犯，是指二人以上共同实现犯罪。通常，二人以上基于一定的犯罪事实要承担共同体责任，但由于犯罪行为复杂，行为人之间有不同的行为分工，有的实施基本构成要件的行为，有的实施修正构成要件的行为，那么，他们是基于什么理由成立共犯关系的呢？换言之，二人以上的行为在哪些方面是共同的，才可以成立共犯呢？对此，正如意大利学者所说，当多人相互合作完成犯罪，法律单独对它加以处理的时候，需要回答两个问题：一是在什么条件下，可以认定一个人的行为是“共犯行为”。二是针对这种特殊的危害社会的共犯行为，法律应如何处理。[①]关于这个问题，在大陆法系刑法理论中主要有以下三种基本的观点：

1. 犯罪共同说

犯罪共同说认为数人共同实施特定的犯罪，才能认定为共犯。该说复分为完全犯罪共同说与部分犯罪共同说。完全犯罪共同说认为，所有的共同正犯所实施的行为在罪名上必须是同一的，即共同正犯者在同一罪名上成立共同正犯。部分犯罪共同说则认为，二人以上虽然共同实施的是不同的犯罪，但当这些不同的犯罪之间具有重合的性质时，则在重合的限度内成立共犯。

2. 行为共同说

行为共同说认为数人以各自的犯意实施相同的行为时，成立共犯。还有一种构成要件的行为共同说，认为共犯的成立不要求整个犯罪行为是共同的，只要求有一部分犯罪行为是共同的就成立共犯。

3. 意思主体共同说

该说为日本学者草野豹一郎所提倡。共同意思主体，“必须两人以上就一定犯罪的实行进行协议方能成立。而进行协议被称为通谋或者阴谋……通谋者中的一人对共同目的的犯罪进行着手，就成为共同意思主体的活动”[②]。齐藤金作也认为，共犯的核心是“两个以上的异心别体之个人，为实施一定犯罪而达成共同目的，就成为同心一体”[③]。这是将共犯解释为特殊的社会心理现象的共同意思主体的活动，那么二人以上的共同犯罪，必先有实现一定犯罪的目的存在，在此目的下，二人以上由异心别体变为同心一体，才成立共同意思主体，若其中一人着手实行犯罪，就成立共犯。

以上观点直接影响着共同犯罪成立的场合。根据行为共同说，共同犯罪成立的范围很广泛，甚至能够将过失竞合认为是共同犯罪。这种理论单纯强调客观的要素，对主观要素几乎不加限制，既无助于惩治共同犯罪，也不利于保护被告人的合法权益，所以很难被认同。而意思主体共同说虽弥补了前

① ［意］杜里奥·帕多瓦尼著：《意大利刑法学原理》，陈忠林译，法律出版社1998年版，第316页。

② ［日］草野豹一郎著：《刑法总论讲义》（2），劲草书房1952年版，第315页。

③ ［日］齐藤金作著：《共犯理论研究》，有斐阁1954年版，第190页。

说忽视主观心理态度的缺陷，却产生了忽视客观因素的嫌疑，而且对于已经得到理论通说认可的共同过失正犯，难以给予合理的解释。如果采取犯罪共同说，显然可以兼顾主观要素和客观要素，因为它们包含在犯罪的构成要素之中。只是完全犯罪共同说的要求过于苛刻，会限制刑法惩治犯罪的作用。相对而言，部分犯罪共同说就较为可取，它不仅可以合理界分共同犯罪与非共同犯罪的范围，而且为进一步理解共同犯罪人的类型提供了理论前提。

三、犯罪参与人的基本分类

（一）德日刑法的分类

在德、日理论中，犯罪参与人称广义的共犯，是指二人以上共同实现犯罪，由这一最广泛的共犯概念出发，可以将共犯作如下分类：

1. 任意的共犯与必要的共犯

以刑法分则的犯罪构成要件是否要求数个主体，共同犯罪可以分为任意的共犯与必要的共犯。任意共犯的犯罪，可以由一个人实施，但必要共犯的犯罪，必须至少有两个犯罪人。必要共犯包括对向犯和多众犯，多众犯又可以细分为众合犯、集合犯、集团犯。

2. 实行犯、教唆犯和帮助犯

在任意的共同犯罪中，根据行为人的分工，可以分为实行犯、教唆犯和帮助犯（或称从犯）。实行犯又称正犯，是与狭义的共犯相对称的概念，一般是指亲自实施刑法分则条文中符合构成要件行为的人。帮助犯和教唆犯合称狭义的共犯。以下所指的共犯，都是就狭义而言的。

3. 共同故意犯与共同过失犯

以行为人之间心理联系的状态为基础，共同犯罪可分为共同故意犯与共同过失犯以及故意过失混合共同犯。

（二）英美刑法的分类

在英美刑法中共犯分为四种，前两个属于主犯（principals），后两个属于从犯。

主犯是身处犯罪现场并实行犯罪之人，分为两级。第一级主犯是实行了犯罪行为的人或者利用无辜代理人犯罪的人，相当于大陆法系的正犯。第二级主犯是事实上或假定身处犯罪现场，并且帮助或者教唆他人犯罪的人。

从犯也可分为两种。一是事前从犯（accessory before the fact），就是不在犯罪现场，但是在行为前对实行犯（perpetrator）提供了帮助或者鼓励。二是事后从犯（accessory after the fact），即虽然不在犯罪现场，但是在犯罪完成之后对实行犯提供了帮助或者鼓励。

以上划分仅限于重罪场合，在轻罪场合不存在从犯，行为人只要对轻罪的实行提供了帮助或者鼓励就属于主犯。除了前述两种主犯之外，还有一种所谓的并合主犯，就是事前的共谋者。据此从犯是犯罪之后的参与者，他们不会与主犯并合。对从犯的处罚明显要比主犯轻。从犯的形式有很多，如收受盗窃之物。“由于现在司法将事前共犯与主犯并合，他们的责难性不在依赖于其他参与者做了什么。”[①]

（三）基本评价

从分类标准来看，德、日学者强调形式标准，即法律条文的形式规定。其优点是能直观体现罪刑法定原则的要求，相对而言，英美刑法的分类就没有德日那么严格，且较接近按照作用划分。但是，在上述德日理论的第二种分类中，由于正犯必须实行犯罪的基本构成要件的行为，而间接正犯和共谋共同正犯并不要求正犯实施实行行为，所以这两种情形能否成立正犯就值得进一步论证了。而第三种分类仅仅根据文义进行解释，但在间接故意的场合是否可以成立共同犯罪，尚存疑问。如果采用形式标准，有时为了符合现实需要，就必须作出扩大解释，如间接正犯、共谋共同正犯，多少体现出从形式标准向实质标准寻求帮助的倾向。共同犯罪人的分类，不仅要看行为方

---

① John M.Burkoff & Russell L.Weaver, Inside Criminal Law, Aspen Publishers, 2011, pp.82–83; Richard G.Singer, John Q.La Fond, Fhima Baradaran Baughman, Criminal Law, Wolterskluwer in New York, 2018, p.422.

式，而且要考虑行为人的作用，从而使分类不仅有据可循，而且有助于分类惩罚犯罪参与者。

第二节 正犯和共犯的区别

正犯和共犯的区别，或者区分实行人与参与人，是评价行为人在共同犯罪中的作用的基础，也是划分刑事责任的前提。围绕正犯与共犯之间的区别，在理论上有很大的争议。德、日刑法理论上主要围绕实行行为展开，并形成实行行为必要说和实行行为不要说之分。例如，在德国有以实行人为实现行为的核心人物的理论，也有行为支配理论、主观理论以及其他综合性理论。[①]总体来看，主要是着眼于实行行为的地位，可分为实行行为必要说和实行行为不要说两大类。

一、实行行为必要说

该说属于形式说，主张从有无构成要件的具体行为判断正犯，它分为：

（一）以构成要件论为基础的正犯概念

1. 扩张的正犯概念

认为对构成要件的结果赋予条件者都是正犯。所以，本来没有正犯与共犯的区别，但是，由于法律就其中的一部分作了特别规定，于是形成了共犯。即实行教唆行为、帮助行为本来也是正犯，可是法律将其作为教唆犯、帮助犯予以规定，因此共犯的规定是根据刑罚缩小事由进行把握的。

扩张的正犯概念，本来不考虑实行行为，但是在限制刑罚事由的要求下，承认实行行为是正犯的法定要求，其问题是：第一，放弃作为罪刑法定原则的犯罪论体系中的主脉（实行行为），而代之以对构成要件结果赋予条

① 参见［德］克劳斯·罗克辛著：《德国刑法学（总论）》（第2卷），王世洲主译与校订，法律出版社2013年版，第10—13页。

件的行为，对正犯和共犯进行等价值的处罚，结果，沦为极端的条件说。第二，对构成要件的实现赋予条件的行为，刑法并非完全将其当作正犯，按照该说，狭义的共犯当然也是正犯，那么，它就不能合理解释为何从犯应减轻处罚、对教唆的未遂及其正犯是否要分别处置等问题了。法以及法学的历史采取和扩张的正犯论相反的立场，限制的正犯概念得以抬头，说明扩张的正犯概念悖逆了历史的潮流。

2. 限制的正犯概念

认为只有实行符合构成要件的行为者是正犯，所以唆使他人犯罪或者帮助他人犯罪的行为人，由于没有亲自实现构成要件的结果，就不是正犯。根据限制的正犯概念，正犯和狭义的共犯，其行为类型是根本不同的。其中的形式说认为，实施符合构成要件的实行行为的人就是正犯，用修正构成要件的教唆行为、帮助行为对正犯的实行行为进行加担的人就是共犯。其中的实质说则认为，对于结果的发生起重要作用的人是正犯，反之是共犯。[①]

而限制的正犯概念和扩张的正犯概念一样，“主要着眼于对间接正犯理论的处理”，但“将利用不知情者的行为作为教唆犯或者帮助犯，与法的感情相反”，而且固有的正犯概念包含了间接正犯，所以限制的正犯概念也是不妥当的。[②]不过，总体而言，限制的正犯概念比较符合立法和司法的逻辑结构，因为典型的正犯一般是指实施刑法分则构成要件的人，例如单独正犯、直接正犯。[③]

（二）实行行为性说

认为实施符合基本构成要件的行为（实行行为）是正犯，实施修正的构成要件的行为（教唆行为和帮助行为）进而加功于正犯者是共犯。这个见解，

---

① 参见［日］桥本正博:《正犯理论的实质基础——以共谋共同正犯论为中心》，载日本《现代刑事法》1999年第6期。

② ［日］川端博:《正犯与共犯的区分标准》，载日本《现代刑事法》1999年第6期。

③ 参见［德］克劳斯·罗克辛著:《德国刑法学（总论）》（第2卷），王世洲主译与校订，法律出版社2013年版，第9页。

以有无构成要件的实行行为为依据，从形式上区别于正犯和共犯，致使正犯与共犯的“实质性差异”成为其次的东西。即正犯实行了犯罪行为，应该承担第一次的责任，而共犯实施的是依附于正犯的犯行，应该承担第二次的责任。但该说认为，正犯除亲自直接实现犯罪外，还包括被法律作为同等形态对待的、利用他人为道具进而实现犯罪的间接正犯。与之对应，共犯是对前述正犯进行教唆、帮助从而实现犯罪者。[①]此说也可以说是修正了的限制正犯概念。

实行行为性说在处罚范围上很明确，如“把风”在形式上可解释为从犯，但在实际运用上，它却不妥当。用有无实行行为区分正犯和共犯，一方面忽视了因果关系的意义；另一方面根据从属性的原理和实行行为的规范意义，又扩张了正犯的范围，导致对间接正犯的解释较为牵强。不过，以实行行为为核心任务确定正犯的思路还是值得肯定的，这有利于我们更好地把握正犯修正的方式与类型。

二、实行行为不要说

该说属于实质说，主张根据行为的现实影响区别正犯和从犯，它包括：

（一）以因果关系论为基础的正犯概念

该说是最初区分正犯的学说，包括主观说和客观说。

1. 主观说

以因果关系中的条件说为前提，认为条件与原因等价，不可能从因果关系的见地出发确定正犯，因此，以“正犯的意思”而行为者是正犯，以“加担于他人行为的意思”而行为者是共犯。

2. 客观说

又分为形式的客观说和实质的客观说：形式的客观说以刑法规定作为两者最初的区别标准，认为实行符合基本构成要件的行为者是正犯，其他行为

---

① 参见［日］川端博：《正犯与共犯的区分标准》，载日本《现代刑事法》1999年第6期。

的实行者使得构成要件的实现更为容易，所以是共犯；实质的客观说，从因果关系论中的原因说出发，认为对结果赋予原因者是正犯，赋予条件者是共犯。①根据主观说和形式的客观说，间接正犯、共谋共同正犯以及继承的正犯都不能作为正犯，这是很明显的，所以该说并不符合现实要求以及司法实际。而实质的客观说由于立足原因说，原因说本来是众说纷纭、聚讼颇多的理论，而且现在几乎不再为司法判例所采纳，因此其不足是无须多说的。

（二）行为支配说

该理论以目的行为论为基础，认为具有实现构成要件的意思之人，为了实现该意思，要对因果关系加以有目的的支配和统制，即行为支配。正犯和共犯的区别在于：正犯是对行为的遂行及其经过亲自进行支配的人，共犯则是受正犯行为支配的人。如罗克辛认为，正犯是“实现犯罪事实的中心人物或者关键人物”②。根据此说，亲自、完全实现所有构成要件要素者构成正犯，但是，构成要件也可以由受行为支配或参与行为支配的犯罪参与人来实现，所以正犯包括间接正犯和其他共同正犯。该说在德国是通说。行为支配的理论可解决首要分子作为实行犯进而当作主犯处罚的法理问题，因此犯罪集团中组织、领导者与其他参与者之间有支配与被支配关系；此外，它还能说明处理间接正犯、教唆犯以及共谋共同正犯等犯罪人的根据。但是，在犯罪集团中实施构成要件行为的行为人是否成为实行犯倒有疑问了，而且对于教唆犯、帮助犯而言，教唆者、帮助者就必须支配教唆行为或帮助行为。这说明行为支配说尚有进一步完善的必要。

罗克辛将行为支配的方式细分为如下类型：③（1）通过本人的身体活动的单独实行；（2）通过控制他人意志的间接实行；（3）多人共同实施构成要件

① 参见［日］曾根威彦著：《刑法的重要问题》，成文堂1996年增补版，第273—274页。

② 参见［日］桥本正博：《正犯理论的实质基础——以共谋共同正犯论为中心》，载日本《现代刑事法》1999年第6期。

③ 参见［德］克劳斯·罗克辛著：《德国刑法学（总论）》（第2卷），王世洲主译与校订，法律出版社2013年版，第18—80页。

行为的共同实行；等等。

（三）折中说

认为由于犯罪包含主观和客观两个方面的条件，所以应当根据主观的犯罪意思和客观的行为形态两方面进行考察，行为者是否实行了符合基本的构成要件的行为，要以形式客观说为基准，在实质上加以修正，同时考虑当该行为的优越性、危险性，从而区分主犯和从犯。[①]可见，折中说试图以实行行为说为基础，兼采行为支配说。根据这种观点，实行行为首先是刑法分则中的具体构成要件行为，对于该行为具有支配可能性的，可修正地认为是实行行为。相对而言，这种主张更清楚地显示了刑法中确定实行犯的意图和步骤，能够适应罪刑法定原则的基本要求，比较符合司法操作的实际，因而较为可取。

可见，共犯和正犯的区别，首先要运用共犯的从属性论，并以实行行为为基本依据确定正犯。但是，为了与社会防卫的目标相一致，还要将某些未实施实行行为但能支配实行行为的人作为正犯。只有完全具有从属性格的人，才作为共犯处罚。英美刑法理论也认为，共犯的责任是从主犯中派生的。共犯只对他帮助的主犯的犯罪行为，或属于他帮助行为的自然和可能的后果的主犯所实施的犯罪行为负法律责任。这意味着必须存在一个有罪的主犯；没有有罪的主犯，就不可能有有罪的共犯。[②]

第三节　正犯

一、共同正犯

共同正犯是二人以上共同实行犯罪的情况。对共同正犯的处罚，采取

---

① ［日］佐久间修：《正犯和共犯的概念》，载日本《现代刑事法》1999年第5期。

② Richard G.Singer，John Q.La Fond，Fhima Baradaran Baughman，Criminal Law，Wolterskluwer in New York，2018，p.438.

“一部行为，全体责任”原则。共同正犯的成立要件如下：

1.共同的行为决意或者计划

共同的行为决意是指二个以上的具有刑事责任能力者具有共同犯行的意识，并成为一体。[①]这是共同正犯必要的主观要件。共同的行为决意并不要求全部共犯意思的沟通，但必须各个行为人具备“共同犯行的意识”，即有相互利用他人的行为，为了共同实现犯罪事实的目的而协力一致的意识。该意思可以通过默示或者通过合乎逻辑的行为表现出来。它一般形成于行为之前，但是在行为过程中至行为实施终了之前也可形成共同正犯的意思。因此，欠缺该意识的同时犯不是共同正犯；只有相互的意思沟通，一方只具有援助他人实现犯罪的意思，则只成立共犯，而不是共同正犯。

2.共同实行犯罪

共同实行犯罪一般是指共同实行符合犯罪构成要件的行为。共同实行犯罪是共同正犯必要的客观要件。共同行为人实现各种各样的构成要件的部分或者全部行为，称为“实行共同正犯”，在该场合毫无疑问成立共同正犯。依据行为支配的理论，在不亲自实施符合犯罪构成要件的行为的场合，基于整体计划的分工，并不要求正犯出现在犯罪的现场，[②]这表明，行为人是否实施了形式的实行行为，并不是成立共同正犯的必要条件，据此，所谓的共谋共同正犯以及继承的共同正犯场合，就有继续研讨的必要。

在共同正犯中，需要重视共同正犯的特殊形式。（1）附加的共同正犯，即犯罪是由部分实行人实现的，其他没有实现犯罪的实行人就属于附加的共同正犯，如甲、乙、丙、丁共同伏击受害人致其死亡，但是无法查明死亡结果是由谁实现的情形；（2）择一的共同正犯，即只有一个参与实行的人实现了犯罪，其他参与实行的人没有实现犯罪的情况，如甲与同伙试图杀害被害人，分别守候在不同地方准备伏击，最终甲守候到被害人并将其杀死的情形，对没有实施杀害的其他参与人而言，也是共同正犯；（3）特别的实

---

① 参见［日］西原春夫著：《刑法总论》（下卷），成文堂1994年改订准备版，第389页。

② 参见［德］汉斯·海因里希·耶赛克、托马斯·魏根特著：《德国刑法教科书·总论》，徐久生译，中国法制出版社2001年版，第825页。

行人要素作为共同实行人的条件，主要是在共同行为支配之外没有其他可能由法律要求的正犯要素，是由各个共同正犯自身实现的，如甲意图占有某个物品，而乙是为了甲占有该物品，或者甲、乙是为了丙占有该物品；（4）部分的共同正犯，如甲以盗窃的意思，乙以抢劫的意思共同实施强制行为；（5）一个参与人是无责任能力时的共同正犯，但是，在有责任的共同正犯认识到他人是无责任能力时，为实现自己的目的而对他人进行利用，这种情况构成间接正犯；（6）共同正犯性质的参与人，有观点认为，教唆犯与帮助犯也能够具有共同正犯的性质，但是也有不同的对立观点；（7）过失的共同正犯。尽管德国判例对此不承认，但是理论上越来越多的学者肯定过失的共同正犯。①

在韩国刑法中，在共同正犯的概念下有合同犯之说。所谓合同犯，是规定二人以上合同构成犯罪的情况，这种合同犯行叫作合同犯。依据判例，合同犯要求行为人主观上存在共谋，客观上具有实行行为的分工。属于一种必要的共同正犯。②

二、共谋共同正犯

（一）共谋共同正犯的概念和成立要件

共谋共同正犯，是指二人以上就犯罪的实行进行谋议后，由其中的一人或数人实行谋议的犯罪，没有具体实行的谋议人与具体实行的人都作为共同正犯予以处罚。

在大陆法系，共谋共同正犯的成立要件是：（1）二人以上的共谋。所谓共谋，是二人以上为了实行特定的犯罪，在共同意思下成为一体，互相利用他人的行为，便于实行各自的意思为内容的谋议。谋议不要求有明确的意思

---

① 参见［德］克劳斯·罗克辛著：《德国刑法学（总论）》（第2卷），王世洲主译与校订，法律出版社2013年版，第59—74页。

② 参见［韩］金日秀、徐鹤辅著：《韩国刑法总论》，郑军男译，武汉大学出版社2008年版，第597—601页。

表示，也不一定要求是事前的，但至少要认识他人的犯行。即二人以上者相互之间暗示相互协力，沟通实现共同犯罪的意思就可以了。（2）参与的人中有一部分人直接实施了犯罪。共谋共同正犯的特点就是没有实行犯罪的人，也要承担正犯的责任。即共谋者没有实行行为，而只是援助其他共谋者的实行行为，固然成立共同正犯；即便完全听任实行者实行，自己什么也不实行的，也可以成立共同正犯。[①]

在英美普通法上与之类似的问题称为共谋。共谋是二人以上就实施一个非法的行为，或者通过非法方式实施一个合法的行为所形成的相互同意。[②]共谋作为一种共同犯罪形态，包括三个基本条件：（1）两人以上的同意；（2）为了实施一个非法的行为，或者通过非法方式实施一个合法的行为；（3）被告有可罚的意图。可见，“同意”是共谋的基本要件。“同意”并不要求“合意”，它只需要行为者各方为了追求一个共同的目的，通过某种方式结合起来。“同意”也不必以语言表达出来，每一方行为人都可以通过各自的行为，向其他一方明确表明他们将追求一个共同的目标。[③]比如，A在街上殴打X，B走过来，在A拿X的钱包时，按住X。此时，A和B之间虽然没有语言交流，但也形成了共谋。问题是，帮助和教唆是否属于共谋呢？这个问题在如下案件中被提出来：[④] D是一个法官，知道A和B计划杀X，D没有和A、B达成同意，扣押了一个向X发出警告的电报，使得X未能逃走，被A和B杀死。D被判为帮助和教唆谋杀X，要承担实质谋杀罪中主犯的完全责任。那么，在D和A、B之间没有同意时，D是否有谋杀X的共谋。对此的意见有两种：（1）肯定责任论，认为在该情形中存在共谋，理由是D知道自己的行为是一个现实的共谋，因此他有罪恶的意图，并意图强化该意图，这和A、B达成同意是一样的。（2）否定责任论，认为共谋要求“同意”，而帮助

① 参见马克昌著：《比较刑法原理》，武汉大学出版社2002年版，第630页，第683—684页。

② Steven L. Emanuel, Criminal Law（3d 0Edition）, Emanuel Publishing Corp, 1992, p.167.

③ Steven L. Emanuel, Criminal Law（3d 0Edition）, Emanuel Publishing Corp, 1992, p.171.

④ State ex rel. Attorney General v. Tally, 15 so. 722（Ala. 1894）.

和教唆的共谋只能帮助“同意”的行为，而不是帮助或者教唆具体的目的行为。具体理由是：其一，要求帮助者或者教唆者承担全部责任是不公平的。其二，虽然有同意的存在，但是并不表明所有的共谋者同意实施具体的目的犯罪。其三，不排除虚假的同意。[①]

（二）共谋共同正犯的法理

日本过去的理论通说并不承认共谋共同正犯，理由是：其一，正犯是实施实行行为者。其二，共同正犯也是正犯的一种，以实施实行行为为必要。其三，共谋共同正犯不分担实行行为，不足以显示正犯的构成特征，所以不是正犯。[②]这种解释已经不符合从实质上理解正犯的做法，与现代刑法的社会保护机能脱节，所以现在的一般观点承认共谋共同正犯。

承认共谋共同正犯的理论，有共同意思主体说、间接正犯类似说（相互间接正犯说）、行为支配说、价值的或实质的正犯论等。[③]

1. 共同意思主体说

该说是最早有关共谋共同正犯的学说，一般认为是由日本的草野豹一郎所提出，并得到齐藤金作、下村康正等学者的继承。该说将共犯现象作为超个人的社会心理现象来把握。认为关于共犯现象，不应被当作各个共同意思的主体的个人行为，而应作为全体的共同意思主体来把握。这种学说由于过于重视行为人的主观要素，所以只为极少数学者所赞同。

2. 间接正犯类似说

此说认为，有无共同实行，应对二个以上的共同者的行为进行综合考察，全部成员都实行或部分分担实行是不必要的。进而，没有实行的共谋者，在共同犯罪意思的影响下，使实行者作为自己的手足而行动，在实行者

---

① Steven L. Emanuel, Criminal Law (3d 0Edition), Emanuel Publishing Corp, 1992, pp.173-174.

② ［日］曾根威彦著：《刑法的重要问题》，成文堂1996年增补版，第324页。

③ 除特别注明者外，参见李邦友：《日本刑法共谋共同正犯的理论及其发展》，载《法学评论》2001年第1期。

的背后起着精神上的鼓舞作用，并相互利用、相互补充，完成或实现共同的犯罪。问题是，共谋共同正犯与间接正犯的构造并不相同，间接正犯是将他人当作工具，来实现自己的犯罪意图的情况；而共谋共同正犯是共谋者和实行者之间合意实现共同谋议的犯罪，实行者并不是简单的道具。所以这种主张的赞成者也极少。

3.行为支配说

该理论从目的的行为理论出发，认为行为系行为人根据自己的知识、经验，预见能认识的结果，并以这种能预见的结果为目标，选择为达成此目标的必要手段，使其向着该目标的方向进行，而予以支配、操纵，并指导行为人的身体动静，以期实现该结果。在共谋共同正犯中，实行者按照谋议的内容，选择实行犯罪的手段，并向着预谋的共同犯罪目标进行，而予以支配、操纵着犯罪实行的过程，可见未实行的谋议者在共同犯罪中支配、操纵着实行犯罪者，并实现自己意图的犯罪，所以未实行的谋议者具有正犯的性质。但是，这样一来，帮助者和行为者的界限就模糊了，从而有违背罪刑法定原则的嫌疑。

4.价值的或实质的正犯论

此说认为判断刑法中实行行为的标准应以行为对社会是否具有价值即是否对社会有实际的影响来决定。同样的道理，要判断共谋行为是否具有正犯的性质，应否作为正犯负刑事责任，就必须判断共谋行为是否具有符合构成要件的实行行为的价值。如果谋议行为具有实行行为的价值，则该谋议行为就是符合构成要件的实行行为，谋议者就应负共同正犯之责任。该说最明显的问题是没有就实质的标准提供答案。

值得注意的是，英美刑法学者认为处罚共谋的理由主要有两点。第一，它是一个不完整的犯罪。共谋具有未遂的机能，是一个不完整的犯罪，虽然它不是实质意义上的犯罪实行，但是，社会可以通过处罚共谋，预防实际的犯罪行为发生。第二，它是共同行为的一部分。一般观念认为共同主体比单独主体实施的危害行为具有更大的危害性，共同体下的每一个行为都会给其他行为人以鼓励，阻止他人中止犯罪、为他人提供帮助，以致犯罪更容易完成，因此，共谋起到了维持共同行为的效果。[①]

共谋者在共同犯罪中的作用完全可能比实行者大，如果不能处以正犯的刑罚，是不符合客观实际的。特别是，它对组织犯承担实行犯的责任的理由能予以合理说明。本书认为，在谋议者对于犯罪计划起到了决定性作用，对实行者的犯罪行为起到了直接促动作用的场合，谋议者的行为具有正犯行为的功效，此时，可以考虑其行为的正犯性质。

（三）共谋共同正犯与教唆犯和帮助犯的界分

共谋共同正犯分对等型和支配型。对支配型共谋者作为正犯处罚，在观念上没有太大争议，但对等型共谋者的正犯性格，"则是共谋共同正犯理论研究的中心问题"。[②]这个问题涉及共谋共同正犯和帮助犯、教唆犯的界限，如果处理不妥当，非但达不到承认正犯的效果，还可能扩大刑法的打击面。

在司法实践中，共谋共同正犯对确定教唆和谋议行为者的地位有特别意义。如当甲因为家人治病急需向乙借钱，乙提出借钱的条件是甲殴打自己的仇人丙，并且和甲商议了殴打的时间、地点和方法。甲实施了殴打，导致丙重伤。乙是按照教唆犯还是帮助犯或者实行犯处理呢？显然，将乙作为帮助犯处罚是不合适的，因为没有乙的行为，甲不可能形成犯意，没有后来的商议，甲如何行为也不能确定，可见，乙即便没有实行行为，但是他对丙的伤害负有主要责任，即便认定为教唆犯，也有必要根据共谋共同正犯认定其责任。此外，在类似既有教唆行为，又有谋议行为的场合，根据吸收的原则，很难说是前者吸收后者还是后者吸收前者。但如果以共谋共同正犯为中心，由于实行行为吸收预备行为，那么问题就比较容易解决。

日本司法裁判过去主张，共谋者利用他人的行为，即便没有直接实行行为，也具有以他人的行为作为自己的手段实施犯罪的含义，其中行为者

① Steven L. Emanuel, Criminal Law（3d 0Edition）, Emanuel Publishing Corp, 1992, p.167.

② 张明楷著：《外国刑法纲要》，清华大学出版社1999年版，第312页。

和共谋者的罪责没有区别。但是，根据共同意思主体说，则主张尽可能严格地把握“实行行为性”，以优越的行为支配取代“共同实行”的事实。即对于犯罪的时间、场所和方法进行具体的共谋，制约了他人的意思，才能成立共谋共同正犯。[①]可见，意思的支配和控制在共谋共同正犯成立中具有一定地位。

在其他方面对共谋共同正犯的成立予以具体限制的场合表现为：

（1）限定成立共谋共同正犯的具体犯罪范围。在以下场合一般不成立共谋共同正犯。第一，谋议属于某些犯罪的实行行为时。第二，帮助行为单独成为犯罪的实行行为时。第三，对犯罪性质比较轻的犯罪，没有必要将谋议者也作为正犯时。故此，只有在严重犯罪中，从一般社会观念看，犯罪的性质很恶劣，谋议行为充分地表明了行为者人格上的严重反社会性，并和实行者一起实现犯罪，有作为正犯处罚必要性的场合，才能成立共谋共同正犯。因此，在危害国家安全、公共安全、涉及侵犯公民人身权利、财产权利的犯罪中，才有必要适用共谋共同正犯。日本现行法首肯的共谋共同正犯限定在特殊犯罪中，如诈骗罪、赌博罪、横领罪、恐吓罪等。

（2）从犯罪主、客观方面加以限制。包括：第一，共谋者对于实行者的犯罪决意具有部分控制和支配力，是成立共谋共同正犯的主观条件，因为如果实行犯不受共谋者的主观左右，就不能说明谋议者在犯罪中的实际作用，难以确定其主犯的地位；反之，只有共谋者对于实行者的主观决意有影响，才能将自己实现犯罪的意思和想法“传导”给他人，使他人形成和自己的决意一样的意思，进而，实行者将谋议者的意思客观化，表征出来，从而实现犯罪。第二，实行行为没有脱离谋议。这是判断谋议者对于实行者支配性的客观要求，如果实行者没有根据谋议的主要内容实施犯罪，则说明谋议对于犯罪实行者没有支配的实际价值，此时将谋议者作为正犯处理比较勉强。在前引母亲教唆12岁的儿子抢劫事例中，由于儿子改变了母亲拟定的方法，说明母亲没有支配儿子，所以没有作为间接正犯，但考虑到儿子不满14周

① ［日］佐久间修：《正犯和共犯的概念》，载日本《现代刑事法》1999年第1期。

岁，所以作为共同正犯处罚，应该说是以共谋共同正犯为依据的。

三、继承的共同正犯

（一）继承的共同正犯的概念

所谓继承的共犯，是指在实行行为进行中，先行者实行了部分行为，在达到既遂或者完成目的之前，与后行者发生意思联络，共同实施事后的行为从而实现犯罪的情形。[①]继承的共同正犯是该场合共同实行犯罪的一种情形。

继承的共同正犯必须具备如下条件：（1）先行者已经着手犯罪的实行，但还没有既遂；（2）后行者中途参与犯罪，并实行了部分行为；（3）后行者与先行者之间有明确的共同犯罪意思，而不是仅仅利用前者的行为造成的状态。

（二）继承的共同正犯的学说

在"继承的共同正犯"的场合，事后者是否对先行者的先行行为和后果承担责任，在日本判例中有的采取肯定的态度，有的采取否定的态度，在理论上也有如下见解。

（1）肯定论，认为后行者要对先行者的行为承担责任，其根据是：第一，强调一罪性和不可能分割性。第二，事后者了解先行者的意思。他利用先行者的行为实现犯罪。第三，认识、容忍先行者的实行行为，继而与之发生意思联络，并参加部分行为的实行，其共同的意思和事实是客观存在的。

（2）否定论，认为后行者对于先行者的行为不应当承担责任，理由是：第一，从行为共同说出发，即使后行者知道先行者的行为，但后行者没有加功其上，就不能认为有责任关系。此前不能说有共犯关系。第二，从目的行为论或者支配行为说出发，后行者不能支配先行者的行为，所以不能成立共同正犯。第三，必须同时存在共同的意思和共同的行为。第四，从因果共犯

---

① 参见［日］冈野光雄：《继承的共犯》，载［日］阿部纯二等编：《刑法基本讲座》（4），法学书院1992年版，第179页。

论的立场出发，不具有对先行行为的因果性。

（3）折中说，认为在强盗致死伤罪、强盗杀人罪、强奸致死伤罪这类场合，应当承认继承的共同正犯。[①]我国学者对此的评价是："当后行者认识先行者的行为的性质和状况，并以共同实行的意思，中途介入先行者的行为，利用先行者的行为所致效果持续存在的情况，单独实行或与后行者共同实行犯罪的，后行者应就整个犯罪成立共同正犯。"[②]还有观点认为，当先行者的行为对后行者在构成要件实现上有重要影响时，先行者和后行者互相利用、互相补充一同实现犯罪是可能的，在此场合，可以肯定继承的正犯。[③]比如，在抢劫的场合，先行者对受害者施加暴力，使之没有知觉，后行者认识到该事实，并参与进来，共同拿走被害人财物的，此时，后行者就不是盗窃罪，他利用了先行者致受害人失去抵抗能力的状态，后行为和先行为一并构成抢劫罪。但是，在绑架案中，要求后行者承担先行者先行杀害被绑架者的责任，可能导致不符合责任原则的结果。在日本判例中，认为在预定的复数行为的犯罪类型中，如诈欺罪，对中途介入的后行者，应该肯定犯罪整体成立共同正犯。但是有学者指出，在结合犯的场合，两个罪之间不具有一罪的实质性，所以后行为者对先行行为的结果不承担责任。此外，在结果加重犯、继续犯和牵连犯的场合，一般不成立共同正犯。[④]

本书认为，当先行者的行为对于后行者在构成要件的实现上有重要影响时，先行者与后行者互相利用、补充一同实现犯罪的，能够认定共同实行的意思与实行行为的共同事实，才成立共同正犯。在结合犯的场合，因为并案发生的机会较多，为了达到加重处罚的效果，所以法律上加以结合并单独处罚，所以否定的观点是正确的。但是，在结果加重犯的场合，当后行者接着先行者的暴行再次施暴，被害人最终死亡了，且谁的暴行成为致命的原因不

① ［日］冈野光雄：《继承的共犯》，载［日］阿部纯二等编：《刑法基本讲座》（4），法学书院1992年版，第184—186页。

② 马克昌著：《比较刑法原理》，武汉大学出版社2002年版，第693—694页。

③ 参见马克昌著：《比较刑法原理》，武汉大学出版社2002年版，第693页。

④ 参见马克昌著：《比较刑法原理》，武汉大学出版社2002年版，第696—698页。

明时，如果认为只在伤害的限度内成立共同正犯或者同时犯，后行者不负伤害致死的罪责的话，[①]就没有人对死亡负责。根据客观归属的原理，当两人的行为具有危险增加的可能，并在规范的保护目的内，可将伤害的结果归责于行为人，后行者也应该对死亡的结果承担责任。

四、间接正犯

（一）间接正犯的概念

间接正犯是直接正犯的对称概念，是指利用他人为道具实行犯罪的情况。间接正犯也应当具备正犯的要件，但和直接正犯不同的是，后者是利用“非生命”的工具或者动物，而前者是利用有生命的人。[②]需要指明的是，本书是依据一般做法在此论述间接正犯的，事实上，间接正犯不是广义共犯的类型。

在英美法系中，利用无辜代理人犯罪的人，类似大陆法系的间接正犯。所谓无辜代理人，是指具备如下几个条件的人：第一，实施了犯罪行为；第二，缺乏犯罪能力或犯罪意图；第三，是因被愚弄或被迫实施犯罪行为。一个无辜代理人通常是一个人，但它也可以是一个动物或一个无生命的物体，如一台程序设计用来销毁文件的电脑。以下情况都构成利用无辜代理人犯罪：例如，一名毒贩子骗一名青少年给他运输毒品，告诉他那是药物；又如，一只海豚经训练后，将磁性爆炸装置绑在船上，然后爆炸杀死了乘客。在此场合，无辜代理人的行为不会被视为犯罪。[③]

（二）间接正犯的正犯性质

虽然理论上对有无必要承认间接正犯存在争议，但是肯定间接正犯的观

---

① 参见［日］冈野光雄：《继承的共犯》，载［日］阿部纯二等编：《刑法基本讲座》（4），法学书院1992年版，第187—188页；马克昌著：《比较刑法原理》，武汉大学出版社2002年版，第697页。

② 参见山中敬一著：《刑法总论Ⅱ》，成文堂1999年版，第765页。

③ Richard G.Singer，John Q.La Fond，Fhima Baradaran Baughman，Criminal Law，Wolterskluwer in New York，2018，p.422.

点还是居多。肯定论者必须阐述间接正犯之正犯性。对此的见解包括：①

1. 道具理论

道具理论认为：首先，在他人依计划实行行为的场合，一般不可能进行行为支配，但是，对此可加以利用。这有着利用道具的性质，可以作为间接正犯。其次，在行为人将被害人作为道具进行利用的场合，也存在间接正犯的性质。

2. 规范的障碍说

日本学者一般认为，利用者借助被利用者的身体活动的诱致行为，在客观上对法益产生了侵害或者威胁，包含着必然且现实的因果危险性，和直接正犯中的实行行为在法上可作同样的评价，因此，以诱致行为的"现实的因果危险性"为成立正犯的标准是可取的。自规范主义的观点出发，间接正犯的正犯特征和直接正犯在实质上没有差异，从而肯定其实行行为性。但是，日本刑法修订草案以"利用非正犯之他人"为间接正犯的基础，可见上述解释扩大了间接正犯的范围。故此，有学者主张以规范的障碍说为补充。即从规范上看，被利用者是否可作为实现犯罪的障碍就成为标准，如西原春夫说："在他人没有规范障碍的场合，加以利用的，也和自己亲自实现犯罪是一样的，因此可以肯定正犯性。"②

3. 行为支配说

德国学者主要根据行为支配论说明间接正犯的属性，认为间接正犯仍然具有行为支配的特征，其先决条件是，整个事件表现为幕后操纵者操纵意志的杰作，幕后操纵者通过其影响力将行为媒介控制在手中。③值得注意的是，德国学者明确反对利用故意者构成间接正犯，理由是，在直接行为者作为正犯对行为承担后果时，就不可能同时成为他人的犯罪工具。其他共同参与人

① 参见［日］植田博：《间接正犯》，载［日］阿部纯二等编：《刑法基本讲座》(4)，法学书院1992年版，第86—87页。

② 转引自［日］植田博：《间接正犯》，载［日］阿部纯二等编：《刑法基本讲座》(4)，法学书院1992年版，第87页。

③ 参见［德］汉斯·海因里希·耶赛克、托马斯·魏根特著：《德国刑法教科书·总论》，徐久生译，中国法制出版社2001年版，第801页。

只可能成立共同正犯、教唆犯或者帮助犯。另外，幕后操纵者必须具有应受处罚性的所有先决条件。[①]由于利用故意犯罪者一般不能构成间接正犯，所以该国学者以“罗兹—罗扎尔事件”[②]为契机，提出了“正犯背后的正犯”概念，即具有犯罪决意的人，利用直接正犯的错误，杀害被害人的。

对于“罗兹—罗扎尔事件”，日本的行为支配理论认为：X本来不处于危险状态中，仅仅因为受到甲的操纵而至于死亡，甲惹起了正犯丙的客体错误，在此场合，直接正犯的违法性并不受影响；但是，背后者由于惹起了直接正犯对于客体的错误，和直接正犯的违法性有着本质差别。即X对丙而言是抽象的人，对甲而言是具体的人。这意味着，操纵X的死亡的具体实行行为者是甲，即甲具有更为优越的行为支配，因此，甲的行为成立间接正犯。[③]

本书认为，道具理论完全忽视被利用者的人格，事实上不可能对间接正犯的法理作出合理解释，如当被利用者是故意的时候，如何作为道具，尚值得深入研究，而且人和道具毕竟是不同的。至于规范的障碍说，以被利用者对于构成要件事实是否能产生障碍为基础，实际上是不明确的。而行为的支配说比较具体，较为可取。

（三）间接正犯的类型

根据意大利传统理论，利用如下几类人实施犯罪，构成间接正犯：（1）无责任能力人；（2）主观上没有罪过的人；（3）对执行的命令无审查权的人；（4）处于紧急避难状态下的人；（5）受不可抗拒的暴力强制的人。[④]

德国理论认为，间接正犯是通过对他人意志进行控制的间接实行人。其

---

① ［德］汉斯·海因里希·耶赛克、托马斯·魏根特著：《德国刑法教科书·总论》，徐久生译，中国法制出版社2001年版，第802—803页。

② 案情：乙对丙说：“甲每天晚上要经过A地，今夜埋伏在那杀了他。”甲刚巧听说了，甲利用这个机会要杀X，于是邀请X到A地，自己没有去。结果，丙将X误作甲杀害了。［日］高桥则夫：《正犯的类型和共犯的类型》，载日本《现代刑事法》2000年第12期。

③ ［日］高桥则夫：《正犯的类型和共犯的类型》，载日本《现代刑事法》2000年第12期。

④ ［意］杜里奥·帕多瓦尼著：《意大利刑法学原理》（注评版），陈忠林译，中国人民大学出版社2004年版，第347—348页。

方式包括：（1）通过强制的意志控制；（2）凭借认识错误的意志控制，如利用他人无故意的行为、他人基于禁止错误的行为、他人对免责性紧急状态有认识错误的行为、他人的犯罪行为；（3）凭借有组织的国家机关和企业的意志控制；（4）对无责任能力人或者减轻责任能力人的意志控制；（5）对无目的的故意的工具的意志控制；等等。①

日本一般理论认为，间接正犯有四种形态，即：（1）利用无责任能力者；（2）利用没有故意者；（3）利用有故意者；（4）利用合法行为者。在我国，有学者认为间接正犯包括：（1）利用没有责任能力者的活动；（2）利用他人的无意识行为；（3）利用缺乏故意的行为；（4）利用他人的正当行为；（5）利用被害人的行为；（6）利用有故意的工具。②

可见，关于间接正犯的一般类型，大体上没有分歧，只是利用故意的工具可否构成间接正犯，在德国、日本和我国学者之间，结论是不一样的。因此，关于上述“罗兹—罗扎尔事件”中甲的行为是否构成间接正犯，就存在不一样的结论。

在英美法系，当实施实体犯罪主体受到身份限制时，会发生法律不能的问题。即当某些犯罪只有具有特定身份的人才能实施。例如，丈夫不能强奸他的妻子。但问题是，如果行为人通过其他人违背妻子的意思与之发生性关系，对行为人如何处罚就有问题。如雷吉纳诉科根和利克一案中，甲通过错误的信息使乙相信，甲妻同意与乙发生性关系，乙根据甲的指使，在甲妻不知情的状况下与之发生了性关系。在该当场合，乙没有犯强奸罪，因为他无意在未经甲妻同意的情况下与之发生性关系。但是甲或许也可辩称，因为他是被害人的丈夫，所以他也不能被定罪。但是，法院认为，甲利用乙作为无辜的代理人，虽然甲不能被判为乙的帮助者和教唆者，但他作为主犯的罪行已经明确确立。这表明，如果行为人利用他人来完成犯罪，法院将不会允许

---

① ［德］克劳斯·罗克辛著：《德国刑法学（总论）》（第2卷），王世洲主译与校订，法律出版社2013年版，第21—51页.

② 参见张明楷著：《刑法学》，法律出版社2003年版，第346页。

他们隐藏在对他们自己而言法律不能的犯罪的背后。[1]

本书认为，故意行为是不能被当作工具利用的。首先，利用者和被利用者之间的独立意思，难以保证行为的结合。其次，从因果论看，在有故意的场合，“被利用者”基于自己的意思遂行犯罪，其行为并不会因为利用者的不存在而消失，换言之，缺乏利用者的行为照样发生后果，利用行为就不能构成条件，其实行性不能得到肯定。最后，由于利用者和被利用者之间没有意思联络，“被利用者”基于自己的意思遂行犯罪，其行为的方向、手段、性质是根据自己的表象作出的，利用者对此不能施加影响，除非两者实现意思的联络。在这种场合，背后者不能操纵故意者，达不到支配可能，就要否定其正犯性。而且从限制间接正犯的立场出发，行为支配必须作为先决条件，否则就不能按照间接正犯处理。在这里，日本司法判决出现了新动向，即在利用未成年人的场合，也不再单纯考虑法定的年龄标准，而看实行行为人的实际表现。[2]所以，利用故意的工具不是间接正犯的类型。在这点上，德国的见解是正确的。但是，“正犯背后的正犯”概念也是值得怀疑的。尽管在这种场合，如果没有甲的行为，具体的受害人不会至于死亡，但是，受害人的死亡毕竟是他人的故意，而甲不过是基于自己的意思，利用了当时的条件，假如行为人在遂行时发现了受害人不是甲，那么甲就不可能实现自己的意思；反之，假如另外一个人凑巧到了现场，而X没有去，那么很难排除这个人受害的可能性。可见，受害人死亡的直接原因是乙、丙的行为，他们是正犯没有疑问，甲不过实施了帮助行为，作为片面的共犯处罚较为可取。

---

① Richard G.Singer，John Q.La Fond，Fhima Baradaran Baughman，Criminal Law，Wolterskluwer in New York，2018，p.437.

② 2001年10月25日日本刑集第55卷第6号第519页最高法院判例：母亲指使、命令12岁零10个月的长子实施抢劫行为，由于该长子在实施行为时并没有按照母亲的吩咐行事，而随机应变使抢劫成功了，所以法院判定构成共同正犯，而没有将母亲认定为间接正犯或者教唆犯。在过去的判例中，类似情形一般将成年人作为间接正犯处理。参见［日］高桥则夫：《间接正犯》，载马克昌、莫洪宪主编：《中日共同犯罪比较研究》，武汉大学出版社2003年版，第79—80页。

第四节　共犯

一、共犯的性质

共犯（狭义的共犯），是正犯以外的共同者，包括教唆者以及帮助者。在刑法规范中，共犯具有什么性质，它是独立于正犯而存在的，还是从属于正犯而存在的类型呢？学说上主要有共犯的独立性论和共犯的从属性论之对立。

（一）共犯的独立性论

共犯的独立性论，发端于主观主义刑法理论，认为狭义的共犯根据自身固有的行为而成立，并不要求有正犯的行为。教唆、帮助行为本身是行为人反社会性格的表征，对于结果的发生具有原因力，所以即使没有正犯者的行为，教唆者、帮助者一样也构成犯罪。

独立性说的理论根据是：（1）如果直到他人实行行为时，才加以处罚，对于有人身危险性的人来说，社会防卫的方法就显得太迟缓了；（2）如果说犯罪是人身危险性的表现，那么，就不能认为犯罪要从属于他人的行为；（3）教唆犯、帮助犯是利用他人的行为实现自己的犯罪，等同于利用自然力实施犯罪，两者间的旨趣别无二致，都表现了各自犯意的遂行，这本身就是实行行为；（4）根据主观说，实行着手的时点应当是形成犯意后确定遂行的行为，因此，如果进行教唆、帮助，即便没有正犯的行为，也构成未遂罪；（5）教唆、帮助未遂，也包含在未遂罪的规定（如日本刑法第43条、第44条）以及未遂罪处罚的规定中；（6）处罚教唆未遂的特别法的规定，是为了弥补作为通说的从属性说的欠缺而设立的，可以用来说明独立性说。例如，有关处罚暴力行为的三条法律中对于教唆未遂的规定部分，应当处以比未遂更重的刑罚之规定，仅仅在这种场合适用。①

① ［日］齐藤信治：《正犯与共犯——兼论共犯对正犯的从属性》，载［日］阿部纯二等编：《刑法基本讲座》（4），法学书院1992年版，第61—63页。

批判的观点认为，共犯的独立性论存在如下方面的局限。其一，从刑事实体法上看，独立性说扩大了处罚范围，因为即使有教唆或者帮助行为，但是当被教唆者、被帮助者没有实施威胁法益的行为时，通常就不会给社会造成危害，即使不处罚教唆者或者帮助者，也可以确保社会的安宁。从程序法上看，对没有伴随实行行为的教唆、帮助进行取证并不容易，有可能产生错误的搜查、起诉、判决。其二，假如将行为视为行为人人身危险的表征，当表征产生后却并没有发生具体的危险结果时，就不宜加以处罚。其三，教唆、帮助和实行，是类型不同的行为，教唆者不是“实行者”，而是“使实行者”，从法所体现的情感上来说，两者是不一样的，教唆属于加功于有适法行为期待可能的责任能力者的故意行为，因此，不能将教唆和实行等同视之。其四，对于教唆和帮助的未遂，不可适用刑法关于未遂罪的规定。例如日本刑法中的未遂犯规定，不过是对符合刑法分则条文构成要件的未遂行为的处罚，它以实行的着手为必要，而处罚实行之前的帮助或者教唆行为，要以法的特别规定为必要，并且其刑罚自然相对较轻。而对教唆未遂独立处罚且科处重刑的规定，是不合适的。其五，教唆的实行着手是可以考虑的，即教唆的着手如果是一定程度的法益侵害的危险的发生，教唆行为由于间接地导致了危险，所以可以作为尾随的准处罚类型，这和日本刑法第60条关于正犯的规定具有同样的趣旨。其六，教唆犯、从犯没有具体的规定不能处罚，所以，教唆犯只在被教唆者实行了被教唆之罪后，才可以被处罚。其七，对于特别法的教唆未遂的处罚规定，独立性说也不能进行解释。①

（二）共犯的从属性论

共犯的从属性论，渊源于旧派的客观主义刑法理论，认为正犯者已经着手实行犯罪，是成立狭义共犯的要件；如果正犯者没有着手实行犯罪，就不成立狭义的共犯。关于从属性理论，M. E.迈尔概括了四种从属形态：

① ［日］齐藤信治：《正犯与共犯——兼论共犯对正犯的从属性》，载［日］阿部纯二等编：《刑法基本讲座》（4），法学书院1992年版，第63—64页。

（1）最小限度的从属性，仅要求正犯的行为符合构成要件；（2）限制从属性，除了构成要件的符合性外，还需违法性；（3）极端的从属性，除构成要件的符合性与违法性外，还需要有责性；（4）最极端的从属性，构成要件的符合性、违法性与有责性外，尚要求具有一定条件的可罚性。平野龙一则区别了三种从属性：第一，实行的从属性。第二，要素的从属性。第三，罪名的从属性。[①]植田重正博士将共犯的从属性分为：实行的从属性、犯罪的从属性和可罚的从属性。[②]意大利学者认为，从属性要求的程度有三种表现：极端的从属性、限制的从属性和起码的从属性。[③]

现在，日本学者主张从以下两个方面分析从属性，即：（1）从属性的有无（实行的从属性），即为了成立共犯，至少要有正犯实行犯罪。什么是实行行为，则包含基本构成要件行为实行说和修正构成要件的预备、阴谋行为充足说。（2）从属性的程度（要素的从属性），主要是依据前述迈尔的理论。[④]

依据罪刑法定原则的要求，定罪和处罚必须以基本的实行行为为根据，因此，预备犯与未遂犯、帮助犯与教唆犯，都应当视为依附于正犯或者实行犯的犯罪类型，如果不从实行行为出发，就无法单独处罚帮助行为或者未遂行为，即如果不处罚正犯，就不能处罚共犯。这样一来，从属性论似乎有道理。

如果着眼于司法实践，从属性说的意义在于：首先，可以限制正犯的范围；其次，可以维持刑法的均衡，不至于出现主犯的刑罚轻于从犯的现象；最后，如果没有实行行为，通常不会处罚其他行为者，就如预备犯和未遂犯很少受到处罚一样，没有被教唆者的行为，教唆者几乎不被处罚。

但是，共犯的从属性论也存在如下问题：其一，它只从行为人在共同犯罪中的分工上分类，没有考虑行为人的作用，掩盖了教唆犯的真面目。其

① 参见［日］大塚仁著：《犯罪论的基本问题》，有斐阁1982年版，第345页。

② 参见［日］山中敬一：《因果共犯论和责任共犯论》，载［日］阿部纯二等编：《刑法基本讲座》（4），法学书院1992年版，第94页。

③ ［意］杜里奥·帕多瓦尼著：《意大利刑法学原理》，陈忠林译，法律出版社1998年版，第318页。

④ ［日］大谷实著：《刑法讲义总论》，成文堂1996年补定4版，第415—417页。

二，它没有看到教唆犯的相对独立性，对从属性的论证缺乏说服力。[①]例如，日本刑法第61条规定，教唆他人犯罪的，判处正犯的刑罚；教唆教唆犯的，与前项规定相同。第62条规定，教唆从犯的，判处从犯的刑罚。可见，刑法关于教唆犯的地位的规定，对于共犯从属性论是一个“软肋”，它自身也没有提出充分的理由，不能完全作为刑法规定的理论根据。

二、共犯处罚的根据

（一）德日理论

由于共犯主要是从属于正犯而存在的，那么共犯在什么样的条件下，应当或者可能被处罚呢？关于这个问题，有如下观点：[②]

1.责任共犯说

该说的代表H.迈尔认为，教唆的本质在于使他人陷入责任状态中，其责任是“制造了”犯罪者，如在谋杀犯罪中，教唆犯对于法益侵害的程度，虽然达不到被称为谋杀的强烈程度，但至少制造出一个谋杀者。因此，在对减轻（并非动手杀人）与加重（制造谋杀者）两种状况进行权衡时，会得到关于对教唆犯与正犯进行相同处罚的正当基础。帮助犯比一般的预备行为并不具备更多的可罚性，只有在与正犯发生意思联系时，帮助犯才具有可罚性。通常，正犯因为帮助犯的存在而强化了自己的犯罪意思。

责任共犯说以主观主义刑法理论为基础，依照这种观点，犯意的引起与被引起，强化与被强化，不但是责任的基础，而且教唆或者帮助的意思会导致犯罪的发生，因此也是犯罪构成的基础。结果、行为等客观要素成为无足轻重的要件。这种看法并不符合共同犯罪的实际情形，比如教唆者的教唆，不过是特定条件下的犯罪诱因，并不是实行者犯行的重要原因，如果缺乏实

① 参见马克昌著：《比较刑法原理》，武汉大学出版社2002年版，第661—662页。

② 参见［德］克劳斯·罗克辛著：《德国刑法学（总论）》（第2卷），王世洲主译与校订，法律出版社2013年版，第100—105页；［韩］金日秀、徐鹤辅著：《韩国刑法总论》，郑军男译，武汉大学出版社2008年版，第607页；许泽天：《共犯之处罚基础与从属性》，载《罪与罚——林山田教授六十岁生日祝贺论文集》，台湾五南图书出版公司1998年版，第64—71页。

行者本人违反规范的性格，犯罪是无从实现的。再如帮助行为，如果说它和预备行为一样，由于预备行为在一些国家的刑法中也是可罚的，那么，帮助者应当具备独立的特性。在通常情况下，教唆犯与帮助犯从属于正犯，这种从属性在责任意思中也是一样的。所以，责任共犯说作为教唆犯或者帮助犯的法理，可能顾此失彼。值得一提的是，德国刑法在1871年至1943年修订期间，对教唆犯必须根据被教唆者从事的犯罪施加刑罚（旧刑法第48条），而对帮助犯，则以被帮助者的重罪或者轻罪为根据（旧刑法第49条）进行处罚。1943年刑法修订后，这两条修改为教唆他人实施“刑罚制裁之行为”（1943年至1975年刑法第48条），与帮助他人实施“刑罚制裁之重罪或轻罪行为”（1943年至1975年刑法第49条），并在第50条规定：“数人参与一切犯罪行为时，个人应受的处罚，依其自己之责任定之，无须顾及他人之责任。”因此，学术界认为，立法过去采取严格的从属形式，在修订刑法中采取的是限制的从属形式，于是，H.迈尔的理论被认为与实定法脱节而没落。

2.不法共犯说

鉴于1943年德国刑法采取限制的从属形式，勒斯（Less）提出，不应认为教唆犯的本质是使他人陷入责任与刑罚的境地，而应将教唆犯的不法内涵当作使一个社会成员陷入不法，促使该成员与法律处于敌对的事实状态，并因此侵害到他的“社会完整性”。他明确指出，教唆犯所侵害的是一个有别于分则构成要件所保护的特别法益，即“人格之尊重与自由发展”，教唆者违反对他人人格应有的尊重义务，干扰被教唆者的“良心安宁”，并且危及被教唆者所享有的社会尊重，引导他人形成犯罪意思，侵害他人人格的自由发展。

相对于责任共犯说而言，不法共犯说更重视社会的评价，教唆会侵害“社会完整性”，这点是成立的，但认为教唆危及被教唆者的人格，这是典型的道义评价，其评价基础并不可取。所以，德国的目的行为论者主张，将不法理解为“行为无价值”，起先称之为“行为无价值惹起说”，这个名称由于产生惹起说和因果共犯论的纠纷，就改为“（行为）不法共犯论”。日本学者团藤重光和大塚仁，立足于小野清一郎博士关于正犯和共犯的观点，认为共犯以符合修正的构成要件的行为，对正犯的基本构成要件的实现进行加功，在正犯和共犯各自行为范围的差别这一点上，表现出和因果共犯论的区别。虽然如此，但是，他们还是没有明确论述。为此，团藤重光采取“定型的因果关系论”，其内容是折中的相当因果关系论。它采取严格的罪名从属说。[①]可见，不法共犯说的标准并非明确，而且罪名的从属性理由也不是很充分。

3.因果的共犯论

因果的共犯论或者惹起说认为，“共犯和正犯共同惹起了结果，所以被处罚”。它分为纯粹的惹起说和修正的惹起说。纯粹的惹起说认为，正犯的结果，即正犯的构成要件的实现，不仅要根据正犯，还要根据共犯才得以实现。那么，共犯行为的违法性，并不从属于正犯行为的违法性。修正的惹起说认为，共犯的处罚根据，并不仅仅是惹起了正犯结果的共犯固有犯罪的实行，它修正了以正犯的不法作为共犯不法的根据的惹起说，所以称为修正的惹起说。一般而言，共犯的违法性从属于正犯的违法性，所以也称为“从属性志向惹起说”。它以限制的从属性为前提，强调“违法性的连带”，平野龙一、大越义久和曾根威彦等采用之。

因果共犯论强调共犯行为与实行行为之间的联系，这无疑是正确的，但是，在法律判断这种联系时，并非只强调事实联系，该说没有将共犯的可罚性作为共犯固有的东西，在从属于正犯的“连带”方面，就没有贯彻带有不法借用共犯论倾向的因果共犯论。[②]

4.定位在从属性的惹起说

定位在从属性的惹起说，是德国刑法学的通说见解。“认为共犯的本质存在于引起他人（正犯）所实施的违法行为，因此共犯的不法是由正犯主行为不法所导出，并同时取决于正犯主行为的不法。”其代表威尔泽尔认为，共犯处罚的内在基础，“系透过唆使，或者系透过协助，而促使一个社会上所无法忍受的构成要件该当且违法的行为，因此共犯本身也是一个社会所无

---

① ［日］山中敬一：《因果共犯论和责任共犯论》，载［日］阿部纯二等编：《刑法基本讲座》（4），法学书院1992年版。

② ［日］山中敬一：《因果共犯论和责任共犯论》，载［日］阿部纯二等编：《刑法基本讲座》（4），法学书院1992年版。

法忍受之行为”。而默拉赫、葛塞尔认为：“共犯之处罚基础就在于唆使或协助他人不法。”耶赛克认为：“只有定位在从属性的肇因说是和法律（德国刑法）一致的，共犯并非由其自身侵害了存在于犯罪构成要件的规范，而是参加了正犯的规范侵害。共犯行为的不法取决于主行为的不法之基础与程度。”①

定位在从属性的惹起说的法律根据，是德国刑法第26条和第27条的规定，即共犯处罚的基础，必须存在于他人所实施的犯行中。这尽管解释了司法处理的理由，但是并没有回答立法上采取这种做法的根据。而且教唆犯的处罚并不完全存在于被教唆的犯行中，所以，该说并不可取。

5.不法连带说

休曼（Schümann）认为，处罚共犯违背了罪责自负原则，为了给予处罚共犯以合理的说明，就必须寻求特别的论据。共犯的行为具有为社会无法容忍的坏榜样，共犯的行为无价值是与主犯的不法具有连带关系。即共犯通过自己的故意，与他人的不法产生连带关系，使自己与他人的不法勾结在一起，对于法的适用效力造成社会心理的危险，足以震撼确保法的和平的公众感觉，表现出社会无法容许的坏榜样，因此，刑法必须让共犯承担主犯的不法。

如果采取不法连带说，认为处罚共犯违背了罪责自负原则，则与一般观念不合。退而言之，就不应当处罚共犯。但是，不法者相互之间的勾结，造成危害社会的事实，从而使得共犯者承担连带责任，却是值得肯定的思路。

（二）英美理论

一般认为，共犯责任是派生的。在共谋场合，将主犯的刑事责任归于共犯的方法，意味着必须有一个有罪的主犯；没有有罪的主犯，就不可能有罪的共犯。如果主犯被判未遂罪而不是完成之罪，共犯也可以被判是该未遂

---

① 许泽天：《共犯之处罚基础与从属性》，载《罪与罚——林山田教授六十岁生日祝贺论文集》，台湾五南图书出版公司1998年版，第66—67页。

罪的共犯。[①]

从犯的处罚根据涉及如何对从犯定罪处罚。根据传统普通法规定，主犯如果被判处死刑，这很容易导致从犯处罚范围宽泛、处罚程度过严的问题。为此没有必要在司法实践中加以限制。英美刑法最重要的限制是认为从犯的可责备性（culpability）附属于主犯，结果，从犯在主犯没有定罪之前不得定罪，如果主犯死亡、逃跑或者被免予起诉又或者不被定罪的，从犯不能替代主犯。同理，如果主犯的判决在上诉中得以维系，从犯的判决也必须被维系。

但是，在第二级主犯犯罪的场合，对主犯和从犯的处理方法却不太一样。对于从犯而言，无论第一级主犯做了什么或者可能做什么，都要维持对从犯的判决，结果，将根据具体的行为人是主犯还是从犯引起诉讼问题。而在轻罪场合，所有的人都被视为主犯，因此先前对某个主犯的无罪判决，不能随后阻却对当该场合仅仅提供了帮助的人定罪处罚。这种做法明显存在擅断的问题，为此，英美运用制定法修正普通法的缺陷。1848年，英国国会通过制定法规定，即便主犯无罪，对从犯也可定罪。美国也实施了相似制定法，消除重罪和轻罪案中主犯和从犯的差异。[②]

可见英美法系奉行的是一种主观主义的刑法理论。但司法实践中倾向于区分主犯和从犯，如果行为人被指控为主犯，而其行为属于从犯行为，或者相反，他可能获得自由。根据现代方法，合并主犯的从犯，只要起到了主犯或者从犯的作用，就要被判有罪。普通法限制从犯责任的方法是，认为只要行为人对于犯罪的实现提供了帮助就可以被处罚，即结果，行为人在密苏里对在堪萨斯发生的抢劫提供了帮助，他只能在密苏里被追究责任，大多数判例业已修改了普通法规则，因此，只要犯罪已经实施，从犯在法理上就可能被处罚，而不是从犯行为已经发生。[③]

---

① Richard G.Singer，John Q.La Fond，Fhima Baradaran Baughman，Criminal Law，Wolterskluwer in New York，2018，p.438.

② John M.Burkoff & Russell L.Weaver，Inside Criminal Law，Aspen Publishers，2011，p.83.

③ John M.Burkoff & Russell L.Weaver，Inside Criminal Law，Aspen Publishers，2011，pp.83-85.

综上所述，本书认为，共犯处罚的根据，应当是共犯者企图通过加担于实行行为，实现自己的犯意，表现了共犯者的反规范性格，并且危及社会规范秩序的统一性，所以一般从属于正犯，承担刑事责任，在个别情形中，还可以单独承担责任。特别对于教唆未遂，尽管存在被教唆者不接受教唆的情形，缺乏共同犯罪的构成，但是教唆行为本身反映了教唆者反社会规范的人格特征，社会规范的统一性遭到侵害的事实也已经形成，所以，处罚未遂的教唆者也是可能的。

三、教唆犯

教唆犯，是指故意教唆他人实施犯罪从而实现自己的犯罪。所谓教唆，是使被教唆者产生实行犯罪决意，实行基本的构成要件的行为。可见教唆者仅仅使他人萌生犯罪的决意，而自己并不参与被教唆行为的实施。这是教唆与共同正犯的区别。

（一）教唆犯的要件

1.行为人有教唆行为

教唆行为有广义和狭义之分，狭义的教唆行为，是使他人产生犯罪决意的行为。广义的教唆行为，是基于对他人犯意的惹起，使之实行犯罪，实现基本构成要件的行为。"使他人产生犯罪的决意"，犯罪共同说认为是惹起他人的故意；行为共同说认为是唤起实行违法行为的动机，或者诱发违法的行为意思。至于其方法，法律一般不作规定，但命令、嘱托、威胁、胁迫、欺骗、诱导、怂恿、哀求、利诱等方法均可。而且共同教唆、同时教唆或者间接教唆都是可以的。

但是，基于不作为的行为方式，能否形成教唆行为呢？对此有两种观点。（1）否定论，认为教唆是积极使他人产生犯罪的意思，所以，否定不作为的教唆可能性；（2）肯定说，认为在如下场合，不作为也能形成教唆行为：第一，由于言行不当，诱发他人犯罪的意思，其后虽然认识到这一事实，但放任自流以至于发生犯罪。第二，原本教唆伤害，但言辞不当，被教唆者误解为是杀害的教唆，教唆者后来知道这一事实但不加制止而发生犯罪的。第三，有阻止犯罪的义务者，在被监督者准备实行犯罪时不加干预，后者见前者默许从而坚定犯意、实施犯罪。第四，监护人于第三人准备对被监护对象予以加害时采取默认态度，诱发第三人犯罪意思。第五，不作为犯的共同正犯成立时，不作为者以没有作为的可能性为由，不能成立正犯，但诱发另一方的犯罪决意。本书认为，肯定论虽然有助于强化对不作为者的惩罚，但这和教唆犯的本质还是有区别的，不作为教唆处罚并不等于就不能处罚这些情形，所以没有必要承认不作为的教唆。

2. 行为人有教唆的故意

即行为人基于自己的教唆行为，使被教唆者产生特定犯罪的犯意并予以实行的意思。一般来说，教唆的故意是直接的或者确定的故意。但是在理论上，对是否存在间接故意的教唆和过失的教唆，存在一定的争议，本书认为，就教唆特定犯罪的实行目的看，不应该承认间接故意和过失的教唆。

3. 被教唆者实行了犯罪

被教唆者基于教唆者的教唆行为产生了犯罪的意思，并实行了被教唆的犯罪。换言之，在被教唆之罪和教唆者之间，存在必要的联系。如果被教唆者由于过失，而实施了所谓教唆的行为，不成立共犯。

在英美法系中，对他人的行为提供帮助、辅助或者鼓励他人行为的人泛称共谋者，或者被称为从犯（accessories）或者帮助犯—教唆犯（aiders-and-abettors）。大陆法系中的教唆和英美刑法中的唆使（solicitation）并不完全相同。唆使是指要求、诱使、命令、迫切请求、怂恿他人实行犯罪。唆使犯罪无须被唆使之罪实现，较为常见的唆使罪包括唆使贿赂或者唆使卖淫，但是，它还包括唆使谋杀或者其他犯罪。唆使犯罪的第一个条件是行为人实施了唆使的行为。例如，A怂恿B杀死X，二人都会被指控为谋杀罪；如果A怂恿B杀死X，B企图杀X，但结果失败了，他们会被指控为未遂的谋杀罪；如B屈从A的怂恿答应杀死X，且二人商议了谋杀的手段，可是B并不企图谋杀X，二人可能被指控为共谋实施谋杀；又如A敦促、怂恿、鼓励、要求或者用其他方法试图说服B杀死X，而B没有屈服，在英美刑法中，除非有明确的制定法条存在，一般认为二人没有实行犯罪。可是为了处理最后一种情形，一些判例以未遂法处罚A。如果A想要X的谷仓着火，请B烧毁谷仓并提供了火柴。虽然A不准备实施这个行为，但是其行为属于未遂之纵火。可见司法需要明确的法律条款指导。在美国有些州根据唆使之罪的严重性将唆使分为3个等级，后来又结合唆使者和被唆使者的年龄将唆使分为5个等级。如规定："年满18岁的人故意唆使其他不满16岁的人实行构成重罪一级的行为，唆使、请求、命令、强求或者用其他方法企图造成他人实施类似犯罪的，构成第一级犯罪唆使。"唆使必须具备如下条件：（1）行为人意图促进行为或者便于犯罪行为的实行。唆使须具备具体故意，显然，开玩笑时让他人犯罪的，即便他人真的实施了所建议的犯罪也不构成犯罪。（2）行为人实施了命令、鼓励、要求、请求或者其他方法怂恿他人实行犯罪，且必须具有怂恿实行犯罪的目标这一意图；有些司法判例将犯罪唆使中的沟通等同于唆使，即便唆使之罪未能实现；有些法令则将未经沟通的唆使当作未遂的唆使。（3）行为刺激既可以针对特定个人，也可以针对某个群体。

（二）教唆的类型

1.直接教唆与间接教唆

教唆依据其方法，分为直接教唆和间接教唆。直接教唆，就是教唆他人实行基本构成要件的行为。间接教唆是教唆教唆犯，如A教唆B，让B教唆C实行犯罪。根据日本刑法第61条第2款的规定，对教唆教唆犯的，处以正犯的刑罚。间接教唆者也可进行连锁的教唆，即进一步教唆间接教唆者，如A教唆B，让B教唆C去教唆D……实行犯罪，这称为再间接教唆。对于再间接教唆者的处罚，值得进一步研究。

2.正犯的教唆与从犯的教唆

教唆依据其内容，分正犯的教唆、从犯的教唆。教唆他人实行犯罪的，是正犯的教唆；教唆他人实施从犯行为的，是从犯的教唆。根据日本刑法第61条、第62条的规定，教唆实行犯罪的，判处正犯的刑罚；教唆他人实施从犯行为的，判处从犯的刑罚。

3. 独立教唆犯

所谓独立教唆犯，是指基于教唆者的教唆行为，被教唆者产生犯罪实行的决意，即可成立教唆犯，而无须被教唆者实行犯罪的情形。①

（三）教唆与未遂

在教唆他人犯罪时，存在没有达到教唆目的或明知不可能完成犯罪而教唆的情形，这就是教唆未遂和未遂教唆。

1. 教唆未遂

教唆未遂是指教唆行为已经实施，被教唆者没有实行或者没有完成被教唆之罪的情形。其中原因包括：（1）教唆之后，被教唆者没有决意犯罪；（2）教唆之后，被教唆者尚未着手被教唆之罪的实行；（3）教唆之后，被教唆者着手实行犯罪而未遂；（4）教唆行为和被教唆者的实行之间没有因果关系。

2. 未遂教唆

未遂教唆也称陷害教唆或者不能犯的教唆，是指以使被教唆者开始实行行为而以未遂结束的意思进行的教唆。例如，A明知X穿防弹服，却唆使B开枪杀害X。对此是否有必要加以处罚，有可罚说和不可罚说。前者认为，教唆的故意是使他人产生犯罪的决意即可，此时，对正犯可作未遂的处罚，对教唆者从属于正犯处罚。后者认为，教唆应当包括对最终结果的认识，而未遂的教唆，明知结果不会发生，应当说没有故意，不成立教唆犯，自然不处罚。②本书认为，未遂教唆是一种由于教唆者存在特别动机而体现的教唆类型，当动机不是犯罪的要素时，可依据教唆未遂处理。

四、帮助犯

帮助犯，或称从犯，是对他人故意实施的犯罪行为故意予以帮助者。帮助犯并不实行犯罪，仅仅帮助正犯，使其犯罪行为容易实现。

---

① 参见［日］山中敬一著：《刑法总论Ⅱ》，成文堂1999年版，第843页。

② 参见马克昌著：《比较刑法原理》，武汉大学出版社2002年版，第715页。

（一）帮助犯的要件

1. 帮助的行为

这是成立帮助犯的客观要件。所谓帮助的行为，就是使正犯的实行行为更容易的行为。因此，帮助行为和正犯的行为之间，还应当存在一定的因果关系。至于帮助的方法，包括有形（物质）帮助和无形（精神）帮助，前者如出借工具、提供方法、提供资金等；后者如忠告、激励、精神上的鼓励，等等。作为和不作为都可以构成帮助。帮助可以在实行行为着手之前，也可在实行行为中。但是关于事后可否成立帮助犯，则有争议，如德国学者认为："不仅行为在形式上实施终了之前，而且如同共同正犯一样，在正犯行为实质上实施终了之前，帮助均是可能……"[①]但日本有学者提出事后从犯的概念，主张实行行为终了之后，也可成立从犯。一般来说，事先无约定的事后购买赃物、湮灭罪证或者藏匿犯人等行为，都可独立构成犯罪，就不是总则中的帮助犯。

行为人实施了帮助、教唆、鼓励犯罪实行的行为，如语言和心理上的鼓励、对实行犯的支持，或者提供有形或者无形的帮助。模范刑法典规定，从犯包括三类：其一，诱使他人实行犯罪。其二，当他人实行行为或者制订计划时，允诺提供帮助或者试图提供帮助。其三，有预防犯罪实行的法律义务，而未采取有效办法作为。

行为人仅仅在犯罪现场，尚不能表明存在犯罪行为，还必须有积极的作为或者不作为，在过去，只要行为人鼓励他人实行犯罪就可负共犯责任。[②]但现在行为人负共犯责任不仅要表现出单纯的鼓励，而且应提供有效的帮助行为。

2. 帮助的故意

这是成立帮助犯的主观要件。所谓帮助的故意，有的认为是认识到正犯

---

① 参见［德］汉斯·海因里希·耶赛克、托马斯·魏根特著：《德国刑法教科书·总论》，徐久生译，中国法制出版社2001年版，第839页。

② John M.Burkoff & Russell L.Weaver, Inside Criminal Law, Aspen Publishers, 2011, pp.88-89.

的实行行为，同时认识、放任自己的行为使正犯容易实行；有的认为除了上述条件以外，还要认识、放任正犯由实行行为实现构成要件的结果。本书认为，后一种观点是妥当的，因为没有构成要件结果的认识，就不能认识行为的性质，也就难以正确地认定为是从犯。[①]可见，帮助犯以间接故意为最低限度，过失犯不成立帮助犯。

但关于是否承认片面共犯及其范围，还有争议。根据共同意思主体说，共同犯罪必须有意思的相互联络，因此否定片面的共犯；但是通说和判例中则承认片面的共犯。不过在一种理论中，有的否定片面的共同正犯；有的既肯定片面的帮助犯，也肯定片面的共同正犯。鉴于片面地帮助他人实行犯罪是可能的，所以，承认片面共犯是合适的，但在片面实行的场合，由于可以作为实行犯处罚，所以没有必要承认片面的共同正犯。

行为人意图或者蓄意成为犯罪的从犯，具体而言，其一，行为人有意帮助主犯实行犯罪。其二，行为人主观上意图主犯实行犯罪。这两个条件是相互独立的，在大多数场合，行为人的意图要结合行为环境进行分析。模范刑法典规定共同犯罪是蓄意的犯罪，行为人成为其他犯罪实行人的共谋者，要求行为人蓄意推动犯罪实行或者为其创造便利条件进而实施了从犯行为。另外，仅仅只有行为人在犯罪现场的事实，尚不足以认定行为人有共犯的意思，还必须充分证明行为人客观上有推动犯罪实行或者为其创造便利条件的蓄意。[②]

在共犯关系中，意思存在的情形不同。以下两种情况较为特殊：

其一，从犯有帮助意图而主犯缺乏犯罪意思。例如，甲答应乙，帮助其从商店盗窃，之后乙从窗户中偷东西递给甲，二人旋即被抓。其实，乙有诱捕甲的意思，且提前告知了店主，而且知道警察也在现场守候。过去法院认为这种场合，由于乙没有犯罪意思，因此甲的行为不能构成帮助。今天已经改变了这种做法。根据事前主犯和从犯的并合，行为人被单独判决，所以当

---

① 参见马克昌著：《比较刑法原理》，武汉大学出版社2002年版，第719页。

② John M.Burkoff & Russell L.Weaver, Inside Criminal Law, Aspen Publishers, 2011, p85.

主犯没有犯意时，通常也不影响对从犯的处罚。这是根据行为人自己的行为和意思追究其责任。

其二，主犯有犯罪意图而从犯没有帮助意图。例如，甲帮助乙进入药店盗窃，之后，甲找来警察逮捕了乙。对此有观点认为，应当考虑乙是否缺乏共犯的犯罪意思。在行为人参与重罪的场合，被假定为共犯，他是为了诱捕他人，但他没有刑事责任，而且他无须说服法官他有规避犯罪意图的忠诚。但是独立处罚也有问题，即行为人可否作为鲁莽和玩忽职守的共犯？例如，甲将汽车借给醉酒的朋友乙后，自己睡觉去了。乙醉酒驾驶时发生了交通事故，撞死了他人。有些法庭对此持否定态度，认为行为人没有罪。但是，模范刑法典对同类问题采取了相反的做法，规定："当参与结果属于犯罪的要素时，造成该结果的行为共谋者就是实行该犯罪的共犯。"[①]

3. 被帮助者实行犯罪

这是前提性要件。《日本刑法典》第62条规定："帮助正犯的，是从犯。"可见，没有正犯就没有从犯，即帮助行为尽管已经实施了，只要被帮助者没有实行犯罪，就不构成帮助犯。如果帮助教唆犯、帮助犯（间接帮助犯），一般也不构成帮助犯。

（二）帮助犯的因果关系

为了处罚帮助犯，被帮助者必须做出了实行行为，必须帮助行为和正犯的实行以及正犯结果之间有因果关系，必须有客观归属的可能。所以，即便有帮助的行为，但如果和惹起正犯的实行行为之间没有因果关系，即使有实行行为，也不成立帮助犯。但围绕帮助犯的因果关系，有如下学说：[②]

（1）实行行为促进说，认为在帮助行为和正犯的实行行为之间，只要在物理上或者心理上使实行行为容易，就足以认为有因果关系。

（2）促进的因果关系说，该说修正了帮助场合的因果关系中的条件关系

① John M.Burkoff & Russell L.Weaver, Inside Criminal Law, Aspen Publishers, 2011, p.88.

② 参见［日］山中敬一著：《刑法总论Ⅱ》，成文堂1999年版，第854—856页。

论，认为帮助行为对正犯的结果不一定要有条件关系，只要具有促进性或使之容易，就有因果关系。

（3）特殊的心理因果性说，该说修正了共犯中的因果关系论，用前述“促进的因果关系”的内容，而不是条件关系论或合法则的条件公式，说明特殊的“心理的因果性”。即共犯中的心理关系，不能认为是行为法则上的“原因”，而是提供了行为的“理由”，共犯的行为，提供的是正犯行为的“理由”。所以，如果共犯者之间有意思沟通，就和正犯的结果之间具有因果关系。

（4）抽象危险说，该说将从犯视为抽象危险犯，只要有帮助行为，就可以处罚。或者将从犯当作举动犯，其加担行为在于覆盖行为实施时，使正犯的行为容易实行即可。

（5）正犯的结果惹起说，该说立足于因果共犯论，认为帮助犯、教唆犯和正犯一样，都要惹起正犯的结果，但是，促进的因果关系说难以确定结果的具体程度，因此，根据危险增加原理，以在法上重要的结果的变更为标准，事后有危险的增加，这是帮助行为和正犯结果之间必要的因果关系。

以上实行行为促进说，没有对问题给予明确答案；而抽象危险说将从犯当作抽象危险犯或举动犯，使之具有正犯的意义，显然是不妥当的；促进的因果关系说认为不一定要有条件关系，可是条件关系的存在是因果关系存在的基本前提，其方法论显然不对；特殊的心理的因果性说认为有意思联络就有因果性，但是，该说强调严格的物理上的促进性，关于心理的帮助就不能予以处罚，也不妥当。相对而言，正犯结果惹起说较为合理，该说首先承认帮助犯和正犯结果之间的必要因果性，而根据法的重要范围，依据事后危险的增加具体进行考察，反映了帮助犯因果关系的本质。

（三）帮助犯的责任范围

由于事前的主犯和共犯的并合，共犯只要他人实施了犯罪就要负刑事责任，换言之，任何行为人，无论是主犯还是从犯，可能被当作本人实行了犯罪，共犯未必被指控为共犯，所以帮助谋杀者可能被指控为谋杀犯。然而在有些案件中，在究竟是否可以成立主犯或者共犯时有差异，如甲是乙谋杀丙的共犯，问题是，谋杀行为分为不同阶段，在一级谋杀中包括预谋（premeditation），如果共犯的行为是预谋，主犯却是在激情驱动下行为的，共犯可能被判处一级谋杀，而主犯可能仅仅被判处故意杀人。同样，如果主犯是有预谋的实行杀人，共犯没有或者没有意识到主犯的预谋，即便主犯被定罪，共犯也不能被判处一级谋杀罪。

如果主犯实行了犯罪，而共犯实际上知道或者预见到了，会有什么不同呢？有些判例认为，共犯要对其行为产生的“概率很大的自然结果”负刑事责任，如共谋者参与抢劫，主犯杀害了被害人，无论共谋者对死亡结果是否可能预见，他都要负谋杀之责。有些立法和判例否定了上述规则，主张共犯只对其实际帮助或者唆使的犯罪负责。对于从犯的责任还有其他的限制。例如，除非有法律之规定，当犯罪为他人所实行的时候，行为人在如下场合不是从犯。其一，他是犯罪的受害人；其二，根据犯罪的规定，他在不可抵抗的场合下行为，或者他在很早的阶段就终止了实行。①

此外，当帮助者放弃帮助时，是否需要对主犯的行为负责。根据普通法,（1）如果共犯在主犯实施犯罪之前撤回了帮助，则其可以避免刑事责任。首先，在退出共谋时，共犯首先必须通知主犯不要实施犯罪；其次，共犯要尽一切可能使其已经给予的任何帮助无效。（2）如果共犯鼓励主犯实施犯罪，他必须试图阻止主犯。如果共犯提供了某种物理帮助，则其必须试图使这种帮助无用。共犯必须在足够的时间内采取这些步骤来防止主犯实施犯罪。共犯的努力可以满足撤回所需的要素，即使主犯独立决定在没有共犯帮助之下实施犯罪。②可见消极放弃帮助难以取得实效，唯有通过积极方式使共谋的犯罪停止下来，积极的放弃帮助才有现实意义。

① John M.Burkoff & Russell L.Weaver, Inside Criminal Law, Aspen Publishers, 2011, pp.91–92.

② Richard G.Singer, John Q.La Fond, Fhima Baradaran Baughman, Criminal Law, Wolterskluwer in New York, 2018, p.440.

第五节 共犯论的现代论争

一、共犯与过失

在国外，过去通常否定共同过失犯，但是随着社会发展的需要，有些国家的刑事判例开始承认该种犯罪形态，越来越多的学者也改变了认识，转而主张共同过失犯理论。

（一）共同过失犯的立法例

从各国立法看共同过失犯的存在余地，其规定大致有如下方式：

1.排斥例

即刑法条文中明确不存在共同过失犯的余地。这是当今大多数国家刑法所取方案。例如，《法国刑法典》第121—7条规定："知情而故意给予帮助或协助，为准备或完成重罪或轻罪提供方便者，为重罪或轻罪之共犯。以赠礼、许诺、威胁、命令、滥用权势或职权，挑动或教唆犯罪者，亦为共犯。"上述两种情形，均以意志上具有希望或放任为要件，因此可以说，该立法例不承认共同过失犯。

2.容许例

即刑法条文对于共同过失犯没有表示明确的排斥。如《日本刑法典》第60条规定："二人以上共同实行犯罪的，都是正犯。"。第61条规定："教唆他人实行犯罪的，判处正犯的刑罚。"第62条规定："帮助正犯的，是从犯。"单单就条文的字面含义而言，《日本刑法典》对于共同犯罪的规定，无论是正犯、教唆犯抑或帮助犯，并未否定过失犯的存在。《韩国刑法典》、美国《模范刑法典》以及我国台湾地区的刑法也采取了类似规定。

3.相对排斥例

即刑法条文明确规定在某些情形下排斥共同过失犯的成立，但是对于一定情形下共同过失犯成立与否却不作明确规定。例如，现行《德国刑法典》第25条规定："（1）自己实施犯罪，或通过他人实施犯罪的，依正犯论处。

（2）数人共同实施犯罪的，均依正犯论处（共同正犯）。”第26条规定：“故意教唆他人故意实施违法行为的是教唆犯。对教唆犯的处罚与正犯相同。”第27条第1项规定：“对他人故意实施的违法行为故意予以帮助的，是帮助犯。”显而易见，德国刑法不承认教唆犯与帮助犯中存在过失的主观心理态度，然而对于共同正犯未置可否。1930年的《意大利刑法典》第113条规定：“在过失重罪中，在结果是由多个人的合作引起的时，对其中的每个人都按法律为该罪规定的刑罚处罚。”可以说，意大利刑法承认重罪的共同过失犯罪形态，不承认轻罪的共同过失犯罪形态。

（二）理论上的分歧

是否应当承认共同过失犯的学说，分为否定论和肯定论。

1.否定论

这是过去的通说，根据否定的出发点，它可以进一步分为理论否定说和规范否定说。理论否定说立足于犯罪共同说，提出共同犯罪的要件有四。其一，须有二人以上参与犯罪行为。其二，参与犯罪行为人必须均具有责任能力。其三，共犯间必须有犯意的联系。其四，共犯间必须犯同一罪名。由于“过失犯既无犯意之可言，自无适用共犯规定之余地”[①]。日本刑法学家团藤重光认为：“过失行为，其主观方面从有意识部分和无意识的部分看，无意识是占据主要方面，有意识部分决不是过失行为本质性的东西。仅以有意识的部分联系而论以过失共同正犯的成立，不能不说是脱离了过失本质的议论……恐怕应当说现行法对基于过失的共同正犯也持有相同的否定旨趣吧。”[②]在日本，持有相同观点的学者还有大场茂马、小野清一郎等人。然而近年来，持犯罪共同说的学者中，肯定过失犯的共同正犯形态的论者增多了，如大塚仁、福田平、大谷实等。[③]规范否定说立足于实定法的文字内容，认为如果刑法条文排斥过失的共同犯罪形态，就无理论探讨的意义。如法国

① 高仰止著：《刑法总论之理论与实用》，台湾五南图书出版公司1986年版，第394页。
② 转引自林亚刚著：《犯罪过失研究》，武汉大学出版社2000年版，第257—258页。
③ ［日］松宫孝明著：《刑法总论讲义》，成文堂1999年第2版，第244页。

学者在讨论疏忽大意的犯罪中是否存在共同犯罪时，有一些学者认为："在因不谨慎引起的犯罪中，不可能有共同犯罪的问题，因为，法律要求共同犯罪中的共犯应当具有实行违法行为的故意。"①

2. 肯定论

往往立足于行为共同说，此说将共犯的本质求诸数人依共同之行为而各自实现各自的犯意。依该说共同过失犯的成立没有问题。恰如日本学者曾根威彦所说："行为共同说，因主张仅须有共同为自然行为之意思为已足，故未必须有故意之共同，仅有过失之共同，亦可成立共同正犯。"②又如意大利学者杜里奥·帕多瓦尼说的："根据通说，过失重罪中的共同行为，是一种对结果发生具有原因力的过失行为的竞合形式……对过失或故意轻罪来说，没有理由否认它们存在过失的共同犯罪问题。"③如前所述，一些持犯罪共同说的学者，也开始肯定过失犯的共同正犯。大塚仁将其主要根据概括为"共同具有不注意"和"共同违反客观的注意义务"。

否定论者立足于传统的犯罪构成理论，以实定法的规范为依托，反对共同过失犯的理论，对于缩小刑罚的制裁范围、限制刑法的扩张具有积极作用；肯定论者则着眼于刑法的社会保护功能，根据社会发展的需要发展共同犯罪理论，具有强烈的现实意义。然而，在今天，过失犯罪依然只是作为处罚犯罪的例外情形，加之过失犯罪理论研究起步较晚，本身还有许多缺陷，有待进一步完善，所以，肯定论在许多方面还不能自圆其说。松宫孝明曾说："犯罪共同说认为，存在共同意思的场合的违反'客观的注意义务'才成立，之所以如此是因为存在相应的故意的抽象危险犯。即使在有共同意识地违反运输速度的场合成立，只存在故意地违反运输速度的共同正犯，可是，那种

---

① ［法］卡斯东·斯特法尼等著：《法国刑法总论精义》，罗结珍译，中国政法大学出版社1998年版，第315—316页。

② ［日］西原春夫主编：《日本刑事法的形成与特色》，李海东等译，中国·法律出版社—日本·成文堂1997年联合出版，第33—34页。

③ ［意］杜里奥·帕多瓦尼著：《意大利刑法学原理》，陈忠林译，法律出版社1998年版，第330—331页。

情形中就绝对没有‘过失犯的’共同正犯存在的根基。”[①]否定论的见解及其对于肯定论的批评理由，不能说没有道理。

就立法上应否承认共同过失犯而言，本书认为肯定论的基调更值得赞许。其一，随着当代社会科学技术的发达，社会分工日趋细密，专业性强、危险性大的工作越来越多，刑法立法关于过失犯的规定越来越严密，对于过失犯的处罚力度越来越大。其二，不承认共同过失犯会导致刑罚处罚的不平衡。如果两人以上都有过失，在追究责任事任时，依然比照一个过失论断，则有违实情，无疑会放纵一些人的犯罪或使有的人受到不公正的处罚。例如，在限制速度的交通线路上，甲刺激乙，令乙超速行驶，导致行人丙死亡。在此情形下，不处罚甲吗？甲与乙的责任谁大呢？显然，要合理解决这一问题，必须借助于共同犯罪理论。因而，共同过失犯的主张不失为明智之举。其三，现在的共犯理论并非完全不能说明共同过失犯。作为共同犯罪的基本要件，主要在于共同意思的联络、共同意思支配下的共同危害行为、危害行为共同惹起一定的危害结果。在共同过失犯罪的场合中，成为问题的是“共同意思的联络”，批评者通常以为，过失犯罪既然无犯意可言，就不存在共同犯罪意思的联络。就现行法的规定而言，这自然不错，但是着眼于刑法的社会保护功能，用更为务实、更为广泛的视野，我们可以对于刑法中的“共同意思的联络”作出新的解释，并以此证明共同过失犯理论的合理性。

二、共犯和身份

（一）身份在共犯论中的意义

从广义上看，刑法上的身份并不局限于男、女以及本国人、外国人之间的差别或者亲属关系、公务员资格等，与一定犯罪行为有关系的犯罪人在人的关系上的某种特殊地位或状态也是身份。实施以一定的身份为构成要件的犯罪，称为身份犯。

---

① ［日］松宫孝明著：《刑法总论讲义》，成文堂1999年第2版，第244页。其中所说的犯罪共同说是指肯定共同过失犯理论的修正犯罪共同说。

根据身份在构成要件中的具体表现不同，可将它分为真正身份（构成身份）和不真正身份（加减身份）；违法身份和责任身份；积极身份和消极身份。例如，日本刑法的业务上的侵占罪中的“业务上的他人财物的占有者”、受贿罪中的“公务员”、业务上的堕胎罪中的“医师”。但是，需要指出的是，在日本，有判例和学者将目的犯的目的、事后强盗罪中的“盗窃”当作身份理解。

由于犯罪的构成对身份有特殊要求，所以行为人是否具备一定身份，决定着犯罪是否成立，决定着对行为人的处罚。例如日本刑法第65条第1项规定：“对于因犯罪人身份而构成的犯罪行为进行加功的人，虽不具有这种身份的，也是共犯。”这是对构成身份的规定。同条第2项规定：“因身份而特别加重或者减轻刑罚时，对于没有这种身份的人，判处通常的刑罚。”这是对加减身份的规定。第1项采用了共犯的从属性说，规定的是身份的连带性。第2项采用了共犯的独立性论，规定的是身份的个别性。[①]它说明不同身份在定罪和量刑上有不同的意义。

（二）共犯与构成身份

当非身份者加功于有身份者时，除了少数学者，如团藤重光等认为它包括真正身份和不真正身份之外，大多数学者认为它仅仅指真正身份。因为从字面上看，“因犯罪人身份而构成的犯罪行为”可以表明它属于真正身份犯。

那么，非身份者加功于身份者构成何种形态的共同犯罪呢？理论上对此有较大的争议：[②]第一说认为，无身份者的教唆或者帮助行为从属于身份者的实行行为，即便没有法律的明文规定，也当然成为正犯，所以“共犯”只能是共同正犯。第二说认为，该条仅仅规定了共犯的成立，而且非身份者事实上可以实行犯罪，因此它包括共同正犯、帮助犯和教唆犯。这是通说。第三

---

① 参见［日］阿部纯二等编：《刑法基本讲座》(4)，法学书院1992年版，第164页。

② 除特别注明外，参见［日］曾根威彦著：《刑法的重要问题》，成文堂1996年增补版，第352—357页；［日］阿部纯二等编：《刑法基本讲座》(4)，法学书院1992年版，第165—175页。

说认为，在真正身份犯中，不可能承认无身份者的实行行为，所以共犯仅限于帮助犯和教唆犯。第四说认为，由于身份包括不真正身份，在不真正身份的场合，则包含共同正犯。

第一说在结论上和第二说是一样的，但是其理论依据不充分。而第三说和第四说，严格理解实行概念，以区别“加功”，说到底是将身份犯的本质理解为义务违反，认为非身份者即使形式上是共同正犯，也不能认为是实行行为。但是，仅局限于真正身份犯的观点似乎符合实际情形，如强奸罪中的女性，虽然没有男性的身份，但是可以实行暴力或者胁迫行为，可以认为是共同正犯。同样的情形在受贿罪中也是一样的。

因此，在真正身份犯共同犯罪场合，可以做以下处理：（1）非身份者加功于有身份者时，由于可以对构成身份进行连带和从属的认定，因此，不存在作为何种共犯处罚的问题；（2）当有身份者加功于非身份者时，作为“没有身份的故意的道具之利用”，可以成立间接正犯，但是如果身份者和非身份者之间不存在规范的障碍时，应当可以成立共犯。

（三）共犯与加减身份

因身份而特别加重或者减轻刑罚时，对于没有这种身份的人，判处通常的刑罚。那么当该刑罚是基于什么罪名呢？对此有必要分以下两种情形说明。

1.非身份者加功于身份者的场合

事例如A教唆B遗弃后者的父亲，B构成保护责任者遗弃罪，但A构成的是保护责任者遗弃罪还是一般的遗弃罪呢？由于不真正身份在日本刑法第65条第2项中被认为是独立和个别化的，因此，对非身份者科以通常刑罚。但在理论上，有的观点认为，这是根据通常之罪处以通常之刑；有的观点则认为，这是根据犯罪成立的身份犯处以通常之刑。本书认为，在共同犯罪中，对身份者处以不同罪名，似乎和共同犯罪的旨趣不合，有分别实行之嫌，也不好认定行为人在具体犯罪中的分工。此外，对这样的处理方法，法律似乎没有特别规定的必要，因此，本书认为以实行犯之罪名处理较好。非身份者加功身份者，至少身份者有实行行为，无论非身份者与之是共同实行还是非身份者仅仅帮助或者教唆，都要以身份犯为根据，对非身份犯处以通常刑罚。因此在前述事例中，对A要定保护责任者遗弃罪，处一般的遗弃罪的刑罚。

2.身份者加功于非身份者的场合

事例如B教唆A遗弃B的父亲，B构成保护责任者遗弃罪，但A构成的是保护责任者遗弃罪还是一般的遗弃罪呢？对于这种情形，存在的争议是：第一说，采取彻底的共犯从属性论，认为身份者成立非身份犯的教唆犯，即A构成一般的遗弃罪，B是该罪的教唆犯。第二说从责任身份的个别化出发，主张B构成身份犯的教唆犯。依据上述理由，本书认为第一说比较妥当。

（四）消极身份与共犯

消极身份，就是阻却犯罪性和当罚性的身份。消极身份分违法阻却身份、责任阻却身份和刑罚阻却身份。

关于消极身份和共犯，也须分两种场合：

1.非身份者加功于身份者的场合

（1）非身份者加功于违法阻却身份者。由于身份者的行为是合法的，加功的非身份者也就不成立共犯。

（2）非身份者加功于责任阻却的身份者。如果身份者没有违法性的辨别能力，非身份者成立间接正犯；如果身份者有辨别能力，则就具备了规范的障碍因素，非身份者成立共犯。问题是，如果第三人教唆犯人隐藏证据，由于犯人隐匿自己的刑事证据行为不符合构成要件，所以，也不成立教唆犯。

（3）非身份者加功于刑罚阻却的身份者，对非身份者科处通常的刑罚。

2.身份者加功于非身份者的场合

（1）违法阻却身份者加功于非身份者，由于非身份者的行为是违法的，对其加功的身份者成立共犯。如医生教唆没有医师资格的人行医，成立教唆犯。不过请求他人帮助自己堕胎的孕妇，则仅仅成立自己堕胎罪。在英美利用无辜代理人案件中，却不能得出这种结论。

（2）责任阻却身份者加功于非身份者，即使非身份者成立正犯，由于责任具有个别化的机能，对无责任的身份者也不可罚。例如，犯人逃匿的行为不具有期待可能性，因此不可罚，所以教唆他人藏匿自己的犯人也不可罚。但是教唆他人为自己的刑事犯罪作伪证，不能认为没有期待可能性，应成立伪证教唆犯。

（3）刑罚阻却身份者加功于非身份者，由于刑罚阻却事由具有一身专属性，对于身份者而言，具有阻却刑罚的效果。例如，与藏匿犯人相关的亲属间的特别规定，具有阻却刑罚的效果。如果犯人的亲属亲自实行藏匿行为，应当免除作为正犯之刑，如果该亲属教唆第三人藏匿该犯人，就具有期待可能性减少的性质，要减少其责任。

三、共犯和错误

在共同犯罪中，行为人之间出现错误比单独犯罪更为常见，这使得共犯问题更加复杂。这里，就共同犯罪中几种常见的错误问题进行介绍。①

（一）同一共犯形式内的错误

1. 共同正犯的错误

共同正犯的错误，是共同行为人相互之间的表象、认识存在差异。它分为两种情形：（1）共同正犯的错误在同一构成要件内。对此，应根据有关具体的事实错误的处理方法处理，如果部分实行者对客体有错误，且该错误不重要时，就不阻却故意；如果部分实行者因为方法错误导致行为客体之外的人受害，则有法定符合说或者具体符合说两种不同处理意见。依据后者，就应当分别对各个行为人进行处断。（2）共同正犯的错误在不同的构成要件中。对此，如果依据行为共同说，错误并不重要。如果采取部分犯罪共同说，就在各个构成要件重合的限度内肯定共同正犯。例如，A怀着杀人的意思，和怀着伤害意思的B共同造成受害人死亡的，仅仅在伤害罪的范围

① 除特别注明外，参见［日］山中敬一著：《刑法总论Ⅱ》，成文堂1999年版，第881—888页。

内成立共同犯罪。

2. 教唆的错误

教唆的错误，是教唆者的表象、认识与被教唆者实行的事实之间存在差异。对此，也可分为两种情形：（1）具体事实错误的场合。如果采取具体符合说，则教唆者对客体有错误的时候，不阻却教唆故意；在方法错误的场合，阻却故意，但是原则上，仅仅当错误在法律上是不重要的时候才不阻却故意。（2）抽象事实错误的场合。教唆和实行之间以有客观的归属可能性为前提，在形式或者实质重合范围内，成立故意的教唆犯；教唆重罪而实行轻罪时，在重合限度内，即轻罪的范围内承认故意；相反，教唆轻罪却实行重罪，在轻罪的限度内不阻却故意。

3. 从犯的错误

从犯的错误，是从犯的表象、认识与被帮助者的表象认识之间存在差异。它基本上和教唆的处理方法相同。另外，在从犯帮助的间接帮助中，没有间接帮助的故意，却有间接帮助的行为时，应阻却故意。

（二）不同共犯形式内的错误

1. 共犯相互间的错误

不同共犯形式之间的错误，在轻的共犯形式的场合，可以认定为故意。例如，即便有共同实行的意思，但仅仅实施了帮助的行为，只能认为是帮助的故意；误信他人没有犯罪决意，但他人实际已经有了犯罪决意的，从而进行教唆的，承担从犯的责任。

2. 共犯和间接正犯之间的错误

这种错误主要表现为以下情形：（1）基于间接正犯的故意实行教唆的行为。如背后者具有实行间接正犯的意思，命令被利用者实行犯罪，由于被利用者知情，客观上对被利用者不过起到了教唆的效果。行为人应承担什么责任呢？理论上有间接正犯说和教唆犯说。前者主张对背后者按照间接正犯处理，后者主张对背后者按照教唆犯处理。本书认为，这和利用故意的工具具有相同的法理，此时，背后者无法操纵被利用者，也不具有教唆犯的性质，作为帮助犯处理比较恰当。（2）基于教唆的故意实行间接正犯的行为。少数人主张成立间接正犯，压倒多数的意见认为成立教唆犯。（3）在间接正犯的过程中教唆的转换。即有间接正犯的故意，诱致不知情的人犯罪，被利用者在犯罪中途知情，但继续实行犯罪的；此时，利用者构成教唆犯。

四、共犯和未遂

共犯的未遂，是共犯的实行行为着手之后而犯罪不遂的情形。其主要问题表现在障碍未遂、中止未遂和共犯关系的脱离。对此，只有少数国家在刑法中作了规定。

（一）共犯和障碍未遂

共犯的障碍未遂，分为共同正犯的未遂和狭义共犯的未遂两种场合。

1. 共同正犯的未遂

一般而言，在共同正犯未遂的场合，如果行为人中一部分人的行为没有发生结果，但是另外一部分人的行为导致结果发生，就应认为是既遂。

2. 狭义共犯的未遂

关于狭义共犯的未遂存在以下理论分歧：（1）共犯独立性说认为，共犯的行为可视为其本身的实行行为，和正犯的实行行为无关，共犯行为止于未遂，就是共犯未遂。（2）共犯从属性说认为，共犯的要件要考虑正犯是否实行终了，因此，共犯的构成要件本身必须因为正犯的实行而被充足，共犯的未遂要从属于正犯的未遂。（3）因果共犯论认为，共犯如果不能惹起正犯的结果，就不能充足共犯自身的构成要件，就是未遂。①

（二）共犯和中止未遂

1. 共同正犯的中止未遂

共同正犯中的全部行为人或者部分行为人任意中止犯罪，由于他们消除了

---

① 参见［日］山中敬一著：《刑法总论Ⅱ》，成文堂1999年版，第889页。

产生犯罪结果的原因，所以是犯罪中止。在部分实行者任意中止时，由于其他人不是任意中止的，中止的效果不能及于其身，他们构成犯罪的障碍未遂。

共同正犯中任意中止犯罪的重要条件是，既要自己任意中止犯罪，也要防止其他共同行为者完成犯罪。因此，当行为人之间共谋强盗，在实行暴行时一方反悔离去，而另一方继续完成了犯罪的时候，就不能成立中止。相反，假定中止者的行为不能影响共同行为，但只要结果不发生的，也能成立中止犯。

2.教唆犯和从犯的中止未遂

教唆犯、从犯的中止未遂，是教唆者、帮助者在正犯实行之后阻止犯罪至于既遂的情形。此时，在正犯任意中止犯罪的场合，正犯也是中止犯；但是，如果教唆者和帮助者阻止了实行的行为继续，则正犯构成障碍未遂。在确定是中止未遂还是障碍未遂时，共犯者和正犯者之间没有从属关系。

（三）共犯的脱离

英美法系中，问题是共犯可否中止或者脱离他参与的行为从而使他不再被处罚。这是一个政策问题，因为，一方面，允许这样有效的脱离可以产生一种感觉，就是我们像鼓励从犯中止继续在犯罪行为中扮演角色，犯罪越少越好。另一方面，有一个相反的理由，即木已成舟，主犯当然不能取消其已经实行的犯罪行为，尽管其中止可以减少处罚的严厉性，其所作所为最终会对行为人有影响，但是对于从犯而言，实践对此作的规则大多是一致的：共谋者在已经实行行为之后不能再终止犯罪的实行，从而不再作为主犯。但是少数判例的做法不同：共犯的脱离如果发生在共谋的犯罪实行之前，且采取了措施防止犯罪行为的发生，就可以减轻处罚。模范刑法典也承认这种规则，共谋者于犯罪实行之前，只要有如下行为之一也可减轻处罚：其一，完全消除了犯罪实行的效力。其二，及时向执法机关报警或者采取适当方式阻止犯罪的实行。①

① John M.Burkoff & Russell L.Weaver, Inside Criminal Law, Aspen Publishers, 2011, pp.90–91.

第十二章

罪数论

第一节　罪数概论

一、罪数问题与罪数论

罪数，也称犯罪的个数，或者说犯罪的单数与复数。在刑法分则中，一个简单的犯罪，通常是假定为行为人实施一个行为，侵害一个法益的情形。但在司法实践中，行为人实施一个行为侵害数个法益，或者实施数个行为侵害一个法益，或者说实施数个行为侵害数个法益之类的现象很常见。对此，是作为一罪处罚还是作为数罪处罚呢？关于处理类似问题中犯罪个数的理论就是罪数论。

围绕罪数论的机能，涉及罪数论在刑法学中的地位，过去存在两种主张。（1）犯罪论说，认为罪数论是犯罪论范畴的内容，其任务包括：第一，当该行为是一罪还是数罪；第二，在数罪的场合，如何对行为进行处理。这是绝大多数学者的主张。（2）刑罚论说，认为罪数论是刑罚论范畴的内容，其任务包括：第一，考虑刑罚适用上的妥当性；第二，衡量行为地、行为时、时效、公讼事实和既判力等刑事诉讼问题。[①]由于罪数论首先涉及确定犯罪的个数问题，因此，它至少在犯罪论中是必须论及的；另外，关于犯罪类型和个数的确定必将对刑罚的合理性等问题产生影响，所以，将罪数论置

① ［日］前田雅英：《一罪与数罪》，载［日］阿部纯二等编：《刑法基本讲座》（4），法学书院1992年版。

于犯罪论是妥当的。

正如后文所述，在罪数论部分的核心问题是确定一罪，其中的一罪多与单纯一罪或者典型的基本构成要件有所区别，因此，本书认为，我们也可将罪数论中的一罪作为修正的犯罪形态予以考虑。

二、罪数的标准

在理论上，关于罪数标准的学说有：[①]

（一）犯意标准说

犯意标准说也称意思标准说。它基于主观主义刑法理论，主张以行为人的犯罪意思为标准区别一罪与数罪，理由是犯罪是行为人犯罪意思的表现，犯罪的行为与结果不外乎是犯罪人反社会性格的表征，所以应当以犯罪意思的个数确定犯罪的个数。例如，木村龟二认为："在已经预见或者可能预见的范围，一个犯罪的意思成立一个犯罪，有数个犯罪的意思时，有数个犯罪。"[②]

犯意标准说完全根据犯罪意思的个数决定罪数，不免产生合理性的疑问，如同时杀二人时，只有一个犯罪的意思，尽管法益主体不同，也成立一罪。但是，杀了一个人之后，又杀一人的，犯罪的意思就变成两个，从而成立二罪。如果根据该说，在观念的竞合和牵连犯场合，都限定为一个意思，完全作为一罪就不合理了。

（二）行为标准说

行为标准说或称行为说。它基于客观主义刑法理论，主张犯罪是行为，所以犯罪的单复数决定于行为数，即以实现犯罪意思的行为个数作为区分一罪与数罪的标准。由于对于行为理解不一，有的学者提倡自然行为论，有的

① 主要参见［日］山中敬一著：《刑法总论Ⅱ》，成文堂1999年版，第899—901页；马克昌著：《比较刑法原理》，武汉大学出版社2002年版，第751—757页。

② 转引自［日］大塚仁著：《刑法中新旧两派的理论》，日本评论社1957年版，第173页。

学者提倡法律行为论。行为标准说在德国刑法理论中居通说地位。

根据行为标准说，一个行为侵犯数个法益的场合，构成一个犯罪。但是，如果认为法益侵害是犯罪的本质要素，那么，在判断犯罪的个数时不考虑法益，显然是不恰当的。另外，假定行为人为了杀害受害人及其家人，而在受害者家的饭锅里投毒，自然构成一罪，但如果行为人在各人的饭碗中分别投毒，其行为是一个还是数个呢？该说对这个疑问难以回答。

（三）利益标准说

利益标准说也称为法益说或者结果标准说。该说根据犯罪的本质是法益侵害的观点，认为应以被侵害的法益个数作为标准，决定犯罪的单复数，当犯罪行为侵犯一个法益时，成立一罪；当犯罪行为侵犯数个法益时，成立数罪。

如果单纯以法益侵害之数为标准，不考虑行为和构成要件要素，那么在行为人对受害人的身体实施两次伤害的场合，或者先后对一个商店的商品实行两次盗窃的场合，就存在法益侵害的对象是一个还是两个的问题。另外，当法益是单一的，而犯罪意思中断、方法变更、时间有间隔的场合，会产生是一个犯罪还是数个犯罪的争议。可见，忽视行为要素和构成要件要素的法益侵害说是不妥当的。

（四）构成要件标准说

构成要件标准说也称构成要件说。该说基于犯罪系符合构成要件的行为的论调，主张以行为符合构成要件的个数作为决定犯罪个数的标准，区分一罪与数罪，即当行为一次符合构成要件时为一罪，当行为数次符合构成要件时为数罪。这种主张其实是综合考虑犯罪的意思、犯罪的行为和法益。它是日本刑法理论的通说。

按照构成要件标准说，犯罪的单复数基本上应依据构成要件评价。但是只有单纯自然的行为、自然的意思或者结果，而不考虑法的标准，并不一定是正确的。如非法拘禁罪是继续犯，在拘禁持续期间，应该构成一个犯罪，但是如果根据构成要件标准，难以举证其构成一罪的明确根据。韩国学者也认为："此学说并没有明确行为数次反复符合同一构成要件时（如接续犯或者连续犯）是一罪还是数罪。"①

（五）个别化说

个别说或称折中说，主张根据不同的犯罪情形，采取不同的标准区分一罪与数罪。理由是：犯罪的构成要件标准说虽然能区分一部分犯罪的罪数，但是还有一些犯罪形态，如包括的一罪、牵连犯等不能依此得到解决，所以不得不采取其他标准。如果采取个别化说的观点，那么，罪数理论的存在必要性就发生问题了。

（六）可罚类型的不法评价说

该说主张以可罚类型的不法评价为标准。理由是：构成要件标准说只能区分一部分犯罪的罪数，而各种犯罪的区别都可以可罚类型的不法评价为标准来解决。此说为日本山中敬一提出。根据该说，区别一罪与数罪，不是依据形式上符合构成要件的次数，而是依据该构成要件实质上预定的可罚类型进行统一的不法评价次数。因此，构成要件的基本类型或派生类型等应统一评价为一个类型；在同一机会、同一决意下对同一对象实施的复数行为，也应统一评价为一个类型。

本书认为，刑法决定罪数问题必须解决好一个突出问题：在成文法下如何协调好构成要件的罪数形式和犯罪实质之间的关系。即刑法判断是首先立足于构成要件的形式标准还是立足于其他实质标准，然后考虑其他标准。在这一点上，可罚类型的不法评价说还是可取的，但是该说并没有提供明确的可罚类型，也没有明确在一个可罚类型下如何进行不法评价。例如，在强盗的场合实施强奸的，在有的国家或地区被结合为一个犯罪，而在有的国家或者地区则作为数罪，可罚类型的不法评价说却难以解释其中的缘由。另外，

① ［韩］金日秀、徐鹤辅著：《韩国刑法总论》，郑军男译，武汉大学出版社2008年版，第648页。

需要注意，对于同种类型的行为，在英美刑法中可能被评价为数个犯罪，而在大陆法系刑法中被评价为一个犯罪，这表明，各国刑法中的罪数标准还存在一个司法传统或者观念问题。

三、罪数论体系

罪数论体系，就是根据确定罪数的标准，对不同类型的单数犯罪的体系划分。由于理论立足的标准不同，罪数论体系也迥然不同。

（一）德国的罪数论体系

关于罪数论要解决的问题，德国刑法分三种事例组：[①]（1）想象竞合，即一个行为数次违反同一刑法规范的，行为人只是根据违反的法律受一次处罚；或者一个行为触犯数个不同的刑法法规的，根据结合原则将不同法律的刑罚构成一个总和刑。（2）实质竞合，即同一行为人的数个行为同时被判决，部分适用加重原则，部分适用并科原则。（3）法规竞合，即数次触犯刑法法规只在表面上存在，而实际上由于相关刑法规范存在这样的关系，只能适用其中的一个法规，其他法规不得适用之。

可见，竞合理论是德国罪数论的关键，其罪数标准是行为标准。但是，基于对行为的理解不同，其罪数论体系下的一罪类型也有区别。以下依次介绍。[②]

1. 自然的行为论

自然的行为论认为行为人出于一个行为意思决意，引致一个意思活动，在刑法认定上是单一行为。单一行为包括：（1）反复实现构成要件，即在实现一个整体犯罪中，所有个别的行为形成了一个单一的行为，因为每个个别行为都是符合构成要件的行为，就整个事件而言，具有完整关系，应被视为单一行为；（2）逐次实现构成要件的行为，即行为人分次实施行为以求实现

---

① ［德］汉斯·海因里希·耶赛克、托马斯·魏根特著：《德国刑法教科书·总论》，徐久生译，中国法制出版社2001年版，第860—861页。

② 参见柯耀程著：《变动中的刑法思想》，中国政法大学出版社2003年版，第275—280页。

结果，如以分次搬家的方式进行盗窃。由于所有行为指向同一结果的实现，所以尽管似乎有数个行为，但每个行为并非独立存在，而是整合为一个整体行为的；（3）同时实现构成要件，即一个行为在实现一个构成要件的同时，还实现了其他构成要件。

2.构成要件行为论

构成要件行为论认为法律虽然是规范具体事实问题的，但对法律规范而言，法的评价才是重要的因素，所以在司法中多数行为被认定为单一行为，其判断标准是法律确定的构成要件。依据该说，单一行为包括：（1）一个符合构成要件的行为；（2）多举犯；（3）结合犯；（4）继续犯；（5）持续实现构成要件的行为；（6）具有整体概念的犯罪。由于理论上对行为判断倾向于法规范的思维，所以构成要件行为论有取代自然行为论成为通说的趋势。

3.法的行为论

法的行为论认为连续行为不仅在外观上是复数的，而且在规范的侵害上也是复数，但在行为的整体结构上具有特殊的性质，评价上还是视为单一行为。这只能在整体上以法的评价加以整合为单一的形式来解释。法的行为论是在构成要件行为论的基础上，针对连续犯而提出来的，虽然没有明显的普遍性，但还是回答了连续犯的问题。

（二）日本的罪数论体系

日本通说的做法，是将罪数分一罪和并合罪，其中一罪分本来的一罪和科刑上的一罪，科刑上的一罪包括观念竞合和牵连犯。但是关于本来的一罪，却存在名称上和体系上的分歧。例如，西原春夫将本来的一罪称为理论上的一罪，或单纯一罪，或实质一罪，包括：（1）数个行为侵害一个法益；（2）一个行为侵犯数个法益；（3）一个行为符合数个构成要件，如法条竞合、结合犯和事后的不可罚行为；（4）数个行为符合一个构成要件等类型。而大谷实将本来的一罪分为：（1）单纯一罪，其中复分为：①完全单一的行为；②法条竞合；③结合犯。（2）包括一罪，其中复分为：①同质的包括一罪，如集合犯、接续犯和连续犯；②异质的包括一罪，如不可罚的事前行为、不可罚的事后行为、法益侵害的同一性、被害法益的同一性。佐久间修则将本来的一罪分为：（1）纯粹的单纯一罪；（2）包括的单纯一罪；（3）包括的一罪；（4）法条竞合。山中敬一将本来的一罪分为：（1）单纯一罪，这是认识上的一罪；（2）包括一罪；（3）法条竞合。

以上各种分类的共同基础，就是行为符合构成要件的次数，这也是构成要件符合说的显著的应用，其中不是看自然行为的单、复数，这一点和德国刑法的构成要件的行为标准有相通之处。但是具体而言，西原说将单纯一罪和包括的一罪完全等同，显然是不周全的，而佐久间修说、山中敬一说在具体类型上则过于抽象，难以具体把握。本书认为大谷说相对比较妥当，所以采用大谷体系。

第二节　单纯一罪

一、单纯一罪概述

所谓单纯一罪，是指外形上一次符合一个构成要件，而无必要特别评价的犯罪。[①]最典型的单纯一罪就是以一个犯罪的意思，实施一个犯罪行为、侵害一个法益的犯罪。例如，A用枪射击杀害在水中游泳的B，此时，行为、结果以及被害法益和犯意都是一个，A单纯地实现了预定的构成要件。在该场合，一般不会出现罪数认定上的疑问。

二、法条竞合

（一）法条竞合的概述

所谓法条竞合，是指关于一个犯罪事实，可能适用的法条是复数的。[②]它在德国刑法中称为法条一罪。但是，韩国学者认为，法条竞合是指一个行

① 参见［日］大谷实著：《刑法讲义总论》，成文堂1996年补定4版，第488页。
② 参见［日］大谷实著：《刑法讲义总论》，成文堂1996年补定4版，第488页。

为或数个行为在外观上看似符合了数个构成要件，但实际上因为一构成要件排斥另一构成要件而成立单纯一罪的情况。[①]

（二）法条竞合的类型

日本、韩国理论认为法条竞合分为四类：（1）特别关系；（2）补充关系；（3）吸收关系；（4）择一关系。但近年来在德国和日本，部分学者只论述特别关系、补充关系和吸收关系，而不承认择一关系；[②]也有学者不承认吸收关系。[③]本书依据一般观点，承认四种类型的法条竞合。

1.特别关系

特别关系，是指竞合的复数构成要件，立足于普通法与特别法的关系，例如有保护责任的人遗弃要被扶助者，依据日本刑法，同时触犯保护责任者遗弃罪（特别法条）和单纯遗弃罪（一般法条）；再如杀人罪（一般法条）和同意杀人罪（特别法条）；过失致死罪（一般法条）和业务上的过失致死罪（特别法条）；单纯侵占罪（一般法条）和业务侵占罪（特别法条）；等等。

特别关系首先存在于普通法律和特别法律之间，如在日本的盗窃森林罪（日本森林法第197条、第198条）与普通盗窃罪（日本刑法第135条），就属于这种情形。其次特别关系存在于同一法律中的普通法条和特别法条之间，如日本刑法规定的公务员滥用职权罪（第193条）和特别公务员滥用职权罪（第194条）。

处理特别关系的法条竞合，要依照特别法优于普通法的原则，如在日本，如果警察滥用职权监禁他人，就要依据特别公务员滥用职权罪处理。

2.补充关系

补充关系，是指竞合的两个以上的法条立足于基本法与补充法的关系。

---

① 参见［韩］金日秀、徐鹤辅著：《韩国刑法总论》，郑军男译，武汉大学出版社2008年版，第654页。

② 如山中敬一认为，择一关系以无逻辑上的竞合关系为前提，所以不包含在法条竞合中。参见［日］山中敬一著：《刑法总论Ⅱ》，成文堂1999年版，第915页。

③ 如大谷实认为，吸收关系是包含的一罪，而不是法条竞合。参见［日］大谷实著：《刑法讲义总论》，成文堂1996年补定4版，第489页。

由于考虑到单纯的基本构成要件尚不足以保护法益，所以在立法上，于基本法条之外另设补充法条，如日本刑法中考虑到伤害的阶段不同，分别规定了暴行罪和伤害罪，可以说暴行罪就是补充伤害罪不能适用的规定。补充关系分为明示的补充关系与默示的补充关系。

（1）明示的补充关系，就是法律条文中明确规定的一种补充关系，如日本刑法中的对现住建筑物等放火罪（第108条）和对非现住建筑物等放火罪（第109条）以及对建筑物以外之物放火罪（第110条），后者明确规定是“前两条规定以外之物”，因此一般认为是明文规定的补充关系。

（2）默示的补充关系，就是根据多数法规的有关联系判明的补充关系。一般认为，默示的补充关系有两种类型：①同一人的同一犯罪，符合共犯与正犯或共犯相互间的不同形态的场合，如实施帮助行为的人继而实施实行行为时，仅仅作为共同正犯，从犯和共同正犯之间立于补充关系；再如对同一客体的行为，过失犯和故意犯之间也立于补充关系。②发展犯，即针对同一法益的犯罪，在行为阶段上有所发展，同时作为复数的犯罪类型被设立的情形。如日本规定的杀人预备罪（第201条）、杀人未遂罪（第203条）和杀人既遂罪（第199条）之间，就具有这种关系，因为在该场合，前一阶段的犯罪，在向后一阶段的犯罪发展时，就失去了独立的意义，成为不可罚的事前行为。对于发展犯是补充关系的见解，在日本学者中有异议。有见解认为，杀人被实行时，不能说杀人预备不是犯罪，因此，将这作为一种法条竞合是不妥当的，而应当作为包括的一罪（平野一郎），或者吸收的一罪的问题（大谷实）。[①]发展犯是行为在发展过程上所表现的不同类型，就各个类型而言，它充足的是数个不同的构成要件，是数个犯罪的事实，所以缺乏法条竞合的基本条件。

处理补充关系的法条竞合，要采取基本法排斥补充法的原则，如在共同犯罪中，行为人只有不被认为是共同正犯时，才能作为从犯处罚。

3. 吸收关系

吸收关系，是指一个构成要件吸收另外的构成要件的场合，即一个构成

① 参见［日］山中敬一著：《刑法总论Ⅱ》，成文堂1999年版，第917页。

要件行为的不法、责任的内容，包含其他行为的不法、责任的内容、全部现象的法的评价，由于某一行为全被吸收，其他行为的评价也被吸收。[①]吸收关系和补充关系的不同之处在于，前者立足于刑事科学的近邻关系，后者立足于构成要件相互间的逻辑关系上的包含、交叉关系。

能否成立吸收关系，存在三个争议：（1）附随犯，或称不可罚的伴随行为，指附随主要的犯罪而成立的犯罪。例如，附随杀人罪的实行行为，损毁被害人的衣物时，应成立的器物损坏罪为杀人罪所吸收。其中，严重的犯罪是杀人罪，在刑事科学上通常伴随较轻的器物毁损罪，而没有必要对后者独立给予评价。但是，很多学者认为，由于所谓的“附随犯”和基本犯所侵犯的法益不同，不是一罪，应当作为“包括的一罪”处理。也有学者认为，即便不是同一法益的侵害，也可认为存在吸收关系。[②]本书认为，当法益不同时，行为符合数个构成要件，此时当作法条竞合，必然会和想象竞合发生交叉，因此，是将附随行为当作不可罚的事前行为还是当作被吸收的构成要件，还有进一步认识的必要。

（2）不可罚的事后行为，也称为共罚的事后行为，即犯罪完成后，基于犯罪一般会发生违法状态继续的场合，实施维持该违法状态的行为，构成状态犯。维系该状态的行为被吸收。例如，盗窃罪完成后，对取得的财物加以毁弃的，毁弃罪（日本刑法第261条）就是不可罚的事后行为。关于不可罚的事后行为的法的性质，有法条竞合中的吸收关系说和犯罪的事后行为说。[③]

（3）不可罚的事前行为，指先于某种主要犯行，对其犯行的实行产生影响并意图危害同一法益的行为。例如，强奸之前实施的强制猥亵行为，准强盗罪中的盗窃罪，等等。

处理吸收关系的法条竞合，要采取吸收法排斥被吸收法原则，如在附随犯的场合，一般认为附随行为为主行为所吸收。

---

① 参见［日］山中敬一著：《刑法总论Ⅱ》，成文堂1999年版，第917—918页。

② 参见［日］山中敬一著：《刑法总论Ⅱ》，成文堂1999年版，第918页。

③ 参见［日］山中敬一著：《刑法总论Ⅱ》，成文堂1999年版，第919页。

4.择一关系

择一关系，是性质上不能两立的规定，一方排斥他方而被适用，[①]如日本刑法中的背任罪（第247条）和侵占罪（第252条、第253条）的关系。

但是也有学者认为，发生所谓的择一关系时，对具体案件应当适用哪一法条，是事实认定的问题，而非法条本身的竞合，因此把择一关系看成法条竞合是不妥当的。[②]在德国、韩国刑法学中，现在有学者主张否定择一关系。这是应当注意的现象。

三、结合犯

（一）结合犯的基本概念和构成特征

结合犯，或称为结合罪，是指数个独立成罪的行为，在法律上结合为一个构成要件行为的犯罪。结合犯必须具备如下条件：（1）实施数个不同种类的行为；（2）数个不同种类的犯罪行为各自单独构成犯罪；（3）各个独立的犯罪被结合为特别的法律上的一罪；（4）各个犯罪结合为一罪是依照法律上的明文规定。例如，在日本刑法中，行为人实施强盗之际又强奸了受害人，不是分别构成强盗罪和强奸罪，而是构成强盗强奸罪。强盗强奸罪就是根据法律规定，由强盗罪和强奸罪结合形成的。类似罪名包括强盗罪、强盗强奸杀人罪，等等。

（二）加重情节（结果）与结合犯

在德国刑法理论上，将结果加重犯视为结合犯；在日本和意大利，有的学者将情节加重犯视为结合犯，但有学者认为，如果将故意和过失的主观方面进行结合，不仅破坏刑法长久发展出的法理，也使犯意得以无限延伸，如此非但使刑法根本之罪刑原则不复存在，也使得竞合论、共犯论以及未遂法

① 参见［日］西原春夫著：《刑法总论》（下卷），成文堂1994年改订准备版，第919页。

② 参见［日］大塚仁著：《刑法概说·总论》，冯军译，中国人民大学出版社2003年版，第419页。

理的原则无所适从。[①]

本书认为，刑法理论首先要适应刑法实践，而不是从相反的方向出发处理两者的关系。当然，刑法实践也需要理论的指导，但它必须满足社会的需要。法律规定结合犯，绝非没有道理，因为结合犯在多数情况下，数个行为通常在同一机会实施，或者某个行为是作为其他行为的手段实施，根据这种情况，能发现犯人反社会性的严重程度，并且被害法益很重大，所以法律将数个行为结合为一罪，比按照并合罪的处罚更重。[②]即便在故意和过失结合的场合，也存在上述问题，所以，以构成要件的符合性为标准，将结果加重犯或者情节加重犯作为结合犯，还是可取的。

但是需要补充的是，如果采取行为标准区别一罪与数罪，结果加重犯由于只有一个行为，就不符合结合犯的特征。

（三）对结合犯的处理

对结合犯，一般情况下直接依照法律的明文规定处理。但在犯罪的完成过程中，结合犯可以表现出四种形态，应视不同情形处理：[③]

（1）结合犯的基本罪和其他结合罪之间都构成既遂，如强奸杀人罪中杀人行为和强奸行为都是既遂。这在实务上一般没有疑问，但是行为发生的顺序对于司法适用还是有影响的，如先奸后杀的，一般适用强奸杀人罪；如果是先杀后奸，则分别为杀人罪及侵害尸体罪。

（2）结合犯的基本罪未遂而相结合之罪既遂，如强盗杀人罪中，强盗罪未遂而杀人罪既遂的。对此如何处罚，一种观点认为，结合犯中如有一罪既遂，则结合犯既遂，只有当各个犯罪未遂时，才认为结合犯未遂；另一种观点认为，结合犯的既遂，必须各个犯罪均既遂，如果有一罪未遂，则结合犯未遂；还有一种观点认为，结合犯是否既遂，取决于被结合之罪，与基本犯

---

① 参见柯耀程著：《变动中的刑法思想》，中国政法大学出版社2003年版，第48—49页；马克昌著：《比较刑法原理》，武汉大学出版社2002年版，第764页。

② 参见马克昌著：《比较刑法原理》，武汉大学出版社2002年版，第764页。

③ 参见柯耀程著：《变动中的刑法思想》，中国政法大学出版社2003年版，第50—53页。

是否既遂无关，即如果基本罪未遂，但只要被结合之罪既遂，就认为结合犯既遂。如强盗未遂而杀人既遂的，还是按照强盗杀人处罚。这是理论和实务上的一般见解。

（3）结合犯的基本罪既遂而相结合之罪未遂，如强盗罪既遂而杀人罪未遂。对这种情形，实务上认为，结合犯是否既遂取决于被结合之罪是否既遂，所以，此时结合犯未遂。另外，要进一步看刑法是否处罚该种情形的未遂犯，如法处罚未遂情形，就按照该结合犯的未遂处罚；如果法无处罚规定，则应当将各罪分别论处，依数罪并罚原则处理。

（4）结合犯的基本罪和相结合之罪均未遂，如强盗未遂且杀人未遂。对这种情形的处理，要看法律有无处罚未遂的规定，如果法律对该结合犯有未遂规定，则以未遂犯处理；如果法律无处罚结合犯未遂的规定，就要看对基本罪和被结合之罪是否有未遂规定，如果都没有，就不处罚，如果都有，就应将各个犯罪未遂并罚；如果有的有，有的没有，就只处罚有规定的基本罪或者被结合之罪。

第三节　包括的一罪

一、包括的一罪概述

包括的一罪，是指在某一犯罪事实数次符合外形上的构成要件的场合中，应当包含于一个构成要件评价的犯罪。包括的一罪分为同质的包括一罪与异质的包括一罪，前者是行为在外形上数次符合同一构成要件；后者是行为数次符合不同的构成要件。①

二、包括的一罪的类型

包括的一罪，在概念上还不很明确，但它有助于认识一罪。关于它所包

① 参见［日］大谷实著：《刑法讲义总论》，成文堂1996年补定4版，第491页。

含的犯罪类型，可以根据构成要件的异同分别区分为充足同一构成要件的包括一罪和充足不同构成要件的包括一罪。

充足不同构成要件的包括一罪包括前述的伴随犯和不可罚的事后行为，充足同一构成要件的包括一罪包括：[1]

1.行为是一个的场合

一个行为数次充足同一构成要件的时候，如果违法的内容是一体的，就是包括的一罪，因此，被害的法益必须是单一的。比如开一枪打死数人，如果根据被害人之数，成立杀人罪的（同种类）观念竞合；但是，一个行为对同一人造成数个伤害时，成立包括的一罪。又如，对同一人所持的数个他人的财产进行盗窃的时候，关于盗窃罪的法益，如果采取占有说，成立包括的一罪；但采取本权说时，则应当认为是（同种类的）观念竞合。

2.接续犯的场合

即符合构成要件的行为是接连实行的时候，行为的违法内容被认为是一体的，也可用一个罚则进行评价。例如，暴行罪的犯人接连殴打受害人的脸部；盗窃罪的犯人用分次运出的方法窃取财物，等等，虽然有数个行为，但是由于是在同一机会中接续实行的，其违法内容是一体的，成立包括的一罪。但是，它要求被害法益必须是单一的。因此，接连殴打数人、接连盗窃数人所持的财物等场合，不能认为违法内容是单一的，就构成数罪。

3.行为是数个的场合

具体包括如下情形：（1）集合犯。（2）狭义的包括一罪，即一个构成要件中规定了手段、目的或原因、结果关系数种行为，一连实行这些行为，构成包括的一罪，也是狭义的包括一罪。由于构成要件本身不是预定的数个法益，所以成立一罪也必须被害法益是单一的。例如，公务员利用职务收受贿赂，实行了充足不同构成要件的数个行为，由于是一连实行的，被害法益如果是一个，就构成包括的一罪；再如，藏匿同一犯人、将抓来的人监禁等都

---

① 参见［日］虫明满：《包括的一罪》，载［日］阿部纯二等编：《刑法基本讲座》（4），法学书院1992年版。

一样，是狭义的包括一罪。（3）连续犯，或连续一罪，即在通常的构成要件中，反复实行数个行为，由于一定的要件被认为是包括的一罪。如连续使用麻醉剂、连续实施业务上的侵占。

三、集合犯

（一）集合犯的概念

集合犯，是构成要件本身预想为数个同种类的犯罪行为，例如在常习犯的场合，赌博常习者即使施行数个赌博行为，仅仅认为是常习赌博（日本刑法第186条）一罪。又如在营业犯的场合，多次施行无证行医行为，不过构成无证行医行为一罪。[①]集合犯一般具有如下几个要件：

1.行为人以实施不定次数的同种犯罪行为为目的

所谓以实施不定次数的犯罪行为目的，即行为人不是意图实施一次犯罪行为，而是预定连续地、不定次数地实施同种犯罪行为。例如非法行医，行为人就是意图实施不定次数的非法行医行为。这是集合犯的主观方面的特征。因此，集合犯在主观上，表现为对实施的数个相同的犯罪行为具有连续实施的犯意倾向。

2.行为人通常实施了数个同种的犯罪行为

刑法要求行为人具有多次实施同种犯罪行为的的意图，并且行为人一般也是实施了数个同种犯罪行为的。所谓“同种犯罪行为”，是指数个行为的法律性质是相同的，如数个非法行医的行为等。集合犯的数个同种的犯罪行为，必须触犯同一个罪名。所谓“同一个罪名”，包括单一罪名，也包括选择性罪名，如非法行医罪，还包括犯罪未完成形态的修正罪名，和属于共犯的修正的罪名。但是，行为人如果仅仅只实施了一次行为，也构成集合犯。

3.刑法将可能实施的数个同种犯罪行为规定为一罪

即集合犯是法律规定的一罪。这就是说，所谓集合犯，是因为构成要件

① ［日］前田雅英：《一罪与数罪》，载［日］阿部纯二等编：《刑法基本讲座》（4），法学书院1992年版，第276页。

本身预定同种行为的反复，所以被反复的同种行为无一例外地予以包括，被作为一罪评价。正因为刑法是将可能实施的数个同种行为规定为一罪，所以行为人实施了数个同种行为，仍然只能构成一罪。但是，需要注意的是，刑法只是将可能实施的数个同种犯罪行为规定为一罪的，即构成要件在性质上，预定有数个同种行为反复实施。

（二）集合犯的种类

集合犯分为几种，理论上还有不同的认识。但是一般分为如下两种：

1. 常业犯

常业犯是指以一定的行为为常业的犯罪。属于常业犯的集合犯是赌博罪。详言之，其构成要件是：其一，行为人主观上出于营利目的，意图实施多次同种犯罪行为。"营利目的"，是指行为人实施该种行为主观上是为了获取钱财，但构成犯罪不以行为人实际获取钱财为条件，只要出于营利目的即可。这是其主观条件。其二，法律规定以反复实施同种犯罪行为为构成犯罪的必要要件。换言之，对这种犯罪来说，只实施一次行为，犯罪还不能成立，只有反复实施同种犯罪行为，才能构成该罪。

2. 营业犯

营业犯是指通常以营利为目的，意图反复实施一定的行为为业的犯罪。其构成要件是：其一，行为人主观上通常出于营利目的，意图实施多次同种犯罪行为。所谓"通常"是说实践中行为人一般是出于营利的目的而反复实施同种犯罪行为，但是，并不排除在某些情况下，行为人的一次或者数次行为不是出于营利目的的可能性。虽然如此，也不影响集合犯的成立。所谓"营利目的"，是指行为人实施该种行为主观上是为了获取利润，但构成犯罪不以行为人实际获取利润为条件，只要出于营利目的即可。这是其主观条件。其二，行为人反复实施一定的行为并以此为业，但即使只实施一次行为，也可构成犯罪；实施了数个同种行为，仍然只能构成一罪。这里所说的行为，必须是符合构成要件，能够独立构成犯罪的行为，如果数次举动（行为）而实现的是一个犯罪构成的，是接续犯，而非集合犯中的营业犯。

营业犯与常业犯的区别在于：对常业犯来说，实施一次某种行为，不构成犯罪；必须反复实施同种行为，才构成犯罪。而对营业犯来说，实施一次某种犯罪行为，可能构成犯罪；反复实施同种犯罪行为，仍然构成该种犯罪一罪。

（三）集合犯的处断原则

集合犯是本来的一罪，刑法分则条文设有明文规定，对集合犯，不论行为人实施多少次行为，都只能根据刑法的规定以一罪论处，不实行数罪并罚。

四、连续犯

（一）连续犯概述

对于连续犯作为一罪处罚，在大陆法系刑法中，有的有立法根据，有的没有立法根据。如罗马尼亚刑法第41条第2款规定："为了实施同一犯罪，在不同时间内重复实施分别代表同一行为的内容的作为与不作为，是连续罪。"意大利刑法第81条第2款规定：基于同一犯罪意图的数个作为或不作为，即使在不同时间，实施多次触犯同一规定或不同规定的人，是连续犯。[①]日本旧刑法在1947年修订之前，第55条规定："连续的数个行为触犯同一罪名时，以一罪处断。"此外，日本有判例认为："所谓触犯同一罪名的行为，不限于只带有同一名称的犯罪，也包括名称不同的被规定在同一条章之下的具有同一罪质的犯罪"，如盗窃罪和强盗罪的连续犯。虽然这些规定并不完全一致，但在立法上承认连续犯，这自然不存在立法根据的问题。

（二）连续关系的认定

关于连续关系的认定，理论上有如下学说：（1）主观说，认为连续关系

① 参见［意］杜里奥·帕多瓦尼著：《意大利刑法学原理》，陈忠林译，法律出版社1998年版，第421页。

应存在于行为人的主观意思上的一致性，并仅仅限于犯罪故意，过失无连续意思可言。（2）主客观说，认为连续关系的认定，应当具备双重判断标准，即主观意思的一致性和客观行为的一致性。（3）客观说，认为主观条件的确定，往往是透过客观事实确定的，即所谓“主观客观化”，所以，判断连续关系也应当从客观上认定。①

本书认为，虽然“主观客观化”有一定道理，但是客观并非完全能反映主观，所以单纯从客观事实着眼，还不足以解释行为人的主观状态，而且就连续关系的判断立足点看，恐怕主要还是行为人主观意思的一致性，所以，客观说是片面的。但如果不考虑客观的行为表现，并不足以说明行为连续，如行为人出于报复目的，决意杀害甲的家人，但是期间间隔数年，虽然行为人在主观上能达成一致性，但是过长的时间隔离，已经阻断了行为的连续。所以，从客观和主观方面结合判断连续关系，是比较妥当的。

根据以上所述，被当作所谓连续犯的连续一罪，其基本的构成要件包括：（1）构成要件的同一性，即行为应当符合刑法构成要件所规定的要素，但不强调其在构成要件上是完全相同的，只要是类似的就可以；（2）主观犯意的连续性，这种意思不限于完全相同的情形，在概括的故意范围内，也可认为是一致的，并且具有连续进行的意志；（3）法益的同一性，即行为必须反复侵害或者威胁到相同法益；（4）行为的连续性，这是判断连续犯的最可靠的客观要素，行为的连续性，是通过行为性质的类似性、行为情况的同质性、行为经过的同种性、时间的接近性等来说明的。

第四节　科刑上的一罪

一、科刑上的一罪概说

科刑上的一罪，是一个人的犯罪事实符合数个犯罪构成要件，但在刑罚

① 参见柯耀程著：《变动中的刑法思想》，中国政法大学出版社2003年版，第321—322页。

上做一罪处理的情形。在日本刑法理论中，科刑上的一罪包括想象竞合犯和牵连犯。

关于科刑上的一罪是单纯一罪还是数罪，在日本刑法理论上有争议，如从行为标准来看，科刑上的一罪是单纯一罪，但从结果标准来看，则本质上是数罪，科刑上作为一罪。[①]本书认为，科刑上的一罪是否属于单纯一罪的类型，涉及罪数的判断标准，以想象竞合为例，如果采取行为标准，它应当是一罪，而不是数罪；但如果采取构成要件标准，由于它充足数个犯罪构成要件，属于典型的数罪，而不是一罪。鉴于日本刑法理论以构成要件标准为主要罪数标准，所以，想象竞合犯应作为科刑上的一罪，实质上的数罪。

将实质的数罪不作为并合罪，而是科刑时作为一罪处以相对较轻的刑罚，其理论依据不一样：[②]甲说，认为其中的理由不能求之于犯罪论，而必须以刑罚论中"所谓'一次性处罚'的刑罚适用上的目的性要求"为根据。根据"一次性处罚"的刑罚适用要求，数个成立的犯罪，在社会通念上如果能评价为一个类型的事实，即具有一体性，从观念上它可形成一个行为，而目的、手段、原因、结果等数个行为之间的关联性也可成为牵连犯的理由。乙说，着眼于犯罪行为的形态，将观念的竞合作为刑罚减轻的事由，即观念竞合虽然在法的评价上是数罪，但它只有一个行为，如果对一个行为的数个法益进行评价，这是重复性的，必然导致刑罚的重复，为此，应当统一进行科刑。丙说，主张将观念竞合的实体根据求之于违法性评价的重复性，由于违法性评价上存在某种程度的重复，所以违法性减轻，处罚相应较轻。丁说，认为科刑上的一罪的根据是责任的减少，因为此时行为人只突破了一个规范的意识，其责任比数个独立的意思活动的场合要轻。

本书认为，犯罪论也可以说明科刑上的一罪的处罚根据，因为科刑上的一罪要么表现为行为的单数，要么表现为主要意思的单数，因此无论是在违法性还是在责任方面，它们都和并合罪有区别。当然，刑罚的目的对于确定

---

① 参见马克昌著：《比较刑法原理》，武汉大学出版社2002年版，第786页。

② 参见［日］阿部纯二等编：《刑法基本讲座》（4），法学书院1992年版，第289—290页。

该犯罪形态的地位也有影响。因此，对以上观点要加以合理取舍。

二、想象竞合

（一）想象竞合的概念与成立要件

想象竞合，也称为观念竞合，是指一个行为触犯两个以上的罪名的情况。想象竞合犯的要件是：

1.一个行为

关于一个行为的判断标准有不同观点。[①]（1）自然的·社会的行为标准说，该说采取事实的标准，着眼于自然或者社会行为的单一性，将社会观念上被视为一个行为的行为，当其符合数个构成要件时，作为观念的竞合。（2）构成要件的行为标准说，吸收规范性的评价要素，以符合数个构成要件的数个行为为前提，认为其中的关系如何确定，取决于观念的竞合。构成要件的行为说，重视行为的规范层面，在构成要件的行为的评价中，试图用法律评价。（3）综合说，即以自然的、社会的行为标准说为基础，并从构成要件的观点加以规范性的评价。如前所述，一个行为的评价和罪数标准的评价具有内在的联系，其关键是如何将构成要件的形式标准和其他实质标准结合起来。因此，综合说是妥当的。

2.触犯两个以上的罪名

所谓触犯两个以上的罪名，意味着存在数个构成要件的符合性、违法性和有责性，可以认为是数罪。这数个罪，可以符合不同的构成要件，如一个行为同时造成伤害罪和毁坏财物罪；也可以符合相同的构成要件，如一枪打死二人，理论上前一种情形称为异种类的观念竞合；后一种称为同种类的观念竞合。

在司法判例中，以上两种类型的观念竞合都得到了承认，而在理论上，对异种类的观念竞合没有争议，但有学者，如牧野英一不承认同种类的观念

---

① 参见［日］曾根威彦著：《刑法的重要问题》，成文堂1996年增补版，第363—365页；［日］山中敬一著：《刑法总论Ⅱ》，成文堂1999年版，第923页。

竞合。本书认为，虽然同种类的观念竞合在刑罚裁量上似乎没有实际意义，但是如果不承认它，势必产生并合罪的问题，因此，通说和判例的做法是可取的。

（二）想象竞合犯的处罚

关于想象竞合罪的处罚，立法例有三种类型。（1）从一重处断，就是按照数个罪名的刑罚中最重的一个刑罚处断，如日本刑法、韩国刑法；（2）从一重处断并加重刑罚，就是以数个罪名的刑罚中最重的一个刑罚为基础，并适当加重刑罚，如瑞士刑法；（3）从一重处断但限制可能被判处的最低刑，就是按照数个罪名的刑罚中最重的一个刑罚处断，但是就其处断刑则有最低限制，如德国刑法。

本书认为，根据想象竞合犯的性质，它的刑罚不能重于并合罪，而从一重并加重刑罚的做法，可能会产生类似问题。但是，如果仅仅在一个最重刑罚幅度内进行处断，也存在处断刑低于其他罪名的刑罚的问题。因此，德国的规定似乎更符合想象竞合犯的法理。

三、牵连犯

（一）牵连犯的概念和要件

牵连犯，是指数个行为中作为犯罪的手段或结果的行为触犯了其他罪名的情形。例如，侵入他人住宅进行盗窃，作为目的行为的窃取财物行为，自然构成盗窃罪，另外，作为手段行为的侵入住宅，还可构成侵入住宅罪；或者以其他目的进入他人住宅（原因行为），结果在住宅中盗窃（结果行为），都属于牵连犯。可见，牵连关系包括：手段行为和目的行为之间的牵连与原因行为和结果行为之间的牵连。牵连犯的要件是：

1. 存在犯罪的手段或结果的行为

作为牵连犯，应当存在具有犯罪性质的手段行为或者结果行为。换言之，就是手段行为和结果行为对于犯罪的成立都是必要的。

2. 作为犯罪的手段或结果的行为触犯了其他罪名

所谓“触犯了其他罪名”，是指数个行为符合不同的构成要件，构成犯罪。因此，在犯罪的手段行为或者结果行为是共罚的事前行为或者共罚的事后行为的场合，由于被吸收，不能构成牵连犯。至于所触犯的罪名是否限于同种类的罪名，在日本判例上没有限制，也存在同种类的罪名作为牵连犯的判例。在理论上也有人赞同同种类的罪名构成牵连犯。[①]本书认为，既然要求触犯不同的罪名，因此同种类的罪名构成牵连犯实际上是难以想象的。

（二）牵连关系的判断

牵连犯的成立，必须在作为犯罪的手段或结果的行为与犯罪的目的行为或者原因行为之间存在牵连关系。至于牵连关系如何判断，则存在以下学说。[②]

1. 客观说

认为在犯罪的性质上，犯罪的手段行为是通常使用的行为，而关于犯罪的结果，必须具有必然发生某种犯罪的“密切因果关系”。因此，各个行为人实际上所实行的复数犯罪，如果只考虑其中与手段或者结果的关系，还是不够的。它要求在罪质上，一方是另一方的手段或者原因，而另一方相当于目的或者结果。这是客观归属的观点。

2. 主观说

主张在判断罪数标准时要以意思标准为前提，因此，在牵连关系的成立上，要依赖于行为人的主观认识。如果行为人没有牵连的意思时，此后产生新的犯意，实行目的或者结果的罪行，不成立牵连犯。

3. 折中说

认为客观标准和主观标准都是必要的，通常的手段、结果以及行为人的目的都是必要的。

本书认为，关于牵连关系，在客观上存在牵连事实的场合，不可能不存在行为人的主观牵连意思，换言之，只有行为人有牵连的目的，才会形成客

① 参见［日］大谷实著：《刑法讲义总论》，成文堂1996年补定4版，第505页。

② 参见［日］佐久间修著：《刑法讲义·总论》，成文堂1997年版，第419—420页。

观的牵连事实，因此，客观说和主观说都是不全面的，折中说比较妥当。

（三）牵连犯的处罚

对于牵连犯，通常根据最重的犯罪处罚。

四、关于“挂钩现象”

所谓“挂钩现象”，是日本刑法理论中的一个概念，指本来应成为并合罪的数罪，由于各罪立于观念的竞合或牵连犯的关系，数罪全体作为一罪处理的情形。例如，甲罪与乙罪本来是并合罪，偶尔甲罪与丙罪立于科刑上的一罪关系，同时乙罪与丙罪也立于科刑上的一罪关系，甲罪与乙罪就作为一罪处理。

“挂钩现象”存在的场合有：（1）由于观念的竞合的场合，如骚乱罪中行为人实施的杀人、放火、侵入住宅；（2）由于牵连犯的场合，如行为人侵入住宅杀人后又实施放火；（3）由于观念的竞合与牵连犯的场合，如占有他人股票的行为人，为了给自己的债务提供担保，伪造改写股票名义的委任状及处分承诺书，将之交给债权人，其中涉及股票侵占罪、伪造私文书罪、行使伪造的私文书罪。

因为“挂钩现象”会导致刑罚不均衡现象，而且在既判力上也有问题，所以理论上存在着存废的异议。通说全面承认“挂钩现象”。但在侵入住宅杀三个人的处理问题上，有不少修正意见。（1）主张罪数由于挂钩的作用一方面作为科刑上一罪，另一方面也与相当于挂钩之罪、被联结之罪的并合罪相同，或在较重罪的场合承认挂钩的作用，挂钩轻罪时，以挂钩被联结之罪的并合罪处理。（2）主张侵入住宅与杀甲是牵连犯，侵入住宅与杀乙、丙是并合罪。（3）主张侵入住宅与三个杀人罪各自成立牵连犯，认定三个牵连犯的并合关系，此乃德国的通说。（4）主张对三个杀人罪的并合罪与侵入住宅罪成立科刑上的一罪。本书认为，“挂钩现象”是存在的，但是，它使得刑法的罪数问题更加繁杂，不利于发挥刑罚的社会机能，因此是否可取，还值得深思。

第五节　并合罪

一、并合罪的含义与要件

并合罪，在韩国被称为竞合罪，[①]是指未经确定裁判的两个以上的犯罪，或者说是数个独立的将在同一个诉讼程序中受到审判的犯罪。它又被认为是和观念竞合相对的实在竞合。[②]例如，日本刑法第45条规定："未经确定裁判的二个以上的罪，是并合罪。如果某罪已经确定裁判判处禁锢以上刑罚时，则只是该罪与其判决确定前所犯的罪是并合罪。"

1.并合罪的要件

（1）行为人必须实施了刑法分则规定的两个或两个以上的罪行，至于实施的时间先后勿论。

（2）每个罪行都未满追诉期间。对于已经超过追诉时效的罪行，自然不发生并合问题。

（3）行为人实施的犯罪中，任何一个罪依照法律都不是另一个罪的要件。

（4）行为人实施的数罪是未经确定裁判的。至于数罪是均没有受到确定的裁判，还是部分受到确定的裁判、部分没有受到确定裁判，则存在一些异议。但是根据有关规定，如果后罪受到禁锢以上的刑罚，可以与此之前的犯罪并合处理，因此，数罪"未经确定裁判"不强调均没有受到确定裁判。

2.并合罪的类型

（1）同种类的并合罪与异种类的并合罪。这是德国理论上的分类，同种类的并合罪，或者称为同种类的实在竞合，是行为人数次实施同一个犯罪行为；异种类的并合罪，或者称为异种类的实在竞合，是不同的犯罪构成要件相竞合。[③]

---

① ［韩］金日秀、徐鹤辅著：《韩国刑法总论》，郑军男译，武汉大学出版社2008年版，第682页。

② 参见［日］山中敬一著：《刑法总论Ⅱ》，成文堂1999年版，第943页。

③ 参见［德］汉斯·海因里希·耶赛克、托马斯·魏根特著：《德国刑法教科书·总论》，徐久生译，中国法制出版社2001年版，第885页。

（2）同时的并合罪与事后的并合罪，这是日本理论以刑法立法为依据进行的分类，同时的并合罪，是指没有确定裁判的并合罪，它适合于日本刑法第45条前段；事后并合罪，是指成立的数个犯罪之间被判处禁锢以上的确定刑罚时，和该罪在裁判确定之前的所犯的罪的并合，它适合于日本刑法第45条后段。例如，行为人依次犯了A、B、C、D、E五罪，当五罪都没有确定裁判时，就是同时的并合罪。如果C罪被判处禁锢以上的确定裁判，此时，A、B、C三罪和D罪或者E罪就构成事后并合罪；A罪和B罪、D罪和E罪则适用第45条前段，属于同时的并合罪。[①]

二、并合罪的处罚

并合罪的处罚有以下原则：

（1）并科主义，即对有并合关系的数个犯罪分别决定刑罚，然后将这些刑罚合并执行。

（2）吸收主义，即按照并合的数罪中最重的犯罪的法定刑进行处断，轻罪的刑罚被认为为重罪的刑罚所吸收。

（3）加重主义，就是以数罪中最重的刑罚为基础，适当加重犯罪人的处罚，也称为限制加重主义。

（4）折中主义，就是根据犯罪被发现的时间、刑罚性质等，分别采用并科主义、吸收主义、加重主义。由于这种原则具有灵活性，因此为大多数国家刑事立法所采用。例如，日本刑法以加重主义为原则（第47条），并用吸收主义（第46条）和并科主义（第48条）。

① 参见［日］山中敬一著：《刑法总论Ⅱ》，成文堂1999年版，第943—944页。

第十三章

犯罪的法律后果

第一节 刑罚基本理论

一、刑罚的目的

刑罚是对犯罪者施加的具有惩戒性的法律后果。刑罚的目的何在？在英美法系有两种脉络，一种观点认为，刑罚符合功利目的包括：（1）阻止潜在的犯罪人犯罪；（2）剥夺被释放后可能再犯严重和暴力犯罪的人的行为能力；（3）改造已经犯罪的人。另一种观点认为，犯罪者的行为不道德，必须以受刑来对不道德行为进行赎罪。在大陆法系，客观主义刑法理论中，刑罚立足于绝对主义或者一般预防论，采取赎罪刑以及报应刑论；而主观主义刑法理论，立足于相对主义或者特殊预防论，采取目的刑以及教育刑论。可见，无论是大陆法系还是英美法系，理论上主要是从报应论抑或预防论的要求出发解释刑罚的目的。

（一）赎罪·报应刑论

报应理论是最原始的刑罚理论。在原始社会，报应采取的是私人复仇，后来，为了限制私人复仇，就形成了以公共权力取代私人报复的做法，因此形成了国家的刑罚权。国家对犯罪的反应由私人复仇转变为有组织的官方行为，后者的任务就是通过惩罚犯罪人来镇压危害社会的行为。报应论的观点一直流行至旧派刑法理论之中。如日本旧派早期代表大场茂马认为：“刑罚是作为报应对犯罪（罪责）的行为人施加的痛苦”，“正义报应”必须是“对行为人欲为的意思及其所为的行为的正当报应”，“刑罚的目的要确保刑法的威严信用”，这样就不会将“生活利益的保护和法律秩序的维持”的刑法目的混同。[①]

小野清一郎也是报应刑论的积极主张者，他认为：“刑罚是对作为反道义行为的犯罪的理由，对有道义责任者科处的法律的制裁，其内容是依据国家的法益剥夺，即害恶。在这个意义上可谓是道义的、国家的报应。刑法不是以报应为其本质，而是根据这维持国民的道义、促进公共福祉，即它是道义的惩肃。”[②]泷川幸辰在报应刑论中，强调刑罚的赎罪意义。他说道：“刑罚是以犯罪之实行为条件，对犯人科处的害恶。刑罚的本质是报应，内容是苦痛，目的是维持社会持续。”关于刑罚的苦痛，他认为：“刑罚的实体是苦痛。这是人性的要求。如果刑罚没有痛苦的性质，就不能控制社会，当然会感到不满了。”这直接支持了以人的感情为基础的报应思想。进一步说，“痛苦的赎罪作用是对这个问题（犯罪）的答复，刑罚的痛苦是围绕犯罪的，使之解除责任，恢复到原来的明晰状态。这点体现了刑罚的意义”[③]。

今天，一般认为报应刑有两重含义：一是道义报应，二是法律报应。[④]还有学者认为报应刑具有三种类型：一是被害报应，即对行为受害人所遭受的损害进行赔偿。赔偿见之于原始社会氏族之间的复仇，但是今天则演变为对加害人的刑罚也是对被害人损害的一种补偿。它强调了刑法的私法特征。二是秩序报应，即认为犯罪是因为触犯了神、主权者的权威，扰乱了法秩序。刑罚是对犯罪的否定。它显示了刑法的公法特征。三是责任报应，即认为犯罪是基于本人的意思选择犯罪的行为，刑罚是对犯罪行为的责任清算。根据这种观点，刑罚具有赎罪的意思，但是责任报应的前提是人具有意思自

---

① 转引自［日］大塚仁著：《刑法中新旧两派的理论》，日本评论社1957年版，第178页。

② 转引自［日］大塚仁著：《刑法中新旧两派的理论》，日本评论社1957年版，第179页。

③ 转引自［日］大塚仁著：《刑法中新旧两派的理论》，日本评论社1957年版，第180页。

④ 参见［意］杜里奥·帕多瓦尼著：《意大利刑法学原理》，陈忠林译，法律出版社1998年版，第342—343页。

由，对此难以证明时，怎么加以判断就有问题。[①]

（二）目的·教育刑论

目的刑和教育刑论是新派提出来的理论见解。后来的学者丰富和发展了其中的观点，使其成为一种更为成熟的理论，并在刑法实践当中得到了普遍的承认。在牧野英一看来，其原因在于：第一，报应刑论以善因善果、恶因恶果为正义的要求，并以为正义是自明的观念。但作为科学上讨论的正义观念应当为实证所确定。人类依据共同生存的需要，应当调和社会与个人的关系，因此，正义具有调和人类行为的含义。但是，旧派将社会的调和和正义当作不一样的东西，仅仅以实现正义为刑罚的理想，而忽视了刑罚对法律秩序的维护机能。目的主义论者强调刑罚维护法律秩序、保护社会的功能，与报应主义大异其趣。第二，报应主义对称于镇压主义，预防主义对称于目的主义，在这一点上，自然应当采取目的主义。第三，考究报应观念的由来与发展，在过去，民刑不分，报应因此具有赔偿和预防的效果；可是，现在的民事责任和刑事责任相分离，赔偿主要属于民事责任的问题，而刑罚属于刑事责任的问题，预防犯罪才是其恰当的目的，以犯罪的预防为目的的目的刑论，进一步发展为以犯人的改善、教育为目的的教育刑论。

在木村龟二看来，刑罚也是受到文化理念与目的支配的合理性的、合目的的东西，必须以“保护、防卫社会的秩序和和平”为目的，为了实现这种目的，刑罚的内容就要包含这种理念。教育刑不是对恶的具有恶的报复，而是对为恶的人进行改善，使之重新成为对社会有用的成员。这样才能真正实现正义。宫本英修提出，刑罚要真正实现自身的价值，就务必要服从调和的理想，即调和作为科刑时的两个当事者（犯罪人和社会）的关系。因为刑法科刑之时，就应当将犯罪人转化为社会的健全分子，而且这对社会也有好处。[②]

① ［日］松原芳博著：《刑法总论》，日本评论社2013年版，第3—5页。

② 参见［日］大塚仁著：《刑法中新旧两派的理论》，日本评论社1957年版，第180—185页。

预防主义的刑罚观可分为一般预防论和特殊预防论。从目的合理观点看，一般预防是为了防止一般人犯罪。一般预防分为积极的一般预防和消极的一般预防。消极一般预防指的是使行为人对行为计划形成消极动机，其对象是已经具有犯罪意思之人。积极一般预防包含如下类型：第一，通过维护或者唤醒国民的规范意识预防犯罪，其对象是不具有犯罪意思的人，这些人通过教育或者日常生活将规范意识内化于心。第二，刑罚的意义在于确保对规范或者法秩序的信赖。它涉及的是与经验事实有关的信赖问题。第三，刑罚的意义还在于确证规范的妥当性，它涉及的是观念的妥当性问题。①

特殊预防是指预防犯罪人再犯。根据功利主义预防观念，犯罪人拒绝了重要的社会规范，从而表明他们在未来还有再犯的可能性。为了维护其他守法者的利益，必须通过监禁、处决或任何其他方法限制、削弱犯罪人再犯的能力或者使之丧失。②特殊预防的实现包括如下内容：首先，最简单的特殊预防方法是将犯罪人从社会中隔离出来或者排除掉，但是刑法视犯罪人为社会一员，因此必须否定永久隔离和排除的观点。其次，对犯罪人施加痛苦的刑罚，使其形成避免今后犯罪的动机，显示消极一般预防的意思。这是消极的特殊预防观。与之相对，还有积极的特殊预防观，即对受刑人进行改善、教育，促使其回归社会。③

（三）综合的刑罚观

如前所述，关于刑罚的本质，也出现了并合主义以及分配主义论点。并合主义区分刑罚的本质和目的，认为刑罚的本质是报应，刑罚的目的是一般预防、特殊预防。分配主义则主张，将刑罚分为制定、裁量和执行三个阶段，与之相呼应，报应的思想渐次减少，教育的思想渐次加强。另外社会的发展也对刑罚观的调整有影响。21世纪初，由于风险社会特征凸显，恐怖活

① ［日］松原芳博著：《刑法总论》，日本评论社2013年版，第6—7页。

② Richard G.Singer，John Q.La Fond，Fhima Baradaran Baughman，Criminal Law，Wolterskluwer in New York，2018，p.23.

③ ［日］松原芳博著：《刑法总论》，日本评论社2013年版，第8页。

动蔓延，互联网技术发展，政治不确定性因素增加，刑罚呈现出重刑主义的倾向，突出表现就是将犯罪人视为“社会的敌人”。从目的合理性角度考虑，这些都是严峻的时代课题。

二、刑罚的机能

关于刑罚的机能，大陆法系学者的观点可以归纳为威慑、报应和预防；英美法系学者的观点可归纳为改造（Reform）、监禁（Restraint）、报应（Retribution）和威慑（Deterrence）（简称3R1D刑罚）。[①]本书认为，刑罚的基本机能是预防和报应。其中，预防具有一般预防和特殊预防两种效果，特殊预防是通过对犯罪人进行监禁和改造的途径和手段来实现的，而一般预防是在对犯罪人进行刑罚时所形成的具有威慑效果的心理反应。在此意义上，本书赞同英美刑法学者的分类。[②]需要补充说明的是，英美学者还将刑罚的机能作为刑法的目的加以理解。

（一）改造

改造理论认为，如果给予适当的“治疗”，罪犯可以通过被消除实施犯罪行为的愿望或冲动而“改变”为非罪犯。常见的矫正形式包括医学治疗、更生计划、心理安慰、教育与培训计划。[③]改造就是对犯罪人进行再教育，使之重新适应社会。刑罚应当改造罪犯，这是一个备受重视的刑罚机能。英美刑法学者认为，行为人即便曾经违反过社会规则，但如果行为人得到了改造，那么，不仅没有人有损失，社会也有收益。大陆法系学者认为：“对于社会来说，使犯罪人重返社会是一种责任，因为只有这样才能避免犯罪人永久陷在犯罪之中不能自拔，致使其更加具有危险性，更加不易改正。所以，犯罪人的重新适应社会，体现了一种代价小、效益高、更加人道、完全符合

① A. H. Loewy, Criminal Law in a nutshell, West Publishing, 1975, pp.1–2.

② A. H. Loewy, Criminal Law in a nutshell, West Publishing, 1975, pp.2–8.

③ Richard G.Singer, John Q.La Fond, Fhima Baradaran Baughman, Criminal Law, Wolterskluwer in New York, 2018, p.27.

现代文明两大潮流的犯罪政策。”①

但是，有些学者提出改造犯罪不过是一种“乌托邦式”的憧憬，理由包括：其一，罪犯是社会最坏的代表，对他们进行改造，就要从更需要国家财政帮助的人那里占用税费，这是不公正的，所以对罪犯的改造计划没有多大的价值。其二，改造的目的虽然有效，但是它需要依附于其他刑罚目的，如威慑。其三，刑罚在改造犯罪方面似乎并没有发挥出明显的效果，因为曾经被监禁的人再次犯罪的现象比较普遍。

尽管存在上述反对意见，但是，认为刑罚改造的机能流于失败的观点是不客观的，影响刑罚改造机能的主要原因在于，监狱的管理体制从根本上与改造的目标相抵触。另外我们还应注意到，没有技术、缺乏教养、看起来不可救药的罪犯，如果在监狱中掌握了生产或生活技术，这将有助于将他们改造为高尚、有用的公民。因此，改造依然是刑罚最有价值的目标。

（二）监禁

监禁主要是把犯人关押在监狱中。监禁还有一个作用，即永久或者暂时剥夺犯罪人的犯罪能力。对某些罪犯是否需要予以监禁，几乎没有争议，即使刑罚改造理论的最忠实拥护者，也不会提议对一个难以改造的危险罪犯进行不加监禁的改造。有些判例甚至指出：容许一个有危险倾向的人处于放任自流的境地，是极其愚蠢的，也没有一个社会会这样做，因为这无异于允许一头野兽在城市的街道上横冲直撞。但是，关于监禁还有一些问题。

1.刑罚能否通过剥夺犯罪人的能力预防犯罪

反对者认为，首先，不可能准确地预测受刑人是否会再犯罪。如果剥夺能力是为了降低犯罪率，许多罪犯必须以非常高的成本监禁很长时间。这将是一个在经济上和道德上都无法付出的高昂代价。支持者会认为，可以在“可接受”的范围内预测某些类型的再犯。对剥夺能力还有一个批评可能

① ［法］卡斯东·斯特法尼等著：《法国刑法总论精义》，罗结珍译，中国政法大学出版社1998年版，第423页。

在于，它忽略了犯罪中所谓的替代现象。许多犯罪活动都是由“市场”驱动的。如果有违禁品的需求（毒品、卖淫者、偷来的电视机），就会有人提供它们。因此，当一名货物供应商被定罪并被剥夺能力时，另一名供应商将替换他。暴力、强奸、谋杀或抢劫等犯罪是否遵循同样的模式还不那么清楚。但有一些犯罪学家认为，即使是这些犯罪也有“市场”，从某种意义上说，逮捕一名抢劫犯只是扩大了那些没有被逮捕的人的可能性。如果是这样，剥夺一个抢劫犯的能力将不会导致该犯罪行为的整体犯罪率下降。[①]

2.关于监禁的操作问题

第一，对哪些罪犯应当实施监禁？在司法实践中存在这样的现象，即一类犯罪人是在经历了许多挫折之后，杀死了自己不贞的配偶，并马上流露出极度真诚的懊丧之情，且坦白了自己的罪行；另一类犯罪人是城市流氓，他们不断向当地居民发起挑衅，需要社会对其采取更多保护措施。无疑，前者更加让人同情。但令人奇怪的是，即使城市流氓被关起来，他们也比杀死自己配偶的前一类人更容易获得自由。这对于监禁构成了具有挑战性的问题。

第二，监禁应当实施多久？有学者指出，监禁除非是永久性的（无假释可能的终身监禁），或者是与有意义的改造计划相得益彰，否则，监禁不可能隔离犯罪行为，而仅仅是延长了犯罪人作案的时间。据此，刑事司法系统应兼顾改造和隔离，而不偏重于后者。在忽视改造或者更新机制的监狱体制下，对犯罪人的监禁的确难以起到威慑效果，一旦犯人获释出狱，他又将显露出自己的危险性格。可见，在以教育刑为主导观念、以自由刑为主要体系的现代刑法体系下，监禁或者徒刑都有值得深思的问题。

（三）威慑

威慑论认为，惩罚罪犯应该是为了最有效地预防、避免或阻止未来的

---

① Richard G.Singer，John Q.La Fond，Fhima Baradaran Baughman，Criminal Law，Wolterskluwer in New York，2018，pp.27–28.

犯罪。[①]或者说，就是通过刑罚判决和执行来影响犯罪人以及有犯罪倾向的人，使其认识到实施犯罪的最终结果。刑罚的威慑和预防一样，可以表现为一般威慑（General Deterence）和特殊威慑（Specific Deterence）。一般威慑的旨趣是，施加于一个罪犯的刑罚判决，会阻止其他具有相似倾向的人实行类似行为。特殊威慑着眼于预防那些在法庭上的具体被告进一步犯罪。与改造不同，特殊威慑侧重于消极方面，主要是向一个被证明有罪的人发出这种信号："罪有应得，当你出狱时务必切记。"在某种程度上，威慑与改造机能是互相矛盾的，特别是在条件恶劣的监狱下所产生的特殊威慑，与意义深远的更新计划极不协调，以至于赞成正式改造方案的学者提出：由于特殊预防从未被确定为成功的、对更新和监狱增强效果的东西，因此改造是值得推行的。不过关于威慑的主要争议则是：

1. 法律威慑是否必要

有学者指出，较之刑法或者法律威慑，宗教信条或者同类信仰能在更大程度上影响一个人的行为。但是反对观点指出，非法律因素塑造一个人的行为的重要性，并不否定法律的重要性，而仅仅意味着法律并非支配人的行为的唯一因素，因此法律威慑还是必要的。

2. 刑法判决是否有特殊威慑效果

有学者认为，大多数预期的刑事被告者并未留意法庭作出的判决事实。即使那些意识到的人，也并没有仔细计算可能损失和潜在收益。但也有学者认为，有犯罪可能的人存在一种普遍的观念，即他们的罪行将受到某种刑罚的制裁，这种意识会影响他们的行为意向，至少在某种程度上是如此。

3. 刑法判决是否有一般威慑效果

有学者指出，现实的犯罪率已经显示威慑是没有效用的，如在法国对窃贼执行绞刑的时代，就经常发生这样的情形：台上的窃贼引颈待法，而台下的窃贼选择那些专注的看客下手作案。反对的观点则认为，威慑的效用不能

---

① Richard G.Singer，John Q.La Fond，Fhima Baradaran Baughman，Criminal Law，Wolterskluwer in New York，2018，p.23.

由它不曾威慑到的犯罪人的数目来衡量，而要取决于它实际上威慑了的犯罪人的数目，即便存在刑事司法方面的反对事实，但这个问题不在于存在多少窃贼，而是如果没有这种刑罚，将会有多少人在现场作案。

由于缺乏具体的比较，对威慑论的问题迄今为止也未能找到一个明确的解决办法。但可以肯定的是，确定的刑罚比严厉的刑罚更具有威慑效果，就如贝卡利亚所说："对于犯罪最强有力的约束力量不是刑罚的严酷性，而是刑罚的必定性。"①在实践上，第二次世界大战时期的丹麦曾做过极为类似的"实验"。当时德国人逮捕了丹麦的全部警察力量，代之以一个效率极低的警察体系，结果有几种犯罪的犯罪率上升了十倍。所以，刑罚在客观上的确能阻止犯罪，只是我们尚不能知悉其威慑效果的程度。

（四）报应

报应理论认为，选择从事不法行为（犯罪行为）的人应受到刑罚，即使没有功利目的，也应该对他们施加刑罚。根据报应的观点，刑罚是犯罪人罪过的"报酬"。与改造和隔离不同，关于是否应当把报应作为刑罚的法定目标，理论上存在着激烈的争议。一种观点认为，报应是野蛮的，不适应文明的社会。但报应论者则提出如下理论：第一，谴责罪犯，并就他们的不法行为施加报应，为道义权利所使然。第二，人类社会甚至可以与那些犯有罪行的人一道反对犯罪，因而，哪怕是在精神的世界，报应在道义上也是公正的，它在市民社会是必需的。第三，为了防止私人复仇，制度化报应的有效性是必需的。报应表现出社会的必要，也体现着个人的必要，而不仅仅是出于哲学上的考虑。"刑罚导向制裁，'报应'也不可能离开其道德功能，即使为了犯罪人能够重返社会这一实用目的，'报应'也要考虑'将来'，但仍不会离开'过去'。"②在此意义上，否定刑罚的报应目的和机能，并不符合现

---

① ［意］贝卡利亚著：《论犯罪与刑罚》，黄风译，中国大百科全书出版社1993年版，第59页。

② ［法］卡斯东·斯特法尼等著：《法国刑法总论精义》，罗结珍译，中国政法大学出版社1998年版，第421页。

实情形。

与报应有密切联系的刑罚目标是赎罪（expiation）。赎罪并不着眼于对罪犯的报复，也不仅仅是为了预防犯罪，其目标在于净化社会，为了使犯罪人消除犯罪的耻辱感，并从犯罪的阴影中解脱出来。

无论报应或者赎罪在道义上是否正当，在刑罚配置中，它们却是很重要的。所以有学者认为，诸如“罪犯对社会负有债务”或者“让刑罚适应犯罪”的陈词滥调，在本质上还是报应性的，对于报应论的反对者而言，他们最现实的希望或许不是要彻底消除报应，而是不容许维系它在刑罚中的主导地位，希望将它依附于其他刑罚目的，并在刑罚体系中居于次要地位。①

三、刑罚的实践问题

刑法的理论机能必须在社会实践中得到展示。对于刑罚实践中的问题，大陆法系学者还没有给予充分的注意，而英美刑法学者对此有较为深入的研究。以下根据英美刑法理论就主要问题加以介绍。

（一）刑法目的的冲突

对于罪犯适用刑罚，往往会因刑罚目的的冲突而产生不同的结论，即依照某个刑罚的目的，可能应当采用长期监禁；然而根据另一个刑罚目的，也许不适宜进行监禁。为了解决这种冲突，法官必须对这些互相冲突的刑罚目标的效用进行评估。比如，一个35岁的被告人，被控犯有对青年女子进行猥亵等三条罪状，被告人不服，提起抗辩，精神医学鉴定表明：被告没有再犯这种犯罪的可能性；而且监禁对罪犯的身体健康有一定程度的危害。法官被迫在改造与监禁、威慑与报应之间进行综合考虑，从而至少产生了三种选择可能：

第一种选择是，法官对罪犯的每一种罪行判处5年监禁，并连续执行。这将使罪犯被监禁15年，直至其50岁。然而，罪犯的该当罪行具有可阻止

① A. H. Loewy, Criminal Law in a nutshell, West Publishing, 1975, p.6.

的理由，判决应充分重视这种事实，而不应只根据报应的形式表达社会的憎恶。将一个没有污点记录并有证据表明为可以得到改造的人，囚禁在监狱中，任其变为一个麻木的、痴呆的、没有丝毫希望成为一个有用于社会的成员的举措，这是不道德的。

第二种选择是，法官判处罪犯一定时期的缓刑，并充分考虑到罪犯的经济条件而附加具有实际意义的罚金，这样，罪犯在未来或许不会再犯这种罪行了。在对该行为进行审理的过程中，还可以继续表现出这种思想：实际上只应判处罪犯罚金，根本无须缓刑。这种思想大体上也得到了认可。这一刑罚判决不仅适合于对罪犯的更新，而且对于一个行为稳重的家庭男人来说，这样一个有实际意义的判决还具有充分的特殊威慑效果。但是，在深信报应论的学者眼中，以上刑罚是不够的，它完全忽视了管束。尽管有证据表明被告人不可能重新犯罪，但是，这无法使行为人的那些有小孩的邻居们满意。

第三种（也是最后一种）选择，也是法官们实际采纳的一种判决，是判处被告相对较轻的监禁（实际上是6个月到18个月），但真正执行的监禁期更短。法官们承认，这种判决将有害于罪犯的回归，但考虑到回归的不确定性以及一般威慑的重要性，真正执行判决是必要的。

总体而言，这种被认为是各种矛盾着的刑罚目的的折中方案，或许是最坏的选择。首先，6个月到18个月的监禁期可能阻碍了更新的进程。其次，当短期的犯罪监禁以更新失败而告终的话，那么，监禁会暴露出比根本不处刑罚更多的问题。最后，由于这类罪犯具有相当的不可预防倾向，6个月到18个月监禁的判决对这类罪犯根本不可能产生明显的影响。

（二）刑罚目的的不明显

较之于具有矛盾的刑罚目的更难处理的，是在一些案件中难以表现出明显的刑罚目的。例如，一个饥饿的人为了填饱肚子而偷面包的场合。这类典型的案件包括英女王诉达德利和史蒂芬案（The Queen v. Dudley & Stephens）：当时被告漂泊在一个与大陆相隔千里的救生艇上，他们杀死了船上最虚弱和病情最严重的人，吃他的肉以避免饿死。御座法庭（Queen's

Bench）将这种行为视为故意杀人并判处被告死刑。但是，克朗（Crown）后来将该案判决变更为6个月监禁。在现在大陆法系的刑法理论中，这类情形可以通过期待可能性理论加以解决，但是在期待可能性理论不受重视、没有得到司法采用的情况下，我们会发现传统刑罚制度在适用时将面临的困境。

首先，威慑机能无法展开。因为任何一个行为人在行将失去生命的时刻，很难做到不去实施被起诉的罪行。所以在此情形中，唯一可以想象的刑罚是将被告人拷打致死。然而，克朗采取明确的相反举措，以期人道地将这个判决减为6个月监禁。

其次，管束很难认为是合宜的。虽然有些法院会试图作出这种判决，但没有理由让我们相信，一旦罪犯成为自由民之后，他们比社会上的其他成员更危险。

再次，在与之类似的一些案件中，改造也没有什么地位。就如法庭所指出的："拒绝承认性格是犯罪的借口，就是忘记性格有多可怕、苦难有多可怕、为保证这类案件裁判的正直和行为的纯正有多难。这是难以猜测的。我们常被迫建立难以企及的标准，制定不可满足的规则。"那些无能力超越御座法庭道德标准的被告人，不是改造得特别好的候选人。

最后，报应似乎并不反对针对性。很简单，在类似案件中不存在社会需要意欲对其施加报复的被告人。值得探讨的是，赎罪理论修正了这种刑罚。然而法院不曾解释为什么社会必须惩罚这些行为。当然，从刑事政策上看，这种行为没有得到规范上的认可。

以上问题说明，如果仅仅满足于用刑罚作为对犯罪的唯一反应对策，显然是不充分的。

（三）刑罚的不均衡性

均衡原理在刑罚实践中具有明显的效果，但是，它在很长一段时期里被忽视了。诸如在英女王诉达德利和史蒂芬案这类案件中，根据传统的刑罚目的，难以解释被告为何最后仅仅被监禁6个月。但根据英美法系传统的均衡原理，其中的理由其实很简单，它蕴含在美国宪法衡平保护条款中，表明对有些危害社会的人应采取某种程度的均衡措施。当然，这个理念在某种程度上有悖于个人的正义理论。但是，衡平和个人正义是现实存在的。一个判决通常会有意无意地反映部分司法或者立法的追求，以平衡这些经常相对的因素。

如果一个人接受御座法庭对达德利和史蒂芬故意杀人罪的判决，那么，平衡性就充当了对其惩罚的基本原理。尽管达德利和史蒂芬不会因为死刑是一种通常正义的刑罚而运用它，但是对于其他故意杀人的杀人犯则可运用它。由于其他有相同罪行的人要被处罚，而且均衡原理要求实质性的均衡措施，达德利和史蒂芬也应当被处罚。但援引联邦最高法院的判例规定："行为尽管相同，但因为条件和态度的不同，应受到不一样的处遇。"所以，我们不应苛刻地要求司法和立法机关完全一样地对待所有的杀人犯。

（四）刑罚的不协调性

刑罚的协调性问题根源于宪法和刑法的规定，但是在具体的判例中，则体现在相关刑事司法判例中。如美国联邦宪法第八修正案禁止残暴和异常刑罚，在威姆斯诉美国（Weems v. U.S.）一案中，行政官员威姆斯因为伪造一个不重要的文件而被判15年戴脚镣的劳役，最高法院将其归类为适用残暴刑罚的判决。

至今，美国联邦最高法院也没有制定出确定不协调的司法指南，因此，这项任务被委诸州和低级联邦法院。这些法院在具体判决中主要考虑以下几种因素：（1）其他对犯有更为严重罪行的非同类司法判决的尺度。例如，一个人因打骚扰电话被判处10年监禁，而强奸仅判5年监禁，这显然就不具有协调性。（2）其他同类司法判决对待犯罪的严厉性。例如，在电话骚扰案中，假定其他49个州对同类罪犯判处不超过2年的监禁，那么10年的监禁就是违宪的。（3）一个犯罪是否欠缺或相对欠缺暴力，也与协调性有关联。例如，拉尔夫诉沃登（Ralph v. Warden）案的判决认为，强奸犯如果没有对受害人进行威胁或者使用暴力，对其适用死刑是不协调的惩罚。坚持考虑暴力因素的法院会对惯犯法令不屑一顾，因为该法令不考虑欠缺暴力及其他减轻刑罚的因素，而呼吁对惯犯、再犯采取人身强制或长期监禁。

考虑不协调性的最重要意义，或许是它不断唤醒复犯罪的附随因素。许多州的联邦法院已经规定，刑罚不能残暴和异常，哪怕立法机关明确认可它为针对罪行的惩罚。然而，这个理由和上述威姆斯主张不一致的地方是，在立法指南范围内采取一项严重的有效假设作为判决是不可行的。

上述刑罚的实践性问题，从宏观和动态的角度，揭示出刑罚在具体运用中值得考虑的问题，它有助于我们更好地理解刑罚和运用刑罚。

第二节　刑罚的种类

一、刑种分类

根据不同的标准，刑罚可以分为不同的种类。

1. 生命刑、身体刑、自由刑、名誉刑和财产刑

这是依据受刑人被剥夺的法益内容进行的分类。所谓生命刑，是剥夺受刑人生命的刑罚，也称死刑或极刑；所谓身体刑，是伤害受刑人身体的刑罚，如鞭笞；所谓自由刑，是以惩役、禁锢、拘留等方式剥夺受刑人人身自由的刑罚；所谓名誉刑，是以剥夺公权、停止公权方式等剥夺受刑人一定能力的刑罚；所谓财产刑，是以罚金、科料、没收等方式剥夺受刑人一定数额的财产的刑罚。在文明社会，身体刑基本上被废止。此外，随着刑罚的发展，对犯人施加的资格限制，在过去是一种名誉刑，但渐渐演变为一种行政处分，而不再是附加刑。

2. 主刑和附加刑

这是依据刑罚的适用方式进行的分类。所谓主刑，是本身可以独立科处的刑罚。所谓附加刑，是在宣告主刑时，能附加它而科处的刑罚。刑法规定的主刑包括生命刑、自由刑和部分财产刑。而部分财产刑属于附加刑，如日本刑法中罚金、科料是主刑，而没收是附加刑。

3. 国事刑和普通刑

这是根据刑罚科处的犯罪类型进行的分类。国事刑是对政治犯科处的刑罚。普通刑是对普通犯科处的刑罚。之所以存在这种分类，是因为有学者认为，作为国事犯，考虑到受刑人应受尊重的动机，应当科处名誉拘禁。

4. 重罪之刑、轻罪之刑和违警之刑

这是根据刑罚的严厉程度进行的分类。所谓重罪之刑，是指生命之刑、无期监禁或者6个月以上的监禁刑；所谓轻罪之刑，是指不满6年的监禁刑；所谓违警罪之刑，是指较短期限的监禁刑或者财产刑。需要注意的是，这些刑罚和重罪、轻罪以及违警罪的分类，在日本并非对称的，[①]但是在法国刑法中则是相对应的。[②]

二、生命刑

（一）生命刑概述

生命刑也就是死刑（death penalty），又称为极刑（capital punishment）。死刑是最古老的刑种，它曾经是刑罚的中心。但受废止死刑思想的影响，目前世界各国对待死刑的政策不尽相同，从而表现出以下四种类型：

1. 绝对废除死刑

即在宪法或法律中明确规定废除死刑，或者在所有刑事法律中不规定死刑。目前完全废除死刑的国家有数十个之多，如丹麦、荷兰、德国、瑞士、法国等。这些国家已经在法律明确规定废除了死刑，无论在平时或是战时，对任何犯罪都不适用死刑。

2. 部分废除死刑

即法律规定只对普通刑事犯罪废除死刑，对叛国罪或者政治犯罪、军事

---

① 参见［日］大塚仁著：《刑法概说·总论》，冯军译，中国人民大学出版社2003年版，第440—442页。

② 参见［法］卡斯东·斯特法尼等著：《法国刑法总论精义》，罗结珍译，中国政法大学出版社1998年版，第457—474页。

犯罪则保留死刑，或者宣告和平时期废除死刑，战时对某些犯罪恢复死刑。

3.事实上废除死刑

即法律条文中虽规定死刑，但在过去若干年内从未执行或者从未判处过死刑，因而死刑条款形同虚设，在实质上与废除死刑别无二致。

4.保留死刑，但严格限制死刑的适用

即法律仍然规定有死刑条款，但对死刑的适用条件进行严格限制，如死刑的适用范围、适用对象、适用程序、执行方式等。有的国家，只将死刑适用于少数几种犯罪，如叛国罪或政治犯罪等。还有一些国家对死刑的实际执行采取了严格的限制，使死刑实际执行的数量大大减少。除此之外，各国还从死刑的判决程序、复核程序和执行方式上对其进行限制。

（二）死刑执行方式

死刑的执行方法很多，而且不少方法很残虐，如焚烧、活埋、肢解、溺死、击杀，等等。现在在文明国家，已经排除了残虐的死刑执行方法，一般采取绞首、枪杀、电杀、毒气杀、注射杀等方式。

（三）死刑存废之争

自意大利刑法学家贝卡利亚在其名著《论犯罪与刑罚》中提出废除死刑以来，200多年的死刑存废之争就此拉开了序幕，并延续至今。

1.死刑是否违反了“社会契约”

社会契约论是17、18世纪的一些启蒙思想家为了反对君权神授论和封建专制制度而提出的，其基本含义是，国家是全体国民通过订立契约产生的，国家的一切权利来自人民，国家是人民谋福利的工具，而不是压迫人民的工具。如果君主或其他“主权者”违背社会契约，对人民实行专制统治，人民就有权利推翻暴君，并重新推举新的国家管理者。贝卡利亚指出：“人民可以凭借怎样的权利来杀死自己的同类呢？这当然不是造就君权和法律的那种权利。君主和法律它们仅仅是一份份少量私人自由的总和，它们代表的是作为个人利益结合的普遍意志。然而，有谁愿意将自己的生死予夺大权奉予别人操使呢？每个人在对自己做出的最小牺牲时，怎会把冠于一切财富之首的生命也搭进去呢？如果说这已经成为事实的话，它同人无法自杀的原则怎么协调呢？要是他可以把这种权利交给他人或者交给整个社会，他岂不是本就有这种权利吗？”这就是说，个人没有自杀的权利，但也没有转让自己生命权给他人或社会的权利，人民在订立社会契约时，只转让了一小部分权利，而并非转让了包括生命在内的全部权利。另一位启蒙思想家洛克也从社会契约论的角度对死刑制度进行了否定：一个人既然没有创造自己生命的权利，就不能用契约或通过同意把自己交由任何人奴役或置身于别的、绝对的、任意的权利之下，任其夺去生命。谁都不能把多于自己所有权的权利给予他人。凡是不能剥夺自己生命的人，就不能把支配自己生命的权利给予他人。由于这些观点从刑罚权的角度说明国家没有设置和适用死刑的权利，比任何理由都能击中要害，所以一直为后世的支持者所采用。

提出或赞成社会契约论的思想家也有赞同死刑的，其论据有二：其一，人类社会的全体成员在订立社会契约时，已经将自己的一切权利交给了国家，所以，一个人违反社会契约，危害国家的利益，国家对犯罪人适用死刑，并没有违反社会契约论的约定。其二，法律是全体社会成员的共同意志，它维护的也是社会全体成员的共同利益，所以当罪犯犯了死罪，对之处以死刑，正是为了维护罪犯本人的利益和对罪犯人格的尊重。据此，对犯罪分子适用死刑是正常的，不处死刑反而是不正常的。

2. 死刑是否违背道义

国家一方面非难杀人犯，另一方面又对杀人犯实施死刑，这是否可取呢？死刑废除论者认为：既然国家的法律把杀人规定为一种严重的罪行，那它自己也应当以身作则，不去杀人。可是，国家一方面禁止公民和社会组织杀人，另一方面自己又在杀人，这本身就是荒谬的。日本当代刑法学者宫泽认为，犯罪分子杀了一个人，而国家又将犯罪分子杀掉，即以其人之道，还治其人之身，这种冤冤相报形成恶性循环。对这种恶性循环，首先应该从国家层面中断。以死刑的形式杀人，不论是从维护国家的形而上学的尊严或是从恢复法律秩序方面考虑，都是不应该、不必要的。另有学者提出，死刑远非阻止犯罪，而是鼓动暴力犯罪。这个论点的基础是社会赞成执行死刑，如果认为国家可以杀人，杀人就不会错。此外，还没有听说过潜在杀人犯会产生自杀倾向的精神不平衡，这些人在潜意识中想死，因而实施了杀人行为。[①]死刑的残酷性也反映出它是不道义的。通常我们连分隔、圈禁甚至鞭笞都无法忍受，但参阅特拉华州诉坎农案（S v. Cannon）[②]，由于其残虐，故意将一个死刑犯留待数月或数年后才执行，比这些刑罚中的任何一种都更残酷、更野蛮。

死刑保留者则认为：死刑是实现社会公正或正义理念的重要手段，对于作恶多端、给社会造成极大危害的犯罪分子，采取“以其人之道还治其人之身”的惩罚方法，直接处以死刑，这正是实现自古以来的正义观念的应有之义。在康德看来，如果对该处死的犯罪分子不处死，就是放纵和参与犯罪，就是破坏社会的正义。同样，对于立法者和政府来说，首先应当考虑保护社会和绝大多数守法公民的利益和人权，这是最大的人道和正义。绝不能为了保留少量几个杀人犯的生命，而使无数无辜群众的生命处于威胁之中或遭受实际的剥夺。因此，死刑是人道、公正和正义的。

现在尚难期待世界各国对死刑的存废有一致的结果，但是，从人道主义立场看，这是废止论的主要根据。本书认为，应当根据现代文明的基准判断死刑的实践合理性。[③]

3. 死刑是否违宪

宪法是否可以规定死刑呢？在现代各国的宪法中，一般都有保护公民生命权利和其他权利的条款。死刑废除论者认为，既然公民的生命权利是受宪法保障的，是不可剥夺的，那么刑法中保留死刑就是违宪的。从法与法之间的关系上看，宪法是母法，是国家的根本大法，其效力高于一切。刑法通常是根据宪法的精神制定的，刑法的条款如果与宪法的精神相抵触，就应当废除。20世纪70年代，在费曼诉佐治亚州案（Furman v. Georgia）中，[④]美国联

① A. H. Loewy，Criminal Law in a nutshell，West Publishing，1975，p.19.

② 190A.2d 514（Del.1963）.

③ 参见［日］八木国之著：《新派刑法学的现代展开》，酒井书店1991年版，第181页。

④ 408U.S.238，1972.

邦最高法院规定，在许多州实施的死刑违反了宪法第八修正案禁止残酷和异常刑罚的规定。大多数州法院也认定死刑条款是违宪的。在已经废除死刑的国家，“违宪”通常是该国废除死刑的重要理由，如秘鲁，直接用宪法规定废除死刑。尽管现在在死刑执行方法上简单并尽量减少执行的痛苦，但是死刑废除论者仍坚持认为，将一个活生生的人处死，不论是否流血，死亡时间是否短暂，由生入死都是十分残酷的事。另外，现在的诉讼程序拖沓而又漫长，罪犯由开始接到死刑判决到实际执行死刑，通常要等待很长一段时间，在此期间内，罪犯心理上所受到的折磨远比临刑时的肉体痛苦强烈。作为国家的统治者，更应当行宽容之政，尊重人性，在诱导良善方面起作用。

死刑保留论认为，宪法禁止的是残酷刑罚。例如，日本宪法第36条的规定，残虐的刑罚是被禁止的。问题是，死刑是残虐刑罚吗？保留论者认为，死刑不属于残酷和异常的刑罚，因为现代的死刑执行方法，已经最大限度地减少了死刑犯受刑时的痛苦，几秒钟就结束了痛苦，这同无期徒刑给死刑犯受刑时的痛苦相比，是微不足道的。而宪法中的残酷或非常残酷的刑罚，是指故意对犯罪人进行虐待、摧残、伤害等旨在增加犯罪人痛苦的刑罚方法，并非指刑罚性质本身。所以，死刑是痛苦的，但不是残忍的。日本最高法院判例根据宪法第13条、第31条，认为为了社会公共福利，有必要承认死刑，“死刑，如前所述，是穷极的刑罚，或者冷严的刑罚，但是，作为刑罚的死刑，其本质一般不能直接认为是符合同条的所谓残虐刑罚。不过死刑和其他刑罚的场合一样，其执行的方法在当时的时代和环境中，从人道的见地出发，在一般不认为是残虐性的场合，无论如何不能说是残虐的刑罚，……但如果法律制定的的确是残虐的执行方法，那么这样的法律肯定违反了宪法第36条”[①]。后来的最高裁判也沿袭了这个判决。但是，判例中所谓的“残虐刑罚”，不过意味着在特殊时代和环境中，从人道见地出发，一般人认为有残虐性，而所谓死刑的残虐执行方法，是过去的遗物，问题是在现代文明中，它可认为是残虐的执行方法吗？关于残虐的刑罚，判例定义是：“所谓

① 日本最高裁昭和23年3月12日刑集第2卷第191页。

残虐的刑罚，是指以不必要的精神的、肉体的痛苦为内容，人道上认为是残酷的刑罚。”[①]这个定义对死刑的界定，主要是针对执行方法的残虐性。所以，现代意义上的残虐刑罚，一般要理解为：在社会保全上、现代文化中，不必要地或者用不必要的方法，剥夺犯人法益的刑罚。那么，判例中死刑的残虐执行方法，就是在现代文化中，用不必要的方法剥夺犯人的生命。这意味着对死刑的执行方法，如果不进行努力改善，就不免其残虐性。但在今天，死刑是否属于“现代文化中，用不必要的方法剥夺犯人的生命”之刑呢？换言之，在死刑之外，是否存在其他防卫社会的刑罚方法？

就美国而言，在费曼诉佐治亚州案中，联邦最高法院仅仅只有布伦南（Brennan）法官和马歇尔（Marshell）法官全面否定死刑。道格拉斯（Donglas）法官反对死刑是因为其实施对象是弱势群体，斯图尔特（Stewart）法官和怀特（White）法官发现，死刑执行极少，制裁失去了它本身应当具有的任何惩戒价值。这些似乎不足以表明死刑是违宪的。在达拉华和北卡罗来拉州的判例中，[②]法官被赋予将终身监禁解释为违宪的权利。这些法庭认为，放弃这些善意的权力，会将死刑绝对化，该刑罚的制裁本质会丧失殆尽，因此认为死刑是合宪的。[③]但这一决定只有为了避免一个产生事后法的决定才有预期，迪克森（Dickerson）和沃德尔（Waddell）案件是否在上一级法院通过，有两点值得怀疑：其一，费曼案中的大多数观点无一表明死刑是合宪的，道格拉斯、斯图尔特和怀特三位法官简直没有触及问题；其二，在迪克森和沃德尔案中，如果不施加死刑，州的立法机关的意志也不会受到打击。立法机关对费曼案的反响是不同的。例如，印第安那州明确规定死刑适用于几种类型的谋杀罪，包括故意杀人并且预谋杀害正在执勤的警官、惩戒所雇员或者消防人员，并禁止对难以计数的所有杀人犯施用死刑。佛罗里达借助《模范刑法典》列举了几项加重处罚的情节（如极其凶残地杀人）和减刑情节（如无前科记录）。一个法官如果要适用一个死刑判决，他必须发现加重处罚的情

---

① 日本最高裁昭和23年6月30日刑集第2卷第7号第777页。

② S v. Dickerson，198A.2d 761，1972；S v. Waddell，194 S.E.2d，19，1973.

③ A. H. Loewy，Criminal Law in a nutshell，West Publishing，1975，p.21.

节远远超过减刑情节。还有一种方法是对法官加以劝告，引导他们注意加重和减轻处罚的情节，并列举陪审团共同认定的加重情节，但不给予何种情形的分量有多少的指导。[①]

4. 死刑是否有威慑效果

死刑有无抑制犯罪的机能，很久以来就有争议。死刑废除论者认为，死刑并不像统治者预想的那样有威慑作用，实际上没有多少阻止犯罪的威慑效果，至少不如无期徒刑。其论据如下：（1）从历史材料来看，凡是滥用死刑的时期，便是犯罪发案率最高的时期，犯罪的多少往往同死刑的用量成正比。（2）从现实情况看，有些国家在废除死刑前后，犯罪尤其是谋杀犯罪并没有显著变化，在有些国家如瑞典，废除死刑后，谋杀罪反而减少了。（3）从犯罪分子的表现看，有的犯罪分子出于对宗教或政治的坚定信仰，不仅不畏惧死刑，反而视死如归，对这样的人，是不可能有威慑作用的。（4）从心理学依据看，要使死刑有威慑力必须具备三个前提，一是必须经常给社会成员以警诫，二是必须使旁观者产生恐惧，三是必须使旁观者痛恨被执行死刑的人。然而这些前提都无法满足。首先，如果经常用死刑为公众树立警诫，那就需要经常有人犯罪并被处以死刑，而这本身就是对死刑效果的否定。其次，死刑执行的残酷场面给予旁观者的往往不是畏惧和反思，而是冷酷和残忍。最后，对死刑犯执行死刑，通常引起的不是痛恨罪犯的感情，而是怜悯的感情。因此，死刑不具有威慑作用。对比美国存在死刑和不存在死刑的州，可以发现，在死刑和杀人比例上看不出任何消极的或者积极的联系。[②]

死刑保留论认为，死刑的威慑力是其他任何刑罚所不能相比的，因为死刑是剥夺犯罪人的生命，而人的生命只有一次，乐生畏死是人之常情，死刑的存在使犯罪分子有所顾忌，他们尽量不犯死罪。对于死刑废除论者所主张的死刑没有威慑力的理论和实证观点，死刑保留者一一予以反驳。他们认为，在保留死刑的国家里犯死罪的还大有人在，这种现象并不能成为死刑没

① A. H. Loewy, Criminal Law in a nutshell, West Publishing, 1975, pp.21–22.

② A. H. Loewy, Criminal Law in a nutshell, West Publishing, 1975, p.20.

有威慑力的证据。因为即使在犯罪猖獗的国家，敢于铤而走险犯死罪的毕竟是极少数，因惧怕死刑而未犯者则是大多数，所以，不能因为死刑没有阻止一小部分人犯死罪，就将死刑的威慑力一笔勾销。

死刑保留论认为，死刑已经深深植根于国民的意识之中，大多数国家的民众都视死刑是必不可少的，在这种情况下，死刑绝不能废除。日本最高法院的有关判决曾认为："宪法要反映制定当时的国民感情，并作出上述规定，而不能说要永远承认死刑。某种刑罚是否残虐的判断是基于国民感情而确定的问题，由于国民感情是随着时代而变迁的，在某一时代不是残虐的刑罚，在以后的时代也有可能被反对，所以，只有国家的文化高度发达，才能实现以正义和秩序为基调的平和的社会，如果为了公共福利而不再觉得有必要通过死刑的威吓防止犯罪，也可根据国民的感情将死刑作为残虐刑罚加以否定……"[①]显然，立法者制定法律时必须反映和顺从民意，既然多数民众要求保留死刑，死刑当然不能废除。死刑保留论者指出，在社会多数成员尚不具有废除死刑的意向的情况下，盲目地仿效他国废除死刑，无异于东施效颦，结果会事与愿违，既不会为一般民众所接受，也不利于社会秩序的稳定，最终会像有些国家一样，废除死刑后又不得不恢复，损害了法律的严肃性。

但是，废除死刑和国民感情之间的联系似乎并不密切，比如在20世纪美国、日本等国家的民意测验中，大多数人还是持保留死刑的态度，[②]而死刑在日本很少适用，在美国很多州被废止，似乎也没有出现刑事政策方面的太多问题。或许我们要承认，"死刑为大多数人所赞同，他们并不知道它如何发挥作用，他们支持死刑是因为他们深信它应该怎样有效，而不是它实际上如何运用。然而，当所有关于死刑的实际运用事实和情形为人所知后，在很多团体中，支持死刑的（态度）会削弱"[③]。

① 日本最高裁昭和23年3月12日刑集第2卷第191页。

② 比如美国在20世纪70年代关于死刑废止的讨论很激烈，但是有关调查显示，赞成死刑的人数连年上涨：20世纪60年代中期，只有42%的人赞成死刑；到1980年有2/3的人赞成死刑；到1985年，有3/4的人赞成死刑；到1989年，只有不到11%的人反对死刑。参见Joel Samaha，Criminal Justice（2nd），West Publishing Company，1991，p.571。

③ Joel Samaha，Criminal Justice（2nd），West Publishing Company，1991，pp.570–571.

5. 死刑是否违背刑罚的目的

刑罚目的论中有报应刑论和教育刑论之分。现代西方国家的刑事立法和刑事司法，无不奉行以教育、感化、矫正罪犯为宗旨的教育刑思想。死刑废除论者多是教育刑论的支持者。教育刑论者认为，刑罚的目的在于防卫社会不受犯罪的侵害，而不是对罪犯施以报复。国家通过对犯罪分子适用刑罚，使犯罪分子的反社会意识得到矫正、改造，并重新复归社会。而死刑违背了刑罚教育、改造犯罪人的宗旨，断绝了罪犯的自新之路，而且推卸了国家应当担负的教育、改造罪犯之责，还毁灭了本可以利用的一部分劳动力资源，对国家和社会造成损失。

但死刑保留论者认为，根据报应的字面含义（以眼还眼：eyes for eyes），谋杀和死刑是一致的。除了“杀人偿命”（give the killer what he deserves）之外，社会也因此得以净化。有些犯罪分子在根深蒂固的反社会意识支配下，会一而再、再而三地实施犯罪行为，对这类犯罪分子，适用矫正性、教育性的刑罚方法是徒劳的，国家与其花费大量的人力和物力去改造这类根本不可能改造好的人，还不如把他们消灭掉，把节约的资源用于增进社会大多数人的福利。因此，保留死刑既能彻底地剥夺不愿悔改的犯罪人再犯能力，又能为国家节省大量用于监禁的费用，实为对付犯罪的最佳选择。因罪被判终身监禁的杀人犯逃跑后再次杀人的事实，就能说明死刑对于管束、报应和威慑是必要的。

从教育刑论出发，死刑完全没有存在的余地。但从报应刑论看，今天的报应刑和过去绝对主义的刑罚观并不相同，它是相对的、价值的报应论。从该立场出发，也不存在最高刑一定要是死刑的理由。即从报应观着眼，废止死刑也是可能的。认为死刑有助于阻止谋杀，这或许是为死刑提供的最脆弱的辩解。只要考虑预谋犯罪，我们很难想象一个人会说：“我愿冒终身监禁的危险去杀这个人，但我不愿冒死去杀他。”①

6. 死刑能否安抚被害人

死刑废除论认为，死刑不能给被害的一方以任何好处。理由是：第一，

---

① A. H. Loewy, Criminal Law in a nutshell, West Publishing, 1975, pp.18-19.

所谓处死犯罪人能给被害人以安慰的说法，是报应复仇的观念在作祟，因为被害方因犯罪所遭受的损失是一回事，如何处罚罪犯是另外一回事，被害人所遭受的损失不可能因为处死了犯罪分子而挽回。第二，无期徒刑能有效地补偿被害方的损失，即对那些应处死刑的犯罪分子处以无期徒刑，强迫他们终身在监狱里劳作，用他们的劳动所得赔偿被害方的损失，这样，既使犯罪分子受到了惩罚教育，也使被害方和社会得到了实际上的好处。第三，剥夺犯人的生命，无外乎是满足受害人及其亲属的本能的、原始的复仇情感，这显示出死刑的不合理性。①

死刑保留论者认为，死刑能安抚被害人。理由是，在国家产生之前，对侵害人的惩罚是由受害人一方承担的，这实际上是一种私刑。国家产生以后，惩罚的责任转由国家承担，死刑就是由原始社会的复仇手段进化而来的一种惩罚手段。这种惩罚手段，如果国家不运用，被害人或路见不平者就会运用，造成私刑的泛滥。因此，如果立法机关不考虑社会成员的心理，轻率地废除死刑，必然会导致私刑杀人的发生，造成冤冤相报的恶性循环，社会秩序必将大乱。这样不仅不会少杀人，反而会引起更多的杀人，犯罪分子的生命最终还是难以保全。

7. 死刑适用与误判

死刑废除论者认为，由于死刑具有不可挽回、无法纠正的特点，所以，一旦判错了，就要误杀好人。一个不当的死刑判决，不仅会挫伤人们的积极性，而且会给法律的威严造成很大损害，从而产生不良的社会影响。而误判难以避免，因为：其一，不论诉讼程序多么严格，审理如何细致，因为案件本身的复杂性、证据的虚假和灭失、偶然的巧合事件以及社会舆论的压力等都可能将判决引向歧途。其二，法官不是一部僵死的适用刑罚的机器，而是有血有肉的人，因而，法官适用刑罚的认识活动不可能不受其自身的性格、情绪、意志、气质、经历以及道德观念、法律意识、政治信仰、世界观、人生观等一系列“肉体状况”与“精神状况”的影响。其三，从司法实践的历

① 参见［日］八木国之著：《新派刑法学的现代展开》，酒井书店1991年版，第186页。

史看，各个国家冤杀无辜的现象不胜枚举。据美国学者统计，该国至20世纪80年代末共发现死刑误判案件139件，其中在判决后、执行前发现的有116件，执行后发现的有23件。只有废除死刑才能杜绝冤杀无辜的现象。另外，死刑案件耗时更长，开销更大，因此，受理上诉的法院更愿意在可能判处死刑的场合做出其他选择。

死刑保留者认为，死刑固然有误判难纠的可能，实践中确实也出现过误杀无辜的现象，但这不足以成为废除死刑的理由。第一，现代死刑制度已日趋完善，如多级审查体制、充分保障被告人的诉讼权利、严格的死刑复核程序等制度已经得以确立和运行，可以将死刑的误判率降到最小限度。第二，比较司法裁判的误判，其他刑罚的误判比死刑误判的可能性更大，而任何一种刑罚一旦误判后，都难以纠正。以自由刑为例，当一个无辜的人被误判坐牢若干年后，即使有朝一日得到了纠正，他所浪费的岁月也是不可挽回的。第三，死刑保护了许多无辜生命不被犯罪分子杀害，与它产生的这些正面效益相比，死刑的误判弊端也是微不足道的。第四，死刑虽然有不可分的缺点，但这一缺点并非为死刑所独有。无期徒刑同样也存在不可分的缺点，谋杀一个人要处以无期徒刑，谋杀更多的人依然处以无期徒刑，这不能说明无期徒刑比死刑更优越。

以上争议固然反映出对待死刑的不同态度，也揭示出废除死刑要面临的诸多难题，但是，从总体上看，废除死刑的理由似乎更为充分。随着人类文明的进步，在民主国家废除死刑也是大势所趋。

三、自由刑

（一）自由刑概述

自由刑是剥夺受刑人人身自由的刑罚。

1.终身自由刑、有期自由刑和短期自由刑

（1）终身自由刑。就是剥夺犯人终身自由的刑罚。它是仅次于死刑的最重的刑种。被判处终身自由刑的，通常是实施了严重犯罪的犯罪人。不过，受刑人在经过若干年的执行之后，也有望得到假释或者半自由的处理。

（2）有期自由刑。就是剥夺犯罪人一段时期的人身自由的刑罚。至于有期自由刑的上限和下限，各国刑法的规定不同。在德国，有期自由刑最高为15年，最低为1个月。而法国最高为30年有期徒刑，重罪最低也要判处10年有期徒刑，10年以下的自由刑则称为监禁刑，是对轻罪适用的刑罚。日本的有期惩役和禁锢为1个月以上15年以下，但是加重处罚时可以提高到20年；在减轻处罚时可以下降到不满1个月。

（3）短期自由刑。就是低于有期自由刑刑期的自由刑。关于短期自由刑，有两点需要注意。其一，短期自由刑的最长刑期没有一致规定，例如德国规定不满6个月的自由刑为短期自由刑；如果将日本刑法中的拘留视为短期自由刑，其刑期则为1日以上30日以下；在韩国称之为拘留。其二，短期自由刑存在一些弊端，不利于犯罪人改造。

2.惩役、禁锢和拘留

（1）惩役。就是将受刑人较长时期地羁押在监狱内强制其进行定期劳动的刑罚。在韩国的一般期限为1个月以上15年以下以及无期。

（2）禁锢。就是将受刑人较长时期地羁押在监狱内剥夺其自由的刑罚。禁锢的期限与惩役相同。

（3）拘留。就是将受刑人较短时期地羁押被剥夺其自由的刑罚。在韩国其期限是1日以上30日以下。

（二）自由刑的单一化问题

自由刑的单一化，是指在法律上废除自由刑在执行方式上的区别，而实行同种的自由刑。在广义上，它指将惩役、监禁、拘留三种自由刑单一化。在狭义上则仅仅指废除惩役和监禁之间的区别。

根据受刑人在人身自由被剥夺期间是否从事一定的劳动，自由刑在一些国家还分为惩役与禁锢，如日本刑法就是这样规定的。日本刑法中的惩役与禁锢的区别是，前者要从事一定的劳动，后者则不科处劳动。日本学者认为，刑法规定禁锢的旨趣在于：对出于一定的非破坏廉耻动机的犯人或者过失犯人要给予不同于通常犯人的处遇。这与对政治犯人进行名誉拘禁的思想相通，[①]但是，在刑法单一化的主张下，区分惩役与禁锢的做法受到了质疑，原因是：第一，对于名誉拘禁不科处劳动，来自蔑视劳动的错误思想。第二，被长期拘禁的受刑人，如果不从事劳动，其所受的痛苦比劳动者往往更大，因此，劳动制度可减轻受刑人的痛苦。第三，在民主社会，可以说原本就不存在应受尊重的动机犯罪，所以，在设定刑罚制度时，无须考虑犯罪动机的不同，而仅应当考虑犯人处遇上的便利等事项。[②]

自由刑单一化是在19世纪下半叶得到主张的，但是，在很长时期内进展不大，直到第二次世界大战之后，才在一些国家的刑事立法中变为现实。例如，德国刑法现在就统一称为"自由刑"。[③]应当承认，自由刑单一化是世界刑事法领域的一个发展潮流。

（三）短期自由刑的弊端及其改良

有学者提出，短期自由刑存在如下一些弊端。第一，短期自由刑刑期短暂，不但无法充分改善受刑人，反而使其在被关押期间受到"交叉感染"，养成恶习。特别是当受刑人为初犯时，在短暂拘禁之后，他们就丧失了对拘禁的恐惧，自尊心也变得低下，开始步入累犯的行列。第二，不仅受刑人的家属在精神上、物质上蒙受双重打击，而且国家、社会为了维持短期自由刑也必须支出很多费用。第三，由于理论上难以对受刑人进行恰当分类，不利于犯罪的预测和统计。第四，由于拘禁期限短暂，刑罚的特殊威慑和一般威慑效果不足，所以难以期待对受刑人进行有效改善。

为此，一些刑事政策学家主张用罚金、科料、刑罚缓执行、缓宣告或者缓起诉等制度来替代它。但是，现代刑法中还有相当数量的短期自由刑，说

① 参见［日］大塚仁著：《刑法概说·总论》，冯军译，中国人民大学出版社2003年版，第448页。

② 参见［日］大塚仁著：《刑法概说·总论》，冯军译，中国人民大学出版社2003年版，第448页。

③ 参见马克昌著：《比较刑法原理》，武汉大学出版社2002年版，第856页。

明它也有存在的意义。因此，许多国家谋求改良短期自由刑。德国在修订刑法时，有人曾提出废除短期自由刑的建议，但未被采纳。不过根据德国刑法第38条第2款的规定，1个月以下的自由刑完全被废除。根据第47条的规定，只有在特殊情况下，才可判处6个月以下的自由刑。意大利1981年第689号法律规定了一系列的替代短期自由刑的措施，包括半监禁、管制、财产刑换刑。日本改正刑法草案将拘留作为彻底改良的目标，延长其刑期为“1日以上90日以下”，同时将受刑人“拘禁于刑事设施内”，“进行必要的矫正处遇”。①

四、财产刑

财产刑是剥夺受刑人一定数额的财产的刑罚。一般而言，财产刑包括罚金、没收等。但德国1992年在刑法中新增财产刑，并将其视为罚金刑的特殊形态，在本书看来，它属于没收。②

（一）罚金

在19世纪，自由刑是刑罚的中心，但20世纪后，罚金刑的适用范围渐渐扩大了。在现代刑事司法体系中，罚金刑是运用最为广泛和频繁的制裁手段。罚金刑有以下几种：

（1）复数总额罚金刑，即刑法规定一定的罚金数额，在法定的数额内，由法官自由裁量，但是，罚金根据数额的不同，分别叫作罚金、科料或者叫作罚款。如日本刑法规定：罚金为1万日元以上，但是减轻处罚时可以下降到不满1万日元。科料为1000日元以上1万日元以下。

（2）单一总额罚金刑，即刑法规定一定的罚金数额，在法定的数额内，由法官自由裁量，不过刑法中只规定了以罚金命名的罚金刑，采用这一做法

① 参见马克昌著：《比较刑法原理》，武汉大学出版社2002年版，第858—860页。

② 参见［德］汉斯·海因里希·耶赛克、托马斯·魏根特著：《德国刑法教科书·总论》，徐久生译，中国法制出版社2001年版，第937页；马克昌著：《比较刑法原理》，武汉大学出版社2002年版，第880页。

的国家比较多，如俄罗斯、泰国、蒙古、印度、瑞士等均属之。

（3）日数罚金刑，也称为日罚金刑或日额罚金制，是按照确定的缴纳罚金的天数和每天应当缴付的罚金数额逐日缴付罚金的制度。日数罚金刑中罚金额的量定为两个阶段：一是根据对犯罪行为的评价确定缴纳罚金的天数；二是根据行为人的经济能力决定每日应缴纳的罚金数额。德国和丹麦、芬兰等国采取的是日数罚金刑。而法国既有总额罚金刑，也有日数罚金刑。

当受刑人不能缴纳罚金刑时，往往被易科处理。如在日本，对于不能完全缴纳罚金或者科料的人，设有劳役场留置的制度，这是一种换刑制度。劳役场附设在监狱中，留置期间，罚金为1日以上2年以下，科料为1日以上30日以下。另外，并科罚金时或者并科罚金与科料时的留置期间不得超过3年，并科科料时的留置期间不能超过60日。宣告罚金与科料时，与宣告一起必须确定并宣告不能完全缴纳罚金或者科料时的留置期间。关于罚金在裁判确定后的30日以内、关于科料在裁判确定后的10日以内，如果没有本人的承诺，不能执行留置，被宣告罚金或者科料的人缴纳了一部分金额时，根据罚金或者科料的金额与留置日数的比例，扣除与缴纳的金额相当的日数后，予以留置。在留置的执行中，缴纳了罚金或者科料的一部分时，将其金额按同样的比例冲抵剩余的日数。不满留置一日比例的金额，不要缴纳。

罚金刑具有以下缺点：一是罚金效果不平等；二是穷人不能完全缴纳罚金时要受到易科处理，与罚金刑的本来旨趣相违背；三是罚金的后果将及于受刑人家属。①

（二）科料

科料与罚金都属于财产刑。科料与罚金的区别在于，科料的数额少，科料的对象一般是轻微犯罪的受刑人。不过科料与行政处罚上的罚款等财产性

① 参见马克昌著：《比较刑法原理》，武汉大学出版社2002年版，第871—872页。

处分不同。

（三）没收

没收，是剥夺受刑人财产所有权，使其归属于国家的制度。在日本和法国刑法中，没收是作为附加刑适用的，在有罪判决中只能在某种主刑时附加科处，不能独立地只科处没收。另外，在作出无罪、免诉、撤销公诉、免除刑罚的判决时，都不能科处没收。但是要注意的是，也有一些国家的刑法，如意大利、瑞士、希腊等国刑法，将没收规定为保安处分。

在过去，曾经有没收全部财产的制度，但是现在没收仅以特定的财产为对象。可见没收的适用受到诸多限制。

没收的对象物包括：（1）犯罪行为组成物，即对于构成犯罪而言是不可缺少的物；（2）供或者准备供犯罪行为所用的物；（3）由犯罪行为所产生之物或者所获得之物，或者作为犯罪行为的报酬所获得之物；（4）作为犯罪行为所产生之物或者所获得之物，或者作为犯罪行为的报酬所获得之物的对价而获得的物。

能够成为没收对象的物，原则上必须是上述所列之物。因而，在该物灭失时，以及与其物的同一性丧失时，都不能没收。不过判例认为，金钱即使被兑换，因为其性质没有变化，也可以没收。

为了能够没收，另外还需要具备以下条件：（1）只限于该物不属于犯人之外的人时，如果某物属于犯人之外的某人，如果该人知情而取得，也可以没收。（2）对于相当于拘留或者科料的犯罪，如果没有特别的规定，就不能科处没收。但是，没收犯罪行为的组成物，不在此限。

（四）追征

所谓追征，是在不可能没收时，命令应该把替代它的金额缴纳给国库的处分制度。追征不是刑罚，但是准照作为附加刑的没收。追征的数额，在是金钱时当然是金钱的数额。在是物时应该根据该物的价格决定。

五、名誉刑

名誉刑是剥夺特定的由法律规定的“公民的名誉权”或者使被判刑人遭受羞辱的刑罚。名誉刑包括资格刑和耻辱刑两类。耻辱刑使被判刑者蒙受耻辱，在现代许多国家的刑法中并不存在，因此，现代名誉刑基本上为资格刑。

资格刑是剥夺、停止被判刑人的特定权利或者资格的刑罚。各国资格刑的范围不尽相同。在德国，禁止驾驶就是一种典型的资格刑，但是，诸如担任公职、选举及投票权的丧失，在德国刑法典中属于附随性法律后果，不能认为是刑罚。

在法国，资格刑包括禁止从事一定职业和禁止行使一定的权利。前者如禁止担任一定职务、关闭营业场所和丧失从事一定职业的权利。后者如禁止公民权、民事权或者亲权以及其他事项。

在意大利刑法中，重罪的资格刑包括褫夺公权、禁止从事一定职业或者艺术、剥夺治产权、禁止担任法人及企业的领导职务、剥夺与公共行政签约的资格。轻罪的资格刑包括暂停从事某种职业或者艺术、暂停担任法人或企业的领导职务。

俄罗斯的资格刑包括剥夺一定职务或者从事某种活动的权利、剥夺荣誉称号、军衔或者国家奖励，限制军职等。

六、其他刑罚种类

除了以上常见的刑罚种类之外，还有一些国家存在一些不常见的刑罚种类。[①]

1. 强制性工作

就是受刑人应该在主要工作或者学习之余，按照法院规定的时数，无偿完成对社会有益的工作。强制性劳动适用于轻罪，其具体工作内容由地方有关机关决定。俄罗斯规定了该刑罚，其时数为60小时至240小时，且每天服刑时间不得超过4小时。

---

① 参见［俄］Н. ф. 库兹涅佐娃、И. М. 佳日科娃主编：《俄罗斯刑法教程（总论）》（下卷），黄道秀译，中国法制出版社2002年版，第604—607页。

2. 劳动改造

劳动改造作为刑罚最早出现在苏联刑法之中，早期包括在流放地劳动改造和在受刑人住所地服刑的劳动改造。后来发展为在受刑人工作地服刑的劳动改造和在判决机关指定的、受刑人住所地的区域内的地点服刑的劳动改造。现在的俄罗斯刑法保留了在受刑人工作地点服刑的劳动改造。根据俄罗斯刑法规定，劳动改造就是从受刑人的工资中扣除法院判决所规定的数额作为国家收入。其限额为5%—20%，劳动改造的时间为2个月以上2年以下。服刑地点为受刑人的工作地点。

第三节　刑罚的适用

一、法定刑、处断刑和宣告刑

法定刑是与处断刑和宣告刑相对的概念，是指刑法分则具体条文规定的刑种及刑量。由于刑法中不能不规定刑种和刑量，也不可能严格规定每种犯罪的刑种和刑量，因此，现代刑法一般对刑种和刑量作出相对的规定，在此范围内由法官裁断刑罚。

处断刑是在法律上或者裁判上对法定刑进行加重或者减轻的刑罚种类和幅度。在有必要修正法定刑的场合，对其进行修正，可以更具体地划定处断的范围。例如，在限定责任能力者实施强盗的场合，依照日本刑法，假如法定刑为5年以上15年以下的监禁，另外刑法关于限定责任能力者有“减轻”处罚的规定，那么可以在2年6个月以上7年6个月以下的“处断刑”范围内裁量刑罚。

宣告刑是法官在处断刑的范围内对犯罪人宣告的刑罚种类和幅度。

可见法定刑是刑罚适用的形式界限，处断刑是刑罚适用的现实界限，宣告刑是刑罚适用的最终界限。[①]后两者是基于法定的或者酌定的事由，对法

---

① 宣告刑一般规定了具体的刑种和刑罚幅度，但是，宣告刑并不是受刑人最终会被执行的刑罚，在此意义上，它也只起到了界限性的效果，而且在外国刑法中，对少年犯一般宣告相对的不定期刑，因此，本书认为宣告刑是刑罚适用的最终界限。

定刑进行加重或者从轻的思量后形成的。

在各国刑法裁量中，加重或者从轻处罚的事由一般表现在犯罪的严重性和犯罪人的人身危险性两个方面，但其具体范围不一样，兹举要如下。①

1.法国

法定的从轻事由是：（1）悔过。悔过的表现是犯罪中止、立功，主要是犯罪分子在特定犯罪中告知行政当局或者司法当局，得以避免犯罪的发生或者方便司法机关破案。（2）未成年。

加重事由分为：（1）一般的加重事由，主要是累犯；（2）特殊加重事由，是刑法分则中各本条中具体规定的加重事由，如持械盗窃、加害人是受害人的直系亲属等。

2.俄罗斯

减轻处罚的事由包括：（1）由于各种情况的偶合而初次实施轻罪；（2）犯罪人未成年；（3）犯罪人有幼年子女；（4）怀孕；（5）由于生活困难被迫或者出于同情的动机而实施犯罪；（6）由于身体或者心理受到强制或者由于物质的、职务的或者其他的依赖从属关系而实施犯罪；（7）因违反正当防卫、拘捕犯罪人、紧急避难、正当风险、执行命令或者指令等合法性的条件而实施犯罪；（8）因受害人行为不合法或者不道德而实施犯罪；（9）自首、积极协助揭露犯罪、揭发同案犯和起获赃物；（10）在犯罪后立即对受害人给予医疗救助或者其他帮助，自愿赔偿犯罪所造成的财产损失和精神损害，以及其他旨在弥补对受害人所造成损失的行为。

加重处罚的事由包括：（1）多次犯罪、累犯；（2）由于实施犯罪而发生严重结果；（3）参加团伙犯罪、有预谋的团伙、有组织的集团或者犯罪团体

---

① ［意］杜里奥·帕多瓦尼著：《意大利刑法学原理》，陈忠林译，法律出版社1998年版，第354—355页；［德］汉斯·海因里希·耶赛克、托马斯·魏根特著：《德国刑法教科书·总论》，徐久生译，中国法制出版社2001年版，第1056—1081页；［法］卡斯东·斯特法尼等著：《法国刑法总论精义》，罗结珍译，中国政法大学出版社1998年版，第540—551页；［俄］Н. ф.库兹涅佐娃、И. М.佳日科娃主编：《俄罗斯刑法教程（总论）》（下卷），黄道秀译，中国法制出版社2002年版，第659—683页；［日］内田文昭著：《刑法Ⅰ（总论）》，青林书院1977年版，第352—354页。

实施犯罪；（4）引诱患有精神病的人或者处于不清醒状态的人以及引诱未达到刑事责任年龄的人犯罪；（5）出于民族、种族、宗教的仇恨或敌视的动机而实施犯罪；（6）为了报复他人的合法行为而实施犯罪，以及为了掩盖其他罪行或给其他犯罪创造条件而实施犯罪；（7）由于他人执行职务或者履行社会义务而对该人及其亲近的人实施犯罪；（8）对明知正在怀孕的妇女，以及对幼年人、其他没有自卫能力或孤立无援的人实施犯罪，或者对依赖从属于犯罪人的人实施犯罪；（9）犯罪手段特别残忍；（10）使用武器、弹药、爆炸物、爆炸装置或者仿造爆炸装置、专门制造机械、有毒物质和放射物质、药品和其他化学物质犯罪，以及采用身体或者心理的强制迫使他人犯罪；（11）在紧急状态、自然灾害或其他社会灾难条件下以及在聚众骚乱中实施犯罪；（12）利用国家权力机关代表的制服或证件实施犯罪。

3. 日本

在日本刑法中，法定的加重情形包括并合加重和累犯加重，但是，并不存在裁判上的加重刑罚事由。

法定的减轻事由分为必要减轻事由和任意减轻事由。前者包括从犯、心神耗弱、聋哑人、中止犯等。后者包括障碍未遂、过剩防卫、过剩避险、法律上的错误、自首和首服、伪证罪和诬告罪中的自白等。

尽管各国具体规定不同，但是，其中不乏相同之处，如行为人有前科通常是加重的理由，而事后对受害人进行赔偿，在俄罗斯、德国刑法中都是从轻处罚的根据。

二、自首、首服、自白

（一）自首

自首，就是犯罪之人在被发觉之前，自愿到执法机关承认犯行并请求处罚的行为。例如，日本学者认为，自首是犯了罪的人在被搜查机关发觉之前，自发申告自己的犯罪事实、请求处罚的意思表示。[①]而俄罗斯学者认为，

① 参见［日］山中敬一著：《刑法总论Ⅱ》，成文堂1999年版，第974页。

自首是犯罪人自愿到执法机关或向公职人员坦白他所实施的犯罪，从而明示愿意为实施的犯罪承担相应的刑罚。[①]自首的要件包括：

1. 自首对象

自首对象是执法机关及其执法人员。在日本，执法机关是“搜查机关”，即检察机关或者司法警察机关。

2. 自首时机

要在被发觉之前。在日本，“被发觉前”，不仅包括犯罪事实为搜查机关所不知晓的场合，即便搜查机关知晓犯罪事实但不知晓犯罪人的场合，也属于“被发觉前”。如果搜查机关知道犯罪事实和犯罪人，但不知道犯罪发生在什么地方，就属于被发觉了。不过，即使被害人或者目击者知道犯罪人，只要检察官或者警察不知道，都属于未被发觉，自首也就可能成立。而俄罗斯刑法没有明确要求被发现的时机。

3. 自首方式

犯罪人必须自愿交代自己的犯行，在日本不限于本人直接到搜查机关交代罪行，即使通过他人或者电话、书面、口头等方式，都是自首行为。

4. 自首程度

即自首交代的事实要达到一定的程度。在日本刑法中，只要行为人主动、真实地交代同案犯罪人和犯罪事实，不是在搜查机关的讯问后被动交代的，并表示愿意承担处罚即可。在俄罗斯，犯罪人则要详细叙述所实施的犯罪，真诚悔过和谴责自己的行为，真实揭露他所知道的一切情况，才能成立自首。

（二）首服与自白

首服是日本刑法的规定，是指在亲告罪中，对能够告诉的人（亲告权者），告诉自己的犯罪事实，并愿受处置的意思表示，首服可以减轻刑罚。

---

① 参见［俄］Н. ф.库兹涅佐娃、И. М.佳日科娃主编：《俄罗斯刑法教程（总论）》（下卷），黄道秀译，中国法制出版社2002年版，第668页。

首服也必须在犯罪被发现之前实行才可以认定。至于在何时属于被发现，有的认为必须在被被害人发现之前，有的认为被搜查机关发现之前也可以。

自白，是犯人对自己的犯罪事实的全部或者一部分所作的供述。在日本，自白规定于刑法分则和特别刑法中。在刑罚减免上，它具有和自首相同的理由。

（三）累犯

累犯有广义和狭义之分。广义的累犯，是指经过了确定裁判的罪犯，在其后又犯一定的犯罪。狭义的累犯，是广义累犯中由于具备一定的要件而加重其刑罚的罪犯。刑法中的累犯是狭义的累犯。

累犯可分为：（1）特别累犯和一般累犯。前者指前罪和后罪的犯罪性质必须是相同的或者相似的累犯；后者指前后之罪的犯罪性质没有同源性要求的累犯。刑法上一般规定的是一般累犯。（2）无法定期限的累犯和有法定期限的累犯。前者前后罪之间经过的时间不予考虑；后者后罪必须在前罪的有罪判决做出后的法定期限内实行。（3）俄罗斯学者依照前科的数量和严重程度，将累犯分为普通的累犯、危险的累犯和特别危险的累犯。

累犯被加重处罚的原因是：曾经有犯行的人不能反省自己，改正自己的行为，以至于反复犯罪，增加了对其行为的道义性非难，而且行为人反复进行犯罪，显示了其人格的特别危险性。

累犯成立的要件包括：①

1. 前后罪的基本要求

即前、后罪的主观类型和刑罚具有的要求。根据日本刑法规定，前罪必须是被判处惩役者或者应准于被判处惩役者。“被判处惩役者”，是受惩役的确定判决者。“应准于被判处惩役者”，指由于与相当于惩役之罪的性质相

① 参见［日］山中敬一著：《刑法总论Ⅱ》，成文堂1999年版，第971—972页；［俄］Н. Ф. 库兹涅佐娃、И. М. 佳日科娃主编：《俄罗斯刑法教程（总论）》（下卷），黄道秀译，中国法制出版社2002年版，第673页；［法］卡斯东·斯特法尼等著：《法国刑法总论精义》，罗结珍译，中国政法大学出版社1998年版，第555—572页。

同之罪被判处刑罚者，被免除其执行，或者由于减刑减轻至惩役的场合，或者按并合罪被处断者，其并合罪中有应当判处惩役之罪的场合。后罪的处断刑是有期惩役。至于前后罪是否必须是故意的，则没有明确规定。但在俄罗斯刑法中，如果前后之罪都是过失犯罪，或者新罪虽然是故意犯罪，但属于轻罪，或者新罪不严重而且也不是以前犯罪活动的继续时，可以不认定为累犯。在法国，要求前罪受到重罪刑罚、轻罪刑罚和违警罪刑罚，后罪是重罪、轻罪或者违警罪。

2. 前后罪的等价性要求

即前、后罪的犯罪性质和罪名的要求。各国刑法的一般累犯不要求罪名具有等价性。不过在法国刑法中，如果前罪是违警罪，后罪是轻罪或者重罪，则不成立累犯。同样，如果前罪是轻罪，后罪是重罪，也不成立累犯。

3. 前后罪的期限间隔

即后罪发生于前罪被宣判或者刑罚执行完毕之后的期限。日本刑法规定，后罪发生于前罪的刑罚执行终了或者免除刑罚执行之日5年以内犯罪，始可成立累犯。俄罗斯刑法规定，如果前罪的前科已经撤销或者消灭，对新罪就不得以累犯对待。而法国关于期限的间隔要求不同，分别是重罪10年，轻罪5年，违警罪1年。

第四节　刑罚的执行与消灭

一、刑罚的执行

（一）自由刑的执行

自由刑一般在一定的设施内执行。根据自由刑的不同类型，各国自由刑的执行方式存在一定的差别。

1. 日本

日本刑法的自由刑分惩役、监禁和拘留。其中，惩役、监禁在监狱内执行，拘留在拘留所执行。

2. 意大利

意大利的监禁刑一般在监狱中执行。

3. 法国

法国的自由刑分剥夺自由刑和限制自由刑。剥夺自由刑有无期徒刑和有期徒刑、拘押刑和监禁刑。根据受刑人的刑罚和性格，决定不同的执行机构。被判处“中期监禁刑”的人在拘押中心服刑。被判处“长期监禁刑”的人在拘押中心或者中心监狱服刑。此外，被判处短期监禁者在看守所服刑，但有专门的区域。对于具有特殊身体状况或者特定年龄的受刑人，则关押在“专门惩戒中心”，如医疗拘押中心等。限制自由刑包括禁止居留、禁止离开法国国境等，不过有学者将限制自由刑视为保安处分措施。

4. 德国

被判处自由刑的犯人尽可能被安置在开放式的监狱执行刑罚。在监狱外劳动、自由外出、带领外出等，则被当作从宽执行措施，并为刑法执行法所规定。

5. 俄罗斯

自由刑分为剥夺自由刑和限制自由刑。其中剥夺自由刑是刑罚体系的核心。现行俄罗斯刑法规定，剥夺自由刑的执行是将受刑人押往专门机构内，并与社会隔离开来。隔离场所通常是劳动改造村、劳动改造所或者监狱。其中劳动改造村和劳动改造所有所区别，它们是根据被判刑人的犯罪严重程度以及他们的身份实行分别关押，以免累犯或者重刑犯对初犯或者施行较轻犯罪的人产生不良影响。终身自由刑在实行特别管束制度的劳动改造营执行。不过，对不满18岁的人不与社会隔离，而放置在劳动改造中心受到限制自由的处置。

（二）财产刑的执行

1. 日本

在日本，财产刑是根据检察官的命令执行的。法院在宣告罚金、科料或者追征时，可以不待判决确定而予以执行，或者认为在执行上有产生显著困难的可能时，可以根据检察官的请求或者职权，命令被告人缴纳相当于罚金、科料或者追征的金额。而没收物则由检察官处理。

2. 意大利

意大利刑法规定，财产刑可以分期缴纳。当被判刑人无力缴纳判决所要求的财产，则以一定数额的财产刑折算为监禁刑。在过去，是5000里拉折算为一天监禁刑，后来是7.5万里拉折算为管制一天，5万里拉折算替代性劳动一天。当然，对折算的最高期限有限制。

3. 法国

法国主要财产刑是罚金，但还包括没收财产和其他形式。罚金由征管员以检察官的名义负责征收。罚金可以分期缴纳。

4. 德国

德国实行日额罚金制，罚金刑原则上不与自由刑并科。但是如果自由刑被缓刑交付考验，原则上也不得判处罚金刑，但可以要求行为人缴纳一定数额的金钱。罚金刑由检察院执行。如果行为人不自愿缴纳并且不能追征时，可以自由刑替换罚金刑。如果行为人无力缴纳罚金刑，可以“无偿劳动”替代罚金刑。在德国，财产刑是特殊罚金刑，其对象是行为人的全部财产，如果财产刑不能被执行，可以替换为1个月以上2年以下的自由刑。

（三）资格刑的执行

1. 法国

法国的资格刑一般由内政部负责。为了便于监督，裁判机关要向检察机关通知所作的决定。对于商业方面的活动，监督事宜由授权对商业登记簿进行监视的法官执行。

2. 俄罗斯

在俄罗斯的资格刑中，如果受刑人被剥夺担任一定职务或从事某种活动的权利，一般由被判刑人住所地的刑事执行检查处执行。如果有关机关及其工作人员恶意不执行已经生效的资格刑，就要承担刑事责任；如果受刑人被剥夺专门称号、军衔或者荣誉称号、职衔或者国家奖励，通常由颁布专门称号、军衔或者荣誉称号、职衔或者国家奖励的公职人员剥夺之。

（四）缓刑

缓刑，广义上是暂缓刑罚判决的宣告和执行，狭义的是暂缓刑罚判决的执行。缓刑制度起源于19世纪后半期英、美国家的“暂缓宣判”制度。如今，美国的缓刑就是将受缓刑宣告者交给缓刑官进行保护观察。该制度在欧洲大陆演变为“缓执行判决”。在日本，缓刑被称为“执行犹豫”。但是法国的缓刑比较特殊，它分普通缓刑、附考验期的缓刑、附完成公益劳动的缓刑和附考验的推迟刑罚宣告。以下仅介绍狭义的缓刑制度。①

缓刑的条件如下：

1.缓刑的刑罚基础

能适用缓刑者，通常是有罪判决所判处的刑罚较轻，重罪判决不适用缓刑。在意大利，有罪的刑罚判决必须是不超过2年的监禁刑，如有单处或者并处财产刑，则折算后的刑期不得超过2年（不满21岁的未成年人或者已满70岁的人的刑期可延长至不超过3年）。而日本是不超过3年的惩役、监禁或者50万日元以下罚金。如果是再犯且无特殊情况时，必须是1年以下的惩役、监禁才能适用缓刑。

2.缓刑的主观基础

通常被判缓刑者必须在不执行刑罚的情形下不至于再犯罪。在具体评价上，意大利刑法禁止对有被判监禁以上的前科者、惯犯和职业犯适用缓刑，同时对一个人最多适用两次缓刑。而日本刑法规定，对有前科者一般不适用缓刑，但如果以前被判监禁而暂缓执行，或者自刑罚执行完毕或赦免后5年内没有再被判处监禁者，也可以适用缓刑。而俄罗斯刑法则泛泛规定了应根据犯罪的性质、社会危害性、犯罪人的身份以及减轻、加重情节考虑缓刑的主观基础。

① 参见［意］杜里奥·帕多瓦尼著：《意大利刑法学原理》，陈忠林译，法律出版社1998年版，第359—360页；［法］卡斯东·斯特法尼等著：《法国刑法总论精义》，罗结珍译，中国政法大学出版社1998年版，第600—601页；［俄］Н. ф.库兹涅佐娃、И. М.佳日科娃主编：《俄罗斯刑法教程（总论）》（下卷），黄道秀译，中国法制出版社2002年版，第757—772页；［日］山中敬一著：《刑法总论Ⅱ》，成文堂1999年版，第985—991页。

缓刑宣告的内容，是缓刑的期间和考验方式。在日本，缓刑期为1年以上5年以下，对初犯任意交付保护观察，对于再犯则必须交付保护观察。在意大利，重罪的考验期间为5年，轻罪为2年。在缓刑期间，可以规定被判缓刑者履行因为犯罪而产生的民事义务，以及“消除犯罪的危害或者危险结果”。在俄罗斯刑法中，缓刑期限是6个月以上5年以下，如果刑罚为1年以下剥夺自由刑或者更轻刑种，缓刑期限不超过3年。在缓刑期间，被判处缓刑者的行为和活动场所受到限制，并要履行一些义务。

缓刑考验期满，如果缓刑不被撤销，那么对原有的刑罚就产生法定的效果。由于各国刑法规定不同，所以缓刑的具体效果也不尽一致，大致可分为：（1）刑罚消灭主义。如根据日本刑法第27条规定，缓刑期间届满如果没有被撤销，不仅意味着免除刑罚执行，而且刑罚的宣告对于将来的事宜也意味着不存在。（2）犯罪消灭主义。如意大利刑法第167条规定，在缓刑期间，如果行为人没有犯重罪或者同样性质的违警罪，并且履行了规定的义务，犯罪就消灭了。学者对此的解释是，犯罪的消灭产生阻却执行主刑和附加刑的法律后果，但不消除有罪判决的其他刑事法律后果。[①]（3）前科消灭主义。根据俄罗斯刑法规定，缓刑执行应在考验期满后自动终止，此时，被判刑者被认为没有前科。

（五）假释

假释，是对被执行自由刑的受刑人，在其刑罚尚未执行完毕之前附条件提前释放的制度。

假释的条件如下：

1.刑罚对象

通常是被判处剥夺自由刑的人，如受刑人被监禁，或者惩役等。需要指出的是，俄罗斯的假释适用范围包括剥夺自由刑和限制自由刑。至于刑罚

① 参见［意］杜里奥·帕多瓦尼著：《意大利刑法学原理》，陈忠林译，法律出版社1998年版，第361—362页。

判决的期限，一般没有限制，不过短期自由刑往往缺乏适用假释的现实可能性。

2. 刑罚执行期间

假释必须在宣告的刑罚执行了一定期限后，才可适用。法国刑法规定，对于重罪的无期徒刑服刑者，至少要经过15年才能得以假释，但是，实际上很少有人在执行不到2/3的刑罚时就获得假释，大部分获得假释者实际上已经执行了3/4的刑罚后才获得假释。[①] 日本刑法规定，有期自由刑经过1/3，无期自由刑经过10年后才可得以假释。俄罗斯刑法规定比较细致，轻罪或者中等重罪不少于1/2，严重犯罪不少于2/3，特别严重的犯罪不少于3/4的刑罚执行，才能获准假释。不过值得注意的是，日本刑法对于少年犯有特别宽大的规定，当未成年人无期徒刑经过7年、依照少年法第51条宣告的有期刑经过3年的，也能准许假释。

3. 受刑人的主观条件

得以假释者，必须不继续危害社会。在日本，主要考察受刑人是否有悔改表现，如是否有更生欲望、有无再犯之虞、社会情感可否接受对其假释等。在法国，主要是看受刑人的再社会化能力。

假释的考验期，通常是剩余刑期。假释期满，没有撤销假释的，就认为刑罚执行完毕。

二、刑罚的消灭

（一）概述

刑罚的消灭，是指由于某种事由使基于具体犯罪的成立所发生的个别刑罚权消灭。该事由称为刑罚消灭事由。

刑罚消灭的事由一般包括：犯人的死亡（包括法人的消灭）、赦免、时效、刑罚执行终了、假释期间届满、缓刑期限届满、复权等。

① 参见［法］卡斯东·斯特法尼等著：《法国刑法总论精义》，罗结珍译，中国政法大学出版社1998年版，第638页。

（二）赦免

赦免是基于非司法机关的权限而使刑罚权消灭或者使之减少的制度。在日本，赦免也称恩赦。赦免过去是君主的特权，因此曾受到启蒙思想家的批判。但在司法实践中，赦免依旧存在，因为它补救了法定制度过于僵化的状态，是现代刑法运作中不可缺少的“安全阀”。[①]

1.赦免的种类

赦免在各国的具体类型不一样，一般分为大赦和特赦。此外，日本刑罚恩赦制度还包括减刑、刑罚实行的免除和复权等。

（1）特赦是针对有罪宣告的特定人，使有罪宣告失去效力。

（2）大赦是针对犯罪的全体，一般地使刑罚权消灭。

（3）复权是恢复因受到有罪的宣告根据法令的规定而丧失或者被停止的资格。

2.赦免的有权机关

在赦免中，不是基于司法机关的权限，刑罚就被消灭或者减少，这是赦免和其他刑罚制度的差别。在日本，赦免过去是天皇的大权，但是现在宪法规定赦免为内阁的权限，赦免需要通过内阁决定，并经天皇认证。在法国，特赦是国家元首的权力，而大赦是立法机关的权力。俄罗斯的大赦由国家杜马宣告，特赦根据总统的命令施行。

第五节　保安处分

一、保安处分在刑法中的地位

如何处理和协调保安处分与刑罚的关系，在理论上有一元论和二元论的分歧，从而形成了不同的立法体例。

---

① 参见［法］卡斯东·斯特法尼等著：《法国刑法总论精义》，罗结珍译，中国政法大学出版社1998年版，第657页。

一元论源自近代新派的观点，着眼于行为人的人身危险性，把对行为人施加保安处分乃至改善、教育行为人视为刑法的使命，因此，认为刑罚和保安处分具有共同的性质。最早试图在制度层面上贯彻一元论的，是1921年意大利学者菲利起草的意大利刑法草案和1926年苏联刑法典，它们都用制裁和社会保卫取代刑罚。可是，意大利政府并没有采纳菲利的草案，而苏俄刑法后来也废止了一元论的做法，恢复了刑罚的基本观念，并将刑罚和保安处分并置。不过1962年瑞士刑法典将刑罚和保安处分统一在一起，彻底采用了一元主义的理论。①

二元论基于客观主义刑法学派的立场，认为刑罚是对过去的犯罪所进行的道义非难，应当是报应的方式。而保安处分不以这种非难为内容，只是针对行为人的危险性进行社会的保安，以预防将来的社会侵害为目的。即刑罚适用于应负刑事责任的犯罪人，是一种带有威慑性的痛苦制裁，目的在于镇压已实施的犯罪；保安处分适用于有危险的犯罪人，是一种预防性的制裁，目的在于防止将来实施其他犯罪。②因此，刑罚和保安处分具有不同的性质。一些国家在立法中确定了保安处分，如德国刑法典采取“双轨制”，刑法制裁分为刑罚和矫正及保安处分；1930年的意大利刑法典也采取类似原则，在刑法典第一编第五章规定了“行政性”措施，即保安处分，因此其刑事制裁是在刑罚之外辅之以保安处分；而法国新刑法中虽然没有“保安处分”的概念，但是一些具体的规定被看作“保安处分”。

现在，二元主义有世界性的倾向，即在刑法中同时规定刑罚和保安处分。正如法国学者所说，很少有哪一个国家的立法制度仅仅规定刑罚，或者仅仅规定采用保安处分。世界上大多数国家的立法都是将刑罚与保安处分结合起来加以规定的。③

---

① 参见［日］大塚仁著：《刑法概说·总论》，冯军译，中国人民大学出版社2003年版，第507—508页。

② 参见［意］杜里奥·帕多瓦尼著：《意大利刑法学原理》，陈忠林译，法律出版社1998年版，第374页。

③ 参见［法］卡斯东·斯特法尼等著：《法国刑法总论精义》，罗结珍译，中国政法大学出版社1998年版，第440页。

二、保安处分的基本性格与适用条件

（一）保安处分的基本性格

从其自身的目的以及和刑罚的关系两个方面，可以反映出保安处分的基本性格。[①]

1.保安处分的目的

保安处分和刑罚都具有预防犯罪的目的，但两者预防犯罪的具体方法不同。刑罚通过威吓、改善教化、社会隔离等实现一般预防和特殊预防。而保安处分进一步强化社会防卫，以矫正和教育有犯罪危险性格者的方式来实现特殊预防的目的，或者说，保安处分作为刑罚之外的刑事制裁措施，是在犯罪的基础上，进一步关注行为人的治疗、教育、再社会化的改善。保安处分的核心目的是特别预防。

2.保安处分与刑罚

刑罚和保安处分在如下方面存在区别：其一，刑罚的本质是对作为犯罪的害恶之规范的非难，而保安处分的本质是社会防卫和对有犯罪危险者的矫正、教育，不能被视为具有规范的非难性质。其二，刑罚的基础是责任。而保安处分的基础是性格的危险性。其三，刑罚是根据罪刑法定原则的要求，以过去的犯罪为必要的前提，依据一般观点来看，保安处分并非一定以犯罪为前提，而是以存在将来犯罪的危险性为前提。近代学派虽然主张刑罚和保安处分一元化，但是也不得不承认以上差异。由此可见，保安处分有防卫社会、弥补刑罚制度之缺陷的基本性格。

自由刑和以剥夺自由为内容的保安处分，在拘束自由这方面，具有相同的性格，所以，在采取二元主义的场合，应当考虑如何使之统一。关于这点，存在并科主义和代替主义的对立，前者主张优先适用刑罚，而后者主张从矫正的效果出发，确定是适用刑罚还是适用保安处分。例如，日本修改刑

① 参见［日］高泷贞人、奈良俊夫、石串才显、佐藤芳男著：《刑法总论》，青林书院1983年版，第294—295页；［韩］金日秀、徐鹤辅著：《韩国刑法总论》，郑军男译，武汉大学出版社2008年版，第779页。

法草案第108条时以刑罚优先的并科主义为原则，同时适用代替主义。与之相反，一元主义主张，刑事责任的本质是行为人的反社会性格，所以，责任应当具有接受社会非难和社会防卫处分的双重含义，因此刑罚和保安处分是同质的。

（二）保安处分的适用条件

保安处分是对有犯罪之危险性的人采取的强制措施。但有犯罪之危险性的人，是仅仅限于过去有犯罪的经历从而具有再犯的危险性，还是即便过去没有犯罪的经历，但将来有犯罪的危险性呢？如日本改正刑法草案第98条的治疗处分、第101条的禁断处分，以实行“禁锢以上的刑罚的行为”为条件，但是在学说上，即便过去没有犯罪的经历，只要能科学地证明将来有犯罪的危险者，也可适用保安处分。[①]在意大利，适用保安处分有两个前提条件：其一，行为人客观上实行了犯罪或者“准犯罪”。其二，行为人主观上有社会危险性，或者说有再犯新罪的或然性。因此，其保安处分的对象通常是惯犯、职业犯和有犯罪倾向者。[②]本书认为，对过去虽没有犯罪经历，但有充分证据表明有犯罪可能者，可以适用保安处分。

三、保安处分的种类

（一）概述

在实践中，1893年瑞士刑法学者乙·司托斯起草了瑞士刑法预备草案，该草案于刑罚之外，承认如下八种处分是刑法上的法律效果：

（1）对有危险性的无责任能力、限制责任能力的精神障碍者的治疗和看护处分；

---

① 参见［日］高洼贞人、奈良俊夫、石串才显、佐藤芳男著：《刑法总论》，青林书院1983年版，第294页。

② 参见［意］杜里奥·帕多瓦尼著：《意大利刑法学原理》，陈忠林译，法律出版社1998年版，第377—379页。

（2）对酒精中毒者的矫正所收容处分和禁止进入酒店处分；

（3）对嫌弃劳动者的劳动所收容处分；

（4）对累犯的矫正、监置处分；

（5）对假释者的保护监督处分；

（6）对滥用职权者的剥夺权利处分；

（7）危险物的毁弃处分；

（8）预防处分；等等。

欧洲多个国家在20世纪的刑法修改中都采纳了保安处分制度。[①]今天的保安处分，可以分为剥夺自由保安处分和不剥夺自由的保安处分，后者进一步分为对人的保安处分和对物的保安处分。剥夺自由的保安处分包括治疗处分、禁绝处分、社会治疗处分、劳役所收容处分、保安预防监置处分等。在日本现行刑法中，还没有“保安处分”一词，但是，实际上也存在相当于保安处分的制度，如对成年人执行犹豫的保护制度（刑法第25条之2）、根据少年法（第24条）对少年犯的保护处分、卖淫防止法（第17条）中的指导处分等。而从广义上可进行实质理解的保安处分就更多了。

（二）剥夺自由的改善、保安处分

剥夺自由的改善、保安处分，是将对象者收容于一定设施中，以施加治疗、改善处遇为主要目的的保安处分。一般包括如下具体制度。[②]

1. 治疗监护处分

针对精神病患者、神经衰弱者、歇斯底里者、聋哑人等欠缺正常责任能力的人，因为其不具有受罚能力，难以获得刑罚改造的效果，不对其进行起诉或者无罪，或者在刑罚执行之后，为了治疗将其无限期的或者一定期限的收容于精神病院等一定设施内的处分。德国、美国、瑞士、丹麦、韩国等国均作了此类规定。

---

① 参见［日］八木国之著：《新派刑法学的现代展开》，酒井书店1991年版，第203页。

② 参见［韩］金日秀、徐鹤辅著：《韩国刑法总论》，郑军男译，武汉大学出版社2008年版，第784—789页。

2.禁绝处分，或者矫正处分

针对有酒精依赖或者药物、毒品嗜好的人，在一定期限内将其收容于矫正场所或者禁绝设施中断绝其习癖的处分。德国、奥地利、瑞士、丹麦、韩国等国均作了此类规定。

3.劳作处分

主要是针对乞讨者、流浪者、卖淫者，因为其具有厌恶、逃避劳动的生活态度而养成犯罪习性。在其被宣告刑罚的同时，将其收容于劳动场所使其从事一定的劳作，学习一定的工作技能，养成爱好劳动和遵守生活纪律的习惯。法国、丹麦、希腊等国刑法均作了此类规定。

4.社会治疗处分

主要是针对累犯、性癖犯人（常习犯人、危险犯人），因为具有犯罪性精神病质，未排除其人格上的障碍，将其收容于各种社会治疗设施中的处分。

（三）不剥夺自由的改善、保安处分

不剥夺自由的改善、保安处分种类很多。[①]

1.保护观察

就是对犯人不执行刑罚，而是使其进行正常的社会生活的同时接受保护观察机关的指导、监督与辅导，进而谋求改善与社会复归的制度，德国、美国、丹麦、荷兰、韩国等国刑法均作了此类规定。

2.善行保证

就是在缓刑或者假释的情况下，命令犯罪人提供一定金额的保证金，或者提供保证人，作为刑罚不执行的保安处分。如果在保证期间犯罪，那么，保证金收归国有或者充当被害人的赔偿金。瑞士、意大利均作了此类规定。

---

① 参见［韩］金日秀、徐鹤辅著：《韩国刑法总论》，郑军男译，武汉大学出版社2008年版，第784—789页；［法］卡斯东·斯特法尼等著：《法国刑法总论精义》，罗结珍译，中国政法大学出版社1998年版，第502—526页；［意］杜里奥·帕多瓦尼著：《意大利刑法学原理》（注评版），陈忠林译，中国人民大学出版社2004年版，第391—394页。

3. 禁止从业

针对滥用一定的职业或者营业活动，或者违反与之有关的义务的，进而实施犯罪或者具有实施犯罪危险的人，禁止其在一定期限内从事特定职业或者业务活动的处分，剥夺驾驶许可也属于此类处分。德国、瑞士、丹麦等国刑法作了此类规定。

4. 限制居住

主要是针对思想犯，限制其居住的保安处分。瑞士、意大利刑法作了此类规定。

5. 驱逐出境

针对犯罪的外国人，如果认定其在国内滞留对公共安全秩序存在危险的情况下，将其逐离本国领域的处分。规定类似做法的国家较多。

6. 去势

就是阉割生殖器或者睾丸或卵巢，断绝行为人生育或者性行为的能力。去势是一项对付性犯罪者的措施。它可分为外科去势或者化学去势，但是其效果已经为科学所否定。有些医生认为，去势并不能阻止恋童癖者对儿童施害，还有医生提出，去势可以减少行为人的睾丸激素和他的性冲动，但是并不必然减少他对儿童的兴趣。[①]

（四）对物的保安处分

对物的保安处分，包括没收、[②]关闭营业机构、解散法人等。

---

① Sue Titus Reid, Criminal Law, 2001, McGraw-Hill, 2001, p.415.

② 如前所述，没收在某些国家的刑法中属于保安处分。

图书在版编目（CIP）数据

外国刑法学导论 / 童德华著 .—北京：中国法制出版社，2024.6

ISBN 978-7-5216-4522-4

Ⅰ . ①外… Ⅱ . ①童… Ⅲ . ①刑法－国外 Ⅳ . ① D914

中国国家版本馆 CIP 数据核字（2024）第 100457 号

策划 / 责任编辑：王 悦（wangyuefzs@163.com） 封面设计：杨鑫宇

外国刑法学导论

WAIGUO XINGFAXUE DAOLUN

著者 / 童德华

经销 / 新华书店

印刷 / 北京虎彩文化传播有限公司

开本 / 710 毫米 ×1000 毫米 16 开 印张 / 29.75 字数 / 433 千

版次 / 2024 年 6 月第 1 版 2024 年 6 月第 1 次印刷

中国法制出版社出版

书号 ISBN 978-7-5216-4522-4 定价：98.00 元

北京市西城区西便门西里甲 16 号西便门办公区

邮政编码：100053 传真：010-63141600

网址：http://www.zgfzs.com **编辑部电话：010-63141831**

市场营销部电话：010-63141612 **印务部电话：010-63141606**

（如有印装质量问题，请与本社印务部联系。）